马克思主义学院
教学与研究系列丛书

马克思主义
基本理论与实践问题研究

王锁明 等 编著

南京大学出版社

总 序

习近平总书记在学校思想政治理论课教师座谈会上强调推动思想政治理论课改革创新,要不断增强思政课的思想性、理论性和亲和力、针对性,做到政治性和学理性、价值性和知识性、建设性和批判性、理论性和实践性等八个方面相统一。落实总书记讲话精神,南京大学马克思主义学院以"学科建设为龙头、队伍建设为核心、人才培养为根本",全面深化改革,积极探索马克思主义理论学科建设与人才培养的新路径,以科研提升教学水平,以发挥思政课立德树人的主渠道作用。

在建设世界一流大学与学科的进程中,南京大学思想政治理论课如何能与这一目标相匹配,与南京大学在C9高校中的地位相匹配?这是全体马院老师经常讨论的主题。大家一致认为,改变一个人的思想和观念需要有人格的魅力,这种人格魅力不仅表现为高尚的道德情操、良好的沟通能力和语言表达能力;对双一流高校的学生而言,教师还必须有扎实的理论功底与深厚的学术素养,就这一点而言,它比对专业课教师的要求更高。南京大学的思想政治理论课不能仅是一个信息传播、知识传授的过程,它必须与学生的能力培养结合起来,教给学生明辨是非的能力,教给学生观察社会、认识世界的能力。

实现这一目标,需要有学术的支撑。近年来,学院先后召开马克思主义理论前沿问题、全国首届"中国近现代史基本问题"等多次全国性学术研讨会,讨论思政课改革的重点与难点,努力解决统编教材内容的指导性与"双一流"高校学生需求的特殊性之间的矛盾。所有这一切都是要把马克思主义中国化最新理论成果转化为思政课课堂教学内容,使学生入脑、入心。为切实提高思想政治理论课的质量和水平,马克思主义学院以专题教学为导向,全面深化教学改革:一是要将教材体系转化为教学体系,增强理论对于生活实践的说服力,完成知识传授和价值塑造的任务;二是通过教师集体科研攻关,提升课程理论深度,提高自身理论素养,真正做到理论功底上自信和教学能力上自信。为此,学院结合老师的研究成果,筛选出版了四本辅助本科生教学的研究成果。

《马克思主义基本理论与实践问题研究》一书包括四个单元。从意识、存在、生产、实践等基本概念入手,思考马克思主义哲学研究的范式转换构成了本书的开篇内容。马克思主义是开放的理论体系,介绍德国"新马克思阅读"等西方马克思主义的热点问题是第二单元探讨的内容。纷繁复杂的生活世界构成了马克思主义需要研究的主题,也是要运用马克思主义基本理论回答的问题,由此构成了本书的第三单元。以学术彰显思政课的魅力,本书最后一部分是对马克思主义理论学科与课程建设的研究。

《跨学科视野下的中国近现代史基本问题研究》一书包括政治动员、政治认同、社会记忆、基层政治、两岸关系等五个单元。从政治学的视角来看,中国共产党通过建立战时财政动员体系,塑造劳动英雄,解放妇女运动,有效地动员了广大民众积极投身革命,也实现了政党与社会的良性互动。俄国十月革命后,中国早期先进分子对布尔什维克党的接受与思考,民国时期党治文化下的公民宣誓,新中国成立后知识分子的心路历程,以及改革开放以来党组织的"吐故纳新",反映了不同历史时期人们政治认同的特点。从历史学的视角来看,重要历史人物的社会记忆、符号界定以及各种纪念活动的开展,起到了表达政治理念和增进他者认同的作用。新中国成立初期的首次全国普选、烈属抚恤工作以及农业合作化运动等基层政治的深刻变化,赋予了新生政权以优越性与合法性。从社会学的视角来看,2008年以来,社会组织的兴起促进了两岸之间的相互信任和国家认同,为两岸关系的和平发展开辟了新路径。

《马克思主义中国化理论与实践研究》一书,根据马克思主义中国化的理论成果及建设中国特色社会主义的总体布局来编排。在"中国特色社会主义道路"单元,主要论述了中国道路的目标设计、政策选择、话语权建设以及中国道路的世界历史意义;在"政党与政治建设"单元,主要选取了中国特色政党制度、政府职能和反腐败问题研究方面的文章;在"经济与社会建设"单元,主要选取中国经济增长的特点、收入分配问题以及公共财政政策等社会热点方面的文章;在"文化与生态文明建设"单元,主要选取了中国传统文化、社会主义核心价值观、生态文明理论研究方面的文章。

《思想政治教育前沿问题研究》一书包括四个单元。"社会主义核心价值观研究"单元,主要选取有关社会主义核心价值观的认同与践行方面的研究成果;"中国传统德育思想研究"单元,选取了中华优秀传统文化如何涵养社会主义核心价值观、实现创造性转化和创新性发展的研究成果;"中国当代德育思想研究"单元,注重选取在全球化、网络化时代德育如何实现创新方面的研究成果;"西方德育思想研究"单元,选取了马克思主义正义理论、西方公民培育理论、情感主义、女性主义思潮对中国德育影响方面的研究成果。

最后,鉴于马克思主义理论学科自身的特点,丛书的内容之间很难建立内在的逻辑关系;好在围绕的主题都是一致的,那就是全面贯彻党的教育方针,解决培养什么人、怎样培养人、为谁培养人的问题。相信本套丛书的出版,有利于提升学生发现问题、分析问题、思考问题的能力,有利于提升学生明辨是非的能力。

王建华

2020 年 7 月 12 日

坚持和发展马克思主义不动摇
（代前言）

1848年2月24日，马克思、恩格斯合著的《共产党宣言》在伦敦正式出版，标志着马克思主义的诞生。马克思主义是科学的理论，是发展的学说。习近平同志在纪念马克思诞辰200周年大会上指出，"在人类思想史上，没有一种思想理论像马克思主义那样对人类产生了如此广泛而深刻的影响"，"马克思主义不仅深刻改变了世界，也深刻改变了中国"。从《共产党宣言》发表到今天，170多年过去了，人类社会发生了翻天覆地的变化，但马克思主义所阐述的一般原理整体来说仍然是正确的，所以对马克思主义的基本原理，亦即马克思主义的立场观点方法，我们要毫不动摇地坚持；但同时要看到，当今人类社会发生巨大而深刻的变革，因而我们要用科学的态度、发展的眼光对待马克思主义。

马克思主义是伟大的"认识工具"。 第一，马克思主义是人类文明成果的结晶。马克思主义虽然诞生于19世纪，但没有停留于19世纪；虽然产生于欧洲，却跨越欧洲影响了全世界。马克思主义之所以能够赢得世界历史意义，是因为它没有抛弃资产阶级时代创造的宝贵成就，而是改造和汲取了两千多年来人类思想文化发展中一切有价值的东西，实现了人类思想史上的伟大变革。第二，马克思主义提供了关于整个世界的辩证图景。它以自然科学和社会科学的最新成果为依据，揭示了整个世界的本质和发展规律，特别是人类社会的本质和发展规律，着重分析资本主义社会的本质及其内在矛盾，得出了资本主义必亡、社会主义必胜的基本结论。第三，正如列宁所说，马克思主义把伟大的认识工具给了人类，特别是给了工人阶级。马克思主义是科学的世界观与方法论，它在论证社会主义必然胜利、共产主义一定要实现这一社会趋势中所包含的立场观点方法具有普遍的指导意义，因而马克思主义不仅是无产阶级革命的指导思想，而且是社会主义建设的行动指南。

马克思主义是我们立党立国的根本指导思想。《共产党宣言》深刻揭示了无产阶级革命斗争、人类社会发展的基本规律，是共产党人坚定理想信念的有力支撑。中国共产党是马克思主义政党，从诞生之日起就把马克思主义鲜明地写在自己的旗帜上，把实现共产主义确立为最高理想。马克思主义信仰、共产主义理想，是中国共产党人的命脉和灵魂。坚持马克思主义的指导地位是我们党最宝贵的基本经验，也是我们党从胜利走向胜利的重要思想保证。历史一再昭示，马克思主义是全党全国人民团结奋斗的共同思想基础。坚持把马克思主义作为行动指南不动摇，是来自中国革命、建设与改革开放经验的深刻总结，也是全党全国人民继续沿着正确方向阔步前进的根本精神动力。习近平同志在中国共产党成立95周年纪念大会上指出："马克思主义是我们立党立国的根本指导思想。背离或放弃马克思主义，我们党就会失去灵魂、迷失方向。在坚持马克思主义指导地位这一根本问题上，我们必须坚定不移，任何时候任何情况下都不能有丝毫动摇。"

在实践发展中拓展和深化马克思主义。"时代是思想之母，实践是理论之源。"马克思主义从来不是书斋里的学问，而是认识世界、改造世界的锐利思想武器。《共产党宣言》发表170多年来，马克思主义历经百年而不衰，其根本原因在于马克思主义是源于实践并随着实践发展而发展的科学理论。在马克思主义发展史上，马克思、恩格斯先后对《共产党宣言》做过补充、完善和修正。在1872年《共产党宣言》德文版序言中，他们针对某些已经过时的内容，特别指出"这些原理的实际运用，正如《宣言》中所说的，随时随地都要以当时的历史条件为转移"。可见，实践是马克思主义之所以与时俱进的不竭动力。习近平同志在纪念马克思诞辰200周年大会上的讲话中强调，"当代中国的伟大社会变革，不是简单延续我国历史文化的母版，不是简单套用马克思主义经典作家设想的模板，不是其他国家社会主义实践的再版，也不是国外现代化发展的翻版"，而是"把科学社会主义基本原则同本国具体实际、历史文化传统、时代要求紧密结合起来，在实践中不断探索总结"的产物。

不断弘扬马克思主义理论创新精神。实践没有止境，理论创新也没有止境。这是马克思主义具有强大生命力和战斗力的内在根源，也是中国共产党带领全国人民实现马克思主义中国化,推动中国革命、建设和改革开放事业取得成功的根本原因之一。在一定意义上说,不断推进马克思主义理论创新是中国共产党人的神圣职责。党的十九大提出,中国特色社会主义进入了新时代,世界每时每刻都在发生变化,中国也每时每刻都在发生变化,所以我们必须在理论上跟上时代,继续弘扬马克思主义理论创新精神。习近平新时代中国特色社会主义思想是我们党不断推进理论创新的最新成果。因而在新时代,坚持马克思主义就必须坚持习近平新时代中国特色社会主义思想,高举马克思主义伟大旗帜就必须高举习近平新时代中国特色社会主义思想伟大旗帜。在习近平新时代中国特色社会主义思想指引下,确立问题导向,聆听时代声音,回应时代呼唤,用鲜活丰富的当代中国实践不断深化对共产党执政规律、社会主义建设规律、人类社会发展规律的认识,努力开辟当代中国马克思主义、21世纪马克思主义的新境界。

总之,在新时代进行伟大斗争、建设伟大工程、推进伟大事业、实现伟大梦想,依然需要坚持马克思主义的基本原理,把握马克思主义的精神实质,同时保持和发扬与时俱进的理论品格,努力推进实践基础上的理论创新,善于用马克思主义中国化的最新成果,即习近平新时代中国特色社会主义思想指导新实践,不断开创中国特色社会主义事业新局面。

王锁明
2019 年 12 月 12 日

目 录

马克思主义基本范畴解读

市民社会批判与马克思主义哲学研究范式的转换 …… 王浩斌 / 003

实践与生产：分立还是统一 …… 郭云峰 / 012

舒尔茨的《生产的运动》：青年马克思生产范畴形成的重要坐标
…… 李乾坤 / 022

阶级范畴与历史唯物主义的"物"概念 …… 王浩斌 / 036

马克思的存在概念与存在论的革命 …… 郭云峰 / 044

马克思主义的意识形态范畴 …… 胡大平 / 056

法的本源、发展逻辑及其意识形态性 …… 陈建 夏瑜 / 067

恩格斯"合力论"再探讨 …… 胡大平 / 075

资本逻辑的三重向度与人类解放的现实依据 …… 温权 / 087

全球化视野中的东方社会理论 …… 王培暄 / 099

西方马克思主义热点述评

西方马克思主义的三个维度 …… 胡大平 / 109

西方马克思主义政治哲学的历史逻辑 …… 王浩斌 / 116

价值形式批判、否定性革命主体与后共产主义研究 …… 孔智键 / 130

国外生态马克思主义文明观的基本路径 …… 王学荣 / 141

资本主义的空间性批判与日常生活的总体性革命 …… 温权 / 147

德国"新马克思阅读"的兴起、基本理论及理论成就 …… 李乾坤 / 160

马克思主义中国化、大众化、时代化问题探索

中国特色社会主义实践特色探析	王锁明 / 177
论国有企业改制中劳动关系的调适	周春梅 / 189
我国城乡居民收入差距问题研究	王培暄 / 199
对群体性事件的群众观点分析	王锁明 / 206
法治作为社会主义核心价值的新构成	陈 建 / 215
市民社会：社会主义法治的元素与取向	陈建 姚润皋 / 222
就业保障的难点与政府作为	周春梅 / 232
论我国现阶段再生资源法规政策的缺位与对策	王培暄 / 242
反腐进程中民众参与的制度建构	陈 建 / 251
推进马克思主义时代化需具备九种意识	王锁明 / 263

马克思主义理论学科与课程建设研究

国外马克思主义学科化研究的三大路径	胡大平 / 275
马克思主义政治经济学与西方经济学之比较	王培暄 / 288
对"原理"课教学中若干问题的认识和思考	王锁明 / 296
高校"思政课"大学生主体性"伪在场"及唤醒	陈建 林立华 王婧倩 / 308
基于通识理念的高校思想政治教育愿景及其实现	王锁明 / 314

后记 ……… 325

马克思主义基本范畴解读

市民社会批判与马克思主义哲学研究范式的转换[①]

王浩斌

(南京大学马克思主义学院)

  市民社会研究是 20 世纪 90 年代以来中国人文社会科学界的一个共识性问题,而从马克思主义哲学的理论视域中讨论市民社会批判的问题,则关涉当代中国马克思主义哲学研究的"问题式"转变。改革开放以前,中国的马克思主义哲学研究承袭苏联的教科书体系,在传统哲学的本体论、认识论、存在论等问题意识与理论平台上讨论马克思主义哲学。随着思想解放的深入,中国学界对这一研究范式进行了反思,提出了自己的问题意识,开始了马克思主义哲学的学理性思考与学科建构,这是中国学界学科意识的觉醒。改革开放以来,我国的马克思主义哲学研究取得了长足的进展,多年的学术积累为马克思主义哲学的发展创新提供了坚实的理论基础,与此同时,深刻变化了的社会与时代也给中国的马克思主义哲学研究提出了新的问题。马克思主义作为一个改变世界的理论,其问题意识不可能仅限于学科的视域中,而应当深入现实的社会历史问题。市民社会是西方近代社会转型的根本问题,也是当代中国的社会转型所要面对的一个基本理论问题,然而在这个重大的理论与现实问题的研讨域中,却很少听到马克思主义哲学的声音,总体上而言,当代中国的马克思主义在市民社会这个问题上是"不在场"的。[②] 把市民社会研究(批判)作为马克思主义哲学研究中的一个基本问题意识,一方面可以推进当代中国马克思主义哲学研究"问题式"的转变,另一方面也能在当代中国社会转型这个重大理论与现实问题上发出马克思主义的声音,体现马克思主义理论与实践相统一的理论特质。

  [①] 原载《华东师范大学学报》(哲学社会科学版)2007 年第 3 期。
  [②] 近年来,中国马克思主义哲学界有一些学者开始关注市民社会研究,然而在其主要研究路径中却往往认同非马克思主义的立场。尽管中国马克思主义哲学研究涉及此问题,但不能由此认为马克思主义哲学已经"在场"了。

一、体系意识、学科意识、问题意识:当代马克思主义哲学研究范式转换三部曲

传统马克思主义哲学的研讨范式从苏联理论界承袭发展而来,它对于中国人统一的思想意识形态的建构具有重要的历史意义;但从学理的层面来看,它缺乏哲学所特有的自我反思与现实批判精神,从而逐渐沦为一种教条。20世纪80年代初中国学界即意识到这一问题,对传统教科书体系进行了反思,提出"找到哲学自我"(高清海教授率先提出这一口号),并逐渐离开具有意识形态色彩的唯物与唯心(主体与客观)之争,落实到"实践"(主体与客观统一)这个哲学问题上来。从此以后,中国马克思主义哲学界在"实践"这一理论向度上展开了许多卓有成效的研究,甚至形成"实践唯物主义"并以之来指认马克思主义哲学的内涵。

80年代"找到哲学自我"的努力,应该说具有重大的理论意义,这一口号标示着中国学人开始摆脱苏联斯大林体系的教条主义影响,形成独立思考马克思主义哲学的开端。这一哲学变革与当时"思想解放"的社会思潮相结合,极大地促进了中国学人思想的活跃。整个80年代,中国学界的思想非常活跃,出现了大量"思想家"式的学者,人们也开始引进、研究甚至建构各种各样的体系,极大地促进了思想解放。这个时代的思想解放是火热的,但不是规范的,它是思想的,但不是学术的,以致德里达在中国演讲时说中国只有思想,没有哲学。当代中国学术研究中的不规范问题与此也不无关系。从中国学术历史性建构的角度而言,80年代中国学界"寻找哲学自我"的努力,具有一些内在缺陷:既没有确立自己的研究对象,也没有明确自己的研究方法。外在表现上,既没有打造出中国马克思主义哲学研究的共同范式,也没有形成学术共同体,这实际上使得马克思主义哲学的创新基础虚无化,因为任何理论创新都必须在学术共同体的理论平台展开——无论这种展开是"接着说"还是"颠覆"。可以说,直到今天,中国马克思主义哲学界还在为建构自己的哲学形态而奔走呼号。

从问题意识转换的角度来看,80年代的一个重要成果是:经过对传统教科书体系的反思,中国的马克思主义哲学研究开始摆脱教科书的"体系意识"而走

向"问题意识"。① 90年代,中国马克思主义哲学界从"人的问题"、"哲学基本问题"(如从西方哲学借鉴本体论、存在论、认识论等问题)、"中西哲学融合问题"等维度展开深入的探讨。正如孙正聿教授所指出:"从哲学的最基本的理论框架去分析建国以来的哲学状况,大体可以划分为以前的教科书哲学、80年代的反思教科书的哲学改革和90年代的后教科书哲学……回顾和总结80年代的哲学改革,我们可以比较清楚地看到,这场哲学改革在面向改革开放的现实和重新理解马克思的两个维度的交接点上,聚焦于对教科书哲学的反思。进入90年代,中国哲学界开始超越对教科书哲学的反思,步入后教科书时代,从而展现出更为广阔和更为深化的研究前景。"②尽管在90年代"后教科书时代",马克思主义哲学展现出了广阔前景,但传统教科书的"体系意识"仍然像梦魇一样纠缠着人们。90年代初中国学界的这种问题意识仍然是局限于由苏联教科书体系所形成的马克思主义哲学学科内部,换言之,这种问题意识只是学科内部的问题意识,而不是马克思主义哲学所应当把握的时代之问题意识。这是一种"理论无意识",用阿尔都塞的话来说则是,这种问题意识的"问题式"还是由传统教科书体系提供的。

如果说过去的教条在于教科书的"体系意识"束缚的话,那么马克思主义哲学研究走到今天,则是"学科意识"的束缚。这种学科意识,从根本上还是"体系意识"的思想残余。由于众所周知的历史原因,中国的马克思主义哲学学科是从教科书体系中发展出来的,中国的研究者们虽然摆脱了教科书体系的影响,却难以摆脱传统学科体制的束缚。因此,我们称这种马克思主义哲学的研究路径为"学科意识"。

这种"学科意识"直接决定了马克思主义哲学的出场路径仍然摆脱不了传统套路,因而难以招架时代的挑战。中国90年代开始的社会转型和思潮变迁是巨

---

① 对于这一段中国马克思主义哲学研究所走过的心路历程,孙正聿教授把它概括为"从体系意识到问题意识",并指出马克思主义哲学研究中的五大问题意识:"元哲学问题"、"人的存在方式问题"、"发展问题"、"两大思潮问题"、"中西融合问题"。参见孙正聿《从体系意识到问题意识》,载《思想中的时代》,北京师范大学出版社2004年版。

② 孙正聿:《从体系意识到问题意识》,载《思想中的时代》,北京师范大学出版社2004年版,第315—316页。

大的,其对马克思主义哲学的挑战是前所未有的。面对这种挑战,中国马克思主义哲学界的创新热情与危机意识并存。在学术竞争成为常态、理论创新成为职业强迫症的时代,90年代中国的马克思主义哲学可谓创新不断,成果丰硕。从主题上看,有生存哲学、文化哲学、价值哲学、主体性哲学、交往哲学、社会哲学、历史哲学等;从方法论的视角来说,有"回到马克思"、"回到原生态的马克思"、"重新理解马克思"等;在哲学形态的建构上,有"实践唯物主义"、"类哲学"、"人学"、"生存哲学"等。研讨视域之开辟,理论生长点之挖掘,创新路径之提出,不可谓不多;中国马克思主义哲学界为理论创新而上下求索,可谓绞尽脑汁。然而,马克思主义哲学在人文社会科学以及当代社会中的影响力与这些丰硕的理论创新成果形成不小的反差:马克思主义哲学在学术场域中的话语权逐渐丧失,并成为其他思潮的知识输入者;在公共领域中的声音也越来越弱,对现实的关怀也越来越少,以至有人提出马克思主义哲学"被边缘化还是自我放逐"①的疑问。

"学科意识"对于改革开放之后百废待兴的中国人文社会科学之具体学科的建构而言或许是必要的,因为没有这种"学科意识"则学科建设无从谈起;但对于非学院哲学而是"改变世界"之马克思主义哲学而言,则是一个致命的缺陷。孙伯鍨先生在其《浅谈马克思主义哲学的出场路径问题》②一文中把马克思的哲学思想与海德格尔的哲学思想相比较,之后明确指出,马克思主义哲学不是以这些哲学学科的问题意识作为自己的出场路径的。

那么,马克思主义哲学的出场路径是什么呢?早在90年代初,孙正聿教授就极富远见地指出:"蕴含在这些问题之中的根本问题,则是现代化的反思。"③而90年代开始的中国社会的转型,更使得"现代性"这一问题凸现,并逐渐进入马克思主义哲学的研究视域中。④ 近年来,有不少学者强调现代性与马克思哲学的关系,如有人提出"'现代性'是真正与马克思哲学的理论性相适应的本源性

---

① 青年哲学论坛部分成员:《被边缘化还是自我放逐:关于马克思主义哲学研究的学术性与现实性的对话》,《哲学研究》2004年第1期。
② 孙伯鍨:《浅谈马克思主义哲学的出场路径问题》,《河南大学学报》2003年第4期。
③ 孙正聿:《从体系意识到问题意识》,载《思想中的时代》,北京师范大学出版社2004年版,第316页。
④ 20世纪90年代开始的中国社会转型,以一个"长时段"(布罗代尔)的历史眼光来看,则是从"传统社会"向"现代社会"的过渡,有如李鸿章所言"三千年之未有之应局"。

的理论视域"(贺来),"马克思主义哲学的研究应该以现代性问题作为其叙事框架"(张盾),"在当代中国现代性建构的语境中打开马克思的现代性视域,具有重大的理论价值与时代意义"(任平)。①但问题是,光有现代性概念或理论视域的介入,却没有现代性历史进程的政治经济学解剖,我们所触摸到的只是一个空洞的"现代性"概念。如果由此来构造一个体系,从哲学方法论看,那我们只不过是把黑格尔的绝对精神置换成了现代性,本质上既没有摆脱阿多诺所批判的"概念"拜物教,也没有完全从教科书的"体系意识"中真正解放出来。实际上,孙正聿先生所指认的"现代化的反思"这个根本问题是一个具体的历史进程,因此现代性论域的展开,不能局限在哲学思辨的抽象理论层面上,而是要进一步深入现代性本身的问题中,正如马克思当年所深入研究资本主义市场体制、国家制度、革命等现代性问题一样。

总之,以 80 年代的"找到哲学自我"为发端,中国马克思主义哲学界经过不懈探索,正日益凸现"现代性"这个根本问题。但到目前为止,系统的关于"现代性"的具体问题研究,中国马克思主义哲学界还没有真正展开。我们只在本学科的学理层面上讨论马克思主义哲学,而没有使马克思主义哲学走向社会、走向时代、走向现代性。本文选择 90 年代的中国社会转型中提出并在中国人文社会科学界得到反映、成为共识性的话题——市民社会——作为研究对象,试图通过对市民社会的马克思主义审理,对非马克思主义的市民社会理论展开对话与批判,希望通过对市民社会这一历史与现实问题的讨论,来沟通马克思主义与当代中国社会的关系,从而导引出马克思主义在当代真正出场,而不是离开现实问题与当代社会历史实践来抽象地言说马克思主义哲学。

二、市民社会批判与马克思主义哲学的变革

市民社会批判是马克思把握现代性(资本主义)时所凸现出来的问题意识,马克思正是在对市民社会的解剖与批判之过程中,完成了哲学改造与革命,以及对资产阶级政治经济学进行了批判,从而为社会主义从空想到科学提供了坚实的理论基础。

---

① 张盾、任平、贺来:《马克思主义哲学与现代性》,《新华文摘》2005 年第 11 期。

(一) 市民社会:引发马克思哲学变革的问题意识

首先,市民社会形成了现代性社会最典型的利益关系,因而成为历史唯物主义所关注的基本问题,通过把握市民社会这把理解历史的钥匙,可以看到由市民社会矛盾运动所表现的现象和外观,黑格尔因此把市民社会作为客观精神矛盾运动的表现。青年马克思在《黑格尔法哲学批判》中提出"市民社会决定国家与法",这使马克思在社会历史研究中确立唯物主义的基本原则,并把批判眼光从宗教与政治问题转向更为根本的社会问题——市民社会的异化。正如后来恩格斯所说的,"马克思从黑格尔的法哲学出发,得出这样一种见解:要获得人类历史发展过程的钥匙,不应当到黑格尔描绘成大厦之顶的国家中去寻找,而应当到黑格尔所轻蔑的'市民社会'中去寻找"①。随着马克思经济学研究的深入,"市民社会决定国家与法"这一命题转换为"经济基础决定上层建筑",历史唯物主义的基本理论构架由此奠定。

其次,马克思在市民社会研究中,发现对"市民社会的解剖应该到政治经济学"中寻找,②由此开始了长达20多年的资产阶级政治经济学批判,为当代资本主义社会批判理论提供了丰富的资源。

第三,马克思对市民社会的解剖使他发现了市民社会与资产阶级意识形态和哲学的关系,提出"旧哲学的基础在于市民社会,新哲学的基础在于人类社会或社会化的人类"③,从而为马克思主义哲学新形态的建构提供了基础。

第四,马克思通过对市民社会的分析,发现了资本主义崩溃的政治经济学根源,从而为社会主义从空想到科学提供了科学根据,并由此引发波澜壮阔的工人运动和社会主义革命。

由此可见,现代性的市民社会批判是贯穿于马克思主义三大部分——哲学、政治经济学、科学社会主义的逻辑中轴。这是因为市民社会所造成的现代社会的异化是马克思那个年代的时代课题,如当时的"法国大革命"和英国"光荣革命"所解决的是市民等级的政治权力问题,工业革命则是解决市民社会的经济问

---

① 《马克思恩格斯全集》第16卷,人民出版社1972年版,第409页。
② 《马克思恩格斯选集》第2卷,人民出版社1972年版,第82页。
③ 马克思:《关于费尔巴哈的提纲》,载《马克思恩格斯选集》,人民出版社1995年版,第54—56页。

题,德国人则在古典哲学中反思性地讨论市民社会,如康德在《历史理性批判》、黑格尔在《法哲学原理》中详细地讨论了市民社会的各个方面。现代以来的社会科学的学科建构也正是在市民社会中形成的,其最为典型的是经济学与社会学。经济学被马克思称为市民社会的科学,而以孔德、斯宾塞所开启的社会学则直接以其为研究对象。

(二)市民社会:马克思主义哲学发生的历史地平

熟悉近现代欧洲历史的人都知道,市民社会与西方近代的社会转型具有重要的关系,正是这种重要性,使得近代的大思想家纷纷研究市民社会这种现代社会组织形式与制度安排。近代的社会科学也在此基础上建构起来,如古典经济学以市民社会(市场)作为自己的研究对象,现代的法哲学则从市民社会的角度来讨论"国家科学",即政治学。当代中国正处于社会历史转型时期,因此市民社会自90年代以来成为中国人文社会科学界的共识性话题,绝非偶然,而是有其深刻的社会历史背景。

从西方社会的"现代性"转型来看,除去科学技术(自然科学)、文化(文艺复兴)、宗教信仰(宗教改革)等方面外,如果从社会组织的角度来观察,正是现代市民社会为现代性提供了社会组织形式。然而这种社会组织方式在建构现代社会的同时,也带来了它的负面影响,那就是人在现代市民社会与市场经济体系中的异化,欧洲市民阶级的政治革命解除了人在政治等级制度下的压迫,但陷入经济力量的奴役之中。因此,马克思作为一个彻底的革命者,必然不满足于资产阶级(市民阶级)革命的政治解放,还要求把人从经济力量的奴役中解放出来——人类解放,因此,对资产阶级现代性社会的组织方式——市民社会进行批判和革命,就成了马克思思想中的应有之义。马克思主义之所以具有很强的时代感与影响力,也是因为它是批判与反思现代资本主义市民社会的一面旗帜。

(三)市民社会:当代中国社会"现代性"转型的基本社会理论问题

20世纪的最后20年是中国社会急剧变化与转型的20年,这种社会变迁在思想文化层面上的一个重要反映则是学界基本理论问题的更迭。在80年代的文化热中,最有影响的大多是理论抽象层次最高的哲学观念,比如对于人道主义和主体性哲学、异化问题的讨论,对中西文明的本性、对中西哲学的比较研究,以及萨特的存在主义、弗洛伊德的性欲论、尼采超人哲学等研究热潮。

到了90年代,随着研究的深入,思想的探索与交锋更重视那些现实的、具体的问题,甚至是制度层面的、可操作的问题。90年代中国思想界的研究状况,套用一句话说就是,从个体性偏向社会性,从"内圣"转移到"外王"(徐友渔的观点)。在90年代的热点问题中,有现代性与后现代性问题、市场经济的理论问题,以及公共领域和私人领域的划分问题。关于公共领域的研究,吸引了政治学、社会学、哲学等各个学科的学者,并且历经十多年仍然方兴未艾,其出发点是为了解决中国传统社会的结构问题,是当代中国的政治经济体制改革在理论层面上的反映。如果说80年代的社会核心问题是"思想问题"的话,与这种思想问题的核心地位相称的是80年代哲学在人文社会科学中闪烁着耀眼的光芒;那么90年代的社会核心问题则是"制度问题"。与这种"制度问题"的核心地位相称的是,经济学由于与体制改革紧密关联而成为"显学",因此有人以"从哲学帝国主义到经济学帝国主义"①来形容这一社会思潮的转折。

与这种社会变迁以及基本理论问题域的转换相一致的是,在具有极强"实践性"的马克思主义哲学研究中,也必须凸现这样一种问题意识:从抽象的哲学形上思辨层面转换到具体的社会理论研究,其中尤以当代的社会结构与制度变迁(传统的说法则为"生产关系"变革)为关键。而马克思对于市民社会批判正是从生产关系的视角出发,其对于当代中国社会转型的意义也就不言而喻了。对于马克思主义哲学而言,如果仍然局限于传统的学科意识之中,而对当代人文社会科学中的共识性的基本理论问题不进行研究,将会被边缘化,从而成为象牙塔中少数知识分子的玄学思辨与"独白",这是有悖于马克思主义哲学在中国的特殊历史地位的。

众所周知,马克思的资本主义批判理论是对现代性的最深刻分析,然而不为人知的是,马克思的资本主义这个奠基性的范畴是由市民社会(即资产阶级社会)概念发展出来的。②批判理论在马克思思想中的重要性是毋庸置疑的,这方面已有许多文献说明,法兰克福学派把自己的理论称为批判理论。本文在此要

---

① 党国英:《从哲学帝国主义到经济学帝国主义》,《书屋》2001年第12期。
② 详见王浩斌的下述论文:《马克思真的没有使用资本主义概念吗?》,《南京社会科学》1999年第4期;《马克思:市民社会批判》,《探索》1999年第2期;《市民社会概念的三个历史阶段》,《理论探索》1999年第4期。

指出的问题是：马克思的批判理论不仅具有深刻的反思性（哲学形上学），而且还具有极强的现实性（扎根于现代社会及其社会科学，尤其是古典经济学与政治学）。马克思并不简单地是一个激进与判逆的思想家，其批判是针对现代市民社会的批判，这使马克思的批判理论具有极强的现实感与历史使命感，因而不仅在激进理论与批判哲学中占有一席之地，而且也使资产阶级社会理论家（政治学、法学、经济学）不得不认真倾听马克思的意见。可以说，当代资本主义体制内的一些改良与自我调整有不少是受益于马克思的。

总之，研究市民社会，可以使我们理解近现代资本主义发生的历史，理解马克思那个时代，从而真正地读懂马克思，同时也为把握当代资本主义的变化提供一个坚实的基础。此外，这对于当代中国马克思主义哲学建构及其研究范式的转换也具有非同寻常的意义。

实践与生产：分立还是统一[①]
——对伽达默尔和马克思实践概念的比较分析

郭云峰

（南京大学马克思主义学院）

在实践概念的理解上存在诸多分歧。马克思把实践的基础内容确定为"物质生产"或"物质行动"，但这并非全部。孙伯鍨先生对马克思的实践概念做了较为全面的总结，他认为，"马克思的实践范畴是指在一定社会关系形式下实现的人和物、主体和客体相统一的能动的生活过程"[②]。与之相左，伽达默尔则指出实践在今天"堕落为技术"，并且"总的倾向于社会的非理性"。因此，他要求重新恢复一种实践概念。这种实践概念的"对立者"是"生产"。[③] 这两种形态的实践概念究竟该如何评价？我们究竟需要回到怎样的实践概念？本文将围绕这些问题展开分析。

一、伽达默尔：作为生产对立者的实践

生态危机的出现在今天已经是不争的事实，伽达默尔在《科学时代的理性》中就曾提请人们关注这个问题。他认为，在当前的处境下，我们更需要一种"实践理性"，以认识到"技术合理性的极限"。伽达默尔说："我们的经济和技术在我们迄今遵循的道路上潜在地有着过度发展的趋势，在可预见到的未来，这会导致地球生命的毁灭。"[④]在他看来，现在的危机是因为经济和技术在近代的"过度发展"造成的，而且，社会文明的发展模式也发生了变化，社会生活受到了越来越多

[①] 原载《江苏社会科学》2010年第4期。
[②] 关于马克思实践内涵的精彩分析，请参阅孙伯鍨先生的《马克思的实践概念》，《哲学研究》1995年第2期；同时参阅张一兵、姚顺良和唐正东等教授围绕此问题所做的讨论（《学术月刊》2006年第7期）。
[③] 伽达默尔：《科学时代的理性》，国际文化出版公司1988年版，第65页。
[④] 伽达默尔：《科学时代的理性》，国际文化出版公司1988年版，第74页。

的技术上的控制。伽达默尔还说:"因为20世纪是第一个以技术起决定作用的方式重新确定的时代,并且开始使技术知识从掌握自然力量扩转为掌握社会生活,所有这一切都是成熟的标志,或者也可以说,是我们文明危机的标志。"①

伽达默尔把造成当前危机的原因归之于一种不合适的观念——建造的观念。他说:"艺术和手工制品与自然提供的模型之间旧有的关系,因此被转变成一种关于建造的观念,成为关于按照某种想法人为创造一种自然的观念。这就是最终使我们生活于现代社会文明模式之中的东西。隐藏在机械论科学观中的构造观念已在巨大的范围内推广开来。它使得机械化、对自然进行的转化以及对空间的开发都在本质上成为可能。"②

人类面临的危机如此严峻,伽达默尔主张转变观念,改善现有的文明模式,他认为,由科学而来的传统,追求的是一种"客观认识的理想",它所崇拜的价值是"客观性"。伽达默尔尊重科学的这一合理诉求,但是,他认为仅仅这样是有缺陷的,并提出用参与者的理想补充客观认识的理想。③ 与参与者的理想相适应的是,通过对话模式获得真理。他说:"对话模式可以阐明这种参与形式的结构,因为对话也是由此表明,对话者并非对对话中出现的东西视而不见并宣称唯有自己才掌握语言,相反,对话就是对话双方在一起相互参与着以获得真理。"④

为了克服当代危机,伽达默尔认为必须恢复传统的实践概念,以增进人们之间的相互理解和团结。他说:"实践就是引导自身并在团结中行动,然而团结是整个社会理性的决定性的条件和基础。"⑤在谈到盖伦对体制的怀旧情结以及想要"远离争论"时,伽达默尔认为这是行不通的,主张要"思考实践的交往特性",他说:"我们必须自己寻找出路:这出路就是理解,就是一体性。"⑥

相应的,伽达默尔在著作中高度赞扬亚里士多德所做的贡献,他说:"亚里士多德把包括政治学在内的实践哲学置于同理论的理想和理论哲学的相互设定关

---

① 伽达默尔:《科学时代的理性》,国际文化出版公司1988年版,第63页。
② 伽达默尔:《科学时代的理性》,国际文化出版公司1988年版,第62页。
③ 伽达玛:《理性·理论·启蒙》,(台北)结构群文化事业有限公司1990年版,第60页。
④ 伽达玛:《理性·理论·启蒙》,(台北)结构群文化事业有限公司1990年版,第60页。
⑤ 转引自帕特里夏·奥坦伯德·约翰逊《伽达默尔》,中华书局2003年版,第89页;另参见伽达默尔《科学时代的理性》,国际文化出版公司1988年版,第76页。
⑥ 卡斯滕·杜特:《什么是实践——伽达默尔访谈录》,金惠敏译,《西北师大学报》2005年第1期。

系之中,由此而发展了实践哲学。因此,他把人的实践提到一种独立的科学领域。"伽达默尔如何理解实践概念呢? 他认为,有关实践的流俗观点受到现代科学概念的过度影响,人们"被驱使着按照科学应用的思路"去理解实践概念。① 在和卡斯滕·杜特的谈话中,他说:对实践的理解"不能只是理解为科学理论的实践性运用……可以肯定的是对理论的运用也属于我们的实践。但是,这并不就是一切。'实践'还有更多的意味。它是一个整体,其中包括了我们的实践事务,我们所有的活动和行为,我们人类全体在这一世界的自我调整——这就是说,它还包括我们的政治、政治协商,以及立法活动。我们的实践——它是我们的生活形式。在这一意义上的'实践'就是亚里士多德所创立的实践哲学的主题"②。在另一处,伽达默尔说:"'实践'意味着全部实际的事物,以及一切人类的行为和人在世界中的自我设定;此外,属于实践的还有政治以及包括在政治中的立法。"③伽达默尔还认为,不能把理论视为实践的对立者。他引用亚里士多德的思想,指出理论也是一种实践,"在最高的意义上,只有那种活动于思想领域,并且仅仅为这种活动所决定的人,才可以被称作行动者"④。从文中可以看出,伽达默尔采纳了亚里士多德的主张,认为理论是"最高贵的实践类型"⑤。

这里值得注意的是,伽达默尔认为实践的对立者不是理论,理论是一种特别的实践,它是实践中最高贵的类型。但是,他认为,实践有其对立者,它就是"建基于知识之上的生产,即为政治生活提供了经济基础的'制作'(poiesis)"。⑥ 从事生产的人可以不是低等的奴隶,而是一些自由人。尽管如此,自由人的生产或者制作并不属于实践。他截然划定了两个领域,一方面是实践知识,另一方面是"专家们的获得性技能"⑦,即表现为技术的那些技能。在这里,他完全采纳了亚里士多德关于实践和"制作"(生产)的区分。后者认为,实践以自身为目的,制作则以自身之外的东西为目的,因此,在亚里士多德看来,"制作"(生产)的意义相

---

① 伽达默尔:《科学时代的理性》,国际文化出版公司1988年版,第61页。
② 卡斯滕·杜特:《什么是实践——伽达默尔访谈录》,金惠敏译,《西北师大学报》2005年第1期。
③ 伽达玛:《理性·理论·启蒙》,(台北)结构群文化事业有限公司1990年版,第60页。
④ 伽达默尔:《科学时代的理性》,国际文化出版公司1988年版,第78页。
⑤ 伽达默尔:《科学时代的理性》,国际文化出版公司1988年版,第80页。
⑥ 伽达默尔:《科学时代的理性》,国际文化出版公司1988年版,第80页。
⑦ 伽达默尔:《科学时代的理性》,国际文化出版公司1988年版,第80页。

对来说较为次要。

尽管伽达默尔没有贬低生产或者制作的意图,但是,他确实认为,生产或者制作是科学技术发挥作用的方式,这表现为对生活世界的全面控制。科学技术本身缺乏思的能力,今天所出现的生态危机以及未来将要出现的灾难性后果与此有关。伽达默尔之所以强调实践和实践智慧对科学技术的补充作用,就是想要用这种实践知识弥补现有文明模式的缺陷。不仅要注重生产的发展,同时要把这种生产与人类之善联结起来,让人们始终保持明智,增进彼此的理解和团结。

二、马克思:以生产为基础内容的实践

从以上的阐述可以看出,伽达默尔把生产摆在和实践相对立的位置。这一做法,直接沿袭了亚里士多德的理论思路。从笛卡尔以来的人文主义思想家,常常会忽略生产或者劳动的作用。其中的部分原因在于,他们把理想化的人或者不真实的人放在哲学的核心位置并就此展开思辨。马克思在其哲学中从具体情境下的生产者出发展开对历史发展的分析,从而充实了实践概念的客体内涵。

在马克思之前,德国哲学家已经对宗教和黑格尔哲学展开过激烈的批判。马克思认为,宗教和唯心主义所赞颂的那个世界空洞抽象,哲学的迫切任务是"揭露具有非神圣形象的自我异化"。他提出,德国的新理论要"从现实的生活胚芽出发",而不是从"脑壳"里产生出来。对于德国人来说,当前迫切需要"使哲学成为现实"。但是,理论需要并不会直接成为实践需要,马克思指出了改革存在的"重大困难",即德国缺乏变革的"物质基础"。[①] 由此可见,马克思并不是一个天真的浪漫派,他不仅重视对现实的认识,而且十分重视现实所提出的要求以及变革现实所依据的条件。

马克思提出,在唯心主义和唯物主义哲学中出现的理论对立,"只有通过实践方式,只有借助于人的实践力量"才能解决,不应该继续把解决这种理论的对立看作认识或者理论的任务,而应该看作"现实生活的任务"。[②] 这里的"实践"

---

① 《马克思恩格斯选集》第1卷,人民出版社1995年版,第2、8、11页。
② 马克思:《1844年经济学哲学手稿》,人民出版社2000年版,第88页。

概念，主要是指"现实"、"实际"，它区别于远离现实的理论思辨。

马克思的实践概念不仅是指"现实"，它也指"感性的人的活动"或者"对象性的活动"。他在《关于费尔巴哈的提纲》中描绘了新哲学的构想，重点分析了费尔巴哈哲学的局限性，阐述了对感性、真理、人性、社会等方面的理解，传统的唯物主义哲学，"对对象、现实、感性，只是从客体的或者直观的形式去理解，而不是把它们当作感性的人的活动，当作实践去理解，不是从主体方面去理解"。费尔巴哈批判了黑格尔，把目光从"思想客体"转向"感性客体"，但是，他没有能够"把人的活动本身理解为对象性的活动"。①

以上所说实践的概念，其含义可以分为两个层面：一个是相对于彼岸世界和观念世界的"现实"；一个是相对于感性对象的"感性的人的活动"或者"对象性的活动"。在《德意志意识形态》中，马克思对实践概念有了新的理解。

和德国传统哲学不同，马克思哲学的出发点不是理性的人。他说："我们的出发点是从事实际活动的人，而且从他们的现实生活过程中还可以描绘出这一生活过程在意识形态上的反射和反响的发展。"②需要注意的是，在《1844年经济学哲学手稿》中，马克思研究的出发点不是上述"从事实际活动的人"，而是"异化"。他说，我们的出发点是经济事实即工人及其产品的异化。这是一个关键的转变，从"异化"出发引出的是对异化现象的批判，并不能深入理解人类发展的历史。

马克思后来明确反对异化的历史观，他说："哲学家们在不再屈从于分工的个人身上看到了他们名之为'人'的那种理想，他们把我们所阐述的整个发展过程看作是'人'的发展过程，从而把'人'强加于迄今每一历史阶段中所存在的个人，并把他描述成历史的动力。这样，整个历史过程被看成是'人'的自我异化过程，实质上这是因为，他们总是把后来阶段的普通个人强加于先前阶段的个人并且以后来的意识强加于先前的个人。由于这种本末倒置的做法，即一开始就撇开现实条件，所以就可以把整个历史变成意识的发展过程了。"③异化的历史观仅仅把历史过程看作理想的人的自我异化过程。哲学家几乎无一例外地坚持这

---

① 《马克思恩格斯选集》第1卷，人民出版社1995年版，第54页。
② 《马克思恩格斯选集》第1卷，人民出版社1995年版，第73页。
③ 《马克思恩格斯选集》第1卷，人民出版社1995年版，第130页。

种观点,如黑格尔、费尔巴哈、布·鲍威尔等人。马克思在这里强调的是,异化的历史观并不能理解历史的真相,也无助于人的解放事业。哲学家们只是把想象的"人"从"词句的统治下"解放出来。人的真正解放必须借助于现实手段,消灭"异化"必须以生产力的巨大增长和高度发展为前提。①

新的历史观"从直接生活的物质生产出发阐述现实的生产过程",它"始终站在现实历史的基础上,不是从观念出发来解释实践,而是从物质实践出发来解释观念的形成"。②精神生产与物质活动和交往混合在一起,后者起着基础作用,"意识在任何时候都只能是被意识到了的存在,而人们的存在就是他们的现实生活过程"③。马克思指出了这样的事实:被哲学家神话的"实体"、"自我意识"、"历史上周期性重演的革命动荡"以及被表达过千百次的变革的观念,它们之所以没有完成对世界进行现实改造的任务,原因在于忽视了它们变革的现实基础,即"生产力、资金和社会交往形式的总和"。④

生活资料的生产是一种实践方式,它把人和动物区别开来,表现为人的"生活方式"。"个人怎样表现自己的生活,他们自己就是怎样",也就是说,个人的现实本质取决于"生产什么"以及"如何生产"。这种生产,部分表现在工业和商业的活动中,它们是"整个现存的感性世界的基础"⑤。有了这个基础,对历史之谜的理解和解答就有了可靠的起点。相反,如果忽视"现实的生活生产",那么"历史的东西则被看成某种脱离日常生活的东西,某种处于世界之外和超乎世界之上的东西,这样,就把人对自然界的关系从历史中排除出去了,因而造成了自然界和历史之间的对立"。⑥

以上的分析涉及对实践概念更为具体的理解,马克思一开始把实践理解为"现实"和"感性的人的活动",后来又把实践理解为"物质生产"、"物质行动"、"物质实践"、"生活资料的生产"或者"现实的生活生产"。应该说,他一开始对实践

---

① 《马克思恩格斯选集》第1卷,人民出版社1995年版,第86页。
② 《马克思恩格斯选集》第1卷,人民出版社1995年版,第92页。
③ 《马克思恩格斯选集》第1卷,人民出版社1995年版,第72页。
④ 《马克思恩格斯选集》第1卷,人民出版社1995年版,第93页。
⑤ 《马克思恩格斯选集》第1卷,人民出版社1995年版,第67—68、77页。
⑥ 《马克思恩格斯选集》第1卷,人民出版社1995年版,第93页。

概念的理解还比较抽象,后来逐渐把"实践"概念具体理解为"生产"的各种表现形式,在《德意志意识形态》中,马克思把作为"物质生产"的实践放在基础位置,"思维"、"精神交往"和"精神生产"被看成物质生产的"直接产物"。但是,他并没有简单地停留在强调"物质生产"的基础地位,而是提出要把"生产"生活资料的方式理解为"表现自己生活"的方式,是"一定的生活方式"。个人的生存状况和他们的生产相一致。①

相对于1844年所持的观点,一个重要的变化是,马克思不再强调异化劳动和"作为生命自由表现"的劳动、异化的生产和"全面生产"或者"作为人进行的生产"之间的区别,相反,他主要批评把人理想化的异化史观,认为这样的历史观制造了一个意识的幻像。这个变化的意义在于,实践概念不再停留于抽象的现实"状态",它进一步被理解为最基础的"现实的生活的生产",尤其是物质生产。"精神生产"、"精神交往"、"人的生产"与其交织在一起,它们理当也属于实践的重要形式。

三、是否应当把"实践"与"生产"对立起来

以上论述了两种看似对立的实践概念。马克思把实践的基本内容理解为生产,尤其是物质生产,伽达默尔则把生产当作实践的"对立者"。究竟应该如何看待他们关于实践概念的分歧?我们是否可以把"实践"与"生产"对立起来?这是一个重大的理论问题。

伽达默尔把生产看作实践的对立者,目的在于突出实践活动不同于自然科学、技术等知识所带来的对自然和社会的广泛控制活动(主要表现为生产活动),他认为后者带来的是全面的控制和人的异化。尤其是自然科学通过其方法上的渗透,影响了人文研究的方法,造成人文科学失去自身的特点,使其成为自然科学的附庸。伽达默尔认为,自然科学对人文科学的过度影响导致其失去自己独立的个性,同时,这样的情形也带来了很大危险,即社会越来越依赖自然科学和技术。科学理性过度膨胀,引导人类社会进步的实践理性或者说社会理性却十分缺乏,可能无法将科学技术的发展控制在安全的范围之内。因此,伽达默尔所

---

① 《马克思恩格斯选集》第1卷,人民出版社1995年版,第72、67—68页。

做的不是统一自然科学和人文科学,而是努力把人文学科从自然科学中"拯救"出来,强化它对后者的引导作用。

伽达默尔的做法是基于如下判断:对自然和社会控制的加强、人的孤独和异化、生态环境的恶化和危机、人的自由的丧失,这些主要与科学技术发展的过度膨胀有关。为了解决上述问题,单纯依靠科学和技术已经行不通,因为科学技术有其自身作用的局限或限度,要解决这些问题,必须诉诸人文科学的发展,实现对实践概念理解的根本改变。伽达默尔的主导思路是:提升人文科学的地位,避免被自然科学所同化和控制。让人文科学居于主导地位,把自然科学置于人文科学的控制之下,实现两者的统一。伽达默尔认为,只有这样,人类的文明之路才能是健康的,当前面临的环境危机和异化现象才能有望解除。

关于自然科学和人文科学的关系,马克思也曾做过深刻分析,他说:"自然科学展开了大规模的活动并且占有了不断增多的材料。而哲学对自然科学始终是疏远的,正像自然科学对哲学也始终是疏远的一样。过去把它们暂时结合起来,不过是离奇的幻想。存在着结合的意志,但缺少结合的能力。"马克思认为,在将来,自然科学将会成为"人的科学"的基础,两者将成为同一门科学。他说:"自然科学往后将包括关于人的科学,正像关于人的科学包括自然科学一样:这将是一门科学。"①

自然科学怎样成为"人的科学"的基础呢?马克思说:"自然科学……通过工业日益在实践上进入人的生活,改造人的生活,并为人的解放做准备,尽管它不得不直接地使非人化充分发展。"通过工业的力量,自然科学进入并改造着人的生活,发挥着它的威力。"如果把工业看成人的本质力量的公开展示",那么,人们将会认识到自然科学是"人的科学"的基础。那种认为生活和"人的科学"还有别的基础的观点,被他当作"谎言"加以批判。②

在《德意志意识形态》中,他再一次从历史的角度谈自然科学和"人的科学"两个领域的结合:"我们仅仅知道一门唯一的科学,即历史科学。历史可以从两方面来考察,可以把它划分为自然史和人类史。但这两方面是不可分割的;只要

---

① 马克思:《1844年经济学哲学手稿》,人民出版社2000年版,第89—90页。
② 马克思:《1844年经济学哲学手稿》,人民出版社2000年版,第89页。

有人存在,自然史和人类史就彼此相互制约。"①与自然史研究有关的是自然科学,与人类史研究有关的则是"人的科学",它们同属广义的历史科学。但是他指出,人类史的研究过去不是被曲解,就是被忽视。先前意识形态的主要错误在于把自然史和人类史,自然科学和"人的科学"看作毫不相关的两个领域。马克思强调两个领域不可分裂,它们相辅相成,彼此制约。

正因为有上述看法,马克思才会把生产看作人类实践的基础内容,把生产力的发展当作历史进步的基础。一方面,他指出自然科学是"人的科学"的基础,物质生产对其它生产形式具有决定作用。另一方面,他特别提出要深入研究人类史,澄清意识形态对人类史的曲解以探明历史发展的真相。对人类史的研究,对传统意识形态的批判,成为马克思理论研究工作的重要内容。由此可见,马克思不仅把生产当作实践的基础内容,科学地揭示了历史的"发生学",而且,他也十分重视理论研究,尤其是对"人的科学"的研究(这相当于伽达默尔所说的"理解的实践"),因为他认为这是实现人的自由和全面发展的重要思想前提。

马克思当时面对的主要问题是落后生产力对社会发展的制约以及不合理的生产关系造成的社会不公平,这就要求对自然科学、工业、生产力、生产、资本等方面的突出作用给予重视。伽达默尔面对的主要问题则是另外一种情形。他要求加强人文科学的力量,摆脱自然科学加之于人文科学的不良影响。"摆脱"不是为了分裂,而是为了抑制由自然科学及其技术所带来的危机和困境,但是,这样的问题或者危机在马克思时代并没有出现,因此他不会提出人文科学的独立性问题,而是强调两者的联合与统一。事实上,伽达默尔也不反对两类科学在实践上的统一,只有两者的最终联合与统一(以"人的科学"为主)才能保障社会的健康发展,马克思在当时遇到的问题主要是社会的贫困、异化现象以及生产领域的不公平现象。要解决这些问题,一方面需要依靠实践(尤其是物质生产实践)的途径发展生产力,另一方面则需要改变工人所处的不公平的、奴役人的"关系"。前者需要自然科学的支持,后者则需要依靠"人的科学"的支援。

在伽达默尔的实践概念中,把生产看作实践的对立者,产生了怎样的后果?他把实践领域和生产领域对立起来,造成了"实践"活动与"生产"活动的分立。

---

① 《马克思恩格斯选集》第1卷,人民出版社1995年版,第66页脚注2。

如果生产行为仅仅是纯粹"获得性技能"和技术的应用,那么,生产者的作用也就和机器一样,似乎没有"灵魂"。他们只不过是一些肉体机器。生产者为社会创造了物质财富,但是,他们自身好像与自然科学和技术一样缺乏实践理性或社会理性。他们似乎只关心如何更有效率地工作,如何生产出更多、更加精致的产品,不关心这种生产是否对人类的幸福有益。这一点显然与实际不符。伽达默尔为什么不把生产看作实践的基本内容?主要原因或许在于,他把生产、劳动和技术都看作无理性的、盲目的、机械的活动,过多强调了它们的非理性方面。生产活动并非脱离实践理性而盲目进行,技术也不是脱离实践理性成为冰冷的"机器"。技术本身为人类服务,它们曾经解决了人类面临的许多困境,譬如贫困、粮食危机、各类疾病、环境污染,等等。这些都表明,生产和技术服务于人类,促进人类之善的实现,并非全部是制造异化的祸根。

由此可见,把实践与生产对立起来,把人文科学与自然科学分离开来,忽视生产实践的作用,这样的观点无疑是有害的。而希望通过非生产的实践方式克服生态危机,虽有重要的积极意义,但是也有太多的理想色彩。实践领域和生产领域的对立或者人为分立,有可能弱化生产和技术在解决人类面临诸多难题中的作用,使得生产和技术的改进受到孤立和限制。只有借助于生产实践,借助于技术和制度创新以及人文科学的理解实践等综合力量,才能真正解决当代社会面临的危机,保持社会的持续完善。

舒尔茨的《生产的运动》:青年马克思生产范畴形成的重要坐标①

李乾坤

(南京大学马克思主义学院)

在《德意志意识形态》之中,马克思建立在生产范畴之上的历史唯物主义全新哲学世界观得以形成。近年来,我国学界对青年马克思思想生成史的研究日趋深入,许多从前重视不足的思想家,如赫斯、鲍威尔、李斯特等,都已进入我国学者的视野中。借助于这些研究,我们对马克思的生产力、生产方式这一系列概念的哲学内涵理解更为深入。然而,生产这一范畴是如何进入马克思的思想体系之中的,它的来源在哪里,对这一问题我们以往很少追问。在我们最近的研究中,发现德国19世纪的思想家弗里德里希·威尔海姆·舒尔茨(Friedrich Wilhelm Schulz)②在《生产的运动》(Die Bewegung der Production)一书中对于生产范畴的探讨,在马克思思想转变过程中扮演着不可或缺的作用。

一、舒尔茨的《生产的运动》及其对物质生产的理解

《生产的运动》一书的形成有一个较长的准备过程。1840年,舒尔茨便在《德意志季刊》上发表《劳动组织中的变化》这一长文,这一文章后来构成了《生产的运动》一书的"物质生产"一章;三年后,舒尔茨完成《精神生产的劳动组织的变化》一文,此文同年以"精神的生产"为题,和《劳动组织中的变化》一文一起以"生

---

① 原载《哲学研究》2017年第11期。
② 弗里德里希·威尔海姆·舒尔茨,德国19世纪著名政治评论家。1797年生,早年曾参加拿破仑战争。1831年末舒尔茨在埃尔朗根大学以《论当代统计学同政治学的关系》为题获得博士学位。在这篇论文中,舒尔茨就已经探讨了经济学事实同政治结构的关系。1833年秋天舒尔茨流亡瑞士,后获得苏黎世大学的教席。自1842年起,他开始为马克思主编的《莱茵报》提供评论报道。1843年,舒尔茨的代表作《生产的运动》一书在瑞士苏黎世发表。1848年舒尔茨重回德国参与政治活动,并在次年再次流亡瑞士,最终在1860年死于瑞士。舒尔茨一生致力于反对德国的专制制度,在政治观点上有强烈的左派自由主义倾向,熟稔英法政治经济学及社会主义和共产主义的著作。

产的运动"为题于 1843 年发表。《生产的运动》的副标题,即"对建立一种国家与社会的新科学的历史的、统计学的探讨"。从统计学的角度,分析社会经济数据,历史地看待社会和国家的发展,是舒尔茨研究方法的重要特征。《生产的运动》这本书除导言外共分两部分:"物质生产"(Materielle Produktion)和"精神生产"(Geistige Produktion)。舒尔茨对于物质生产的论述,是《生产的运动》最关键的部分。在"物质生产"这一章的开篇舒尔茨便论述了物质生产和精神生产之间的关系,人"内在劳动"(innere Arbeit)的创造性将物质的财富同精神的财富联系在一起,"精神生产和物质生产从两方面描述了人类创造的一个不可分的过程,从而运动规律的两个方面也必须要被证明"。① 精神的生产和物质的生产的规律,在根本上是同一个规律,是同一个规律发展的不同环节。为了了解精神生产的规律,必须首先理解物质生产的规律。因为,精神世界里也受到和物质世界一样的规律的统治,"精神的世界也被这样的规律所统治,即在生活中有意义的关系并未消失,而是被把握并因此变成了持存的精神财产"②。正因此,舒尔茨首先探讨的对象就是物质生产。我们可以说,在一定程度上,舒尔茨在思想逻辑中给予物质生产以基础性的地位。舒尔茨对于物质生产的理解,可以总结为如下三个要点:

第一,舒尔茨将物质生产视作理解社会历史的决定性因素。这是舒尔茨《生产的运动》一书中最重要的观点。舒尔茨写作《生产的运动》的动机与目的,就是思考解决 19 世纪上半叶欧洲日益尖锐的阶级矛盾的途径。舒尔茨认识到,不断产生的庞大的无产阶级大众,已经和更高社会等级之间产生了无法弥合的矛盾,这种矛盾甚至已经将欧洲推向了毁灭性的内战的边缘。③ 此时的欧洲,尤其是英法两国,一方面社会经济快速发展,各国的生产力、人口数量均有极大的增长;但另一方面,大量赤贫的无产阶级产生,贫富差距加大,成为当时众多进步思想

---

① Schulz, F. W. *Die Bewegung der Production, Eine geschichtlich-statistische Abhandlung zur Grundlegung einer neuen Wissenschaft des Staates und der Gesellschaft*. Zürich und Winterthur, 1843, p.10.

② Schulz, F. W. *Die Bewegung der Production, Eine geschichtlich-statistische Abhandlung zur Grundlegung einer neuen Wissenschaft des Staates und der Gesellschaft*. Zürich und Winterthur, 1843, p.11.

③ Schulz, F. W. *Die Bewegung der Production, Eine geschichtlich-statistische Abhandlung zur Grundlegung einer neuen Wissenschaft des Staates und der Gesellschaft*. Zürich und Winterthur, 1843, p.3.

家所关心的对象。但是在舒尔茨看来,这些思想家都没有抓住问题的根本。舒尔茨回顾了英法两国思想界对于当时现实的回应。这其中,他最关心的就是以傅里叶为代表的空想社会主义,和以蒲鲁东为代表的共产主义思想。舒尔茨认为,这些思想还局限于探求在生产和消费之间找到一个合理的分配关系,而这种尝试必然面对着内在的矛盾,因为社会主义和共产主义学说本身就产生于当时的阶级矛盾,而到分配关系中寻找答案,只会激化阶级矛盾,对解决问题于事无补。

舒尔茨进一步将重点集中在德国当时的思想状况之上。这其中,首先面对的就是当时产生了重大影响的主张"真正的社会主义"的赫斯的行动哲学。在舒尔茨看来,赫斯的行动哲学只不过是德国抽象思辨传统换一副面具罢了,它的行动与批判,永远都跳不出思想的范围。他以辛辣的口吻写道:"当他们付出更多行动,而非原地踏步时,便能够产生一种进步。然而一切都走向了书斋中的运动,扬起了书斋里的灰尘,在这尘土之后,新哲学和旧神学一样拥有它布满云雾的天空,这云雾将这种哲学和人民大众相互遮蔽起来。"①这种行动哲学说到底是和现实以及人民割裂开的经院哲学,舒尔茨说,"在这样一个撕裂的时代里,一个哲学家要被人民所接受,就如同骆驼要钻过针眼一般困难"②。在批判了法国的空想社会主义思想以及德国的思辨哲学之后,舒尔茨强调了物质生产的决定性作用。"只有在现实之中才有真理"③,现实就是物质生产。在舒尔茨看来,物质生产"这种自然发生的东西,在一种由内而外合规律发展的行动组织的历史的活生生联系中,除掉全部的任意性,始终是强大的、具有影响的。然而人们甚至还是不能把握物质生产的全部过程"④。对物质生产内在规律的把握,也就是对生产的运动的理解,方才构成从思想上把握社会历史的根本。

---

① Schulz, F. W. *Die Bewegung der Production*, *Eine geschichtlich-statistische Abhandlung zur Grundlegung einer neuen Wissenschaft des Staates und der Gesellschaft*. Zürich und Winterthur, 1843, p.7.

② Schulz, F. W. *Die Bewegung der Production*, *Eine geschichtlich-statistische Abhandlung zur Grundlegung einer neuen Wissenschaft des Staates und der Gesellschaft*. Zürich und Winterthur, 1843, p.7.

③ Schulz, F. W. *Die Bewegung der Production*, *Eine geschichtlich-statistische Abhandlung zur Grundlegung einer neuen Wissenschaft des Staates und der Gesellschaft*. Zürich und Winterthur, 1843, p. 7.

④ Schulz, F. W. *Die Bewegung der Production*, *Eine geschichtlich-statistische Abhandlung zur Grundlegung einer neuen Wissenschaft des Staates und der Gesellschaft*. Zürich und Winterthur, 1843, p. 8.

第二，舒尔茨对物质生产的理解，建立在斯密的分工理论之上。这是贯穿《生产的运动》的核心逻辑。斯密的分工理论，在19世纪上半叶产生了广泛的影响，但是它更多被作为一种单纯的经济学理论，舒尔茨将其提升到具有普遍意义的现实物质生产的运动规律，即将劳动分工的原则推广到社会分工。这一发展，根源于斯密和舒尔茨所面对的不同现实。斯密所探讨的分工，还更多是工场手工业中的分工。这种分工，可以被看作一种微观的分工，是生产力的维度。而在斯密之后的19世纪40年代，分工已经进入到一个新的更重要的阶段，即社会分工的形成，在社会分工之上，生产关系范畴也被囊括在内。舒尔茨批判只关注变革分配领域的空想社会主义理论和停留在思辨领域的德国行动哲学，而强调物质生产："这种思考使我现在首先转向了对生产的历史的、统计学的考察，及其组织的当代结构。这种方式的文章应该尽可能少地流于空疏的普遍性，而使其通过个别的和不那么庞大的东西而被驱散、化解。它恰恰涉及对于活生生的合规律的联系的描述。"①探寻物质生产的规律，而且这种探索不是从思想出发，而是从具体的生产的历史出发，从数据本身出发，换句话说，就是从现实本身出发。而这种规律是什么？这里我们看到了舒尔茨思想的重要来源，即斯密的分工学说："在很久前我就和一些先行者一样，尝试着发展可以测量物质生产变化的规律……那种运动的规律，自亚当·斯密以来，已经借由分工一词被大众所了解了。"②而舒尔茨认为，这种规律也同样可以运用到精神的生产之中："扩展和再次结合的同一进程也在精神创造的广阔领域里被探寻。"③在舒尔茨看来，正是分工的不断拓展，推动了生产力的发展，这贯穿人类历史，并在近代得到最突出的表现。舒尔茨指出："对无理智的自然力的不断征服，借助于人的意志和劳动的不断分化，以及工具和工艺的不断完善，通过劳动向其最简单的元素的分解和无数双手为了共同的生产目而进行的分工，归根结底，通过人的精神和自然的力

---

① Schulz, F. W. *Die Bewegung der Production, Eine geschichtlich-statistische Abhandlung zur Grundlegung einer neuen Wissenschaft des Staates und der Gesellschaft.* Zürich und Winterthur, 1843, p.8.

② Schulz, F. W. *Die Bewegung der Production, Eine geschichtlich-statistische Abhandlung zur Grundlegung einer neuen Wissenschaft des Staates und der Gesellschaft.* Zürich und Winterthur, 1843, p.9.

③ Schulz, F. W. *Die Bewegung der Production, Eine geschichtlich-statistische Abhandlung zur Grundlegung einer neuen Wissenschaft des Staates und der Gesellschaft.* Zürich und Winterthur, 1843, p.9.

之间的分工。生产力更广泛地结合起来……"①将分工提升到具有普遍意义的物质生产规律层面,并将分工视作生产力发展的根源,这正是舒尔茨对斯密的发展和继承。

第三,舒尔茨认识到了物质生产的进步会推动社会关系的进步。舒尔茨对物质生产的研究,一方面紧紧围绕以西欧为中心的生产力的变化;另一方面,则充分研究了在生产力进步过程中所带来的社会弊病。在探讨生产进步的历史时,舒尔茨将生产力的发展同社会关系的变化乃至精神活动的变化结合,将劳动分工同社会分工联系起来,这是《生产的运动》中最引人注目的。舒尔茨将生产力的发展区分为手的劳动(Handarbeit)、工具(Handwerk)、工场手工业(Manufaktur)和机器(Maschinenwesen)四个阶段。② 工场手工业正是在分工的细致化上,超越了手工和工具的粗陋阶段;而大工业则借助于驾驭了自然力的机器,超越了单凭人力的工具和工场阶段。不同的生产力水平,会产生不同的社会关系。例如,舒尔茨指出,在手工和工具阶段,人还停留在勉强维持生命存在的谋生活动之上,因此不可能产生从事精神活动的阶级,在政治活动上也是单一的,服务于共同体的维系,只存在同时具有宗教、道德和法律意义的习俗。③ 而在手工业活动中,因为技艺的稳定性,便形成了一种职业的传承性,而正是在这种职业的传承性之上,所有等级和阶层、行会和公会之间也形成了不同的阶层精神和学说。④ 舒尔茨进一步指出,只有服务于物质生产的有规律有计划的工商业活动才使得财富的积累成为可能,而在积累的财富基础上,"个体在经济上安全了,对满足肉体需要的仅有的担忧也被解除了"⑤。从而,真正的精神的生产才得以可能,人类历史上最大的对立,即物质生产和精神生产的对立才最终发生。精神的

---

① Schulz, F. W. *Die Bewegung der Production, Eine geschichtlich-statistische Abhandlung zur Grundlegung einer neuen Wissenschaft des Staates und der Gesellschaft*. Zürich und Winterthur, 1843, p.40.

② Schulz, F. W. *Die Bewegung der Production, Eine geschichtlich-statistische Abhandlung zur Grundlegung einer neuen Wissenschaft des Staates und der Gesellschaft*. Zürich und Winterthur, 1843, p.39.

③ Schulz, F. W. *Die Bewegung der Production, Eine geschichtlich-statistische Abhandlung zur Grundlegung einer neuen Wissenschaft des Staates und der Gesellschaft*. Zürich und Winterthur, 1843, p.13.

④ Schulz, F. W. *Die Bewegung der Production, Eine geschichtlich-statistische Abhandlung zur Grundlegung einer neuen Wissenschaft des Staates und der Gesellschaft*. Zürich und Winterthur, 1843, p.14.

⑤ Schulz, F. W. *Die Bewegung der Production, Eine geschichtlich-statistische Abhandlung zur Grundlegung einer neuen Wissenschaft des Staates und der Gesellschaft*. Zürich und Winterthur, 1843, p.14.

生产在舒尔茨看来,则尤其体现为一种宗教热情,宗教渴望构成了人类精神王国的第一个主要分支,也是精神生产的第一个产物。① 而后,随着生产力进入到更高的阶段,真正的立法便产生了。在随后的行文中,舒尔茨以非常细致的历史事实和大量详实的数据向读者呈现了生产力发展的不同阶段,以及在此基础上带来的社会与人口的变化。舒尔茨尤其对英国、法国和德国这三个处于不同生产力水平上的国家进行分析,考察了各个国家分工的不断发展所造成的行业的划分、工商农业人口比例的变化以及城乡人口比例的变化,乃至所有权、法律的变化。②

以上就是舒尔茨《生产的运动》之中物质生产思想的三个主要方面。那么,舒尔茨的《生产的运动》在青年马克思思想转变中扮演了什么样的角色呢?

二、《生产的运动》在青年马克思思想转变中的作用

马克思一生中曾两次直接引用舒尔茨的《生产的运动》,一次是在《1844年经济学哲学手稿》中,一次是在《资本论》之中。可以确定,马克思对《生产的运动》一书的阅读几乎贯穿于他的全部研究生涯。以《生产的运动》为坐标审视青年马克思思想的转变,进而考察二者之间的关系,是一项重要的任务。

(一)与《生产的运动》的首次遭遇

马克思初次遭遇《生产的运动》,一开始是误会、低估了舒尔茨的。马克思在《1844年经济学哲学手稿》中,主要在第一笔记本的"工资"部分中直接引用了《生产的运动》。从《生产的运动》一书的结构来看,引用全部集中在了"物质生产"章的最后三分之一的部分,而这一部分,恰恰是舒尔茨在经过对人类社会劳动组织的变化以及生产力的发展进行了详实的梳理之后,开始揭露这种生产力的进步所带来的社会弊病的时候了。马克思此时在《生产的运动》中所看到的,就是资本主义的发展所带来的弊病。但是这种引用之中,显然脱离了《生产的运动》的整体语境,而仅仅是一种材料的堆砌,用以服务马克思对私有制之下的异

---

① Schulz, F.W. *Die Bewegung der Production, Eine geschichtlich-statistische Abhandlung zur Grundlegung einer neuen Wissenschaft des Staates und der Gesellschaft*. Zürich und Winterthur, 1843, p.14.

② Schulz, F.W. *Die Bewegung der Production, Eine geschichtlich-statistische Abhandlung zur Grundlegung einer neuen Wissenschaft des Staates und der Gesellschaft*. Zürich und Winterthur, 1843, p.40.

化劳动的批判。因此在这种引用之中,就产生了马克思对舒尔茨的误解。

这一误解集中体现在马克思将舒尔茨的《生产的运动》划入了他所批判的国民经济学家的行列。例如,在《生产的运动》一书中,舒尔茨将原始状况下人的生产状态称作"谋生活动"(Erwerbstätigkeit):"在所有处于最低阶段的人民那里,普遍被一种片面的谋生活动统治着,并往往由他们土地的性质所规定。"①而马克思认为,在《生产的运动》中,舒尔茨看到的只有"谋生活动":"劳动在国民经济学中仅仅以谋生活动的形式出现。"②马克思通过摘录如下段落来支持这一观点:"可以肯定地说,那些要求特殊才能或较长期预备训练的职业,总的来说已变得较能挣钱;而任何人都可以很容易很快学会的那种机械而单调的活动的相应工资,则随着竞争的加剧而降低并且不得不降低。但正是这类劳动在劳动组织的现状下最为普遍……"③显然,在这里出现的不仅是一种语境的差距,更重要的是一种思想结构的差异。马克思在这里与"谋生活动"相对立的,就是被悬设起来的"自由自觉的活动",即"劳动"概念,它的设定正为异化劳动的批判提供了逻辑前提。相对于"谋生活动",舒尔茨在《生产的运动》一书中探讨更多的其实是"工商业活动"(Gewerbstätigkeit)。对工商业活动的探讨,完全基于分工与劳动组织的变化,进而推动的生产力提高所带来的工商业中劳动人口的结构变化,从而进一步分析工人阶级的贫困状况的根源。此时,作为哲学家的马克思与作为统计学家和历史学家的舒尔茨保持了很长的距离。正因此,马克思认为舒尔茨将劳动仅仅看作"谋生活动"的思路,也导致了"国民经济学(Nationalökonomie)把工人只当作劳动的动物,当作只有必要的肉体需要的牲畜"。④ 但马克思所引用的段落,在舒尔茨那里则完全是另一条轨道上的话语。舒尔茨在《生产的运动》中甚至批评政治经济学(politische Ökonomie)"只关注物的世界(Sachenwelt)和产品的堆积,以及工商业的扩张,而始终没能下决心在人类本质自身中来研究生产

---

① Schulz, F.W. *Die Bewegung der Production, Eine geschichtlich-statistische Abhandlung zur Grundlegung einer neuen Wissenschaft des Staates und der Gesellschaft.* Zürich und Winterthur, 1843, p.12.
② 《马克思恩格斯文集》第1卷,人民出版社2009年版,第124页。译文有改动。
③ 《马克思恩格斯文集》第1卷,人民出版社2009年版,第124—125页。
④ 《马克思恩格斯文集》第1卷,人民出版社2009年版,第125页。

的本质"①。舒尔茨始终坚持人的物质和精神上的双重需要，二者缺一不可；他还看到，正是生产力的进步给精神的享受创造了条件。② 但舒尔茨也认识到，这只是理想情况，真实的情况是，工人对产品的分配以及闲暇的分配依然受"盲目的、不公正的偶然性"支配，而工人奴隶性的劳动有增无减。③ 舒尔茨显然并没有在马克思所批判的将人当作劳动的动物的国民经济学家的行列之中，但是此时马克思在强烈的异化劳动批判的人本主义逻辑驱使下，并未冷静地看待舒尔茨《生产的运动》一书中的逻辑和方法。

需要注意的是，与此同时，《1844年经济学哲学手稿》中另外一条从生产和对象化劳动出发的科学逻辑，为马克思之后科学对待舒尔茨提供了一种可能。这就体现在，马克思借助对政治经济学家的批判，已经开始意识到生产范畴的重要意义。例如在第二笔记本中，马克思认识到了两种生产，一种是"作为劳动"的，作为"对自身、对人和自然界因而也对意识和生命表现来说完全是异己的活动的人的活动的生产"，另一种是"作为资本的人的活动的对象的生产"。④ 这里的第二种生产，实际上就具有一种客观的意义。到了第三笔记本中，这重意蕴更为明显。马克思尽管对私有财产给予了彻底的否定，但他也看到了私有财产的运动，包括生产和消费，"是迄今为止全部生产的运动的感性展现，就是说，是人的实现或人的现实"⑤。此外在第三笔记本中，马克思也认识到了工业作为人的对象性存在和本质力量。从这些可以看出，马克思在《1844年经济学哲学手稿》的写作中，已经慢慢意识到了生产范畴的意义，这为马克思在《德意志意识形态》中接近舒尔茨的观点提供了思想上的前提。

（二）马克思在《德意志意识形态》中向《生产的运动》的接近

在《德意志意识形态》这一重要文本中，历史唯物主义的哲学世界观得以形

---

① Schulz, F.W. *Die Bewegung der Production, Eine geschichtlich-statistische Abhandlung zur Grundlegung einer neuen Wissenschaft des Staates und der Gesellschaft*. Zürich und Winterthur, 1843, p.57.

② Schulz, F.W. *Die Bewegung der Production, Eine geschichtlich-statistische Abhandlung zur Grundlegung einer neuen Wissenschaft des Staates und der Gesellschaft*. Zürich und Winterthur, 1843, p.67.

③ Schulz, F.W. *Die Bewegung der Production, Eine geschichtlich-statistische Abhandlung zur Grundlegung einer neuen Wissenschaft des Staates und der Gesellschaft*. Zürich und Winterthur, 1843, p.68.

④ 《马克思恩格斯文集》第1卷，人民出版社2009年版，第172页。

⑤ 《马克思恩格斯文集》第1卷，人民出版社2009年版，第186页。

成,生产力和生产关系矛盾运动的历史辩证法初见轮廓。而这其中起到基石地位的,便是由"物质生产"、"生产方式"、"生产力"等概念所构成的生产范畴的形成。"生产"范畴的确立,面对德国唯心主义哲学传统,宣告了一种现实的历史的维度。细细研读,我们可以大胆地做出这一推断,马克思在《德意志意识形态》中的生产范畴受到了舒尔茨《生产的运动》一书的很大启发。舒尔茨对物质生产的三个方面的理解,也深刻表现在马克思《德意志意识形态》之中。

首先,马克思也将物质生产视作决定性的因素,视作历史的第一个前提。生产范畴在马克思的思想历程中,最早就出现在《德意志意识形态》之中。在此之前马克思使用过"劳动"、"实践"概念来表征一种主客关系维度,而"生产"范畴的出现,显然具备了更为丰富的社会现实内容。在《德意志意识形态》中,不再是"自由自觉的活动",而是"生产",构成了人和动物的根本差别。在此基础上,马克思赋予物质生产以根基性的地位:"第一个历史活动就是生产满足这些需要的资料,即生产物质生活本身。"①将批判和研究的前提建立在物质生产之上,这是马克思和舒尔茨保持一致的地方。生产范畴,在马克思的新哲学中起到了夯实地基的作用。建立在生产范畴之上的论述,不再是也不可能是概念到概念的抽象思辨运动,而是现实的生产力和生产关系的运动,以及在此之上的社会关系、观念和精神的变化。更具体地讲,便是工具、机器的使用,农业和工业的进步和发展,以及随之带来的阶级划分的变化、人口构成的变化,等等,马克思自己就是在这样的现实的具体的向度上表达的:"这种生产第一次是随着人口的增长而开始的。而生产本身又是以个人彼此之间的交往为前提的。这种交往的形式又是由生产决定的。"②这里马克思的论述,恰恰和舒尔茨关于生产力的发展及其所带来的人口增长和工商业人口比例、城乡人口比例等分析是类似的。只是在马克思这里,这种观点更为理论化了。我们还会看到,在《德意志意识形态》中,马克思开始使用了"物质生产"和"精神生产"这一对概念:"现实中的个人,也就是说,这些个人是从事活动的,进行物质生产的……思想、观念、意识的生产最初是直接与人们的物质活动,与人们的物质交往,与现实生活的语言交织在一起的

---

① 《马克思恩格斯文集》第1卷,人民出版社2009年版,第531页。
② 《马克思恩格斯文集》第1卷,人民出版社2009年版,第520页。

……表现在某一民族的政治、法律、道德、宗教、形而上学等语言中的精神生产也是这样。"①结合其探讨的语境来看,"物质生产"和"精神生产"的范畴结构很有可能来自舒尔茨的《生产的运动》,正是他指出,"精神生产和物质生产的方面描述了人类创造的一个不可分的过程"。②而舒尔茨的理论工作,恰恰是要解释清楚这两种生产的具体规律。这个规律是什么呢?就是分工的发展。这又是马克思在《德意志意识形态》中着重探讨的。

其次,和经过发展的斯密的分工理论在舒尔茨的《生产的运动》之中发挥了重大作用一样,分工在《德意志意识形态》中也扮演了至关重要的角色。舒尔茨认识到社会分工会带来城乡、工农商、阶级的分化,在固定的社会分化之上,就会产生一定的观念。正是当人们认识到了分工所带来的优势,即生产力提高之后,从事于特定职业的人便形成了继承性,这种继承性之上,也就产生了阶级。舒尔茨以印度的种姓制度为例,在他看来,种姓制度的本质恰恰是社会分工的成熟化,而也恰恰是在这种社会分工之上,舒尔茨说"这种职业种类的分工表现在物质和精神活动的划分中,并且导致了梵天由以产生的,作为精神活动的代表的婆罗门这一特殊等级"③。因此,社会分工,恰恰是将生产力和生产关系结合在一起的关键点。而这也正是马克思在《德意志意识形态》里以十分类似的语言表述的:"一个民族内部的分工,首先引起工商业劳动同农业劳动的分离,从而也引起城乡的分离和城乡利益的分离。"④而不同分工之中的物质活动,恰恰是"与人们的物质交往,与现实生活的语言交织在一起的"⑤。通过社会分工这一逻辑中介来结合生产力和生产关系,马克思在这一点上和舒尔茨采取了类似的表述。

但是,马克思跟舒尔茨一样把分工理解为社会分工,也并非带来了全部正确的结果。从斯密意义上的劳动分工入手,恰恰衔接的是直接的生产力的维度。在舒尔茨那里,劳动分工和生产力的进步是囊括于社会分工之下作为一个整体

---

① 《马克思恩格斯文集》第1卷,人民出版社2009年版,第524页。
② Schulz, F.W. *Die Bewegung der Production, Eine geschichtlich-statistische Abhandlung zur Grundlegung einer neuen Wissenschaft des Staates und der Gesellschaft*. Zürich und Winterthur, 1843, p.10.
③ Schulz, F.W. *Die Bewegung der Production, Eine geschichtlich-statistische Abhandlung zur Grundlegung einer neuen Wissenschaft des Staates und der Gesellschaft*. Zürich und Winterthur, 1843, p.18.
④ 《马克思恩格斯文集》第1卷,人民出版社2009年版,第520页。
⑤ 《马克思恩格斯文集》第1卷,人民出版社2009年版,第524页。

加以探讨的;但在马克思那里,社会分工成为唯一的分工,作为人的本质的片面化而出现。马克思在《德意志意识形态》中的分工思想,之所以又成为替代了"异化劳动"的那种"分工异化"的人本主义尾巴,原因也就在于此。① 这是马克思和舒尔茨在分工理论上一个非常微妙的关系。

舒尔茨物质生产理论的第三个方面,即生产力推动社会关系的变革,也可以在《德意志意识形态》之中找到明显的一致之处。前文提到,舒尔茨向我们总结了生产力发展的四个阶段,在不同生产力的发展阶段上,人同自然的关系、人口的构成结构、精神生产的状态都会发生改变。在此基础上舒尔茨还区分了游牧、农耕和工商业者三个不同的历史阶段,而舒尔茨在全部的统计学历史学记录中,尤其突出的就是伴随着对自然力的征服,即对机器的使用所带来的生产力上的极大飞跃。在这里,我们恰恰可以联想到马克思在《德意志意识形态》中,依据社会分工的不同所划分的三种所有制形式:部落所有制、公社所有制和国家所有制以及封建的或等级的所有制。马克思的生产力理论是在多重话语中交织形成的,这其中就有李斯特生产力理论的影响。但是较之李斯特在具体的国家范围内对生产力的探讨,舒尔茨的生产力理论更多是在更为普遍的历史线索之上的,这也是舒尔茨比李斯特深刻的地方。通过比较《生产的运动》和马克思《德意志意识形态》,可以发现舒尔茨的生产力理论也对马克思产生了重要影响。

三、马克思的历史唯物主义哲学世界观对《生产的运动》的根本超越

我们已经分析了舒尔茨的《生产的运动》一书对于青年马克思的生产概念形成所具有的重要的坐标性意义。在写作《德意志意识形态》二十多年后的《资本论》中,成熟时期的马克思再次引用舒尔茨《生产的运动》一书中对工具和机器的区分,并在注脚中写下了这样一句话:"这是一部在某些方面值得称赞的著作。"② 舒尔茨在《生产的运动》中认识到机器所带来的生产力水平对社会生活各个层面的全面塑造,而马克思在《资本论》中则在本质层面的劳动二重性和剩余

---

① 孙乐强:《马克思机器大生产理论的形成过程及其哲学效应》,《哲学研究》2014 年第 3 期。
② 《马克思恩格斯文集》第 5 卷,人民出版社 2009 年版,第 428 页。

价值生产语境中,认识到了机器在资本主义生产方式中所起到的决定性作用。

通过以上的分析,我们有理由推断,舒尔茨的《生产的运动》在马克思搭建全新哲学世界观体系过程中,构成了一个重要的理论参照。舒尔茨研究专家,德裔以色列学者瓦尔特·格拉布为舒尔茨书写的传记,正标题就叫作"一个给予马克思灵感的人"。在这本书中,格拉布也将舒尔茨判定为对马克思历史唯物主义构成了重要影响的人物。他这样判断:"舒尔茨通过将他那个时代里市民社会很早就获得的关于社会结构对生产方式和方法的依赖的认识,有效地运用到之前的历史时代,并成功地发展出了一种对于历史唯物主义的形成产生了巨大影响的历史观。"①格拉布具体阐释道,舒尔茨更早地认识到了物质生产与政治秩序和社会等级、物质生产和精神意识形态上层建筑之间的关系。② 通过格拉布的研究,我们也更有理由相信马克思对舒尔茨的思想资源进行了悄无声息的吸收。历史唯物主义新世界观的形成,绝非马克思个人抽象思考的产物,而是马克思吸收、批判德国乃至整个西方思想资源的产物,是时代精神的精华。历史唯物主义基本原理的形成,根基就是生产力和生产关系的辩证运动,将这些有机地结合起来,从而爆发出了强大的思想力量。

在肯定舒尔茨在生产范畴上给予马克思的重要灵感的同时,我们还应对舒尔茨的局限性有清醒的认识。舒尔茨的《生产的运动》尽管从物质生产出发,这并不意味着舒尔茨就是一个唯物主义者。舒尔茨思想的根基仍然还是唯心主义的,正如他在《生产的运动》开篇所言:"在最根本上,人的精神是大地之上最本真和最真实的原初产品。"③正因此,在分析了无产阶级的产生与阶级矛盾和社会弊病的成因之后,在《生产的运动》下半部分即精神的生产这一章中,舒尔茨最终开出的却依然是基督教伦理学的药方,针对时代的弊病,他呼吁唤醒基督教的团

---

① Grab,W. *Ein Mann der Marx Ideen gab.Wilhelm Schulz.Weggefährte Georg Büchners.Demokrat der Paulskirche.Eine politische Biographie.* Düsseldorf:Droste Verlag,1979,p.211.

② Grab,W. *Ein Mann der Marx Ideen gab.Wilhelm Schulz.Weggefährte Georg Büchners.Demokrat der Paulskirche.Eine politische Biographie.* Düsseldorf:Droste Verlag,1979,p.223.

③ Schulz,F.W. *Die Bewegung der Production,Eine geschichtlich-statistische Abhandlung zur Grundlegung einer neuen Wissenschaft des Staates und der Gesellschaft.* Zürich und Winterthur,1843,p.10.

结友爱精神,①并认为"最终世界历史提供了原初动力的行动者和革新者就将以宗教的狂热和饥渴来承担起这项任务"②。在舒尔茨看来,资本主义生产的这一形式是永恒的,是人类历史发展的必然,因而他不会在资本主义生产内部去寻找破解的钥匙,而是外在性地提出解决方案。在这种思想逻辑上,舒尔茨依然是一个"德国人",是马克思所批判的"德意志意识形态家"。

马克思的历史唯物主义哲学世界观对于舒尔茨的根本性超越具体体现在如下三个方面。

第一,马克思系统地阐发了以物质生产为根基的历史观。舒尔茨尽管在《生产的运动》中认识到了物质生产的决定性作用,但总体看来只是一种非系统的、片段式的观点。更重要的是,舒尔茨的总体逻辑,是以分工的规律来审视物质生产和精神生产,他并没有将精神生产与物质生产有机地联系起来,而只是将精神生产和物质生产视作生产规律的两个方面。而这种在精神生产领域对分工的平行运用,导致的一定是一些似是而非的结论,将本是物质生产决定的东西也视作一种仿佛具有独立性的历史过程。舒尔茨的这种做法正是马克思在《德意志意识形态》中所批判的。较之舒尔茨,马克思则明确将政治、法律、道德、宗教和形而上学等精神生产视作现实的人的物质生产的产物,"人是自己的观念、思想等等的生产者"③,确立了一种从物质实践来解释各种观念形态的方法。因此,在马克思这里,物质生产和精神生产并非受同一个规律支配的两个并行体系,而是具有决定和被决定关系的一个完整的体系。

第二,马克思凝练出了生产力与生产关系(在《德意志意识形态》中还表述为"交往形式")的矛盾是推动历史前进的根源的观点。舒尔茨只是将社会历史前进的动力理解为分工的不断扩展。作为一位统计学家,舒尔茨通过大量的经验数据认识到了物质生产的运动并没有给工人带来福祉,而是带来贫困,但他并没有对其内在因果关系展开讨论,而只停留在对经验的描述上。舒尔茨或许隐约

---

① Schulz, F.W. *Die Bewegung der Production, Eine geschichtlich-statistische Abhandlung zur Grundlegung einer neuen Wissenschaft des Staates und der Gesellschaft*. Zürich und Winterthur, 1843, p.178.

② Schulz, F.W. *Die Bewegung der Production, Eine geschichtlich-statistische Abhandlung zur Grundlegung einer neuen Wissenschaft des Staates und der Gesellschaft*. Zürich und Winterthur, 1843, p.178.

③ 《马克思恩格斯文集》第1卷,人民出版社2009年版,第524页。

察觉到了其中的问题,但因为理论上的局限性他不可能在这一问题上向前走。而马克思在《德意志意识形态》中,则已经透过现象看到了历史背后的本质性规律,这就是生产力和生产关系之间的矛盾。马克思指出,"生产力和交往形式之间的这种矛盾……每一次都不免要爆发为革命"①,"一切历史冲突都根源于生产力和交往形式之间的矛盾"②。对生产力和生产关系之间的矛盾这一历史本质规律的认识,从根本上超越了舒尔茨粗糙地以分工的扩展规律审视历史的做法。

第三,与前一点相应的是,在马克思以生产范畴建构起来的历史唯物主义哲学世界观之中,蕴含了对资本主义的必然超越。马克思的生产范畴,不仅是对规律的把握,而且具有革命性内涵:"对实践的唯物主义即共产主义者来说,全部问题都在于使现存世界革命化,实际地反对并改变现存事物。"③正因此,不同于舒尔茨,马克思《德意志意识形态》中探讨分工就是要被超越的阶段,尽管在这一问题上马克思还未彻底脱离人本主义的思路。和马克思相比,舒尔茨和同时代许多资产阶级政治经济学家一样,并不怀疑资本主义生产方式的永恒性。舒尔茨尽管看到了现实的矛盾,并认为这种矛盾是生产的运动即分工的规律所造成的,但是对于如何克服这种矛盾,他反对社会主义者和共产主义者消灭私有制的"激进"主张。因此,他最终也无法提出具有信服力的解决方案。实际上,舒尔茨在哲学方法上与古典政治经济学的社会唯物主义原则有一致之处,他们都将资本主义的生产规律视作一种自然属性。④ 舒尔茨就把分工视作一种自然的永恒的东西,因而在论述精神的生产时所遭遇的更严重的问题,就是被舒尔茨贯穿于精神生产之中的分工规律,其实已经成为颠倒的假象,一种拜物教形式。

揭示出马克思与其同时代人的思想关联,恰恰促使我们去思考什么是马克思的真正创见。正是在群星闪耀之中,马克思这颗思想巨星才更显耀眼、迷人。马克思在《德意志意识形态》中勾画出的历史唯物主义新世界观,表面上运用了同代人的一些概念和范畴,然而却在本质上开创出了全新的东西。正是在这个意义上,我们有必要在日后的研究中,重视舒尔茨所扮演的角色。

---

① 《马克思恩格斯文集》第1卷,人民出版社2009年版,第567页。
② 《马克思恩格斯文集》第1卷,人民出版社2009年版,第567—568页。
③ 《马克思恩格斯文集》第1卷,人民出版社2009年版,第527页。
④ 张一兵:《回到马克思——经济学语境中的哲学话语》,江苏人民出版社2013年版,第450页。

阶级范畴与历史唯物主义的"物"概念[①]

王浩斌

（南京大学马克思主义学院）

在理解和把握"历史唯物主义"基本理论内涵时，如果撇开传统的哲学教科书体系中所阐述的原理的研究路径，直接面对"历史唯物主义"这一概念本身，我们将会首先遭遇到如何理解和把握"历史"、"物"这两个概念。吊诡的是，我们一直所强调的马克思主义的"历史"分析方法与"阶级"分析方法正是与这两个概念直接对应的：历史的方法对应的是历史唯物主义中的"历史"概念，阶级的方法对应的是历史唯物主义中的"物"概念。我们知道，马克思恩格斯并没有直接使用历史唯物主义这个概念，而是用唯物主义历史观来指认自己的新哲学世界观，从唯物史观（唯物主义的历史观）这个词语的构词结构来看，"唯物"实际上是更为基本的方法论要求。因此，本文将从马克思的阶级分析方法出发阐释历史唯物主义的"物"概念及其内涵，并期望对深化马克思主义理论的研究有所裨益。

一、从自然物质本体到社会关系本体的逻辑链条

关于"物"或物质的概念，根据列宁解释以及传统教科书的定义，物质是存在的一切事物。这是把物与存在联系起来，实际上是把历史唯物主义与古老的哲学本体论问题——思维与存在的关系——联系起来。坚持存在第一性，则是唯物主义；坚持思维的优先性，则是唯心主义。由此，唯物主义与唯心主义对立这个马克思主义哲学诞生后才凸显出来的问题，实际上就转换成了整个西方哲学关注的问题——思维（精神）与存在的问题。由此出发，对于历史唯物主义的"物"概念就需要从整个西方哲学思想史的线索上进行厘定。

在古希腊直到中世纪的哲学思想中，唯物主义的"物"往往被理解成自然存

[①] 原载《教学与研究》2009 年第 11 期。

在物。这是因为,对于前现代社会之前的人们而言,人类在自然面前是十分弱小的,自然联系在人们的生活中起着根本性的作用,自然物质的存在也是显而易见,与此相应,古代人们的思想意识和哲学思辨是以自然崇拜为基本特征的,体现在哲学本体论上便是把自然当作本体。在中世纪,由于人们把自然存在物理解为"自然神",这种自然存在的本体论哲学实际上成为中世纪神学的理论基础。

近代以来,由于科学技术进步和人类社会的发展,自然成为人类征服的对象,自然对人类而言只具有利用价值而无信仰价值,"人定胜天"、"征服自然",诸如此类的口号不绝于耳。这反映在近代哲学中,便是自然本体论的哲学思想失去其统治地位,取而代之的是"人"。用罗桑瓦隆的话来说便是一场"用人建代替神建的现代化运动"①。与此相应,人本主义哲学兴起,在以费尔巴哈为代表的人本主义哲学中,人的类存在成为本体。费尔巴哈的人本主义因此而成为当时唯物主义的代名词,其所谓的"唯物",实质上是唯"人的类存在"之马首是瞻。

费尔巴哈人本主义哲学的优越性在于,他用人的感性存在取代黑格尔式的理性以及宗教神学中的上帝,使得现代哲学从自然唯物主义转向人本唯物主义,从此哲学开始认真关注"人的存在"。然而,费尔巴哈的人本主义哲学只是把人当作"感性对象",并进行直观的理解;而没有从"感性活动"(马克思语)、社会活动的角度来理解人,所以他所理解的人只是抽象意义上、思辨的人。就这个角度而言,费尔巴哈又退回到唯心主义的立场。

我们知道,对于现代社会的人类个体而言,我们自己的生产生活活动建构起一个强大的客观对象——社会,每一个人都是社会性的存在,而不是自然意义上的个体性存在。人的存在不是孤立的个体性存在而是群体性存在。正因为如此,近代中国的启蒙思想家梁启超、严复等人在翻译西方的"社会学"时,将其译为"群学"。社会是人的类存在、群体性存在的集中表现,人的存在成了海德格尔所说的"此在",即社会中的那一个。这一点反映在哲学社会科学上,实际上便是"社会"取代了古代哲学中的"自然"本体的地位,成为现代思想家关心的问题。

对于现代社会人的社会性存在这个问题,马克思从批判的角度指出,现代资本主义社会中人的存在是异化的,因此要进行一次社会革命来消除人的异化。

---

① 罗桑瓦隆:《乌托邦资本主义:市场观念史》,中国社会科学出版社2004年版,第10页。

而从卢卡奇到霍克海默,整个西方马克思主义所关注的核心问题便是人怎样获得自己真实的而非异化的存在。对于人的异化状态,仅有哲学上的批判是不够的,还需要从具体的社会科学角度进行研究。因此,从马克思到西方马克思主义,他们的经济学、社会学、政治学研究实际上都是在努力揭示现代资本主义社会的生产方式与组织结构如何使人沦落为异化状态,即非本真性的存在状态。这样,古代哲学中的本体论问题以及对"物"的思考,就转变为对社会问题的考察。与此相伴的是,马克思的哲学革命直接与哲学形而上学的终结和现代社会科学的兴起息息相关。

正因为人的存在是社会性的存在,因此针对近代人本主义哲学所津津乐道的"人"的问题,马克思提出:"人的本质是其社会关系的总和。"这样,他就将人本主义哲学所关注的"本体"——人的问题——进一步转化为对"社会存在本体"(马克思自己没有用这一概念,这是用卢卡奇的话来说)的关注。也正是因为这一点,马克思哲学常常被人们理解成社会关系本体论。接下来的问题是,如何把握人的社会性存在呢?马克思的立场是从社会生产、阶级斗争的角度出发。

在《政治经济学批判》序言中,马克思指出,"物质生活的生产方式制约着整个社会生活、政治生活和精神生活的过程。不是人们的意识决定人们的存在,相反,是人们的社会存在决定人们的意识"[1]。基于这一哲学的新世界观与方法论,马克思从政治经济学的角度对资本主义社会的生产方式进行了深入的研究,指出人在社会中的存在不是费尔巴哈所说的"抽象的、无声的类本质",而是一种生产关系中的存在,即马克思所说的"黑人就是黑人。只有在一定的关系下,他才成为奴隶"[2],在这里,奴隶身份才是黑人的社会性存在。

就个体存在的层面而言,人是在一定的生产关系中的存在;而从整个社会的层面来看,则是社会存在的本质表现为某一种社会形态的生产关系。正因为如此,马克思从生产关系的角度定义了五大社会形态(即原始、奴隶制、封建、资本主义、共产主义)。这是马克思历史唯物主义的唯物哲学本体论在社会学、历史学研究中的具体表现。

---

[1] 《马克思恩格斯选集》第2卷,人民出版社1995年版,第32页。
[2] 《马克思恩格斯选集》第1卷,人民出版社1995年版,第344页。

由此可见,简单地承认"物质第一性"并不是真正的唯物主义。马克思历史唯物主义哲学革命的本质体现为:在社会历史领域中,坚持生产关系的优先性,从具体的生产关系出发来认识人的活动。一旦脱离了一定的生产关系去看待任何一个社会历史现象,就会陷入资产阶级意识的抽象方法。而哈贝马斯所谓的重建历史唯物主义也就是从颠覆马克思的阶级关系这个本体出发,他所提出的交往行动理论是用语言中客观存在的对使用者起限定作用的规范,来取代马克思的生产关系,以此为基础重建所谓的历史唯物主义。哈贝马斯对历史唯物主义的重建是否具有合法性在此不论,但从哈贝马斯用语言规范来取代马克思的生产关系范畴入手,就可以看出生产关系范畴在唯物主义中的重要性。

二、阶级:政治经济学视野中的社会关系本体

从马克思主义的立场来看,最重要、最根本的生产关系就是阶级关系。对于阶级这个概念,学者们大多是从政治学的意义上进行分析,没有意识到其所蕴藏着马克思主义所特有的哲学内涵,更没想到它与历史唯物主义的"物"的概念相关。本文把传统政治学意义上的阶级概念与哲学意义上的历史唯物主义的"物"的范畴联系起来,可能是颠覆了传统马克思主义哲学的理解范式,有理大骇人之虞,因此让我们从马克思阶级分析方法的源起说起,一步步地走到历史唯物主义的物的概念。

对于阶级分析方法,马克思在1852年3月6日写给约瑟夫·魏德迈的信中指出,"发现现代社会中有阶级存在或发现各阶级间的斗争,都不是我的功劳。在我以前很久,资产阶级历史编纂学家就已经叙述过阶级斗争的历史发展,资产阶级的经济学家也已经对各个阶级做过经济上的分析。我所加上的新内容就是证明了下列几点:(1)阶级的存在仅仅同生产发展的一定历史阶段相联系;(2)阶级斗争必然导致无产阶级专政;(3)这个专政不过是达到消灭一切阶级和进入无阶级社会的过渡"①。从马克思的这段话中,我们可以看出,阶级理解模式与古典政治经济学密切相关(资产阶级历史学家只是对其进行叙述,而没有进行理论上的分析;而古典经济学对阶级进行了理论上的分析,因此与马克思的

---

① 《马克思恩格斯选集》第4卷,人民出版社1995年版,第547页。

阶级理论关系更为密切)。正如列宁说的,"由于古典经济学家发现了价值规律和社会划分为阶级这一基本现象,创立了这门科学,由于18世纪的启蒙运动者同前者一起用反封建主义反僧侣主义的斗争进一步丰富了这门科学,由于19世纪初的历史学家和哲学家们(尽管他们抱有反动观点)进一步阐明了阶级斗争的问题,发展了辩证方法,并把它用于或开始用于社会生活,从而把这门科学推向前进,所以它是欧洲整个历史科学、经济科学和哲学科学的最高发展"①。

需要说明的是,在今天的学术思想中,阶级主要被人们理解为一个政治上的范畴,而实际上,在19世纪的古典经济学中,阶级是一个经济的范畴。正因为如此,马克思在政治经济学中所指认的经济基础概念,实际上指的是阶级结构以及由这种结构所决定的所有制度。下面我们就从古典政治经济学的视角来考察阶级这个概念。

由于15世纪以来资本主义工商业的发展,到18世纪已经进入一个商业的时代,经济力量在社会阶级结构变迁中扮演了重要角色。当时的启蒙思想家也开始注意到社会不平等和阶级划分与经济力量之间的关系。"阶级"一词由重农主义的古典政治经济学家在19世纪中期率先使用,它代替了封建时代惯用的、具有政治意味的"等级"这个术语,这是社会科学研究方法的重大进步。法国重农学派创始人、经济学家魁奈从他的"纯产品"理论出发,把当时的法国社会划分为三个阶级,即生产阶级、土地所有者阶级和不生产者阶级。这是对资本主义社会初期阶级关系的最早的经济分析,其最重要的理论贡献是把阶级划分与社会产品的分配结合起来。从这种阶级结构观出发,魁奈在《经济表》中分析了社会总产品的再生产及其在三个阶级之间的分配和流通。魁奈的《经济表》发表以后,当时基本上"无人能够理解",甚至连他的弟子、经济学家米拉波也"始终没有理解《经济表》的真谛",②"真正理解魁奈《经济表》意义的第一人是马克思"③。马克思高度评价了魁奈的《经济表》:这个尝试是在18世纪30至60年代政治经济学幼年时期做出的,这是一个极为天才的思想,毫无疑问是政治经济学至今所提出的一切思想中最天才的思想。马克思之所以做出这种高度评价,实际是与

---

① 《列宁全集》第25卷,人民出版社1988年版,第51页。
② 李宗正:《西方经济学名著述评》,中国青年出版社1992年版,第117页。
③ 鲁友章、李宗正:《经济学说史》上,人民出版社1965年版,第136页。

魁奈《经济表》的哲学意义有关。因为《经济表》中把资本主义生产方式(社会总产品的再生产)与阶级结构(三大阶级)分析结合起来,这正是历史唯物主义哲学中唯物原则的体现,因为从哲学上讲,唯物的原则首先体现在哲学本体论上坚持生产的优先性,然而马克思主义哲学不仅仅限于此,而是要将这种原则与具体的社会历史分析结合起来,这就是在政治经济学分析中,把生产方式分析与阶级分析结合起来。换言之,魁奈的《经济表》其实不是在经济学方面具有"天才的思想",而是在历史唯物主义与政治经济学结合上具有"天才的思想",从而得到马克思的高度评价。

18世纪后半叶,法国重农学派的另一个重要经济学家杜尔哥在《关于财富的形成和分配的考察》一文中,在魁奈划分的三个阶级的基础上,进一步把生产阶级划分为农场主阶级和农业工人阶级,把不生产阶级划分为资本家阶级和工人阶级,并描述了资本家阶级和工人阶级的特征。从杜尔哥的理论中,我们已经可以看出一种根据财产关系来进行阶级划分的设想。英国古典经济学的先驱配第则提出劳动价值论,并在劳动价值论基础上初步考察工资、地租、利息等范畴。这实际上是提出了古典政治经济学家分析社会结构的三个基本概念:工资对应的是工人阶级、地租对应的是地主阶级、利息对应的是资本家阶级。

在马克思之前,从政治经济学的角度对社会的阶级结构进行最深入研究的当属英国古典经济学家亚当·斯密,他吸收了魁奈的社会"纯产品"在几个阶级之间分配的理论,对资本主义的剩余价值分配进行了深入分析。亚当·斯密认为,一国的土地和劳动的全部年产物或年产物的全部价值,自然分解为土地地租、劳动工资和资本利润三部分。这三部分构成了三个阶级的收入,即以地租为生的地主、以工资为生的工人和以利润为生的资本家,这就形成了资本主义社会的三大阶级:地主阶级、工人阶级和资产阶级。从斯密的阶级理论可以看出,他分别吸收了魁奈和杜尔哥的长处:斯密吸收了魁奈根据社会总产品的分配来决定社会各阶级构成的方法,所以他将一国的土地和劳动的全部年产物或年产物的全部价值分成地租、工资、利润这三部分来决定阶级;而他又吸收了杜尔哥根据所有权来划分阶级构成的方法,根据土地属于地主所有、资本属于资本家所有、劳动力属于工人所有,以这三种生产要素的所有权归属来划分阶级。这非常清晰地划分了资本主义社会的阶级状况,奠定了古典经济学阶级理论的基本框架。

李嘉图作为英国古典经济学的完成者,用马克思的话说就是"英国古典政治经济学……的最后的伟大的代表李嘉图,终于有意识地把阶级利益的对立、工资和利润的对立、利润和地租的对立当作他的研究的出发点……这样,资产阶级的经济科学也就达到了它的不可逾越的界限"①。李嘉图认为政治经济学的主要任务是阐明财富在社会各阶级间分配的规律,他继承了斯密根据社会生产总收入的分配来划分资本主义社会的阶级结构的方法,从根本上提出收入方式决定了阶级差别,其理论阐明了工资、利润和地租的对立。李嘉图从剩余价值分配冲突的角度揭示了资本主义的阶级结构,得到了马克思的高度评价,对马克思的阶级斗争理论有重要的影响。因此在《资本论》中马克思指出,李嘉图揭示并说明了阶级之间的经济对立——正如内在联系所表明的那样,这样一来,在政治经济学中,历史斗争和历史发展过程的根源被抓住了,并且被揭示出来了。

马克思的阶级理论基本上是按照古典政治经济学中所揭示的收入方式决定阶级结构的路径进行分析的。在这一理论模型中,工人、资本家、地主之间的斗争可以归结为整个社会的总收入通过工资、利润和地租的方式进行分配的斗争,这样,通过政治经济学对资本主义生产方式的研究就可以揭示历史发展进程中神秘的政治斗争背后的根本原因。在以往的历史观中,所有的历史事件似乎都是由某种超自然的力量所决定,而马克思的唯物主义历史观则认为经济结构(阶级结构)是基础,即整个社会制度的基础是财产所有制,由这种所有制决定了社会的阶级分工,资本家拥有资本、地主拥有土地、工人拥有劳动力,他们之间的交换构成了资本主义生产关系的基本内容(经济基础),而法律、文化、政治制度等是建立在这一基础之上的。正如恩格斯所指出的,"这些经济事实形成了产生现代阶级对立的基础;这些阶级对立……又是政党形成的基础,党派斗争的基础,因而也是全部政治史的基础"。② 在马克思主义的分析范式中,所有制决定了阶级关系,而阶级关系、矛盾及其斗争又决定历史发展的方向。这便是经济基础决定上层建筑的基本内涵,在哲学的层面上便是社会存在决定社会意识,这正是历

---

① 《马克思恩格斯选集》第2卷,人民出版社1995年版,第106页。
② 《马克思恩格斯选集》第4卷,人民出版社1995年版,第196页。

史唯物主义的唯物内涵所在。

马克思认为,财产关系"只是生产关系的法律用语",因此在《资本论》中,马克思对现代社会资产阶级与无产阶级对立的阶级结构,从财产关系的角度——"资产"——进行了界定,即拥有财产的人被称为资产阶级,而没有资产的人被称为"无产阶级"。这里的"产"不仅仅是指财产,即只能用于自由消费而不能作为生产资料的东西,它指的是可作为生产资料的财产,即马克思所指认的"资本"——能生产剩余价值的财产。按布罗代尔的说法,"资产存在的条件恰恰在于,它必须参加、促成至少使人们反复更新的劳动。参加新的劳动使资产得以重建和新生,从而产生收益和增值。生产不断在吸收并再造资本"①。

对于界定现代资本主义社会阶级关系的资本,马克思明确提出这种"资本……只能被理解为关系"②。正如传统的本体论充满了对自然(存在)的崇拜,现代社会的科技发展使人们克服了自然崇拜,却产生了社会崇拜——生产关系、阶级关系成为新的崇拜对象。在现代资本主义社会中,作为资本主义生产关系、阶级关系的集中表现和载体的资本成为人们的崇拜对象。资本实际上成为现代社会最本质的社会存在。这正是马克思在《资本论》中围绕资本来分析资本主义社会的根本原因,也是资本成为历史唯物主义重点关注对象的哲学根源。由于资本在制度层面上体现为一种财产关系,因此马克思把财产关系(即所有权)作为社会形态划分的基础,即根据所有制的形态来确定社会形态。这样就划分出社会形态,即奴隶主拥有产权的时代是奴隶社会,封建主拥有产权的时代是封建社会,资本家拥有产权的时代是资本主义社会,而未来的社会则是消灭私人拥有产权,代之以一个人类共同体来拥有产权,这便是共产主义社会。这是从经济学的层面上诠释马克思批判费尔巴哈人本主义哲学时所说的"旧唯物主义的立脚点是'市民'社会,新唯物主义的立脚点则是人类社会或社会化的人类"③,因为共产主义社会从政治经济学角度而言正是一个消灭私有产权、以"人类社会或社会化了的人类"拥有产权的社会形态。

---

① 布罗代尔:《15至18世纪的经济、物质文明与资本主义》第2卷,生活·读书·新知三联书店2002年版,第244页。
② 《马克思恩格斯全集》第46卷上,人民出版社1979年版,第516页。
③ 《马克思恩格斯选集》第1卷,人民出版社1995年版,第61页。

马克思的存在概念与存在论的革命[①]

郭云峰

（南京大学马克思主义学院）

国内外学者对马克思"存在"概念的理解众说纷纭，莫衷一是。有人认为马克思理解的"存在"是指感性的活动，有人认为是实践，有人认为是作为社会现实的事物（Sache）或社会存在，还有人认为是社会生产关系，等等。实际上，在马克思看来，"存在"既不能完全等同于"物质"或"物"，也不是可以直观的"现象"，而是历史、现实和可能性的统一。"存在"是生产力和生产关系、经济基础和上层建筑的矛盾运动，是既对立又统一的运动，也是通过人们的实践推动而不断向前发展的现实运动。马克思不思考抽象而神秘的存在，而思考具体的存在，但他又不是像各门科学那样具体地思考存在，也不像海德格尔那样脱离物质利益的现实而抽象地思考"存在"。马克思理解的"存在"不是单纯的"理念"，不是"绝对精神"，不是"澄明之境"，而是事物的根本及其运动，也就是"事情本身（Sache selbst）"。同时，他理解的"存在"也不是单一的存在，既不是单纯的实践，也不是指单一的生产力或者生产关系，而是指复杂的社会性"存在"。

一、西方哲学传统中的存在概念

存在（英语 being，德语 Sein）是什么，这是一个古老的哲学问题。我们知道，思维和存在的关系问题是哲学的基本问题。思维不能无对象，它如果离开"存在"就会变成无内容的"不存在"。因此在这个意义上说，对"存在"的认识就是思维能否达到真理的关键。

古希腊哲学家特别重视对存在的理解。早期的自然哲学家在思考构成万物的始基或本原时，往往用单一的始基解释多种多样的物质世界。到了赫拉克利

[①] 原载《南京大学学报（人文社科版）》2017年第1期。

特,他不仅提出了火本原说,而且认为,世界的事物是持续运动和变化的,它们并不是虚假的,而是真实存在的表现。他说:"我们踏进又不踏进同一条河流,我们存在又不存在。"这句话看起来似乎难以理解,实则不然。赫拉克利特通过辩证的语言,说出了一个事实,即事物的存在是处在不断变化的过程中,存在的真理就表现在它的运动和变化之中。他认为,虽然事物的运动和变化是永恒的,但它们也遵循一定的法则,因此在变中也有不变的因素。赫拉克利特说:"这个有秩序的宇宙(科斯摩斯)对万物都是相同的,它既不是神也不是人所创造的,它过去、现在和将来永远是一团永恒的活火,按一定尺度燃烧,一定尺度熄灭。"赫拉克利特否定了神创世界说,认为世界本来就是自在的。他所理解的神就是表现出宇宙秩序的、经由火的运动进行转换的、变化着的世界本身(即存在),世界的变化并不是无序和混乱的,它遵循着一定的尺度,这就是逻各斯。赫拉克利特认识到,事物之间既相互联系,也存在着对立,在他看来,存在事物的生成运动是永恒的,在这个过程中,斗争(战争)被看作万物之父、万物之王,因为它具有能动性的特点,可以使存在的事物相互转换,"互相排斥的东西结合在一起,不同的音调造成最美的和谐;一切都是从斗争产生的"①。赫拉克利特综合了希腊自然哲学家的思想成果,开始用辩证的思维理解世界的生成运动。受到时代限制,赫拉克利特并不能透彻理解他所面对的"存在"本身,尽管他创造性地使用了辩证思维去思考世界和具体事物。

  巴门尼德对存在的理解与赫拉克利特完全不同。他认为,感性知觉是不可靠的,它们不能认识存在,只能达到非存在(即处在变化之中的现象),"决不能证明非存在存在,务必使你自己的思想(noema)远离这一条途径。不要为许多经验产生的习惯所左右,由你的茫然的眼睛、轰鸣的耳朵以及舌头带向这条路,而要用你的理智(logos)去解决我告诉你的这些纷争"。在他看来,思想和存在是同一的,非存在既不能被认识,也不能被说出来。只有能够被表述、被思想的才是存在,也只有思想才能认识存在,从而达到对真理的认识。巴门尼德所说的"存在"具有以下几个特征:(1) 没有生灭变化的;(2) 连续不可分的"一";(3) 不

---

① 汪子嵩等:《希腊哲学史》第 1 卷,人民出版社 1997 年版,第 444、418、469 页。

动的;(4) 完整的,形如球体;(5) 可以被思想、被表述的。① 与此相对,"非存在"就是指有变化的,可分的,运动的和不能被思想、被表述,只能被感觉的事物。由此可见,巴门尼德理解的存在是高度抽象的。在他看来,整个宇宙就是一个"存在",它既不能被创造,也不能被消灭。巴门尼德第一次明确地提出了思想和存在的关系问题,这在人类抽象思维发展史上是一次很大的进步。

受到巴门尼德等人的影响,柏拉图认为,只有灵魂中的理性能力能够认识真正的存在——型相,(idea 和 eidos)感觉所认识的东西是处在存在和不存在(无)之间的非存在——具体的现象。柏拉图通过四线段比喻和洞穴之喻说明的就是"型相"比具体的事物更加真实。"型相"不仅是真实的存在,而且是神圣的存在,柏拉图又在《斐德罗篇》中将其比喻为"天上的存在"。"型相"虽然是客观的存在,但是它们并不占有空间,只是理智认识的对象。在这些"型相"中,处在最高位置的"型相"是像太阳一样的"善的相"(agathou idea),它是其他"型相"产生的原因。对这些"型相"的认识,才是真正的知识。通过这样的论述,柏拉图区分了两个世界,即作为真正的存在的世界——"型相"的世界和作为非存在的世界——具体的现象世界。由此可见,柏拉图对世界的划分上不仅是头足倒置的,而且还把"型相"的世界高踞现象世界之上。由于柏拉图给予"型相"过高的地位,这一点成为后世哲学中出现反柏拉图主义潮流的一个重要原因。

对于如何理解"存在"的问题,亚里士多德曾经说过:"存在是什么,换言之,实体是什么,不论在古老的过去、现在以至永远的将来,都是个不断追寻总得不到答案的问题……所以,我们的首要的问题,或者唯一的问题,就是考察这样的存在是什么。"在《形而上学》关于"存在"的理解中,存在主要就是指"实体或者本体(Substance)",而第一实体就是"是其所是(essence)"或形式,第二实体就是具体的个体之存在。亚里士多德的第一哲学就是"思考作为存在的存在——是什么以及存在的东西的属性"的学问。②

亚里士多德批评了柏拉图的"型相"论,认为探究具体事物的原因不能仅仅通过增加同样数量的"相"或"型"来实现,因为这样只不过在可感觉的事物之外

---

① 汪子嵩等:《希腊哲学史》第 1 卷,人民出版社 1997 年版,第 600—601 页。
② 《亚里士多德全集》第 7 卷,中国人民大学出版社 1993 年版,第 153、147 页。

增加了"它自身(auto)"。柏拉图及其追随者把普遍和定义当作可分离的东西，违背了苏格拉底的原意。应该说，亚里士多德之所以探讨"作为存在的存在"和具体的个体之存在，最终是想说明形成宇宙和具体事物的原因，这也是哲学达到智慧的根本途径。在批判柏拉图"型相论"的基础上，亚里士多德推进了对存在的研究。但是，他因为忽视人的实践活动，所以仍然脱离人的生活世界去思考这一问题。

承继柏拉图的理念论和亚里士多德的形而上学，黑格尔在《小逻辑》中把"存在(Sein)"解释为思维发展的最初开端。他说："纯存在或纯有之所以当成逻辑学的开端，是因为纯有既是纯思，又是无规定性的单纯的直接性。"①这个"纯存在"一开始就是"无"，发展到最后则变成作为理论和实践的理念之统一的"绝对理念(Die absolute Idee)"。这种"理念"虽然已经和柏拉图的"型相"有些不同，但是一样高踞可感觉的事物之上。黑格尔理解的这个"真实"的"存在"是超时空的存在，它是作为普遍和无限的绝对精神，最终成为脱离具体生活的"自我意识"。

费尔巴哈认为，黑格尔哲学是新柏拉图派的复活，后者理解的存在是抽象的、不真实的存在。他说："黑格尔逻辑学中的存在，就是旧形而上学中的存在，这个存在被不加区别地用来陈述一切事物，因为依照旧形而上学的说法，一切事物的共同点，就在于都是存在的；但是这个无区别的存在乃是一种抽象的思想，一种没有实在性的思想。"费尔巴哈哲学所要面对的是真实的存在，在他看来，"存在并不是一种可以与事物分离开来的普遍概念"，他把存在看作对实体的肯定，也把存在和存在的事物看作一回事。存在的问题就是我们的实际生存问题，是实践的问题，费尔巴哈说："关于存在的问题，正是一个实践的问题，一个涉及我们的存在的问题，一个关于生死的问题。……我之所以存在，决不是靠语言的或逻辑的食粮——自在的食粮——而永远只是靠这种食粮——依靠这种'不可言说'的东西。"②由此看来，费尔巴哈不再像形而上学和经院哲学那样把存在理解为到处都是同样的、没有区别的、没有内容的存在，而是把存在理解为具体的

---

① 黑格尔：《小逻辑》，商务印书馆1980年版，第189页。
② 费尔巴哈：《未来哲学原理》，生活·读书·新知三联书店1955年版，第45、46、47—48页。

事物。应该说,这一对存在的新理解突破了思辨哲学的局限,对事物的理解更加具体了。然而,尽管费尔巴哈已经开始重视实践,但由于他没有从物质生产实践出发来理解社会与历史,所以仍然无法透彻理解生活中具体存在的事物——真实的"存在"。而马克思在关于存在问题的理解中,由于对物质生产等实践方式的重视,能够超越传统本体论所理解的存在概念,全面而准确地把握到真实"存在"的内涵及其意义。

二、真实的存在:马克思存在概念的本质内涵

对马克思存在概念的分析至少涉及两个层面的问题:第一个问题是,对马克思著述中"存在"概念的内涵应如何把握?第二个问题是,马克思理解"存在"概念的方法是什么?我们将通过文本解读来回答这两个问题。

马克思在《德谟克利特的自然哲学和伊壁鸠鲁的自然哲学的差别》一文中讨论的原初"存在"是作为构成自然实体的原子。通过比较德谟克利特和伊壁鸠鲁的原子论哲学,尤其是通过考察伊壁鸠鲁的原子"偏斜论",马克思肯定了突破必然性束缚的偶然性对于自由的意义。马克思认为,伊壁鸠鲁的贡献在于,把作为"本原"的原子和作为"元素"的原子区别开来,这样一来,在本质世界,原子是自然界的绝对形式,在现象世界,它就下降为绝对的物质,成为"物质的基础"。① 这样的区分,可以进一步解释现象世界的问题,从而克服了德谟克利特的原子论仅仅停留在解释本质世界的局限性。在对现象世界进行分析的时候,马克思还特别关注了伊壁鸠鲁把时间理解为感性知觉本身和现象世界的绝对形式的观点。从时间的角度对"存在"(以原子为始基的现象世界)进行理解,虽然还不能理解现实生活本身,但已经触及对"事情"本身的理解。

受到费尔巴哈存在观的影响,马克思也十分重视对真实的存在之认识。在《1844年经济学哲学手稿》中,马克思对于工商业实践的作用给予了积极评价,这样的理解已经和费尔巴哈有很大不同。与此同时,马克思批评了黑格尔的"存在"概念——精神世界。他认为,黑格尔把精神世界"冒充为自己的真正的存在,恢复这个世界,假称在自己的异在本身中就是在自身",在这种虚假的存在中,

---

① 《马克思恩格斯全集》第1卷,人民出版社1995年版,第49页。

"我的真正的人的存在是我的哲学的存在"。① 实际上,在《1844年经济学哲学手稿》中马克思对异化劳动的批判也应该在"存在"的层面进行理解:撇开对象化劳动的积极方面不谈,就异化劳动对劳动者的损害而言,它导致的是一种异化式的存在,即非存在,也是现实层面的虚假存在。

在《关于费尔巴哈的提纲》中,马克思关于存在的理解进一步深化,鲜明地指出了费尔巴哈和旧唯物主义哲学对"存在"的错误理解:"从前的一切唯物主义(包括费尔巴哈的唯物主义)的主要缺点是:对对象、现实、感性,只是从客体的或者直观的形式去理解,而不是把它们当作感性的人的活动,当作实践去理解,不是从主体方面去理解。因此,和唯物主义相反,能动的方面却被唯心主义抽象地发展了,当然,唯心主义是不知道现实的、感性的活动本身的。费尔巴哈想要研究跟思想客体确实不同的感性客体;但是他没有把人的活动本身理解为对象性的活动。"②从这一段表述可以看出,马克思认为费尔巴哈和旧唯物主义哲学家的缺陷是错误地理解了"存在"(即对象、现实或感性),其错误的原因产生于直观的哲学方法。例如,费尔巴哈曾经说过:"只有那通过感性直观而确定自身,而修正自身的思维,才是真实的,反映客观的思维——具有客观真理性的思维。"③由于旧唯物主义这种直观哲学方法上的局限性,他们无法把"存在"理解为通过人的实践或感性的活动而动态地发展的过程。

费尔巴哈理解的"存在"看似真实,但是这种所谓的真实并没有触及对社会发展本质的理解,而是停留在感性、直观的肤浅层面。他说:"新哲学将我们所了解的存在不只是看作思维的客体,而且看作实际存在的实体——因而将存在看作存在的对象——存在于自身的对象。作为存在的对象的那个存在——只有这个存在才配称为存在——就是感性的存在,直观的存在,感觉的存在,爱的存在。因此存在是一个直观的秘密,感觉的秘密,爱的秘密。"④国内有些学者强调马克思把"存在"理解为感性的活动,但是,这样理解必须要具体说明该"活动"是在何种条件下怎样展开的,否则很容易陷入费尔巴哈式的错误。

---

① 马克思:《1844年经济学哲学手稿》,人民出版社2000年版,第109、111页。
② 《马克思恩格斯选集》第1卷,人民出版社1995年版,第54页。
③ 费尔巴哈:《未来哲学原理》,生活·读书·新知三联书店1955年版,第71页。
④ 费尔巴哈:《未来哲学原理》,生活·读书·新知三联书店1955年版,第57页。

费尔巴哈和旧唯物主义哲学的错误并不是偶然的,而是他们所使用的直观方法必然达到的理解水平。这种直观的方法尽管可以避免黑格尔思辨哲学的观念论错误,但是,它又再次陷入另一种"感性论"的错误。这种错误使其无法理解社会及其历史的发展,因此马克思说:"当费尔巴哈是一个唯物主义者的时候,历史在他的视野之外;当他去探讨历史的时候,他不是一个唯物主义者。在他那里,唯物主义和历史是彼此完全脱离的。"①实际上,费尔巴哈之后仍有不少哲学家重复这种"感性论"的错误。由以上分析可以看出,马克思对"存在"的理解比黑格尔和费尔巴哈都更加接近"事情"本身。黑格尔通过辩证法达到的层面是观念性存在,由于他用理性来解释历史的发展,他所说的"存在"也成为脱离时空的抽象存在,他的历史观也就因此成为唯心史观。费尔巴哈通过直观的方法达到的层面则是感性的存在,由于他用感性来解释历史的发展,他所说的"存在"就成为爱的存在,因此他的历史观也就成为变相的唯心史观。因此,马克思强调,他的理论出发点不是宗教的人和费尔巴哈的"一般人",也不是施蒂纳的"唯一者",而是一些"现实的个人":"我们开始要谈的前提不是任意提出的,不是教条,而是一些只有在臆想中才能撇开的现实前提。这是一些现实的个人,是他们的活动和他们的物质生活条件,包括他们已有的和由他们自己的活动创造出来的物质生活条件。""全部人类历史的第一个前提无疑是有生命的个人的存在。"这些现实的个人不是处在离群索居状态的孤立的人,而是从事物质的和精神的生产活动、处在一定的交往形式中的个人:"人们是自己的观念、思想等的生产者,但这里所说的人们是现实的、从事活动的人们,他们受自己的生产力和与之相适应的交往的一定发展——直到交往的最遥远的形态——所制约。意识在任何时候都只能是被意识到了的存在,而人们的存在就是他们的现实生活过程。"②

由此可以看出,马克思所理解的"存在"或"事情",不是脱离社会的某种臆想。哲学家们热衷于讨论"实体"、"人的本质"、"自我意识"等概念,但是,他们只是在形而上学的范围内讨论。马克思则将这些问题的理解和现实关联起来:"每个个人和每一代所遇到的现成的东西——生产力、资金和社会交往形式的总和,

---

① 《马克思恩格斯文集》第1卷,人民出版社2009年版,第530页。
② 《马克思恩格斯文集》第1卷,人民出版社2009年版,第516、519、524—525页。

是哲学家们想象为'实体'和'人的本质'的东西的现实基础,是他们加以神话并与之斗争的现实的东西的基础,这种基础尽管遭到以'自我意识'和'唯一者'的身份出现的哲学家们的反抗,但它对人们的发展所起的作用和影响却丝毫也不因此而受到干扰。"①因此,要理解"真实的存在",就不能脱离这个"现实基础"。进一步说,理解这个"基础"就是理解"真实的存在"之关键,也只有在这个"基础"上理解社会和历史的发展,才是回归真正的"存在"。

在《哲学的贫困》一书中,马克思基于唯物史观对蒲鲁东的错误进行了批判。马克思认为,由于忽视"现实基础",蒲鲁东把政治经济学变成了形而上学。这种形而上学抛开了现实的基础,把经济范畴仅仅看成是"理性"或某些天才头脑中灵光乍现的产物。蒲鲁东和许多经济学家们都把资产阶级的生产关系说成是天然的、不变的、永恒的范畴,是"不受时间影响的自然规律。这是应当永远支配社会的永恒规律。于是,以前是有历史的,现在再也没有历史了"。实际情况却是,人们在一定的社会关系(生产关系)下进行物质生产,同时,"这些一定的社会关系同麻布、亚麻等一样,也是人们生产出来的。社会关系和生产力密切相联。随着新生产力的获得,人们改变自己的生产方式,随着生产方式即谋生方式的改变,人们也就会改变自己的一切社会关系。手推磨产生的是封建主的社会,蒸汽磨产生的是工业资本家的社会"。由于蒲鲁东不懂得上述道理,使得本来可以科学说明的"历史"在他那里就变成了具有神秘天命的历史。②

总之,范畴或概念不是脱离"存在"的理性臆想,而应该是对"事情本身"的真实再现,由此才有建立"关于人的科学"、"历史科学"、"社会科学"的可能。传统形而上学之所以需要被超越,主要是因为它脱离真实的存在,使哲学变成没有根基的抽象呓语。根据马克思的理解,要改造形而上学,使其完成根本性的质变,必须从实际出发,抛弃脱离"实事"的概念,代之以反映客观现实的范畴,并用这些范畴去分析"存在"的秘密。在写作《资本论》时,马克思正是因为遵照了"概念反映真实的存在"的原则,并使用了从抽象上升到具体的方法对资本主义社会进行分析,才实现了对资本主义生产方式的科学解释。

---

① 《马克思恩格斯文集》第1卷,人民出版社2009年版,第545页。
② 《马克思恩格斯选集》第1卷,人民出版社1995年版,第151、141—142、150页。

三、马克思的存在论哲学变革

马克思所说的"存在",并非单指物质性的存在。物质性存在固然是存在的一部分,但绝不是唯一的部分。庸俗唯物主义者只把马克思的存在概念理解为物质或物质性的存在,这是对马克思哲学的严重误解,没有真正理解马克思所实现的存在论哲学革命。只有揭示出马克思存在概念的多重内涵,才能认识到马克思发动这场哲学革命的重要意义。从马克思的论述来看,他所理解的存在概念至少包括以下几个层面的内涵:

第一,物质性存在。它包括自然界和社会中的物质性实体,即物质,既有自然界中未经人的劳动加工过的原初物质形式,也有经过劳动加工所构造出来的产品形式。物质性存在是人类社会其他存在形式的基础和前提,马克思说:"没有自然界,没有感性的外部世界,工人什么也不能创造。它是工人的劳动得以实现、工人的劳动在其中活动、工人的劳动从中生产出和借以生产出自己的产品的材料。"① 自然界中的物质性存在不仅给劳动提供生产资料,而且给个人提供维持其肉体生存所需的生活资料。当然,物质性存在的作用不能被无限夸大,否则就会陷入物质决定论的错误,这种决定论反映在社会历史观中则表现为庸俗经济决定论。

第二,活动性存在。它主要指的是各类生物的物质变换活动、人的实践活动以及与此有关的工具性活动。马克思重点关注的是人的实践活动,它包括感性的物质生产活动、人自身的生产活动、社会关系的生产和再生产活动、科学技术生产活动、政治和道德实践活动等。这些活动的结果形成新的存在形式,它们同时作为一种潜能而存在。在社会发展过程中,活动性存在主要表现为人的生产实践活动。马克思说:"当人开始生产自己的生活资料的时候,这一步是由他们的肉体组织所决定的,人本身就开始把自己和动物区别开来。人们生产自己的生活资料,同时间接地生产着自己的物质生活本身。"② 活动性存在与"生产力"概念所包含的内容有关,如劳动者在使用某种生产工具时所进行的生产活动。

---

① 马克思:《1844年经济学哲学手稿》,人民出版社2000年版,第53页。
② 《马克思恩格斯选集》第1卷,人民出版社1995年版,第67页。

马克思高度重视这一存在形式,认为它是社会基本矛盾中最活跃的因素。

第三,关系性存在。它指的是社会关系等形式的存在,例如资本、生产资料的所有制形式、各种法律制度和伦理规范等。马克思认为,人们在生产物质产品的同时,也在创造与之相适应的社会关系,它们不仅是客观存在的,而且会随着生产力的进步而发生改变:"各个人借以进行生产的社会关系,即社会生产关系,是随着物质生产资料、生产力的变化和发展而变化和改变的。"① 马克思对这一存在形式进行了深入的研究,他认为,未来社会要解决资本主义内在矛盾所带来的社会问题,必须改革不合理的社会关系。

第四,精神性存在。它指的是思想、哲学、文艺、意识形态等存在形式。马克思对唯心主义的批判并不意味着他对思想或精神的敌视,而是意味着他对一种科学的思想、精神或理论的重视。马克思对精神性存在给予重视的原因在于:他认为,"精神生产随着物质生产的改造而改造"②,过去任何一个时代的统治思想都是统治阶级的思想,无产阶级要实现自身的解放,只有经过科学理论的引领并联合起来才能实现。科学的理论是一种顺应时代发展要求的思想和精神。在这个意义上,马克思高度肯定了精神性存在对社会进步的重要价值。

第五,可能性存在。它指的是社会发展的趋势或者一种尚未来临、众所期待的存在。例如资本发展的趋势、社会正义、生态良好的社会等,它往往是作为一种可能性而存在。有人可能会反对这个提法,但是如果缺少可能性的存在维度,完全停留在现成性方面,就无法反映出马克思存在论的超越之维。在这里,马克思所说的可能性是一种基于现实性、科学性和具体条件而提出的有望实现的可能性,是通过不断改革不合理的现状而获得社会进步的发展可能性。例如,在《资本论》中,马克思指出资本主义生产方式只是一种暂时性的方式,它正在为未来的新生产方式创造条件:"发展社会劳动的生产力,是资本的历史任务和存在理由。资本正是以此不自觉地创造着一种更高级的生产形式的物质条件……资本主义生产不是绝对的生产方式,而只是一种历史的、和物质生产条件的某个有限的发展时期相适应的生产方式。"③ 实现共产主义是马克思的理想,它是现实

---

① 《马克思恩格斯选集》第1卷,人民出版社1995年版,第345页。
② 《马克思恩格斯选集》第1卷,人民出版社1995年版,第292页。
③ 《马克思恩格斯全集》第46卷,人民出版社,2003年版,第288—289页。

性、科学性和革命性相统一的终极追求,也是一种平等、民主和自由等理想价值得以实现的社会状态。要建立这种社会,必须通过批判的、革命的、超越性的实践:"我们所称为共产主义的是那种消灭现存状况的现实的运动。这个运动的条件是由现有的前提产生的。"①

马克思所理解的存在概念,其内涵不是单一和纯粹的,而是具体和多层次的。这些具体和多层次的存在形式相互影响,有着密切的关系,它们彼此之间也存在着交叉和重叠。例如,某些精神性存在的产品要以物质性存在为载体;法律制度既是关系性存在的形式,也是精神性存在的产物,等等。传统形而上学往往把存在理解为单一的和观念的,它们不仅忽视了存在形式的多样化,而且未能辩证地理解各种存在形式之间的相互依存和相互转化,因此也就不可能揭示出存在的真实内涵。

由以上分析可以看出,马克思对存在问题的理解已经远远超出了传统形而上学的界限,可称之为存在论的革命。但是,究竟应该在何种意义上理解这种存在论的革命?如果只停留在学界所理解的以感性的实践活动超出"意识的内在性"这一点上,似乎不足以全面揭示这场哲学革命的意义。我认为,马克思所理解的存在概念或者说他的存在观之所以有别于传统形而上学,其革命性主要表现在以下几个方面:

第一,马克思对传统存在概念的突破以实践为关键点。但是,他所说的实践不是笼统的实践,而是以物质生产实践为基础的多种实践形式的统一。马克思认为,第一个历史活动是生产满足自己需要的物质产品,之后产生了新的需要形式和满足它们的新的实践形式。这些实践形式是多样的,它随着需要的改变而改变。既不能把马克思所说的实践理解为单一的物质生产活动,也不能理解为单一的精神生产活动,而是以物质生产为基础的多种实践活动形式的统一。

第二,马克思理解的存在是以物质性存在为基础和前提的多种存在形式的统一体。在各种存在形式中,如果用亚里士多德的"四因说"做类比的话,那么,物质性存在就是"质料因",它是一切发展的前提和基础;活动性存在是"动力因",它具有创造性的、能动的力量;关系性存在和精神性存在则是"形式因",它

---

① 《马克思恩格斯选集》第1卷,人民出版社1995年版,第87页。

们共同对其他存在形式发挥或促进或阻碍的作用;可能性存在则是"目的因",它是存在所要实现的最终目的。前文提到,巴门尼德把存在理解为不动不变的"一",柏拉图把最真实的存在理解为作为"原本"的"型相"等,这些理解要么把存在简单化,要么把存在神秘化,没能揭示出存在的多样性和复杂性。因此,他们也不可能把握到真实的存在。马克思所理解的存在概念则克服了这些形而上学的局限,使存在变成不再神秘的、人间的"事情"。

第三,马克思重视对社会内在矛盾的揭示,因此他的存在论是矛盾运动式的存在论。他认为,各种存在形式之间相互作用,彼此发生影响,要认识它们,必须从内在矛盾的角度进行分析。马克思在其著作中所揭示的资本和劳动、生产力和生产关系、经济基础和上层建筑的矛盾运动,就是各种存在形式之间相互作用的范例。他认为,只有通过这种揭示,才能把握到存在的本质,继而揭示出存在的秘密,并且有针对性地提出解决问题的方案。如果撇开内在矛盾而孤立地探讨存在概念,就会再次掉入传统形而上学的陷阱。

第四,马克思的存在论是一种辩证的存在论。由于以整体的、联系的和发展的观点来理解存在,马克思把各种存在形式之间的相互联系揭示出来了。所以,这种存在论完全不同于传统的单一的存在论,而是一种科学的、辩证的存在论。由于使用了辩证的方法,同时从事物内部来揭示各种存在形式之间的相互作用,而不是诉诸世界之外的神秘力量进行解释,马克思的存在论才上升为真正的科学。

总之,由于对存在的理解突破了传统形而上学的限制,马克思事实上建构了一种新的存在论。这种新的存在论是对不同形式的存在及其相互关系进行科学分析和考察,而不是像海德格尔那样将"存在"神秘化和抽象化,使之变成精神崇拜的一种"圣物"。海德格尔将存在与存在者相区分,事实上使存在失去其现实生成的客观基础,因而他所说的"存在"就变成了没有身体的灵魂、没有物质依附的幽灵,像是精神想要追求的一种超脱尘世的、恍兮惚兮的境界。由此可见,海德格尔的存在概念和马克思的理解有着很大不同,它们并不是一回事。当然,海德格尔对传统形而上学有关"存在"的解释也进行了激烈批判,这一点和马克思是一致的。他们对传统形而上学及其存在概念的共同反对和批判启示我们:进一步批判形而上学,反对传统形而上学的复活仍然是当代哲学面临的重要任务。

马克思主义的意识形态范畴[①]

胡大平

(南京大学马克思主义学院)

意识形态是马克思主义理论的基础问题之一,围绕其存在着广泛而深刻的争论。这些争论多少影响着马克思主义理论的教学和国家意识形态建设实践,有必要对其进一步澄清。本文的基本目标是为意识形态在社会意识和社会存在之间的归属提出一种解说。我们认为,意识形态不仅是社会意识,而且更是社会存在,只有从这一点出发,才能够正确理解马克思主义的意识形态理论和实施意识形态战略。[②]

一

从 ideology 这个词的基本含义来说,作为一种思想体系,意识形态当然从属于意识范围。不过,对于马克思主义来说,如果仅仅局限于此,那么,唯物主义历史观本身便不能超越它旨在超越的意识形态,社会主义实践过程中的意识形态或霸权战略亦不能超越资产阶级实践。历史地看,当唯物主义历史观基本观点形成之际,马克思恩格斯把青年黑格尔派及其黑格尔哲学基础称为意识形态,最重要的原因便是他们没有走出以一种意识替代另一种意识的思想"革命"。与之相反,马克思主义强调"使现存世界革命化,实际地反对并改变现存的事物",意识形态批判便是其中策略之一。也由此,势必提出一种在表面上难以接受的观点:虽然意识形态是意识现象,但对其进行批判(革命前)和建设(革命后)的时候,恰恰不能简单地将之作为意识,而是需要将之理解为社会存在的一个部分。

[①] 原载《教学与研究》2009 年第 11 期。

[②] 由于本文取自一个旨在澄清马克思主义意识形态理论和揭示当代意识形态新变化的宏大研究计划,也由于论题本身的复杂性,许多相关性论证和分析都省略了,我们希望在全部研究成果出版的时候来弥补这个缺点。

马克思恩格斯正是这样做的。

这个难点是由马克思恩格斯阐明意识形态问题实质之前的现实决定的：意识形态恰恰把自身看作社会存在，①不仅如此，而且它把现实(历史)视为"想象的主体的想象活动"②。如果与意识形态的起源相比，这是一种"颠倒"，那么只有说明这种颠倒，马克思恩格斯才能打开历史科学之门。有趣的是，正是基于那种颠倒，青年黑格尔派在宗教批判中把世界称为颠倒的，并在这一过程中产生了费尔巴哈著名的颠倒策略：即把黑格尔哲学颠倒过来从而获得未来哲学所需要的唯物主义前提。马克思在《黑格尔法哲学批判》导言中非常清晰地运用了费尔巴哈的颠倒策略把宗教视为相对于"人的世界"的"颠倒的世界"。不过，马克思最终发现，问题不在于指认世界的颠倒性质，而在于理解这种颠倒的发生机制，否则将永远陷入意识形态的循环——即以一种意识形态替代另一种意识形态的反对词句的斗争。我们知道，他正是在批判费尔巴哈过程中开辟新的道路的，这亦是在唯物主义历史观形成过程中为什么是费尔巴哈而非别人构成其最后批判对象的原因。对意识形态本质的识别、意识形态颠倒机制的分析，正是唯物主义历史观在呈现自身过程中需要完成的必要工作。这一工作的成果，马克思恩格斯已经清楚地强调：

> 意识[das bew uβesein]在任何时候都只能是被意识到了的存在[das bew uβeSein]，而人们的存在就是他们的现实生活过程。如果在全部意识形态中，人们和他们的关系就像在照相机中一样是倒立呈像的，那么这种现象也是从人们生活的历史过程中产生的，正如物体在视网膜上的倒影是直接从人们生活的生理过程中产生的一样。③

从这一段落看，马克思恩格斯认为，意识形态的颠倒性质是像生理过程那样的客观历史过程的产物。这预示了《资本论》拜物教批判的逻辑，不过，在《德意

---

① 例如，拜物教在其同伴身上所能看到的是另一个追逐自我利益的主体。虽然现代主流经济学也把经济人视为一个假设，但其从这个假设出发来解释现代经济时，恰恰将其视为一种基本现实。
② 这正是马克思在《德意志意识形态》中所批判的现实。
③ 《马克思恩格斯选集》第1卷，人民出版社1995年版，第72页。

志意识形态》中,马克思恩格斯并没有澄清这种客观颠倒发生的机制,而只是基于生活与意识(存在与意识)之间的关系强调了唯物主义历史观的基本原则:不是意识决定生活而是生活决定意识。从这个原则看来,意识不仅不是独立存在的社会要素,而且没有自己的历史。不过,意识却能够物化而成为客观的社会结构要素,例如道德、宗教、形而上学等。马克思恩格斯把这些东西称为意识形态,与其相适应的意识形式具有独立性的外观。马克思恩格斯当然旨在通过批判来打破意识独立性的外观。① 问题也正是在这里,这种独立性的外观或者更尖锐地说虚假的独立性是如何形成的呢？在《德意志意识形态》的分析中,马克思恩格斯使用"意识形态"这个术语实际上便是解释这个问题。

不过,必须承认,无论是在《德意志意识形态》还是其他文本中,马克思关于意识形态的表述都包含着明显的含糊性。例如,我们无法直接从文本角度把意识形态与意识形式区分开来,我们亦不能简单明了地将其归于社会存在或社会意识。即使在马克思首次完整地公开阐述唯物主义历史观基本原理的《政治经济学批判》序言中,我们亦会发现这样的难题。例如,他把法律、政治、宗教、艺术和哲学作为意识形态时,是在认识论上将它们与自然科学相对立的,而科学与意识形态都是人们借以认识世界客观变化的思维方式。尽管是一种对立的方式,它们在逻辑上都属于与特定经济基础相适应的社会意识形式,这意味着它们都从属于意识。不过,当马克思强调"物质生活的生产方式制约着整个社会生活、政治生活和精神生活的过程"的时候,我们同时发现,精神生活与社会生活和政治生活是具有同样客观性的社会存在事实,这意味着,支配这种生活的结构与社会结构、政治结构同样都是客观的存在。意识形态不就是支配着人们精神生活的那种客观结构吗？如果不是,那么如何理解恩格斯的下列论断呢？

> 意识形态是由所谓的思想家通过意识、但是通过虚假的意识完成的过程。推动他的真正动力始终是他所不知道的,否则这就不是意识形态的过程了。因此,他想象出虚假的或表面的动力。因为这是思维过程,所以它的内容和形式都是他从纯粹的思维中——不是从他自己的思维中,就是从他

---

① 《马克思恩格斯选集》第1卷,人民出版社1995年版,第73页。

的先辈的思维中引出的。他只和思想材料打交道,他毫不迟疑地认为这种材料是由思维产生的,而不去进一步研究这些材料的较远的、不从属于思维的根源。而且他认为这是不言而喻的,因为在他看来,一切行动既然都以思维为中介,最终似乎都以思维为基础。①

在这里,恩格斯非常清晰地强调,意识形态是一种对自身动力无知的认识过程。我们不应该将这一描述视为游离在马克思之外的某种不和谐论证。因为,它与马克思在《资本论》中对商品拜物教的分析完全一致。在《资本论》中,商品世界的完成形式——货币形式,"用物的形式掩盖了私人劳动的社会性质以及私人劳动者的社会关系,而不是把它们揭示出来",因为它"已经取得了社会生活的自然形式的固定性"。与这种固定性相一致,资产阶级经济学的范畴,也是"有社会效力的,因而是客观的思维形式"。对于按照等价原则进行交换的人们来说,"他们没有意识到这一点(即把产品还原为价值——引者注),但他们这样做了"②。因此,马克思把无时间性的形式的历史起源作为自己分析的前提,从商品形式的结构出发揭示现代经济和资产阶级意识的拜物教性质。

在这里,我们遭遇的真正问题不是从社会存在和社会意识的二分法出发把资产阶级意识形态归入社会意识范畴,而是重新深入理解马克思"不是人们的意识决定人们的存在,相反,是人们的社会存在决定人们的意识"这个论断所包含的科学要求。我们绝不能从这个论断出发,通过把资产阶级意识形态归入意识范围就得出其是颠倒的和虚假的结论!因为,马克思已经说得很清楚,资产阶级意识把商品交换理解成"自然必然性"的时候,其恰恰源自资产阶级社会在形式上的自然性。这意味着,如果说资产阶级意识是颠倒的和虚假的,那么原因在于它采取了与这种社会一致的无思的思维方式,即它是一种意识形态的看法。这种解释与马克思在《政治经济学批判》序言中阐明的唯物主义历史观的基本观点是完全一致的,在那一文献中,马克思指明,法律、政治、宗教、艺术和哲学作为意识形态,它们是人们"借以意识到这个冲突(即经济基础与上层建筑之间的冲

---

① 《马克思恩格斯选集》第4卷,人民出版社1995年版,第726页。
② 《马克思恩格斯全集》第23卷,人民出版社1972年版,第90—93页。

突——引者注)并力求把它克服的……形式"。也就是说,意识形态作为一种形式,它不是意识。也只有这样,在马克思的全部论述中,当他把法律、政治、宗教、艺术和哲学作为意识形态时,才不会与其同时将之视为上层建筑发生矛盾。在传统的理解中,标准的马克思主义解说把意识形态称为"系统地、自觉地、直接地反映社会经济形态和政治制度的思想体系,是社会意识诸形式中构成观念上层建筑的部分",隐含着一个难以协调的矛盾:即意识形态既是思想体系,又是上层建筑。这与马克思在《政治经济学批判》序言中的相关表述具有冲突,马克思在那个文本中明确指出,"生产关系的总和构成社会的经济结构,即有法律的和政治的上层建筑竖立其上并有一定的社会意识形式与之相适应的现实基础",即把上层建筑与社会意识形式区分开来的!产生这种矛盾的原因在于,即使强调意识的相对独立性的时候,我们也没有考虑到,作为意识得以进行的意识形态恰恰是支配人们法律的、政治的、道德的、宗教的、艺术的和哲学的(即理论的)活动(甚至经济活动本身,这是马克思没有指出的)的客观思维结构。正是这一原因,法律、政治、道德、宗教、艺术和哲学,既是上层建筑(当它们表现为一种体制的时候),又是意识形态(当它们成为人们认知的无意识依据时)!这样看来,马克思恩格斯在自己表述中并没有阐明而作为难题出现的问题就清晰地呈现了:意识形态既属于社会存在和社会意识,又同时不属于这两者,更准确地说,它是在这两者之间进行联系的中介。

二

这是一个不容易理解的问题,但它却是"意识形态"这个术语所标识出来的独特社会现象的关键。意识形态作为一种历史地形成的思维图式,它不再是思维本身,而是构成调节思维与存在之间关系的一种具有惰性的"实体"。为理解这个问题,我们参照结构主义的相关研究,那种理论思潮试图超越近代欧洲主客体二元论哲学,从而亦为打破在存在与思维之间进行非此即彼选择的困境。列维-斯特劳斯是这种新倾向的开辟者,他指出:

> 马克思主义,如果不是马克思本人的话,屡次推断说,实行(les practiques)似乎是直接来自实践(praxis)的。我并不怀疑基础结构的无庸置辩的优先

性,我相信,在实践与实行之间永远存在着调节者,即一种概念图式,运用这种概念图式,彼此均无其独立存在的质料与形式形成为结构,即形成为既是经验的又是理智的实体。①

当然,列维-斯特劳斯本人试图通过这种分析推动马克思没有展开的上层建筑理论,他提出了思维之逻辑的而非历史的先决条件问题,即在心理和大脑客观结构的形式中被赋予的概念系统。从表面上看来,列维-斯特劳斯的研究方法与马克思的历史视角是冲突的,因为后者强调历史时间的优先地位,而他恰恰提出无时间的结构问题。不过,如果认真审视马克思的政治经济学批判,我们亦会发现,列维-斯特劳斯恰恰是在经济史之无意识历史之外提出意识形态之无历史(即无时间)问题。当然,他是在反驳萨特的主体主义哲学过程中提出这个问题的,后者试图通过以集体主体来替代笛卡尔的"我思"主体从而为历史的开放性打开大门,但他在这样做的时候实际上通过以人类概念替代历史概念而主张了一种先验的人本主义,就如卢卡奇以阶级意识替代主体性那样。不同的是,列维-斯特劳斯分析的切入点是语言。这是一种学术思想的跃进,一方面他把在卢卡奇等人那里含蓄地应用的精神分析理论提呈至理论的台面;另一方面,他以语言这种可分析的单元揭示了社会之象征性质(即人与人之间关系建构机制)。也正是这一原因,他能够为分析作为人与人之间而非人与物之间关系的意识形态打开新的思路。罗兰·巴尔特、福柯、阿尔都塞等人实际上也都是在这一中轴上操作的。特别是阿尔都塞,尽管其非常明确地提出了对结构主义的批评,但恰恰借助结构主义在意识形态问题上为马克思主义的国家理论提供了重要的补充。

阿尔都塞的实际操作是这样的,列维-斯特劳斯通过区分实践或实行(les practiques)与实践(praxis),从而识别出在两者之间中介的作为象征结构的概念图式。与之相仿,阿尔都塞把概念图式区分为意识形态与科学,从而形成严格的对应关系,即由意识形态支配的实践(les practiques)和由科学支配的实践(les practiques)。这样,他清晰地指出马克思恩格斯意识形态理论所包含的那种既

---

① 列维-斯特劳斯:《野性的思维》,商务印书馆1987年版,第149页。

是社会存在又是社会意识的张力,又断然从功能角度为无产阶级运动之霸权策略提供一种合理性论证。在晚期资本主义通过结构调整而获得较为稳定的条件下,这种论证具有特殊的意义。正是因为这一原因,阿尔都塞推动了"左"派理论的霸权转向。

当然,阿尔都塞也面临着自己的问题,例如,与经典马克思主义不同,他把科学也视为一种实践等,这些问题需要专门讨论。在这里,我们也不讨论他的意识形态理论具体内容及其对马克思主义理论的独特贡献。就马克思主义来说,当问题重新落在语言上的时候,隐含在马克思恩格斯文本之中的一个悬而未决的问题公开化了。这个问题是在《德意志意识形态》开始意识形态批判之际产生的。为了准确地描述问题,我们重新回到马克思恩格斯的文本。当马克思恩格斯强调意识形态没有历史,没有发展的时候,他强调的正是意识形态对自身的无思。由于这种无思,试图改变世界的种种方案,最终都成为纯粹的口号。为此,马克思强调实证科学,基于这种科学说明意识的本质。

在马克思看来,"意识一开始就是社会的产物,而且只要人们存在着,它就仍然是这种产物"①。基于这一前提,马克思强调意识形态是人类历史发展特定阶段上产生的意识独立化现象,这种独立化是由分工产生的。马克思指出:

> 分工只是从物质劳动和精神劳动分离的时候起才真正成为分工。从这时候起意识才能现实地想象:它是和现存实践的意识不同的某种东西;它不用想象某种现实的东西就能现实地想象某种东西。从这时候起,意识才能摆脱世界而去构造"纯粹的"理论、神学、哲学、道德等等。②

"纯粹的"理论、神学、哲学、道德等,作为意识形态,它们是意识的产物,但是,必须同样断定,它们一旦形成,便不再是纯粹的意识。因为,它们"不用想象某种现实的东西就能现实地想象某种东西",即它们已经成为一种相对独立的现实。尽管,马克思在提出该问题的《德意志意识形态》中并没有直接对后一种事

---

① 《马克思恩格斯选集》第1卷,人民出版社1995年版,第81页。
② 《马克思恩格斯选集》第1卷,人民出版社1995年版,第82页。

实进行澄清,但这个事实恰恰是分析意识形态的基本前提。马克思也正是通过说明这个事实的形成而击穿意识形态永恒性神话和独立性假象的。当然,我们可以进一步说,因为这一点,打破意识形态,并不能通过意识得以完成。所以,马克思恩格斯指出:

> 意识的一切形式和产物不是可以通过精神的批判来消灭的,不是可以通过把它们消融在"自我意识"中或化为"幽灵"、"怪影"、"怪想"等等来消灭的,而只有通过实际地推翻这一切唯心主义谬论所由产生的现实的社会关系,才能把它们消灭。①

在同一文本的另一地方,他们又强调:

> 要真正地、实际地消灭这些词句,从人们意识中消除这些观念,就要靠改变了的环境而不是靠理论上的演绎来实现。②

说清楚这些论述的含义,我们就可以替马克思恩格斯来回答他们自己没有回答的问题了:意识形态到底是通过何种机制束缚着人们的。一个值得关注的细节是,在讨论意识的起源时,马克思恩格斯首先强调的是语言!他们指出:

> "精神"从一开始就很倒霉,受到物质的"纠缠",物质在这里表现为振动着的空气层、声音,简言之,即语言。语言和意识具有同样长久的历史;语言是一种实践的、既为别人存在因而也为我自身而存在的、现实的意识。③

在随后的论证中,马克思恩格斯不再直接讨论语言而专门展开意识的分析,这就使得在这里实际存在着的语言与意识之间的关系问题被压抑了。

语言是存在的家,这个海德格尔的格言必须颠倒过来说,语言囚禁了存在。

---

① 《马克思恩格斯选集》第1卷,人民出版社1995年版,第92页。
② 《马克思恩格斯选集》第1卷,人民出版社1995年版,第95页。
③ 《马克思恩格斯选集》第1卷,人民出版社1995年版,第81页。

之所以发生这一切,原因是语言的物化。语言最初是作为活生生的生活经验出现的,但掩盖了自身的历史性,物化成了一种冰冷的人与人之间关系的媒介。这一媒介就是马克思后来在《资本论》中分析的商品之间的镜像关系。在揭示这种关系的过程中,马克思数次遭遇到语言与意识形态之间的关系问题。最重要的体现在《哲学的贫困》中。马克思通过对经济学和黑格尔的思辨哲学之范畴(即思维方式)的分析揭示了意识形态的核心特征:使范畴非历史化或虚假历史化。非历史化指的是把范畴视为绝对的永恒的前提;虚假历史化指的是通过建立范畴之间的顺序或次序而使之产生流变的外观。在《哲学的贫困》中,马克思并没有从意识形态角度来批判"政治经济学的形而上学",不过他将之视为"形而上学或法学的幻想"时,确实坚持了意识形态批判的思路。因此,不难理解,马克思在定性科学的时候,恰恰是将其视为意识形态的颠倒。他说:"这个由历史运动产生并且充分自觉地参与历史运动的科学就不再是空话,而是革命的科学了。"

更进一步,当马克思基于这种科学标准把现代科学(即对现代资本主义的分析)建立起来的时候,首先更新政治经济学的语言,并将自己的科学命名为"政治经济学批判"。在《政治经济学批判·第一分册》的第一章中便以古典政治经济学分析商品的历史并进行清理;在《资本论》的第一章中,他又清晰地从商品形式的角度分析定义了现代社会的拜物教,而"商品世界的完成形式""恰好形成资产阶级经济学的各种范畴"。这就科学地剖析了资产阶级意识形态的实质。也因为此,在后来的解读中,学者们普遍同意:《资本论》关于拜物教的分析是马克思成熟时期意识形态批判的特征。

三

无论如何,所有的分析,包括马克思对资产阶级意识形态批判过程中对范畴或语言的分析,都说明:作为一种集体(按照精神分析的说法,即无意识的)思维方式,意识形态蕴含在符号和语言之中。在这一意义上,只要使用语言和符号,我们就不能摆脱意识形态。这正是结构主义以及阿尔都塞的马克思主义言说把意识形态作为一种永恒存在的前提。这也正是我们今天面临的最真实的问题之一,因此有必要进一步展开分析。

在更广泛的理论空间中,对于语言与意识形态关系的研究,巴赫金是一位重要的先驱。在他看来：

> 在马克思主义的文献中还没有最终的和公认的对各种意识形态现象的特殊活动的定义。在大多数情况下，它们被理解为意识形态现象，也就是心理现象。这种理解极大地阻碍了对意识形态形象特点的正确认识。这些特点绝对不能归结为主观意识和心理的特点。①

但是，正是前述马克思恩格斯面临的难题，我们亦不能简单地将意识形态理解为社会存在。传统的二元论思路有一个盲点，即在社会意识与社会存在两者之间的问题。客观地说，黑格尔的辩证法为澄清这个问题打开了缺口，尽管其本人因为绝对唯心主义而没有完成。巴赫金是从政治和生活经验提出问题的，所以他把语言作为突破口。这个突破口，当列维-斯特劳斯崛起的时候，便汇成一种宏大的理论运动了。前面已经引用列维-斯特劳斯克服二元论的姿态。在那段引文中，我们发现：他努力协调的正是由 praxis 表象的生动意识（主体性）与 practice 所表征的物化意识（客体性），意识形态是这两者之间的沟通中介。至此，意识形态问题亦发生了逆转，由马克思含蓄提出的主体关系（即批判与物质环境之间关系）问题直接演变为结构问题。不过，尽管马克思被超越，但无论是列维-斯特劳斯，还是巴尔特、福柯和阿尔都塞，都没有把马克思视为意识形态问题的残余，而是将他视为核心资源。例如，在象征结构分析中，列维-斯特劳斯断然地强调自己的分析是马克思政治经济学批判之唯物主义的延续，而巴尔特亦采取了与马克思在《政治经济学批判（1857—1858 年草稿）》中关于货币作为象征/符号分析相近的策略。他指出：

> 我们以为自己处于一种由物体、功能、物体的完全控制等等现象所共同组成的实用世界中，但在现实里我们也通过物体处于一种由意义、理由、借口所组成的世界中：功能产生了记号，但是这个记号又恢复为一种功能的戏

---

① 巴赫金：《周边集》，河北教育出版社 1998 年版，第 345 页。

剧化表现。我相信,正是文化向伪自然的这种转换,定义了我们社会的意识形态。①

可以确定的是,意识形态不是作为意识而发挥作用的。从这一点出发,阿尔都塞在其著名的《意识形态和意识形态国家机器(笔记)》中完成了从国家机器功能的角度对意识形态的分析。当然,阿尔都塞等人的理论亦引发了其他问题,这些问题,我们将在其他地方进行分析。

---

① 巴尔特:《符号学历险》,中国人民大学出版社2008年版,第160页。

法的本源、发展逻辑及其意识形态性[①]

陈建[1]　夏瑜[2]

(1. 南京大学马克思主义学院；2. 上海市锦天城[南京]律师事务所)

守法是法律运行的出发点和落脚点。法律得不到遵守，社会主义法治国家的建设只能是空中楼阁，而法律被有效地遵守，则又是社会主义法治国家的最终追求。在某种意义上，守法可以涵盖法律运行的所有环节和过程，完全具备彻底表征法律的意义和价值。人们为什么要遵守法律？显然现在人们的认识已经透过了"国家强制力"的表象，进入试图寻找法的本质阶段。公平正义、自然理性、意志、命令、权力、社会责任等关于法的本质的描述，也必然会引发人们关于守法原因的探究。而法律的要求、惧怕制裁、出于心里上的惯性、社会压力、道德的义务，这些或单一或交织的元素在给人们带来答案的同时，也带来了更多的困惑：似乎我们并没有从根本上诠释法的内在规定性，因而也不能解释人们守法的全部原因？马克思主义认为，法的意识形态性最足以表达法所具有的内在本质，是我们理解守法最重要的原因和钥匙。

一、法的本源及其发展逻辑

在马克思主义之前，人们对于法的本质提出了各种解释。这些观点都具有各自的合理性，从不同角度对法做了说明和描述，但显然都不能在事实和逻辑两个层面对法这一事物的本质做出科学的结论，最终的结局只能是或者退回到寻找法的抽象本质，或者退回到描述法的表现形式，或者退回到探讨法的现实作用等角度来对法做出说明。但这种抛弃法的本质来研究法的思路无疑具有危险性，容易带来连锁的效应。具体到守法环节上，就容易陷入一种简单的或者静止的思维，即认为守法不过是对于法律的简单服从和遵守而已。在这种思维的支

[①] 原载《湖州师范学院学报》2013 年第 4 期。

配下，对于法的遵守容易陷入一种凝固的思维偏执，或者表现为僵化的形而上学态度，或者表现为强制性的机械主义态度，而忽略人们在法律遵守过程中对法的选择性遵守和强烈的主动性，这些被忽略的内容，却正是法顺畅运行的根基。

法律是人类社会生活的有机组成要件，是基于人的天然本性在一定的生产力水平和经济生活条件下而产生的一种重要的社会共同生活制度。时至今日，生活在地球上不同地区的人群，不论其语言、生活方式以及文明程度有何差别，无不或多或少、或繁或简地存在某种法律制度。甚至可以说，一个群体、一个民族、一个地区、一个国家的法律制度发展程度如何，同其经济发展程度大体上同步。法律在人类群体社会生活中所充当的角色，它的价值、功能和作用，随着历史发展，越来越受到人们的赏识和重视。特别是在当前的文明社会里，它不仅成了举世认同和遵循的一种公器，成为治理国家的有效方式和法宝，而且成为人类公平正义和公共生活秩序的标准和象征，成为人们权益的守护神和保障者。

也正因为法律在人类社会当中所扮演的这一重要角色，人们从来没有停止过对法律的研究，尤其是关于法律本质的探讨更是人类社会经久不息的主题。纵观这些林林总总的法的本质学说，一个共同的问题隐含其中，即法与现实社会生活的关系是什么，或者说法的现实本性在哪里？

从历史的角度来看，法本来就是社会生活的产物。法的最早表现形式是氏族习惯，而这些习惯是氏族社会的需要，也是对氏族社会的维护。比如，氏族内部亲属关系的凝结固定，必然产生"同族不婚"的禁例，产生相互赡养抚养义务，同时引申出临近氏族之间通婚联姻的问题；氏族既然是独立的生产和消费单位，那么就必然形成财产所有制问题、氏族间的产品交换问题，以及遗产继承问题，等等。对诸如此类问题的解决方式和方法，对大家应当做什么、不应当做什么的要求，就是法得以产生的唯一基础。在此基础上形成的氏族习惯，当然存在一个执行力的关键问题，这也是许多人把氏族习惯和正式法律相区别的原因。事实上，氏族习惯自产生之日起，就存在强制力的保证，而非一般人认为的其完全依赖道德规范来约束。事实上，维护原始社会的习惯不但有强制力，而且其强制的程度，并不弱于现代成文法。违反了习惯法规的人，要受到应得的处罚，而不只是舆论的谴责。"在欧洲人视为不道德和无法纪的地方，事实上都盛行着一种严格的法则……把他们彼此结合起来的那个道德法则，同时又用剥夺权利的惩罚方法,禁止相互所属的通婚级别以外的任何性交关系。"①这种"剥夺权利的惩罚方法",实际上就是"停止名单"、"赶出氏族"、"断绝援助"等方式,这种处罚在当时的社会条件下,几乎是将人置于死地了。在习惯的基础上,伴随着文明的变迁,法由习惯而演变成习惯法进而发展为现代成文法。在本来的意义上,法并不神秘,法的本质只不过是社会生活的需要和反映而已,它是社会生活的产物。但随着社会的发展和分化,当成文法完全登上历史的舞台,并且发挥愈益重要的作用的时候,人们对于法的理解好像被披上了神秘的面纱,难以看清,并且在很多时候与现实生活割裂开来。

对于这种法的本质理解的变化,有学者称之为法的异化,认为之所以出现法的异化,是因为社会生活发生了根本变化。无论习惯还是习惯法都是为全体氏族成员兴利除害的共同利益服务的,当私有制逐渐出现,社会分裂为贫富对立的阶级之后,社会共同利益受到了破坏,不同阶级、阶层的利益冲突加剧。这种分化的现实导致新的统治者被迫放弃或修改原来的法律,用以维护自己的利益,禁止和压制被统治者因利益诉求不能实现而导致的反抗。恩格斯对这种情况做了充分说明:"从前人们对于氏族制度机关的那种自由的自愿的尊敬,即使他们能够获得,也不能使他们满足了。他们作为日益同社会脱离的权力的代表,一定要用特别的法律来取得尊重。由于这样的法律,他们就享有特殊神圣和不可侵犯的地位了。"②显然,这种"特别的法律"就是成文法,具有鲜明的压迫性质,其矛头指向被统治者,维护的是统治者的利益。这种异化的法律呈现出这样一些特征:用一个阶级的私利代替了全社会的共利,它名义上代表国家、全社会的,要人们共同遵守,但实际上它只关心一少部分人的利益;它设计和规定各种经济剥削制度,保证剥削者对绝大多数人的剥削,让他们占有越来越多的财富;它以武装起来的强权代替公理制造人为的等级制度,为少数人服务,压迫广大劳动者;它把公天下变成私天下,把社会共同之法变成了一己之法或少数人的法律,把本来是法律主体的人民变成了法律的客体;法律成了统治者手里抽打人民的鞭子,国家成了囚禁人民的牢笼,法律的社会共同性和公正性只剩下欺骗性的形式,内容

---

① 《马克思恩格斯全集》第4卷,人民出版社1958年版,第40页。
② 《马克思恩格斯全集》第4卷,人民出版社1958年版,第168页。

和本质扭曲而变形。

客观地说,法此时依然是具体社会现实的反映和需要,虽然这种以私有制和等级分化为特征的社会现实呈现出强烈的残酷性与不公平性,但鉴于这是人类社会发展的真实进程,我们并不能给予过多超越历史逻辑的批判。对于法来说,其虽然是对客观现实的反映,但却需要一种虚假的解释,因为统治者不仅希望能够维护自己的统治和利益,也需要对自己的统治给予一种合法性的说明,关于法的起源与本质的种种学说就是在这样的历史情境下出现的。如神意说认为人间的法律是上帝、各种神或上天安排的,神的旨意就是法的本源,国王之类的统治者就是神派来统治和管理人类的。中世纪哲学家奥古斯丁就认为上帝创造了一种不受时间和空间限制的"永恒法",而世间的"人世法"就是根据"永恒法"制定的,他们都源于上帝的意志,人们都必须服从。在这样一种逻辑支配下,关于法的认识越来越扑朔迷离。在物质生活的反映、强制力两个因素之外,出现了第三个法的特征,即统治者出于利己意愿的解释,而这种解释在更多的时候背离了法与现实生活的真实联系。

至此,法的本质所展现的内涵已经全部呈现出来,但囿于立场和方法的局限,人们对此并不能给予符合事实和逻辑的科学解释。相反,更多出于维护私有社会统治的需要,关于法的本质的认识呈现出越来越多的遮蔽,法的本质被描述为公平正义、自然理性、意志、命令、权力、社会责任、专政工具等内容。事实上,对于法的本质的理解直到马克思才有了根本性的转折,在对于资本主义意识形态的虚假性进行批判之后,法的本质被完全揭露出来,法的意识形态性具有了明确的定位。

二、法的意识形态性的界定

马克思和恩格斯给"意识形态"下了这样一个定义:"意识形态是由所谓的思想家通过意识,但是通过虚假的意识完成的过程。推动他的真正动力始终是他所不知道的,否则这就不是意识形态的过程了。因此,他想象出虚假的或表面的动力。因为这是思维过程,所以它的内容和形式都是他从纯粹的思维中——不是从他自己的思维中,就是从他的先辈的思维中引出的。他只和思想材料打交道,他毫不迟疑地认为这种材料是由思维产生的,而不去进一步研究这些材料较远的、不从属于思维的根源。而且他认为这是不言而喻的,因为在他看来,一切行动既然都以思维为中介,最终似乎都以思维为基础。"①这个定义指认了资本主义意识形态具有虚假性的现实,但这一定义并没有完全表述出意识形态的完整内涵。侯惠勤教授认为,在马克思主义理论中,意识形态至少包括三种含义:一是指虚假的观念体系,"意识形态"的虚假性的基本规定无疑指其"颠倒性",就是说,它根本颠倒了存在和意识、生活和观念的关系,不是从生产、生活和实践出发,而是从幻想的观念出发,甚至以观念代替现实。二是指统治阶级的思想,亦即占统治地位的思想,因而它必定是构成现存社会制度和社会关系的一部分。从这方面看,意识形态就谈不上"虚假",因为它不仅是现存经济关系在观念上的表现,而且其本身就是现存统治关系的组成部分。三是指革命阶级的阶级意识,亦即每一个领导革命的阶级借以认清使命,团结群众的思想观念及口号,因而它又必定是每一种革命得以成功的舆论基础。② 可见,意识形态的内在逻辑包含两个层面的内容:一是意识形态是对社会生活的反映,是由一定社会经济关系所决定的观念体系,意识形态的外在差异可以在人们的物质关系或利益分野中寻找到真正的原因。二是意识形态并不是简单的对现实物质关系的机械反映,它具有自己的强大功能,既有批判功能也有维护功能。

马克思主义认为法律具有鲜明的意识形态性。在《德意志意识形态》中,马克思指出:在现实的历史中,那些认为权力是法的基础的理论家和那些认为意志是法的基础的理论家是直接对立的。这种对立,也是圣桑乔认为的,是唯实主义(儿童、古代、黑人)和唯心主义(青年、近代、蒙古人)之间的对立。如果像霍布斯等人那样,承认权力是法的基础,那么法、法律等只不过是其他关系(他们是国家权力的基础)的一种征兆,一种表现。那些绝不以个人"意志"为转移的个人的物质生活,即他们的相互制约的生产方式和交往方式,是国家的现实基础,而且在分工和私有制的阶段上,这一切都是完全不以个人意志为转移的。这些现实的关系绝不是国家政权创造出来的,相反的,他们本身就是创造国家政权的力量。③ 这段话说明,以往唯心主义法律观正好倒置物质生活与国家和法律的关

---

① 《马克思恩格斯全集》第 4 卷,人民出版社 1958 年版,第 726 页。
② 侯惠勤:《析马克思主义意识形态理论的"冲突"》,《南京行政学院学报》2007 年第 1 期。
③ 马克思恩格斯:《德意志意识形态》节选本,人民出版社 2003 年版,第 108 页。

系,法律不过是社会生活的物质反映而已。

不仅如此,"在这种关系中占统治地位的个人除了必须以国家的形式组织自己的力量外,他们还必须给予他们自己的由这些特定关系所决定的意志以国家意志即法律的一般表现形式。这种表现形式的内容总是决定于这个阶级的关系,这是由例如私法和刑法非常清楚地证明了的。这些个人通过法律形式来实现自己的意志,同时使其不受他们之中任何一个单个个人的任性所左右,这一点之不取决于他们的意志,如同他们的体重不取决于他们的唯心主义的意志或任性一样。他们的个人统治必须同时是一个一般的统治。他们个人的权力的基础就是他们的生活条件,这些条件是作为对许多个人共同的条件而发展起来的,为了维护这些条件,他们作为统治者,与其他的个人相对立,而同时却主张这些条件对所有的人都有效。由他们的共同利益所决定的这种意志的表现,就是法律"①。这意味着法律是统治者基于维护自身利益的共同意志的体现。

马克思对法律如何为统治阶级的共同利益服务也有清楚的说明。从经济方面看,"继承法最清楚地说明了法对于生产关系的依存性。……直到现在存在着的个人的生产关系也必须表现为法律的和政治的关系"②。这就是说,在生产关系中占统治地位的阶级为了维护本阶级的共同利益,一定要通过立法把现存生产关系变为法律关系,从而用国家强制力来维护这种生产关系。所以,法律具有鲜明的意识形态性。在阶级社会里,这种意识形态性就表现为阶级性。

三、法的意识形态性的内涵

法的意识形态性具体来说可以从三个层次来描述:

(一)法是国家意志的体现

任何阶级社会或有阶级社会的法,如奴隶制社会、封建制社会、资本主义社会或社会主义社会的法,都是国家意志的体现。任何国家政权都是由一定的阶级掌握的。在任何阶级社会,国家意志就是掌握政权的统治阶级的意志,在已消灭了剥削阶级的社会主义社会,国家意志就是掌握国家政权的,以工人阶级为领

---

① 《马克思恩格斯全集》第3卷,人民出版社1960年版,第378页。
② 《马克思恩格斯全集》第3卷,人民出版社1960年版,第420—421页。

导的广大人民的共同意志。

事实上,关于法是一种意志的体现,在各种学说中都有出现。从法的形式来看,无论哪一种法律都是意志的外化,只不过意志的主体被赋予不同的理解。有人认为是超越人类的神的意志,有人认为是世俗世界的国王的意志,也有人认为是一些智者的理性。这些理解,虽然都强调意志,但没有认识清楚法实际是作为整体的国家的意志的外在反映。也正因为法是作为国家意志的体现,其理所当然受到国家强制力的保证,为掌握政权的统治者服务。

(二)法的最终决定因素——物质生活条件

法的第一层次的本质是意志,但绝不是说法是以这种意志为基础的,更不意味着这种意志创造了社会经济关系。相反,无论是法或它所体现的统治阶级的意志,都是由一定的社会经济关系决定的,而这种社会经济关系是不以人的意志为转移的。法的这一层次的本质说明统治阶级的意志也不是凭空产生的,它是一定经济关系或物质利益关系的集中体现,并反过来维护和发展这种关系。这也表明法并没有创造这些现实的经济关系,法并不是这些关系的基础,相反的,法是以这些经济关系为基础的。法所体现的统治阶级意志的内容是由其物质生活条件所决定的,这也意味着任何立法者在立法时都应该注意现实的经济条件以及相应的经济规律。"只有毫无历史知识的人才不知道:君主们在任何时候都不得不服从经济条件,并且从来不能向经济条件发号施令。无论是政治的立法或市民的立法,都只是表明和记载经济关系的要求而已。"[①]

从法是由经济条件所决定的这一点来讲,法具有某种客观性,但这种客观性丝毫不意味着将法和现实经济条件及其经济规律等同起来,丝毫不意味着将以下两个事物混为一谈:一个是不以意志为转移的客观过程,另一个是通过人们的意志加工创造出来的以国家名义发布的法。总之,法不是以意志为基础而是以社会为基础的,即不能从唯心主义的唯意志论来理解法的本质属性。另一方面,也不能否认法的阶级意志而仅讲法是社会物质生活的反映。否则不仅将法与客观经济规律混为一谈,而且也无法解释阶级社会中的一个客观事实,即法是由人制定的,而人是属于特定阶级的。这也说明了法并不是消极地反映经济条件,相

---

① 《马克思恩格斯全集》第4卷,人民出版社1958年版,第121—122页。

反它对经济条件有反作用。

（三）多元因素对法的影响

虽然物质生活条件、经济条件对阶级意志的内容具有决定性的作用，但阶级意志的内容还受到经济以外各种因素的影响。经济以外的各种因素，主要包括政治思想、道德、文化、历史传统、民族、宗教、习惯、人口、地理环境、科学技术等。正如恩格斯所指出："政治、法律、哲学、宗教、文学、艺术的发展是以经济为基础的。"[1]但是，它们又都相互影响并对经济基础产生影响，并不是只有经济状况才是原因，才是积极的，而其余一切都不过是消极的结果。他甚至强调："被忽略的还有一点，这一点在马克思和我的著作中通常也强调得不够，在这方面我们两人都有同样的过错。这就是说，我们最初是把重点放在从作为基础的经济事实中探索出政治观念、法权观念和其他思想观念以及由这些观念制约的行动，而当时是应当这样做的。但是我们这样做的时候为了内容而忽略了形式的方面，即这些观念是由什么样的方式和方法产生的。"[2]此处要强调的是反对一种庸俗的物质生活决定论，认为既然法是由物质生活条件决定，就必然会出现物质生活条件与法二者之间的线性对应关系，因而就可以对法进行简单的分类与定性了。这种思维不仅简单化理解了物质生活条件与法的关系，也忽略了法作为一种意志外化时所必然伴随的精神创造过程，即结合不同的元素，即使同样的物质条件也会产生不同的法。或者换个角度来说，即使在同样的物质条件下，人们对于法的选择也会呈现出不同的样态。

综上，我们说法具有意识形态性既是马克思主义法哲学的理论内涵，也是人类社会生活逻辑的一种真实判断。法的意识形态性意味着法和它所赖以存在的外部环境具有不可切分的根本联系，法必然反映社会物质生活的具体内容，也意味着法的内容和形式并非抽象和静止，而是与外部环境的变化保持着协调性。因此，对于守法来说，关注法的意识形态性是逻辑的先导。

---

[1]《马克思恩格斯全集》第4卷，人民出版社1958年版，第506页。
[2]《马克思恩格斯全集》第4卷，人民出版社1958年版，第500页。

恩格斯"合力论"再探讨[①]

胡大平

(南京大学马克思主义学院)

在恩格斯关于唯物主义历史观的基本解说中,并没有独立的关于历史变革机制的理论概括。在某种意义上,可以将其晚年反复提到的"合力论"视为该问题的理论化方式。[②] 不过,"合力论"本身是一个具有辩证张力的观点:第一,它直接描述的是现代社会的基本现象,因此在理论上是一个古典政治经济学模型。在其中,盲目性构成历史进程的主要特征,历史必然性以偶然性为其补充和表现形式。第二,它同时是历史进程的"内在的一般规律",在其中蕴含了作为人类社会发展客观趋势的自由(即合目的性的实现)。在这一层次上,现代社会的物化和未来自由人的联合体状态分别是"合力"的两种特殊类型。

一

在过去的研究中,无论是宣传还是解释,主流观点对合力论的阐述大多在文本依据上局限于恩格斯晚年的两封书信,即1890年9月21日致约·布洛赫和1894年1月致博尔乌斯的信,并且多强调它体现了"历史发展中的主观能动性和客观规律性的辩证统一"思想。[③] 针对这两个要点,我们将提出一些不同意见。

第一,"合力论"所表达的内容实际上在《反杜林论》中便得到思考,并在《路·费尔巴哈和德国古典哲学的终结》(以下简称《终结》)中得以公开表述,那两封著名的信只能说是一种私下的解释,尽管在其中以高度概括的形式清晰地

[①] 原载《江苏社会科学》2010年第5期。
[②] 施米特强调"合力论""应该是对唯物主义历史理论最达当的表达"。参见[德]施米特《恩格斯晚期著作中的历史唯物主义》,载《马列主义研究资料》1984年第2期,人民出版社1984年版,第54—59页。
[③] 徐琳等编:《马克思主义哲学史》第3卷,北京出版社1991年版,第四章第五节。

描述了这个思想的基本结构。

通常研究往往把恩格斯1890年9月21日致约·布洛赫的信作为"合力论"的标准表述,在那里,恩格斯强调:

> 我们自己创造着我们的历史,但是第一,我们是在十分确定的前提和条件下创造的。其中经济的前提和条件归根到底是决定性的。但是政治等等的前提和条件,甚至那些萦回于人们头脑中的传统,也起着一定的作用,虽然不是决定性的作用。……但是第二,历史是这样创造的:最终的结果总是从许多单个的意志的相互冲突中产生出来的,而其中每一个意志,又是由于许多特殊的生活条件,才成为它所成为的那样。这样就有无数互相交错的力量,有无数个力的平行四边形,由此就产生出一个合力,即历史结果,而这个结果又可以看作一个作为整体的、不自觉地和不自主地起着作用的力量的产物。因为任何一个人的愿望都会受到任何另一个人的妨碍,而最后出现的结果就是谁都没有希望过的事物。所以到目前为止的历史总是像一种自然过程一样地进行,而且实质上也是服从于同一运动规律的。但是,各个人的意志——其中的每一个都希望得到他的体质和外部的、归根到底是经济的情况(或是他个人的,或是一般社会性的)使他向往的东西——虽然都达不到自己的愿望,而是融合为一个总的平均数,一个总的合力,然而从这一事实中决不应作出结论说,这些意志等于零。相反的,每个意志都对合力有所贡献,因而是包括在这个合力里面的。① [简称来源A]

1894年1月致博尔乌斯的信则是一个简化的概括:

> 人们自己创造自己的历史,但是到现在为止,他们并不是按照共同的意志,根据一个共同的计划,甚至不是在一个有明确界限的既定社会内来创造自己的历史。他们的意向是相互交错的,正因为如此,在所有这样的社会里,都是那种以偶然性为其补充和表现形式的必然性占统治地位。在这里

---

① 《马克思恩格斯选集》第4卷,人民出版社1995年版,第696—697页。

通过各种偶然性而得到实现的必然性，归根到底仍然是经济的必然性。①
[简称来源 B]

实际上，有关合力的思想，《终结》已经充分表述过了。在那里，直接的表述是：

> 这样，无数的单个愿望和单个行动的冲突，在历史领域内造成了一种同没有意识的自然界中占统治地位的状况完全相似的状况。行动的目的是预期的，但是行动实际产生的结果并不是预期的，或者这种结果起初似乎还和预期的目的相符合，而到了最后却完全不是预期的结果。这样，历史事件似乎总的说来同样是由偶然性支配着的。但是，在表面上是偶然性在起作用的地方，这种偶然性始终是受内部的隐蔽着的规律支配的，而问题只是在于发现这些规律。无论历史的结局如何，人们总是通过每一个人追求他自己的、自觉预期的目的来创造他们的历史，而这许多按不同方向活动的愿望及其对外部世界的各种各样作用的合力，就是历史。②[简称来源 C]

恩格斯在《终结》中提出合力问题，尽管是一个插曲，但由于其具有更加详细的语境，因此更能说明这种理论的实质和特点。甚至，只有从《终结》出发，才能够正确理解这一思想。并且，如果以《终结》入手的话，我们又必然会把问题追溯到《反杜林论》，因为，"合力论"所欲回答的问题正是在那里最清晰地提出来的。

我们先来看这三个来源提出的问题。从表述上说，它们都共同强调了人类社会发展像自然那样的偶然性特征，这种偶然性超越了个体主体的欲望、动机、意志等，一句话，超出了主体的自觉意图。当然，恩格斯做出这种强调的时候都是有前提的，即与自然史不一样，人是自身历史的创造者，人是有意图的行动者。有趣的是，正是与这个前提相对照，"合力"现象是一种颠倒和否定，即马克思政治经济学批判所突出强调的人的关系颠倒为物的关系的那种物化现象，因此表

---

① 《马克思恩格斯选集》第 4 卷，人民出版社 1995 年版，第 732—733 页。
② 《马克思恩格斯选集》第 4 卷，人民出版社 1995 年版，第 247—248 页。

现为资产阶级社会的现象。当然,恩格斯十分熟悉马克思的观点,在有关政治经济学批判的评论中,他亦阐明过这个问题。从这一点看,恩格斯既不可能简单地肯定这种现象,更不可能以一般意义上的主体性假设出发来否定这种现象。这就造成一个理论上的困难。① 我们看到,他强调,这一现象"始终是受内部的隐蔽着的规律支配的",并把发现这些规律作为历史认识的旨趣(来源 C)。因此,他将这一现象视为经济必然性借以实现自身的偶然性形式(来源 B),甚至在来源 C 中将其视为"历史进程受内在的一般规律支配"这一事实的表现。在来源 C 中,他提出这个问题便是证明历史像自然那样存在着客观的一般运动规律,即辩证法的规律。

在一般意义上,如果不考虑上述表达的适用范围,而将其作为社会历史运动的一般规律表述,我们确实可以将其理解为由经济必然性决定的偶然性支配社会发展的现象。在现象上,恩格斯的"合力论"与古典政治经济学的"经济人"模型(以及现代经济学的理性选择模型、博弈论的囚徒困境模型)很相像。因此,如果将之升到规律,甚至描述成历史进步的一般机制(来源 C),那么恰恰会陷入唯物主义历史观曾经(特别是马克思在政治经济学批判中)批判的资产阶级社会意识形态。由此,我们似乎面临着一次决断:要么将之视为历史运动的一般规律,要么将之视为资产阶级社会的特殊运动规律。这就涉及第二个问题了。

第二,合力论不只是一般地描述人类历史发展过程中主观能动性和客观规律之间辩证关系的表述,而且是与现代社会物化现象以及从必然王国向自由王国飞跃等问题联系在一起的特殊理论,该理论阐述了迄今为止人类社会仍然以偶然性(即近似自然的盲目必然性)方式来发展的事实,同时亦是通过联合起来实现自由自觉发展的前提之一。因此,在辩证法意义上,该理论是一个充满张力的表述,一方面表现为近似古典政治经济学市场模型的理论模型,另一方面则又是对人类历史发展"内在机制"的一般说明。

为了合理地阐明这个观点,需要追溯该问题在恩格斯创作中的起源,从而进入《反杜林论》等文本的语境,并且为了使问题更具针对性,我们首先引入对"合

---

① 这种困难正是辩证法的意义所在。无论是经济基础的归根结底意义上的决定作用与上层建筑的反作用之间的关系这个理论问题,还是无产阶级实践中的原则与利益关系问题,恩格斯在晚年回答它们的时候都承认了这种困难,并始终坚持在具体的社会历史情境中解答它们。

力论"的非典型解读。

在全部"合力论"的解读中,张一兵教授曾经提出过一个重要的"新解"①,重点指出"合力论"是"一个特设的历史性规定"。这是怎样一个规定呢?在张一兵教授看来,传统研究把恩格斯的思想泛化成人类社会历史中人类个体在一切社会生活的共同法则,而实际上它只是"人类在特定历史时期中活动的特殊情境(即马克思恩格斯所说的史前历史发展中人类社会历史出现似乎自然性和物役性现象)时的特殊规律"。张一兵教授认为,恩格斯"并没有把人类社会发展中的非主体状况(特别是资产阶级社会的经济规律)永恒化,反之,他历史地否定了这种状况,而展望人类社会主体能动自由发展的美好未来——共产主义"。

这一解读十分重要地强调了在马克思恩格斯全部创作过程中始终显著地发挥作用的基本意图,即他们并非如古典政治经济学那样试图"客观地"解释资产阶级社会的现象,而是使之革命化。因此,在张一兵教授的解读中,发挥作用的是一个与马克思恩格斯基本思路完全一致的假设,即人类能够联合起来共同创造历史,那些"盲目的合力"便会成为"社会历史主体的必然的自主的合力。在此时,那个神奇的平行四边形将消失在历史的地平线上"。

二

张一兵教授的解读,在方法论上暗示了一个问题,即在多数时候,传统研究以为自己做出正确解读的时刻,恰恰是我们对马克思恩格斯最信任的时候。然而,这种信任并非总是靠得住的。② 并且,更重要的是,责任并不在于马克思恩格斯。例如,马克思恩格斯在预言无产阶级革命和社会主义必将胜利的时候,他们的理由在于,这是社会生产力发展提出的客观要求。马克思恩格斯在自己时代里做出了正确的预言,不过这种正确性并不在于其真的发生了,而是说他们做出预言的理论依据(即关于社会历史发展基本规律的看法)是正确的,并且他们忠实于自己时代的实际条件。否则的话,我们再难信仰他们的预言。问题正是在这里,时代条件发生了转移。在今天,我们遭遇的可能并不是生产力落后问

---

① 张一兵:《马克思历史辩证法的主体向度》,南京大学出版社2002年版,第五章第四节。
② 有许多例子,例如"剥夺者就要被剥夺了"、"无产阶级专政",等等。在今天的理论研究中,我们因为对他们不信任又急急忙忙地回避这些问题了。

题,而是生产力过于强大及其全球分配的不平衡,由于这一点产生了人类历史任何一个时代都不能相比的环境、生态问题以及社会对立。在这里,我们似乎在科学上重新听到马克思恩格斯的警告,其科学意义仅仅在于方法,而非结论,结论总是要依据科学方法在具体的社会历史条件下才能做出。也正是因为这一点,在马克思恩格斯那里存在着一些令人惊奇的现象:在俄国问题上,他们实际上什么结论也没有下,而只是告诉人们如何来认识该问题。恩格斯的《论住宅问题》中更有趣,像住宅这样对于工人阶级来说直接眼前的利益问题,他的结论,除了大而化之的总体社会革命外,便是反对预先虚构面面俱到的"实际解决办法",他将后一做法视为不切实际的空想。因此,在这时,我们对经典作家最信任的时候,他们恰恰把球踢给了我们自己。在《论住宅问题》中,恩格斯的最后一句便是如此,他说:

> 再没有什么东西比这些预先虚构出来的面面俱到的"实际解决办法"更不切实际的了,相反地,实际的社会主义则是对资本主义生产方式各个方面的一种正确的认识。对于具有这种认识的工人阶级说来,要知道在每个具体场合下应该反对哪些社会制度并以何种方式发动主要攻击,这是永远不会有困难的。①

这正是唯物主义历史观的特色,辩证法思维的特征。在两位创始人那里,恩格斯晚年更明显地表现出对社会历史问题认识论化的倾向,强调唯物主义历史观作为历史研究指南的性质。对于不理解或拒斥这种思维的人,例如,对于伯恩斯坦以降试图把辩证法剔出科学范围的人来,这种论证是难以接受的。在此,由他们的批评产生了一个逆向问题:如果马克思恩格斯不坚持辩证法该会如何?当然,这是一个非法的假设,因此很少有人这么直率地提问。然而,不幸的是,在为马克思辩护的人中,不少重要的理论家实际上都是如此,因为,他们把马克思恩格斯的科学方法视为像自然科学那样精确的预言工具,也由此将其结论视为不可更改的教条。我们以拉法格为例。将其作为例子,不是因为其较之其他

---

① 《马克思恩格斯选集》第3卷,人民出版社1995年版,第223页。

人犯了更大的理论错误,而是相反,他更正确。拉法格是非常重要的把马克思主义称为经济决定论的人,但在他关于经济决定论的理解中,恰恰又试图直接以此来扭转古典政治经济学的错误。在他看来,"经济决定论"、"唯物史观"、"历史唯物主义"、"经济唯物主义"都是意义相同的说法。"经济决定论,这是马克思留给社会主义者的新的工具,为的是靠它的帮助把秩序带进历史事件的混沌状态中去。"①无论在这里存在着何种风险,拉法格(换了我们一样)都值得冒险一试,因为"政治经济学如果不能像天文学解释和预见涨落潮那样来解释和预见无产阶级群众的运动,证明这种运动的必然性,那么它就差不多成了集邮一类的无害事业"②。可以说,正是因为这一要求,马克思恩格斯那里一些重要的认识论模型都被本质化了,换句话,一些用以解释历史运动规律的模型被等同于社会历史本身。"合力论"便是其中之一。

现在,我们来看"合力论"在《终结》实际提的语境和结构。在论述新历史观如何从黑格尔的辩证法那里生长出来的过程中,恩格斯首先阐明了黑格尔辩证法的缺陷,即以"概念的辩证法"替代了现实世界的辩证运动,从而是在历史之外(即"哲学的意识形态")中寻找历史变迁的动力。不过,在恩格斯看来,把黑格尔的辩证法倒转过来,"恢复"其革命的方面,就能够达到客观辩证法。所以,他接着以三大自然科学发现说明了这种客观辩证法的意义,并且指出,在历史领域里,"也完全像在自然领域里一样,应该通过发现现实的联系来清除……臆造的人为的联系;这一任务,归根到底,就是要发现那些作为支配规律在人类社会的历史上起作用的一般运动规律"③。

在之后,他立即补充说,"社会发展史却有一点是和自然发展根本不相同的",即"在社会历史领域内进行活动的,是具有意识的、经过思虑或凭激情行动的、追求某种目的的人;任何事情的发生都不是没有自觉的意识,没有预期的目

---

① [法]拉法格:《思想起源论》,王子野译,生活·读书·新知三联书店1963年版,第7页。

② [法]拉法格:《拉法格文选》,人民出版社1985年版,第208页。当然,不能望文生义,以此就把拉法格说成了:(1)自然科学唯物主义者;(2)古典政治经济学那样的社会唯物主义者。因为,他同样清醒地强调:"马克思把环境论引进入类的历史。但是请你不要以为马克思和恩格斯的经济唯物主义是近年来那些德国、英国和法国的达尔文主义者所大力倡导的把自然科学的理论庸俗地应用于社会科学的作法之一。"(参见《拉法格文选》,第53页)

③ 《马克思恩格斯选集》第4卷,人民出版社1995年版,第247页。

的的"。在指出这个前提后,恩格斯强调:

> 但是,不管这个差别对历史研究,尤其是对各个时代和各个事变的历史研究如何重要,它丝毫不能改变这样一个事实:历史进程是受内在的一般规律支配的。因为在这一领域内,尽管各个人都有自觉预期的目的,总的说来在表面上好像也是偶然性在支配着。人们所预期的东西很少如愿以偿,许多预期的目的在大多数场合都互相干扰,彼此冲突,或者是这些目的本身一开始就是实现不了的,或者是缺乏实现的手段的。①

在之后,恩格斯便留下上述来源C的"合力论"概括,并以这个概括为参照指出旧有历史观的错误在于把问题赌在动机上,以动机来判断一切,但它们从来不在历史本身中寻找动力。作为一个论证中的过渡,恩格斯意外地定义了一种用以解释迄今为止人类发展机制的模型。这个模型,正是因为其较之社会历史发展现实是真实的,我们同时必须将之描述的问题理解为是恩格斯所反对的。原因正如张一兵教授所指出的那样。张一兵教授揭示恩格斯的合力描述是人类历史发展的那种"似自然性"特征,这是十分重要的。

在更大的范围内,这个问题在《反杜林论》中便产生了。无论是在"政治经济学"还是"社会主义"部分,恩格斯涉及现代资产阶级社会的解释时,都遇到了合力问题。因为,杜林与古典政治经济学一样(虽然他对后者颇有微词),都是从动机角度解释社会历史现象的,而恩格斯则强调"经济力量"的客观必然性。以暴力为例,杜林把政治状态视为经济状况的基础和前提,而恩格斯则以具体的历史现实强调,资产阶级绝不愿意它自己的行为和活动产生这样的结果,相反的,这种结果是在违背它的意志和愿望的情况下以不可抗拒的力量实现的;它拥有的生产力发展得超过了它的驾驭能力,好似以自然的必然性把整个资产阶级社会推向毁灭,或者推向变革。②

在这里,经济必然性决定了社会的政治状况。我们现在把这一论述的基本

---

① 《马克思恩格斯选集》第4卷,人民出版社1995年版,第247页。
② 《马克思恩格斯选集》第3卷,人民出版社1995年版,第508页。

思想从经济基础和上层建筑之间的关系上抽拔出来,在辩证法意义上将其转化为主体行为后果与其意图之间的对立。这正是合力论的基本结构,也正是马克思强调的现代资产阶级社会症结的表现。马克思说,"资产阶级社会的症结正是在于,对生产自始就不存在有意识的社会调节。合理的东西和自然必需的东西都只是作为盲目起作用的平均数而实现"①。同时,必须注意的是,该问题亦是资产阶级意识形态意识到的并试图加以解决的,只是在解决过程中,正如上述来自恩格斯《论住宅问题》引文所表明了的,唯物主义历史观与资产阶级意识形态的对立在于,前者提出必须进行社会革命才能解决,而后者只是在特定的制度之中来解决它。这种对立,正是源自对社会历史发展基本进程理解的差异。对于唯物主义历史观而言,它的产生正是迄今为止由经济决定的人类社会的必然王国状态。对于这种必然王国状态及其克服,恩格斯在《反杜林论》中留下了极为重要的论断:

> 社会力量完全像自然力一样,在我们还没有认识和考虑到它们的时候,起着盲目的、强制的和破坏的作用。但是,一旦我们认识了它们,理解了它们的活动、方向和作用,那么,要使它们越来越服从我们的意志并利用它们来达到我们的目的,就完全取决于我们了。这一点特别适用于今天的强大的生产力。只要我们固执地拒绝理解这种生产力的本性和性质(而资本主义生产方式及其辩护士正是抗拒这种理解的),它就总是像上面所详细叙述的那样,起违反我们、反对我们的作用,把我们置于它的统治之下。但是,它的本性一旦被理解,它就会在联合起来的生产者手中从魔鬼似的统治者变成顺从的奴仆。②

以这一论断为参照。我们便会发现,通过将合力论模型置于特定社会历史情境之中,张一兵教授开创了一种为经典作家辩护的新思路。不过,我们并不因此就认为张一兵教授的解读是唯一答案。因为,在这里,存在着一个仍然需要进

---

① 《马克思恩格斯选集》第4卷,人民出版社1995年版,第581页。
② 《马克思恩格斯选集》第3卷,人民出版社1995年版,第530页。

一步讨论的问题。由于该问题的存在,恩格斯的合力论以及马克思关于从必然王国向自由王国的飞跃思想都具有别样的意味。

在上述段落中,恩格斯非常明确地强调了(张一兵教授所指出的)那种"特设规定":"我们还没有认识和考虑到""社会力量",所以它们"完全像自然力一样","起着盲目的、强制的和破坏的作用"。在此基础上,恩格斯的结论是,我们一旦认识到它们,问题便解决了。不仅这里,而且整个"自然辩证法"计划,始终贯穿着这种思想。这一思想,过去我们已经清晰地以恩格斯的一句名言使之理论化了,即"自由即是对必然的认识"①。这正是上述把社会历史问题认识论化的思维方式。这种操作的结果是提供了一种研究的指南和科学方法,而不是得出具体结论。上述来自《论住宅问题》的引文充分表明了这一点。在此背景中,我们或许会指责恩格斯,并认为其有不足之处。然而,必须为之辩护的是:第一,在阐明历史科学的科学性质时,这是历史科学的必然。否则,历史科学将会重新陷入它所批判的空想和臆测之中;第二,在马克思恩格斯自己提出并加以解决的具体问题上,例如对于无产阶级在具体环境中的斗争策略,他们是不含糊的。所以,从历史科学角度来说,恩格斯《论住宅问题》的那句话意味深长,它含蓄地表明历史科学的创始人希望由此逼促工人阶级自身的成长,这让人想起马克思和他在工人运动中始终强调的那个原则:工人阶级的解放是自己的事!

三

讨论到这里,我们便发现问题再次逆转了。恩格斯由资产阶级社会具体情境中概括出的"合力论",由于这一情境最集中地体现了迄今为止的人类历史史前史,实际上又一般化为历史认识论上自由与必然、必然与偶然之间的辩证关系。从《反杜林论》到《终结》,以及整个"自然辩证法"计划,这是恩格斯讨论非常清晰的特点。正是由于这一点,该问题同时亦是迄今为止人类历史发展"内在机制"的一般说明,即恩格斯在《反杜林论》中描述该问题时所言的"历史进程是受内在的一般规律支配的"。

---

① 这一名言,尽管黑格尔没有直接强调过,亦是其基本思想。在这一意义上,恩格斯始终免不了被人们称为黑格尔主义者。

现在,我们可以进一步说明为什么传统研究在表面上对恩格斯的信任是靠不住的了。当恩格斯由资产阶级社会盲目必然性上升到经济必然性时,他并没有在理论上说明其中发生了什么。当然,在《反杜林论》之"社会主义篇"中,他以资本主义生产方式现实具体地分析了那种合力的机制,并且最后得出了"人类从必然王国进入自由王国的飞跃"这个结论。他同时没有言明的是,那种"飞跃"之后经济必然性是否还继续存在。但是,这并不影响我们在历史认识论上把经济必然性视为人类历史进程的一般规律,因为,我们已经看到,资产阶级社会的盲目必然性(恩格斯已经论证)只是其一种特殊的形式。也正是因为这一点,马克思恩格斯的描述不同于古典政治经济学的理论模型,后者将资产阶级社会的现象本质化了,而马克思恩格斯只是将其理解为人类社会历史的特例。① 因此,在恩格斯的解读中,我们始终不应忘记那两个细节:其一,"到现在为止"这样的限定语;其二,正是经济必然性才产生了客观的自由趋势和要求。由于这两个限定,恩格斯在讨论过程中确实不是仅仅在资产阶级社会特殊语境中来讨论"合力"问题的。在这一意义上,如果把张一兵教授的解读绝对化,那么同样会走入另一个片面的极端。

所以,合力论是一个充满张力的理论模型。首先,它直接源自资产阶级社会特定情境的(经济)必然性为偶然性为自己开道的内在机制;其次,在一般意义上,它是社会历史发展具有不以主体为转移的客观必然性的描述。在两个层次上,我们都不能简单将之本质化,视为在任何条件下都成立的绝对。就第一个层次来说,马克思恩格斯都强调,作为一种现象,它们将会随着社会革命而消失。就第二个层次上来说,由于社会的联合亦是由经济必然性决定的社会历史发展趋势,因此这种趋势实现的时候,我们将发现,"合力"不再是与主体对立的偶然性,而表现为与集体意志预期一致的客观结果。然而,无论合力现象的性质发生了怎样的变化,人与人之间的自由联合总是一种"合力"。并且,就人类历史发展具有客观规律这一点来说,始终不会改变。这些问题都是马克思恩格斯讨论过的,我们不再赘言。

---

① 正是主张合力论是唯物主义历史理论的最适当表达的施米特强调了恩格斯与黑格尔的差异,强调他"不会把经济的客观规律的支配作用神化为一种高级理性"。参见[德]施米特《恩格斯晚期著作中的历史唯物主义》,载《马列主义研究资料》1984年第2期,人民出版社1984年版,第54—59页。

需要特别指出的是,在有关"合力论"讨论中,一个在今天必须由我们提出并加以回答的问题是:恩格斯"合力"所描述的那种像自然力那样的社会力,如果能够消除的话,那将是怎样一种客观性呢?我们能够把这种客观性与自然的客观性等同起来吗?这是恩格斯在自己的讨论中未曾提出,但后来从卢卡奇开始逐步被人们认识的重大社会历史问题。这个问题在恩格斯那里不曾出现,我们可以理解,在那个时候,恩格斯和马克思都信任作为社会历史客观力量的生产力,尽管他们对其资本形式进行了激烈而无情的批判,但始终相信它们永远是一种解放力量。在我们这里,以自然方式积累起来的生产力似乎已经失去了其早期无辜的性质。人们通过追逐生产力而获得解放,显然与追逐剩余价值的资本生产成为一个无法剥开的同体过程,在其中,它颠倒为现代社会的最大物化力量,甚至威胁着人类生活方式和生存本身。张一兵教授对恩格斯"合力论"的解读已经充分照顾到这一背景,因此他不愿将其视为一般认识论的结论,但在做出这个解读的《马克思历史辩证法的主体向度》这一著作中,他同时为生产力进行辩护。这多少有点犹豫和张力。在我看来,我们对恩格斯理论的初始含义的解读是一回事,而从今天事态出发对于其价值以及运用条件的批评性探究则是另一回事。由这个原则出发,我们可以断然强调,在自己的时代条件下,恩格斯不仅在一般历史认识论上阐明了唯物主义历史观的基本原则,这些原则至今仍然是有效的,而且在具体社会问题描述上也是正确的,尽管时代条件的变化使他对这些问题的描述失效了。在"合力论"上,我们看到,这个具有"特设规定"的问题,由于历史发展造成的现代社会物化的加深并由此产生生产力性质的颠倒,它在今天奇特地逆转为一个更大的普遍性问题,真正具有了恩格斯在一般历史认识论上阐明的那种历史的"内在机制",更重要的是,使恩格斯基于这种认识论而阐明的解决方案成为乌托邦:在今天,我们多数人都认识到了这些问题的存在,然而,问题并没有因为我们的认识而得到缓解。恩格斯显然不能为之负责,即便我们将他的某些讨论教条化为绝对原则。如果恩格斯有错的话,所有的错误都在于一点:他乐观地认为,我们一旦掌握了唯物主义历史观,就"永远不会有困难"地"知道在每个具体场合下应该反对哪些社会制度并以何种方式发动主要攻击",而这一点并不总是事实。

资本逻辑的三重向度与人类解放的现实依据[①]
——马克思政治经济学语境下的哲学批判

温 权

（南京大学马克思主义学院）

将《资本论》的理论价值片面地视为马克思主义哲学在政治经济学领域的具体"运用"，不啻为否定并贬损了该书之于马克思整个批判体系的"构建"意义。故而，应当明确的是，"不是《资本论》'运用'了马克思主义哲学，而是《资本论》以研究'现实的历史'为实质内容'构建'了关于人类解放的'新世界观'即马克思主义哲学"[②]。换言之，《资本论》在经济学语境下，对资本主义生产方式及其社会关系的解读，毋宁是一种历史性的哲学批判。而其实质，就是马克思所创立的"新世界观"。

问题的关键在于，该如何理解马克思政治经济学与哲学之间的内在关联？这主要体现在以下三个方面：首先，以商品的特性为开端，进而衍生出的人类劳动的二重性，揭示出资本主义社会中，由"物与物的关系"所表征的被异化的"人与人的关系"。后者直接构成《资本论》的"存在论"向度。其次，以货币与资本之间的辩证关系为切入点，展现出资本主义制度下，资本自身积累与增殖的逻辑，可视为《资本论》的"逻辑学"向度。再次，鉴于抽象的经济学范畴以具体的现实为前提，因此资本逻辑的演绎规律，就是它对资本主义生产范式的能动反映。而这在马克思那里，无异于《资本论》的"认识论"向度。不难看出，《资本论》作为一部经济学著作，本身就彰显出马克思主义哲学的存在论、逻辑学与认识论的有机统一。而《资本论》对资本主义社会进行的政治经济学批判，就是以人类解放为最终诉求的历史性哲学反思。

[①] 原载《南京政治学院学报》2016 年第 2 期。
[②] 孙正聿：《〈资本论〉与马克思主义哲学》，《学习与探索》2014 年第 1 期。

一、商品、劳动与个体的社会关系:《资本论》的"存在论"向度

利用唯物史观,对现实的个体及其社会关系的批判性反思,可视为马克思主义哲学同此前所有资产阶级理论分道扬镳的直接依据。对此,马克思反复强调,"我们的出发点是从事实际活动的人",而人的"第一个历史活动就是生产满足这些需要的资料,即生产物质生活本身"。① 这在当时的历史阶段,直接呈现为资本主义的生产方式。因此,马克思对人类个体及其生存样态的考察,应以资本的运转规律为切入点。与此同时,考虑到"资本不是物,而是一定的、社会的、属于一定历史社会形态的生产要素,它体现在一个物上,并赋予这个物以特有的社会性质"②。故而,马克思对资本的分析就又具象化为对带有特定社会性质的"物"的分析。后者在资本主义社会中,首先表现为满足人类需要的商品。

就商品的一般特性而言,它所具有的使用价值与交换价值,分别表征其不同的角色定位。一方面,"商品首先是一个外界的对象,一个靠自己的属性来满足人的某种需要的物"③。它之所以能与个体发生关联,不外乎其天然携带的有用性。换言之,正是"物的有用性使物成为使用价值",而"商品体本身""就是使用价值"。④ 推而广之,商品的有用性及其使用价值,意味着人类之于外界自然的能动关系,即现实的个体通过"征服自然的力量迫使它们(自然——笔者注)为人的需要服务"⑤。但在另一方面,马克思同时指出,人类物质需要的满足以及商品使用价值的实现,只能表现为,他们"在一定社会形态中并借这种社会形式而进行的对自然的占有"⑥。这表明,商品使用价值的实现,必须以相应的社会关系为前提。而后者"作为它们共有的这个社会实体的结晶"⑦,就是商品的交换价值。不难看出,在商品的使用价值与交换价值之间,蕴含着人类生存样态由自然性向社会性的嬗变。至于其载体,毋宁是生产商品时所消耗的人类劳动。因

---

① 《马克思恩格斯选集》第1卷,人民出版社1995年版,第79页。
② 《马克思恩格斯选集》第2卷,人民出版社1995年版,第577页。
③ 《马克思恩格斯全集》第44卷,人民出版社2001年版,第47页。
④ 《马克思恩格斯全集》第44卷,人民出版社2001年版,第48页。
⑤ 《马克思恩格斯全集》第26卷Ⅲ,人民出版社1974年版,第324页。
⑥ 《马克思恩格斯全集》第30卷,人民出版社1995年版,第28页。
⑦ 《马克思恩格斯全集》第44卷,人民出版社2001年版,第51页。

此,马克思才说,商品不过标识了"在它们的生产上耗费了人类劳动力,积累了人类劳动"①。

但是,对商品与劳动间关系的一般性概括,并不足以说明商品对人而言所特有的社会属性。这是由于,"作为使用价值,商品首先有质的差别;作为交换价值,商品只能有量的差别"②。故而,从特殊的"质"向一般的"量"的转变,不仅与商品的价值能否实现密切相关,从广义上来说,它还影响到人类个体参与社会关系的程度。这是由资本主义制度下,人类社会性得以实现的前提条件所决定的不争事实。对此,马克思特别指出,由于"人的本质是人的真正的社会联系,所以……社会本质不是一种同单个人相对立的抽象的一般力量,而是每一个单个人的本质,是他自己的活动,他自己的生活,他自己的享受,他自己的财富"③。要言之,作为人类劳动成果的商品,其价值在社会维度的实现,恰好反映了以财富作为衡量标准的资本主义社会中,个体介入社会关系的能力。

这就涉及商品交换的社会性前提。对此,马克思将其归结为无差别的抽象劳动。他指出,"随着劳动产品的有用性的消失,体现在劳动产品中的各种劳动的有用性质也消失了,因而这些劳动的各种具体形式也消失了。各种劳动不再有什么差别,全都化为相同的人类劳动,抽象劳动"④。其中,引申出两层含义:第一,人类社会关系得以现实化的重要载体,只能是为商品价值所体现的抽象劳动。一旦"把劳动产品表现为只是无差别人类劳动的凝结物的一般价值形式",那么,"它就清楚地告诉我们,在这个世界中,劳动的一般的人类的性质形成劳动的独特的社会的性质"⑤。在此基础上,凭借劳动产品之间的等价交换,独立的个体就真正参与到以商品为媒介的社会关系中。第二,以抽象劳动为前提的商品交换,所彰显的人类社会关系,只能是一种"物"的关系。这集中表现为,"商品形式在人们面前把人们本身劳动的社会性质反映成劳动产品本身的物的性质,反映成这些物的天然的社会属性,从而把生产者同总劳动的社会关系反映成存

---

① 《马克思恩格斯全集》第44卷,人民出版社2001年版,第51页。
② 《马克思恩格斯全集》第44卷,人民出版社2001年版,第50页。
③ 《马克思恩格斯全集》第42卷,人民出版社1979年版,第24页。
④ 《马克思恩格斯全集》第44卷,人民出版社2001年版,第50—51页。
⑤ 《马克思恩格斯全集》第44卷,人民出版社2001年版,第83—84页。

在于生产者之外的物与物之间的社会关系"①。事实上,抽象劳动的提出,意味着人类个体全面性的具体劳动的消解。作为商品交换的基础,前者体现为一种"同一的幽灵般的对象性"②。它在资本主义社会中,只能是商品"物"的单一性对人类全面性的遮蔽。

显而易见,以商品为媒介的人与人之间的社会关系,是人类存在的异化状态。在资本主义社会中,个人"受抽象统治……但是,抽象或观念,无非是那些统治个人的物质关系的理论表现"③。正是商品经济所表征的"物与物之间的关系",扭曲并钳制了真正的"人与人之间的关系"。此外,随着资本主义生产与交往方式的深入与完善,"这种交往形式中的旧的传统观念……也就愈发下降为唯心的词句、有意识的幻想和有目的的虚伪"④。从而蜕变为奴化人类生存的意识形态。它与商品的生产与交换一道,将作为生产者的人类个体一并纳入资本主义制度的场域当中,并在日常生活层面完成对他们的"教育"。而"资产者唯恐失去的那种教育,对绝大多数人来说是把人训练成机器"。⑤ 因此,马克思对商品和劳动规律的揭示,其最终目的就是要摧毁资本逻辑及其意识形态对人类个体的异化,从而实现人类本质的真正复归。按孙正聿教授的话来说,在《资本论》中,"马克思给自己提出的任务,则是在'物与物'的关系,以及'观念与观念'的关系中揭示'人与人'的关系"⑥。

其中,隐含着人类生存样态由"物"向"人"的颠倒。虽然以抽象劳动为前提的商品交换,建构了现实的人际关系。但它仅代表资本主义制度下,人类自身"物"的属性。因此,商品价值的实现,根本无法涵盖关乎人类生存状况的共同利益。后者仍然是"'异己的'和'不依赖'于他们的,即仍旧是一种特殊的独特的'普遍'利益"⑦。然而,马克思同时还指出,克服以上问题的手段,就潜藏在人类生产劳动的过程中。一方面,劳动的内涵具有相应的历史阶段性。"劳动过程的

---

① 《马克思恩格斯文集》第5卷,人民出版社2009年版,第89页。
② 《马克思恩格斯文集》第5卷,人民出版社2009年版,第51页。
③ 《马克思恩格斯全集》第30卷,人民出版社1995年版,第114页。
④ 《马克思恩格斯全集》第3卷,人民出版社1960年版,第331页。
⑤ 《马克思恩格斯选集》第1卷,人民出版社1995年版,第289页。
⑥ 孙正聿:《现实的历史:〈资本论〉的存在论》,《中国社会科学》2010年第2期。
⑦ 《马克思恩格斯选集》第1卷,人民出版社1995年版,第85页。

每个一定的历史形式,都会进一步发展这个过程的物质基础和社会形式。这个一定的历史形式达到一定的成熟阶段就会被抛弃,并让位给较高级的形式。"① 换言之,构成人类生存基础的生产劳动,会随着自身不断完善的发展过程,而逐渐摈弃掉它所具有的商品性特质,进而成为体现人类整体性与全面性的自觉活动。另一方面,由劳动所创造的产品,对人类需要的不断满足,客观上激发了后者对商品"物"的单一性的批判意识。原因在于,人类"通过生产而发展和改造自身,造成新的力量和新的观念,造成新的交往方式、新的需要和新的语言"②。这无疑为人类生存的全面性,提供了由以实现的必要条件。况且,"人以需要的无限性和广泛性区别于其他一切事物"③,而这显然不是商品单纯的"物"的属性所能容纳的。因此,从"物与物"的关系向"人与人"的关系的飞跃,意味着在人类生存和人际关系中,个体对商品异化特质的彻底扬弃。

不难看出,在《资本论》中,马克思凭借为商品规律所体现的"'劳动二重性'理论,为破解'现实的人及其历史发展'的秘密奠定了现实的基础"④。而后者所彰显的人类个体对自身异化状态的克服,毋宁是《资本论》有关人类解放的"存在论"尝试。

二、货币、资本与市场的运转规律:《资本论》的"逻辑学"向度

既然在资本主义体系中,人类的本质表现为商品特有的"物"的形态,那么他们的社会关系必然以资本运转的形式得以呈现。与此同时,马克思又指出,"资本是资产阶级社会的支配一切的经济权力。它必须成为起点又成为终点"⑤。这表明,以商品周转为核心内容的资本运行规律,反映并决定了资本主义社会中人类发展的一般趋势。此外,在异化的社会关系中,"每个个人行使支配别人的活动或支配社会财富的权力,就在于他是交换价值的或货币的所有者。他在衣

---

① 《马克思恩格斯选集》第2卷,人民出版社1995年版,第586—587页。
② 《马克思恩格斯全集》第30卷,人民出版社1995年版,第487页。
③ 《马克思恩格斯全集》第49卷,人民出版社1982年版,第130页。
④ 孙正聿:《〈资本论〉与马克思主义哲学》,《学习与探索》2014年第1期。
⑤ 《马克思恩格斯选集》第2卷,人民出版社1995年版,第25页。

袋里装着自己的社会权力和自己同社会的联系"①。因此,作为衡量商品价值与资本积累标准的货币,自然就成为人类社会关系的直接体现者。而后者的发展规律,就是货币在市场中流通与增殖逻辑的直观显现。

事实上,就货币自身的性质该如何定位的问题,马克思给出了两种虽不相同但彼此关联的答案。反映在商品流通领域,它们分别表现为"W－G－W"与"G－W－G"的循环。对此,马克思指出,"在 W－G－W 循环中,始极是一种商品,终极是另一种商品,后者退出流通,转入消费。因此,这一循环的最终目的是消费,是满足需要,总之,是使用价值。相反,G－W－G 循环是从货币一极出发,最后又返回同一极。因此,这一循环的动机和决定目的是交换价值本身"②。也就是说,对于货币在市场中所扮演的角色而言,前者是为买而卖,而后者则是为卖而买。而区分二者的关键在于,它们是否存在资本的增殖。显然,在 G－W－G 的循环中,由于"一个货币额和另一个货币额只能有量的区别。因此,G－W－G 过程所以有内容,不是因为两极有质的区别,而只是因为它们有量的不同。最后从流通中取出的货币,多于最初投入的货币"③。正是货币在流通中产生的差额,为资本的积累奠定了物质的基础。与此同时,马克思还进一步指出,"为买而卖的过程的重复或更新,与这一过程本身一样,以达到这一过程以外的最终目的,即消费或满足一定的需要为限。相反,在为卖而买的过程中,开端和终结是一样的,都是货币,都是交换价值,单是由于这一点,这种运动就已经是没有止境了"④。由此可见,就货币与资本之间的关系而言,同用于消费的货币相比,转化为资本的货币,是资本不断增殖的必要保证。

问题的关键在于,资本如何在货币的流通过程中实现自身的不断增殖? 马克思认为,这只能从二者的辩证关系中寻求答案。他指出,"资本不能从流通中产生,又不能不从流通中产生。它必须既在流通中又不在流通中产生"⑤。一方面,货币作为商品交换价值的一般等价物,它在市场中具有衡量并最终使人类抽

---

① 《马克思恩格斯全集》第 30 卷,人民出版社 1995 年版,第 106 页。
② 《马克思恩格斯全集》第 44 卷,人民出版社 2001 年版,第 175 页。
③ 《马克思恩格斯全集》第 44 卷,人民出版社 2001 年版,第 175—176 页。
④ 《马克思恩格斯全集》第 44 卷,人民出版社 2001 年版,第 177 页。
⑤ 《马克思恩格斯全集》第 44 卷,人民出版社 2001 年版,第 193 页。

象劳动得以现实化的功能。换言之,货币是劳动转化为资本的重要载体与媒介。另一方面,"要转化为资本的货币的价值变化,不可能发生在这个货币身上","这种变化必定发生在第一个行为 G-W 中所购买的商品上"。① 也就是说,货币的正常流通只是资本增殖的必要条件。在这之前,它必须转化为一种特殊的商品,只有这种特殊的商品在市场中再度成为可供使用的货币,资本才能在量上获得不断积累的可能。因此,"货币占有者就必须幸运地在流通领域内即在市场上发现这样一种商品,它的使用价值本身具有成为价值源泉的独特属性,因此,它的实际消费本身就是劳动的对象化,从而是价值的创造。货币占有者在市场上找到了这样一种独特的商品,这就是劳动能力或劳动力"②。可见,对劳动力的购买,是货币不断转化为资本的决定性环节。马克思正是从货币—资本—劳动三者的内在统一中,找到了资本积累的秘密。

值得一提的是,以货币流通为主要表现形式的资本周转逻辑,反映了资本主义社会中劳动与生产资料私有制之间尖锐的矛盾。马克思指出,"资本主义的生产方式和积累方式,从而资本主义的私有制是以那种以自己的劳动为基础的私有制的消灭为前提的,也就是说,是以劳动者的剥削为前提的"③。通过把具体的人类劳动抽象成无差别的交换价值,资产阶级就从货币的流通中,无偿地占有了生产者的剩余价值。因此,资本对人类本质的异化,首先表现为货币的等价交换对劳动真实价值的遮蔽。只要具体的劳动处在资本运转的逻辑当中,它所创造的剩余价值,就会不断更新资本自身的价值量。如此一来,"资本的运动是没有限度的"④。显然,资本逻辑就是生产资料私有制对人类劳动不断进行剥削的逻辑。反映在现实层面,它直接呈现为资本对工人的奴役。正是以此为出发点,马克思才认为,"工人作为这个过程的牺牲品从一开始就处于反抗的关系中,并且感到它是奴役过程"⑤。

毋庸置疑,对资本逻辑的瓦解,构成《资本论》的重要任务之一。这可以归结

---

① 《马克思恩格斯全集》第 44 卷,人民出版社 2001 年版,第 194 页。
② 《马克思恩格斯全集》第 44 卷,人民出版社 2001 年版,第 194—195 页。
③ 《马克思恩格斯全集》第 44 卷,人民出版社 2001 年版,第 187 页。
④ 《马克思恩格斯全集》第 44 卷,人民出版社 2001 年版,第 178 页。
⑤ 《马克思恩格斯全集》第 49 卷,人民出版社 1982 年版,第 48 页。

为,"马克思在对'非神圣形象'即对'资本'的揭露和批判中,明确地承担起把人从'抽象'的'普遍理性'中解放出来的使命,把人从'资本'的普遍统治中解放出来的使命,把'资本'的独立性和个性变为人的独立性和个性的使命"①。至于实现上述目标的条件,就隐含在马克思对资本的社会属性进行的彻底变革当中。他指出,"把资本变为公共的、属于社会全体成员的财产,这并不是把个人财产变为社会财产。这里所改变的只是财产的社会性质"②。简言之,只有消解为资本所代表的异化的社会关系,人类的解放才具有现实的可能性。与此同时,马克思从生产方式与社会关系之间的内在关联出发,进一步指出,"在一切社会形式中都有一种一定的生产决定其他一切生产的地位和影响,因而它的关系也决定其他一切关系的地位和影响。这是一种普照的光,它掩盖了一切其他色彩,改变着它们的特点。这是一种特殊的以太,它决定着它里面显露出来的一切存在的比重"③。从中可知,资本逻辑反映了人类社会异化的发展轨迹,而且资本自身又蕴含着构成上述关系前提的生产关系。因此,对资本当前性质的否定,意味着从生产范式的角度,批判乃至摧毁资本逻辑所固有的剥削性质。

通过对货币与资本之间关系的考察,马克思在资本逻辑的运行中,找到了私有财产与人类劳动之间最为核心的矛盾。后者作为资本主义生产关系无法克服的痼疾,只能凭借对资本自身社会性质的扬弃而得到解决。故而,《资本论》对资本逻辑的描述与分析,可视为它对人类解放手段的"逻辑学"推演。

三、范畴、现实与历史的发展态势:《资本论》的"认识论"向度

无论是商品与劳动的二重性所表征的人类生存的异化状态,还是货币与资本的辩证关系所突显的私有财产对个体的剥削与奴役,它们都是抽象的观念对资本主义社会状况的现实反映。因此,其合法性来源与现实意义,应当在具体的社会层面予以探究。用马克思的话来说,"我们的出发点是从事实际活动的人,而且从他们的现实生活中还可以描绘出这一生活过程在意识形态上的反射和反

---

① 孙正聿:《〈资本论〉与马克思主义哲学》,《学习与探索》2014年第1期。
② 《马克思恩格斯选集》第1卷,人民出版社1995年版,第287页。
③ 《马克思恩格斯选集》第2卷,人民出版社1995年版,第24页。

响的发展"①。质言之,马克思正是以资本逻辑中相关的经济学范畴为手段,进而认识并在历史维度对资本主义制度及其历史意义进行深入的批判。而他所采用的方法,毋宁是从抽象上升至具体的、逻辑与历史相统一的哲学方法。

作为政治经济学方法的从抽象上升到具体,其来源是黑格尔的思辨哲学。经马克思改造,它就成为反映客观现实的辩证逻辑体系。尽管它的逻辑起点是黑格尔式的简单概念,但它是在反映客观现实的基础上形成的。客观现实作为该逻辑体系的基础,直接表现为它对该逻辑体系的制约作用。马克思认为:"意识在任何时候都只能是被意识到了的存在,而人们的存在就是他们的现实生活过程。"②这不仅表明,概念的内涵以客观现实的区间为界限;同时,由于它所反映的客观现实是过程性的存在,概念对客观现实的把握也是过程性的。以此为前提,推而广之,马克思就将逻辑体系界定为一种过程。这就找到了抽象上升到具体这一方法内涵的历史性因素。逻辑体系作为概念展开的全部,其整体不仅是自洽的,又因为其中所包含的概念、范畴之间的能动性演绎是对现实过程性发展的反映,所以该体系又具备现实的历史性。

马克思对概念能动性的界定以黑格尔哲学为出发点。在黑格尔的体系中,"它们(概念——笔者注)不是原始的、未发展的、关系简单的概念,相反,它们在自身发掘出了一个极其丰富的内藏,一个内在财产,连带一个丰富多样的辐射域,而首先在自身发掘的是范围深广的运动性"③。凭借对历史性现实的自发反映,概念自身还不足以构建能动的逻辑体系。马克思在批判黑格尔的基础上认为,思维掌握具体的关键还在于,逻辑体系本身具备相应的能动性——即以能动性概念为起点的整个逻辑体系的能动性。由此可以看出,思维对存在的把握,无疑是逻辑对历史的反思性把握,即在能动的概念中再现现实的历史。

但这绝非黑格尔意义上的概念能动性。马克思对概念能动性的界定最终还是要回到现实的基础上来。对此,他反复强调:"劳动这个例子令人信服地表明,哪怕是最抽象的范畴,虽然正是由于它们的抽象而适用于一切时代,但是就这个

---

① 《马克思恩格斯选集》第1卷,人民出版社1995年版,第73页。
② 《马克思恩格斯选集》第1卷,人民出版社1995年版,第72页。
③ [德]芬克:《黑格尔〈精神现象学〉的现象学阐释》,贾红雨等译,上海书店出版社2011年版,第16页。

抽象的规定性本身来说,同样是历史条件的产物,而且只有对于这些条件并在这些条件之内才具有充分的适用性。"①所以,现实历史的具体条件是思维中从抽象上升到具体的真正基础。而作为反映现实历史的能动概念,在思维中又将现实表现为体系自身的逻辑起点。借助黑格尔的语言模式,它就被表述为:"因此它在思维中表现为综合的过程,表现为结果,而不是表现为起点,虽然它是现实的起点,因而也是直观和表象的起点。"②这就是通过思维对具体的把握,而使简单概念由抽象上升至具体这一过程的核心所在。马克思于此处综合考虑了范畴的两个性质,其一是范畴对现实反映的性质,其二则是范畴自身能动的性质。逻辑的历史性由这两者提供依据:范畴自身的能动性是逻辑获得历史性的必要前提,而它对现实历史的反映,则为这种能动性提供了客观现实的依据。

思维中概念由抽象上升到具体的过程,与现实中社会关系由简单演进到复杂的过程是互为倒像的关系。既然马克思对历史的考察是以反思的方式进行,那么,体现在逻辑上的历史进路就与现实历史的发展趋势呈现出相反的走向。这就是马克思所说的"现实的起点在思维中表现为逻辑的结果"。以此方式完成的思维对存在的统摄,就是黑格尔语境下逻辑与历史的统一。这种统一是以倒立呈像为表现形式的逻辑对历史的反映,它是运用纯粹反思的手法对现实历史的把握:"它的内容也只能是这样一种内容,这种内容在活生生的精神领域里原来是被创造出来的,并且现在也在创造着自己,已经成为世界,即意识的外部世界与内部世界;换句话说,哲学的内容就是现实。"③但这仅仅是哲学的现实,思维的现实,而并非真实历史的现实。马克思的高明之处,正是他充分认识到逻辑对历史的把握是倒像式的把握。故而,他才试图将反映历史的逻辑倒像通过现实逐渐予以修正。

这种修正就是最终确认现实对思维的决定作用。对此,马克思专门讲道,"范畴的运动表现为现实的生产行为(只可惜它从外界取得一种推动),而世界是这种生产行为的结果……只有在下面这个限度内才是正确的:具体总体作为思想总体、作为思想具体,事实上是思维的、理解的产物;但是,决不是处于直观和

---

① 《马克思恩格斯全集》第30卷,人民出版社1995年版,第46页。
② 《马克思恩格斯全集》第30卷,人民出版社1995年版,第42页。
③ [德]黑格尔:《逻辑学》,梁志学译,人民出版社2002年版,第36页。

表象之外或驾于其上而思维着的、自我产生着的概念的产物,而是把直观和表象加工成概念这一过程的产物"①。马克思认同逻辑对历史的把握;也认同抽象的范畴在逻辑中,通过抽象上升为具体的过程再现历史的发展。但他明确指出一个限度,即逻辑对历史的统摄是以其对历史的反映为前提的,它不能独立于现实而仅以思辨的形式对历史直接发生作用。换言之,作为历史能动反映的逻辑与其所要反映的历史相统一时,绝不能脱离它所反映的历史区间而以思辨的形式凌驾于现实之上。

鉴于此,马克思认为,"比较简单的范畴可以表现一个比较不发展的整体的处于支配地位的关系或者一个比较发展的整体的从属关系,这些关系在整体向着以一个比较具体的范畴表现出来的方面发展之前,在历史上已经存在。在这个限度内,从最简单上升到复杂这个抽象思维的进程符合现实的历史进程"②。也就是说,范畴作为相应社会关系的反映,是以社会关系的现实的历史为依据的。所以简单范畴从抽象到具体的过程,在逻辑上表现为简单范畴向具体范畴过渡的过程,而在历史上则表现为社会关系由较不发展向较发展过渡的过程。因此,在认识论层面,逻辑对历史的把握,归根结底,是逻辑自身从抽象到具体的发展同历史的现实趋势相吻合,即逻辑正确地揭示了历史的规律。

正是以此为前提,在如何看待资本主义社会的历史意义问题上,马克思断言:"无论哪一个社会形态,在它所能容纳的全部生产力发挥出来以前,是决不会灭亡的;而新的更高的生产关系,在它的物质存在条件在旧社会的胎胞里成熟以前,是绝不会出现的。"③这表明,即便在经济学范畴的体系中把握到历史发展的正确规律,但仍然无法越过历史进步的具体环节,从而直接实现历史的最终目的。因此,认识的能动性不在于它以思辨的形式完成历史的跨越,而在于通过展现正确的历史演进方向,为人类的最终解放提供以资借鉴的参考,并为其树立坚定的实践信心。而"只有这种自信心才能使社会重新成为一个人们为了达到自己的崇高目的而结成的共同体"④。这就与马克思创作《资本论》的初衷不谋而

---

① 《马克思恩格斯全集》第30卷,人民出版社1995年版,第42页。
② 《马克思恩格斯全集》第30卷,人民出版社1995年版,第43—44页。
③ 《马克思恩格斯选集》第2卷,人民出版社1995年版,第33页。
④ 《马克思恩格斯全集》第47卷,人民出版社2004年版,第57页。

合,他指出,"本书的最终目的就是揭示现代社会的经济运动规律",从而"缩短和减轻"历史进程中不必要的"痛苦"。①

不难看出,在《资本论》中,马克思对诸经济范畴的解读与批判,实则是他在政治经济学语境下,对资本主义制度的哲学性反思。凭借资本逻辑自身所蕴含的"存在论"、"逻辑学"与"认识论"的有机统一,马克思就从历史层面找到了人类解放的现实途径。因此,"以'经济学范畴'构成的资本论,本质上是关于'现实的人及其历史发展的科学',也就是马克思主义的'改变世界'的'世界观'即马克思主义哲学"②。

---

① 《马克思恩格斯选集》第2卷,人民出版社1995年版,第101页。
② 孙正聿:《〈资本论〉与马克思主义哲学》,《学习与探索》2014年第1期。

全球化视野中的东方社会理论[①]

王培暄

(南京大学马克思主义学院)

对东方社会的关注,是马克思社会理论的一个重要组成部分,19 世纪 50 年代,马克思根据历史唯物主义基本原理指出,以公有制为特征和以村社为社会基础的东方社会的古老形态,必将在资本主义洪流的冲击下死去,从而整个世界都将纳入资本主义社会的秩序之中。在《政治经济学批判》的序言中,马克思提出,"大体说来,亚细亚的、古代的、封建的和现代资产阶级的生产方式可以看作是社会经济形态演进的几个时代"[②],在这里,马克思第一次提出指认东方社会的"亚细亚生产方式"的概念,此后,他又多次提到"亚细亚的"、"东方的"、"印度的"等术语。马克思认为,亚细亚社会的主要特征是它的土地公有制;其次,村社制度是亚细亚社会的基本单位,也是这个社会的存在基础;再次,专制主义是亚细亚社会政治的主要表现形式;最后,由上述三方面所带来的"租税合一"现象,等等。[③] 马克思认为,东方社会在历史发展中停滞、落伍的根本原因在于独特的"亚细亚生产方式",因此东方民族必须在争取民族独立的基础上,充分利用殖民统治的积极成就,谋求社会的进步与发展。

到了晚年,马克思的思想发生重大转折。马克思通过阅读大量的人类学和社会史著作认识到,人类走出古老的社会形态之后可选择的道路并非只有资本主义一条,世界历史的发展也并非一定要以资本主义文明所带来的"阵痛"为代价,要认识世界历史的未来发展趋势,就必须从解剖"农村公社"入手,原因是,农村公社所固有的二重性既是认识古代社会的关键点,也是打开世界历史奥秘的一把钥匙;与此同时,马克思放弃了早年提出的"亚细亚生产方式"这一概念,而

---

① 原载《南京大学学报》2010 年第 4 期。
② 马克思:《政治经济学批判》,载《马克思恩格斯全集》第 13 卷,人民出版社 1975 年版,第 9 页。
③ 刘启良:《马克思东方社会理论》,学林出版社 1994 年版,第 19 页。

用"原始公社"、"古代公社"、"农村公社"、"原生形态"、"次生形态"等概念来表示古老的社会形态。基于这种新的认识,马克思提出了著名的俄国社会跨越"卡夫丁峡谷"的设想。

随着俄国革命以及全球化的兴起,马克思的"东方社会理论"因其重大的理论和现实意义而成为国内外学术界关注的热点。在国际上,围绕着"亚细亚生产方式"问题发生了两次激烈的讨论。第一次发生在20世纪20—30年代,这和当时东方各国革命运动的兴起和发展,特别是中国革命的进程密切相关。1927年中国大革命失败,共产国际内部就中国的社会性质和革命性质展开讨论,"亚细亚生产方式"的理论在苏联引起了激烈的争论。与此同时,日本的法西斯学者则以此为日本侵华寻找理论根据,如秋泽修二所提出的"中国社会停滞论"。第二次发生在20世纪60年代,随着战后第三世界国家民族民主运动的蓬勃发展,西方有人利用它为殖民侵略政策辩护,反对第三世界国家建立社会主义制度。

改革开放以来,中国特色社会主义建设实践与跨越"卡夫丁峡谷"的理论发生了两次碰撞。第一次是在改革开放初期,中国的跨越发展实践与哲学教科书原理之间产生矛盾;第二次是在改革开放深入发展时期,关于中国是走跨越发展的道路还是要补上资本主义这一课的讨论。这两次理论碰撞使学界对马克思的"东方社会理论"以及跨越"卡夫丁峡谷"的设想进行了重新解读,对中国的社会主义建设影响深远。实际上,马克思关于东方社会跨越资本主义"卡夫丁峡谷"设想的意义并不在于这一设想本身,而是在于它为我们提供了研究落后国家社会发展道路的科学方法论,即生产力与生产关系矛盾运动的民族性和世界性相互作用的辩证法。本文基于这一视角,从全球化的角度来理解马克思的东方社会理论对中国所具有的现实意义。

一、辩证地理解马克思关于社会形态跨越发展的设想

马克思"东方社会理论"的精华是其晚年提出的东方社会(以俄国为例)可以跨越资本主义"卡夫丁峡谷"的设想。对于这一设想,学界存在两种误读:一种误读是认为既然生产力作为"自然历史过程"无法跨越,那么由生产力所决定的生产关系以及社会形态也无法跨越。跨越"卡夫丁峡谷"只是马克思晚年的一种设想,马克思本人并没有在其任何理论著作中正式提出。相反,从马克思的"自然

历史过程"理论中只能推导出一个结论,即世界各民族必须依次历经五大社会形态。这种误读在现实生活中的表现是,对中国作为落后国家率先进入社会主义这一事实的合法性的怀疑。笔者认为,这种观点既与历史事实不符,也违背马恩等经典作家的看法。在《给维·伊·查苏利奇的复信草稿》中,马克思指出,"在俄国,由于各种情况的特殊凑合,至今还在全国范围内存在着的农村公社能够逐渐摆脱其原始特征,并直接作为集体生产的因素在全国范围内发展起来。正因为它和资本主义生产是同时代的东西,所以它能够不通过资本主义生产的一切可怕的波折而吸收它的一切肯定的成就"。"俄国是在全国范围内把'农业公社'保存到今天的欧洲唯一的国家。它不像东印度那样,是外国征服者的猎获物。同时,它也不是脱离现代世界孤立生存的。一方面,土地公有制使它有可能直接地、逐步地把小土地个体耕作变为集体耕作,并且俄国农民已经在没有进行分配的草地上实行着集体耕作。俄国土地的天然地势适合于大规模地使用机器。农民习惯于劳动组合关系,有助于他们从小土地经济向合作经济过渡;最后,长久以来靠农民维持生存的俄国社会,也有义务给予农民必要的垫款,来实现这一过渡。另一方面,和控制着世界市场的西方生产同时存在,使俄国可以不通过资本主义制度的卡夫丁峡谷,而把资本主义制度的一切肯定的成就用到公社中来。"①

五种社会形态依次演进的规律是马克思以"世界历史"为视角揭示的历史必然性;但是,就各国历史发展进程而言并不排除历史发展的"特殊性",马克思自己也说过,"把我关于西欧资本主义起源的历史概述彻底变成一般发展道路的历史哲学理论,一切民族,不管他们所处的历史环境如何,都注定要走这条道路,——以便最后都达到在保证社会劳动生产力极高度发展的同时又保证人类最全面的发展的这样一种经济形态。但是我要请他原谅。他这样做,会给我过多的荣誉,同时也会给我过多的侮辱"②。如果说中国因为生产力落后于西方就不能先进入社会主义,那么试问,直到明朝中叶以前,西方各国的生产力明显落

---

① 马克思:《给维·伊·查苏利奇的复信草稿》,载《马克思恩格斯全集》第19卷,人民出版社1975年版,第431、435页。
② 马克思:《给"祖国纪事"杂志编辑部的信》,载《马克思恩格斯全集》第19卷,人民出版社1975年版,第130页。

后于中国,按此逻辑,西方是不是也无理由先进入资本主义?事实上,具体民族和国家由于其内在矛盾的非均衡性和外部条件的压力所引起的跨越历史发展的一个或几个阶段,直接进入某一高级阶段的现象并不罕见:在西欧,一般地说,这个地区是经过了原始社会、奴隶社会、封建社会、资本主义社会这条发展道路,充分体现了社会形态依次演进的规律。但同在这个地区居住的日耳曼人没有经过奴隶社会阶段,而直接从原始公社制发展到了封建制。在东欧,只有巴尔干半岛在拜占庭帝国的统治下经历了奴隶制社会,而在这个地区居住的斯拉夫人和其他一些较小的民族,大都没有经过奴隶制,由原始公社直接进入封建社会。在美洲,当15世纪哥伦布到达北美大陆时,当地还处于原始公社阶段;自16世纪起由英国、法国、荷兰、西班牙等殖民者在当地建立起来的殖民地社会一开始就建立在资本主义基础之上。特别是经过1775年的独立战争和1865年的南北战争,北方的资本主义经济战胜了南方黑人奴隶制的庄园经济,使美国跨越了奴隶制、封建制两种社会形态,直接过渡到资本主义社会形态。因此,中国近现代史没有经过一个完全的资本主义历史阶段,而直接由半封建半殖民地这一特殊的过渡性的具体形态,经过新民主主义革命,跃进到社会主义初级阶段,恰恰是跨越式发展的成功体现。

另一种误读是认为生产力作为"自然历史过程"虽然无法跨越,但生产关系以及社会形态作为"人的自觉活动"可以任意跨越。持这种观点的人往往借马克思当年所提出的东方"亚细亚生产方式"这一概念,过分突出中国社会形态演进轨迹的特殊性,认为中国的历史演进可以完全脱离人类社会历史发展的一般规律。这种观点在现实生活中的表现是对历史必然法则的忽视,从而犯"跑步进入共产主义"之类的错误。必须指出的是,不同国家发展道路的差异性并没有推翻人类社会发展的一般规律。在不同的历史条件下,有些国家的发展可以发生跨越,但其社会形态更替的总方向并没有超越社会形态发展的一般规律。我们不能说,任何国家都必须按五种社会形态更替的规律依次演进;但我们可以说,任何国家的发展道路绝不可能与人类社会发展的一般规律发生逆向运行。① 中国的历史演进过程既具有东方民族的特殊性,同时又未违背人类社会历史演进的

---

① 冯景源:《人类境遇与历史时空》,中国人民大学出版社2004年版,第3页。

普遍规律。与古希腊、古罗马相比,古代中国没有发展出典型意义上的奴隶制社会,但存在过非典型意义上的奴隶制社会,按黑格尔的说法,是一种"普遍的奴隶制"——王权以下都是奴隶,"每人都可以出卖他自己和子女;每个中国男子都可以购买他的妻妾。只有嫡妻是一个自由的妇人。侧室都是奴隶,遇到抄家充公时得被没收,就像儿童和其他产业一样"。① 而在近现代史上,从某种意义上说中国实际上也经历了资本主义社会,因为半封建半殖民地这一特殊的社会形态,可以看成资本主义在中国的"次生形态"。

二、全球化背景下跨越式发展体现为生产力的跨越发展

当年,马克思对东方社会以及人类历史跨越式发展问题的研究,目的是使东方社会能够通过非资本主义的方式来实现现代转型,使"人类的进步才会不再像可怕的异教神怪那样,只有用被杀害者的头颅做酒杯才能喝下甜美的酒浆"②,在今天,中国特色社会主义已是不争的事实,中国已实现了社会形态的跨越式发展。因此,今天我们所面对的问题不是生产关系与社会形态的发展,而是生产力的提高。这是因为,如果不能实现生产力的跨越式发展,那么,社会形态的跨越式发展就难以巩固,中国社会主义的建立就会被看作是历史发展的偶然现象。

那么,生产力能否跨越发展,它是不是只是人们的一种主观愿望? 笔者认为,生产力的发展虽然是一个"自然历史过程",但这并不否定个别国家或地区生产力的跨越式发展。整体的常规发展与局部的超常规发展,先行者的渐进式发展与后进者的跨越式发展,都是经济社会发展的正常现象,符合辩证的历史逻辑。生产力的跨越式发展历史上早就存在。公元前9世纪,隶属奴隶制国家腓尼基的奴隶制城邦推罗在非洲北部建立了古代奴隶制国家迦太基,曾使当地原有的生产力发生了非常规的飞跃;公元5世纪,处于原始社会末期的日耳曼人的军事制度与罗马帝国先进的生产力相结合,发展了封建所有制,从而也使日耳曼人的社会生活在新的社会组织结构中获得了非常规的飞跃;公元11世纪前后,尚处于原始社会的女真族的完颜部落利用邻族传入的铁器,迅速提高了生产和

---

① 黑格尔:《历史哲学》,生活·读书·新知三联书店1956年版,第171页。
② 马克思:《不列颠在印度统治的未来结果》,载《马克思恩格斯选集》第1卷,人民出版社1995年版,第773页。

作战的能力,使女真族的社会生产力高速发展,并于12世纪初建立了奴隶制国家;公元12世纪末,尚处于奴隶制社会的蒙古族在对宋朝取得军事胜利的同时注意吸收汉民族先进的文化和生产力,从而迅速完成了封建化过程,建立了封建制的元帝国。这一切都说明了生产力完全可能跨越式发展,只不过在工业社会以前,这种跨越式发展很少出现,生产力发展的主要模式表现为以缓慢的速度按部就班地前进;进入工业社会后,特别是全球化兴起后,生产力的跨越式发展才时常出现。

当一个民族或国家处在封闭的环境中时,其生产力的发展一般只能是通过传承逐渐地进行,而当它处于开放的环境时,生产力就有可能跨越式发展。所谓的开放,表现为一定的民族或国家与其他民族和国家积极交往,使新的生产力和发明能够在后进的民族和国家中传播和发展。① 当今经济全球化的浪潮,恰恰为后进国家和地区生产力的跨越式发展提供了巨大的可能性。经济全球化从生产力的角度看是经济发展以及由此引起的普遍交往的产物,它是商品、资本、劳动力、知识、技术等要素在全球范围内自由流动与优化配置,世界各国在经济、科技、文化等方面相互渗透、相互依存。经济全球化的概念虽然在20世纪80年代才出现,但经济全球化作为一种发展趋势或过程,在世界市场形成的时候就已经开始了。早在150年前,马克思恩格斯就已经从世界历史的角度来研究这一问题,并指出"无产阶级只有在世界历史意义上才能存在,就像共产主义——它的事业——只有作为'世界历史性的'存在才有可能实现一样"②。在马克思看来,世界历史的形成和发展为共产主义取代资本主义创造了必要条件,它为共产主义奠定了坚实的物质基础。在世界经济全球化的历史发展进程中,后发国家跨越发展并赶超先进国家的事例屡见不鲜。20世纪90年代以来,随着冷战的结束,在以信息技术为核心的高科技的推动下,经济全球化又呈加速发展的趋势,今天的中国完全可以而且必须利用全球化的契机,完成生产力的跨越式发展。

---

① 冯景源:《生产力跨越式发展——唯物史观理论基础的再研究》,《新视野》2002年第3期。
② 马克思、恩格斯:《德意志意识形态》,载《马克思恩格斯选集》第1卷,人民出版社1995年版,第87页。

三、生产力跨越发展集中体现为从传统社会向信息社会的转型

生产力的跨越式发展作为生产力发展的一种重要方式,在不同的时代有不同的特点。人类社会从远古蛮荒时代进步到农业社会;再从传统农业社会进步到工业社会;如今,又正在从工业社会向信息社会迈进。20世纪70年代末开始的以信息技术为特征的第三次技术革命,推动人类社会从工业社会向信息化、网络化和数字化的时代迈进,信息化已成为不可阻挡的时代潮流。

中国在工业革命的浪潮中是落后于世界水平的,为此,我国在20世纪50年代就确定了实现工业化的宏伟目标。50多年来,我国在由传统农业社会向工业社会转变的过程中,取得了巨大的成绩。然而,当中国沿着工业化的道路走到20世纪90年代之后,资源枯竭的威胁、环境污染的阴影和国际市场的饱和等对我国的经济发展产生越来越大的压力,中国的现代化之路遇到了越来越多的困难。尤其是,当我国工业化的任务尚未完成时,信息化的浪潮又汹涌而来。在这种情况下,我们是走发达国家的工业化老路,先实现工业化,后实现信息化,还是顺应时代潮流,把握当今世界科技发展和生产力发展的趋势,把实现工业化和追赶信息化结合起来,走跨越式发展的道路呢?显然,从中国的国情和世界生产力发展的趋势来看,走前一条道路,通过挖掘和消耗自然资源来实现现代化是行不通的,更不要说通过这种经济增长方式来实现赶超的目标。所以,我们今天必须利用信息化的契机,在工业化和信息化的双向并举中迎头赶上。

信息社会的特点是知识、文化越来越凸显出对经济社会发展的重要意义。在我国,要完成从传统社会向信息社会的跨越,必须注意其自身的特点:(1)双重性。我国的跨越式发展是人类文明发展不平衡规律的反映,它兼具工业化和信息化的双重特点,因此,我们要做到工业化与信息化的并举,以信息化带动工业化,以工业化促进信息化。(2)过渡性。正是这种双重性使得后发国家在跨越式发展过程中形成了一个既有别于低形态,也有别于高形态的特点,属于过渡性形态,在过渡进程中,我们要走自己的信息化道路,不能盲目照搬西方。(3)赶超性。生产力的跨越式发展固然不能等同于加速性发展,但跨越式发展必然包含着加速和超越。如果我们没有比先发国家更快的发展速度,没有超越的目标意识,那么,选择跨越式发展的道路就没有意义。(4)开放性。在世界历

史条件下，任何国家的发展都要实行开放，但对于不同的发展方式而言，开放的地位和作用有很大的不同。如前所述，跨越式发展相对于渐进式发展而言，对开放性有更高的要求。跨越式发展要求抓住全球化所提供的新技术和新发明广泛传播的历史机遇，因此后发国家只有提高对外交往能力，积极吸收人类文明的成果，才能实现跨越发展。我们在实施传统社会向信息社会的跨越式发展战略时，必须把对外开放摆在非常突出的地位，我国历史上的"盛唐气象"也告诉我们，只有海纳百川地虚心学习别人的优秀成果，才能创造辉煌。

西方马克思主义热点述评

西方马克思主义的三个维度

胡大平

(南京大学马克思主义学院)

受《理论视野》之邀参与"西方马克思主义之马克思主义观"这个问题的讨论时,颇为踌躇。把它当成一个任务来完成的话,似乎简单地加以概括便足矣,例如某人认为马克思主义是绿色的,而另一个则强调它是女性立场的,还有人指出其全称应该是"历史地理唯物主义"。不过,如果把眼光转向研究本身,我们将发现该话题实际上含蓄地提出一个当代研究的瓶颈问题:为何需要把一种来自异域的别样理论经验作为自己的重要话题?这问题的答案并非如我们惯常辩护的那样自明。因为,从马克思主义的历史使命来看,西方马克思主义在理论上的成功恰恰掩盖了其实践上的无能;从中国立场来看,它谈论的东西与我们当下的直接追求也大相径庭。正是由于这两个问题的存在,西方马克思主义论域在相关研究中始终没有适当的地位,尽管在新一代学者的关注中显然也成为焦点之一。基于此,在本文中,我试图进行一种双重操作:从马克思主义在西方的历史变迁为该问题提供一种尝试性回答,反过来,以那种尝试性回答作为参照来定位西方马克思主义者眼中的马克思主义。

一、西方马克思主义之西方性

从理论上说,在今天,继续使用"西方马克思主义"这个术语来描述那些仍然可以在立场和旨趣上被归入马克思主义传统的西方理论动态,面临着不小困难。一方面,由于"西方马克思主义"这个术语具有特定的内涵,已经不足以用它来描述当代西方的马克思主义思潮。20世纪50年代梅洛-庞蒂使用这个术语时,它特指由卢卡奇奠定的一种独特的马克思主义理论传统。另一方面,更复杂的是,

---

① 原载《理论视野》2011年第2期。

正如德里达亦谈"马克思的幽灵",马克思主义与马克思已经在当代西方激进左派那里致命地分离,而借由他们所理解的马克思所建构出来的,恰恰是试图绕过"主义"的话语(体系)。

然而,从历史和逻辑来看,这一种理论势态不仅不难理解,而且必须将之视为仍然用"西方马克思主义"来描述它们属性和边界的根据。因为,这种理论势态正是马克思主义在西方(主要发达资本主义)国家传播和发展的结果。换句话来说,今天的这种理论势态正是马克思主义在当代西方社会结构中的必然表现。由于这一点,强调西方马克思主义与马克思主义无缘,[①]并因此将之排除在自己的视域之外,或者简单地将之视为反马克思主义而大加批判,都不是成熟的理论态度。当然,科学意义上的马克思主义,只能以有效的无产阶级革命支撑。这是西欧马克思主义之痛。不过,必须承认,自从1914年德国社会民主党背叛其使命和马克思主义基本精神之后,西欧马克思主义理论便是在这一伤口上以扭曲的形式生长的,它的结果与马克思主义要义之间的明显距离并不是需要我们特别强调的事实。需要研究正视的是它的影响:由于时代条件的重压而产生的Z型路径见证了马克思主义在发达资本主义条件以及更宏大的20世纪全球变迁中遇到了何种历史难题?对这一主题的识别,上述那种关于研究的误解便自然消失,并因此从马克思主义在西方发展的曲折轨迹中来考察西方马克思主义给马克思主义理论本身提出的问题。

从这个角度来看,西欧的(或西方的)马克思主义在20世纪西方的发展存在着三个大的拐点:第二国际破产后理论与实践的分野,前者由卢卡奇传统的西方马克思主义路径组成,后者则由社会民主党、各国共产党的政治实践所代表。20世纪60年代中期,在新社会运动或反文化运动支持下,理论替代实践。在这一

[①] 严格意义上的马克思主义,指的一种理论与实践同一的运动以及这种运动的自我表述。尽管今天的欧美亦存在这种趋势,但又是相当微弱的,在学术、媒体上流传的都是理论的自我表述。就如近年来全球闻名的伦敦马克思大会,虽然资本主义批判仍然构成了它的"解释符码",但其实至多是一种理论时尚达人的表演事件,与娱乐圈的明星新闻发布会极为相像。就研究来说,承认这一点正是正确地阐明欧美马克思主义事务的前提。不过,另一方面,多少有点吊诡的是,长期以来,无论东西方的研究,都存在这种倾向:在明知无法在欧美找到"正统"马克思主义的条件下,仍然将之作为研究的教条,从而把研究变成了大批判,并错失了隐含在那种理论的自我表述之中的微弱的历史意识,而它正是马克思主义者应该加以严肃对待的东西。

阶段,传统意义上的社会主义或工人运动基本上已经终结,尽管至80年代,仍然可以观察到大规模的工人罢工(例如1984年英国工人罢工),而以学生运动为突出代表的新社会运动则致命地失去了确定的政治目标,流于快感爆发式的"运动即一切"逻辑。正是在此背景下,马克思主义理论决定性地由阿尔都塞、福柯等这些结构主义大师来"发展",其成果亦无法用我们语境中的"马克思主义"来加以描绘。最后一个拐点是苏东社会主义的倒台,其结果如一些学者描述的那样,是"马克思主义自身(在理论上)的解放",即作为社会主义指南的马克思主义的消散,反而使得作为资本主义批判的马克思主义更加自由而灵活地生长(德里克),最终则产生了华勒斯坦所称的"千面马克思主义"现象。值得强调的是,在这种境遇中,马克思主义只能以残缺的身躯支撑着,①只能以其历史的屈辱作为养料滋养自身,只能依附于个体化的主体位置,②只是在泛政治化的学院或媒体中撒播。尽管这使马克思主义在理论上获得了异常的增殖,但显然已经与马克思所定义的事业或马克思主义在诞生之初的话语性质大相径庭。在总体上,马克思主义只能作为一个没有弥赛亚的弥塞亚主义(德里达)、不是宗教的宗教(罗蒂)、不可能的可能性(拉克劳)等诸如此类的"政治"规划形式存在。而在知识形式上,它显然成为需要以解构眼光进行审视的古典叙事类型或知识型了。

二、西方马克思主义之后的马克思底蕴

无疑,作为一种理论话语,西方马克思主义的首要属性是西方的,但与其他同时代话语相比,它又与马克思主义高度相关。如何理解它的马克思主义属性呢?让我们假设一下。如果鲍德里亚的《物体系》出版后便译成中文,我们能够接受那种事实吗?这是他在一位马克思主义导师指导下试图推进马克思主义式批判的博士论文?缺乏消费社会语境支持的消费社会批判,如果不是资产阶级学者吃饱饭后的胡说八道,又是什么?这个假设的例子仅仅是一个假设吗?我们为什么不反问一下,当我们对福柯批判马克思的做法感到迷惘之际,是否需要探寻一下当时法国马克思主义者的迷惘?为什么阿尔都塞、福柯、巴尔特、德里

---

① 作为乌托邦的社会主义维度被压抑或取消了,作为无产阶级解放或社会主义运动实践指南的政治纲领被置换或去掉了,只剩下对资本主义永不妥协的批判,或者相反。

② 例如,脱离了整体社会解放逻辑的女性主义、生态主义或其他少数差异立场。

达等人几乎同时都围绕科学/意识形态、知识型/古典文本(叙事)类型、读者/作者关系、特殊的阅读/普遍的阅读理论等话题展开自己的研究,并且也都顽强地把理论的视野从运动拉回到研讨班(所谓"结构不上街"现象)?

在这里,不是理论不愿意走出课堂的问题,而是大街已经拒斥了理论的问题。法国思想家们的理论行动,在某种意义上,再度回应了其法兰克福学派同仁这一代人的行动,这种行动的总结已经在阿多诺的《否定辩证法》中得到总结:除了面对自身,理论在现代性的同一性暴力(无论是奥斯维辛这一象征,还是文化工业这一日常)面前已经无能为力。一种关于知识的否定主义姿态一直纠缠着战后的欧洲,在这些氛围中,旨在打开僵局的马克思主义或其他激进知识立场,所能够做的便是在每一种确定的知识(或真理)路径上树起"此路不通"的标牌,在总体上,这些道路便简约为欧洲近代理性(或古典知识型)。我们看到,至少在形式上,福柯的《知识考古学》(1966)、巴尔特的《S/Z》(1868—1969),其叙述方式惊人得一致,都强调他们的姿态"不是什么"而拒斥描述"是什么",甚至共同拒斥了人们描述他们共性的"结构主义"一语,用德里达的话来说,即是"不断的擦除"。这种写作姿态记录了一种知识的经验,这是一种关于传统马克思主义失灵而又无法创造新的替代的痛苦。这种痛苦是普遍的,但其表达是特殊的,并且正是这种特殊性无意地在理论上拯救了马克思主义。因为,与其他勉强维持的传统宏大叙事相比,它们更准确地反映了马克思主义在那种资本现代性之同一性暴力面前化整为零的趋势。这一点在马尔库塞的《单向度的人》中有清晰的表达。甚至可以说,整个20世纪60年代,西方新社会运动都在强调这一点,而引人注目的"68"则是一次集中的检验,一次作为告别的聚会,一次为了开新而进行的总结。

从西方的路径来看,马克思主义至20世纪60年代已经走到了这样的境地:马克思仍然走在时代的前面,但马克思直接定义的马克思主义却落在时代的后面。正是这种境地才产生了政治意义上的"马克思之后的马克思主义"论题,或更准确地讲,产生了后马克思时代的马克思主义需求。70年代以来,西方马克思主义的主流便是由此需求推动的,其结果便是"边走边唱"式的街头艺术。甚至90年代共产主义的挫败并不对其产生实质性影响,而只是给其扩散增加了一些重要的机会。多样性、多变性、生动性、娱乐性、自由性、散漫性等是其典型的外在特征,并且正是这些特征对包括我国在内的学院知识分子产生了巨大的吸引力。也就是说,其脱离了传统马克思主义的语境而表现为当代学院派理论。

同时,值得进一步强调的是,后马克思语境的形成,尽管是一种不可抗拒的历史条件作用的结果,但是对于西方马克思主义整体发展路径来说,仍然需要我们关注两类事实:作为一种马克思主义式的对时代条件的反应,西方马克思主义道路的形成和发展,一方面受到以苏联为代表的主流马克思主义的外部强化,另一方面亦受理论发展路径依赖作用不断把外在条件内化,后马克思意识便是如此一步步强烈地表达出来的。例如,在前一个方面,从卢卡奇这个起点开始,西方马克思主义作为一种确定的理论路线的形成与共产国际对其采取的打压策略直接相关;在后一个方面,从 20 世纪 30 年代法兰克福学派把工人阶级主体的衰落作为自己"革命"理论的前提,到后来高兹直接提出的"告别无产阶级"的问题,再到 20 世纪 80 年代之后寻求从少数、差异进行突破,一种不同于马克思时代的反资本主义斗争与多元化理论动向之间具有高度的一致性。简单地说,西方马克思主义之后马克思的底蕴,其本身表现为社会历史物质条件与思想动向的复杂互动。从这一点出发,究竟什么时候西方马克思主义者对马克思的《资本论》或者历史唯物主义提出公开而直接的批评,这个问题并不重要。重要的是,从卢卡奇以来,西方马克思主义者对当代资本主义的判断,并且于此对历史唯物主义纲领的批评和替代,是否识别了那一纲领的漏洞(如鲍德里亚对马克思的"生产逻辑"的批判是否成立),新的"升级"或替代方案是否有助于实现马克思主义改造世界的内在目标(例如哈维的"历史地理唯物主义"是否能够为其实现当代多元斗争提供团结的纽带这个目标,又如拉克劳和墨菲的"彻底民主"是否为一种可行的社会主义方案,等等)。

就这类问题而言,整个西方马克思主义在 20 世纪的逻辑发展,多少具有悲壮的特点:在发达资本主义条件下,通过对资本主义的理论批判,拓宽了人们理解马克思主义的视野和挖掘了深度,但这只是通过压抑马克思主义基本历史使命——即改造世界——来进行的。

三、西方马克思主义与马克思主义

套用一句来自艺术界或哲学其他领域的俏皮话,西方马克思主义即是西方的马克思主义,或者说,即西方人理解的马克思主义。① 按照那句俏皮话的逻辑,无论其内容和形式与我们如何相似或不同,都不是我们的"马克思主义"所指的对象。当然,这一逻辑会给当代马克思主义研究提出许多难题:难道就不可能寻得一个测度全部既存马克思主义话语的通用标准,或者说,所有的地域版本的马克思主义都是等值的? 在涉及西方马克思主义价值这个话题时,这是一个处在底部的问题。

　　问题触到底部,我们将会意外地回到马克思,回到马克思主义的基本立场。因为,正是马克思恩格斯在通过批判"德意志意识形态"而打开马克思主义视域时,他们强调了,"批判"必须正确反映时代的要求和提示时代的内在矛盾,才能够站到科学的平台之上。我们看到,尽管从卢卡奇到当代,西方各种马克思主义的或接近马克思主义的理论流派,并没有达到马克思恩格斯两位经典作家的深度和力度——通过准确地把握资本主义新发展的动态从而把工人阶级解放运动提升到新的科学水平——甚至受一种失望或悲观情绪支配而把反思的矛头指向理论自身,但它们确实坚持了对资本主义的不妥协的批判立场,也揭示了当前反资本主义斗争所面临的各个层次和方面的问题,从而在时代维度上提供了有益的启示。因此,它们的真正意义毋宁反过来说,迫使我们反思为什么马克思的直接规划并没有实现。正是在这一点上,20世纪全部西方马克思主义,在其中蕴含着马克思主义的重要主题。从卢卡奇揭开的资本生产与阶级意识物化之间的勾连;到法兰克福学派发现文化(作为上层建筑)在国家资本主义阶段较之先前的作用变化——即文化而不是经济基础成为消费社会维系的力量——以及生产力在发达资本主义条件下性质的颠倒——即生产力不再是无辜的;再到列斐伏尔关于空间而非空间中的商品生产成为资本主义生产关系再生产特点的论断,以及阿尔都塞关于意识形态国家机器问题的阐明;接下来是资本的弹性积累和国际劳动分工问题的理论;最后,直至话语问题,所有这些,在一个持续的序列中,为我们描述了资本通过"剥夺性积累"②而残存的原因及其结果。与此同时,

---

　　① 这句俏皮话,在"中国画"的定义中是这样说的,中国画即是中国人画的画,不论它是油画还是传统的文人画;在"中国哲学"的定义中是这样说的,中国哲学即是中国人表达的哲学,不管它们是西方的形而上学传统、认识论传统,还是中国传统的儒学。

　　② David Harvey. *Spaces of Global Capitalism*. London:Verso,2006,p.90-95.

他们亦以自身证明了阶级意识、文化斗争、局部的新社会运动、霸权斗争（所有这一切，都与街垒之火和议会斗争相对立）等策略的局限性。

在这里，我们并不是对全部西方马克思主义是非功过进行清点。如果这种清点只是为了评判而评判，并没有多大价值。确实，作为马克思主义在西方的曲折发展，在自己的路径中，西方马克思主义最终的马克思主义性质已经变得难以辨认。因为，它不只是在分析当代资本主义社会或者更为广泛的世界历史问题时所坚持的理论前提与马克思大相径庭，而且基本上都不再坚持它的历史使命，即无产阶级解放。因此，在某种意义上，西方马克思主义在理论上的胜利，恰恰反过来掩盖了它在实践上的无能。应该说，西方马克思主义理论的最大曲折性便在这里。也由于这一点，我们必须回溯性地提出这个至关重要的问题：作为一种明确地把实践作为自身旨趣的解放话语，马克思主义为什么没有能够在西方成为一种普遍的实践？就西方马克思主义来说，如果将之作为马克思主义在西方语境中的某种"自然的"生长，那么，它是否真正回应了这个问题？

这个问题并没有一个简单的答案，因为被泛称为"西方马克思主义"的各种思潮并不等质。在其中，我们可以看到一些试图以生态或女性问题为入口，以各种新社会运动为支撑的动向；也可以看到德里达式实际上缺乏任何现实主体支持的普遍的弥赛亚渴望；更多的则是不与任何实质性力量联系的学院话语（例如詹姆逊）。在总体上，正如哈维以威廉斯为例来得出自己的理论主张时所正确阐明的那样，全部的西方马克思主义在当代面临着两个基本的难题：其一是真正有效的普遍话语的缺乏，由于这种缺失，西方马克思主义无力完成其替代资本主义的政治动员；其二是不能形成对一个特定的阶级或集团的忠诚，这个阶级或集团正是实践马克思主义的政治主体或力量。由此，当代西方马克思主义无论如何繁荣，都只是一种理论，即脱离马克思主义原始语境的反资本主义理论，它与马克思主义之间的关系似乎变得越来越不重要。

西方马克思主义政治哲学的历史逻辑[①]
——以市民社会为核心的考察

王浩斌

(南京大学马克思主义学院)

面对福特主义以及之后的凯恩斯主义问题所导致的资本主义国家的新变化,西方马克思主义创始人葛兰西与卢卡奇存在着重大差别。卢卡奇认为这是资本主义社会全面物化的开始,这条思路经过霍克海默、阿多诺、马尔库塞,构成了法兰克福学派的主要思路。从卢卡奇到法兰克福学派早中期,把福特主义的合理化进程看作是物化的过程,当全面的物化占据着现实大地时,激进的策略只能求助于美学的批判锋芒,形成的是大拒绝意识(如马尔库塞)。这是目前国内西方马克思主义研究中已被较多关注的一条逻辑线索,这一理论线索的核心是"异化"概念和工具理性批判,[②]西方马克思主义的这一逻辑思路在20世纪70年代之后就终结了。紧接其后的是西方马克思主义政治哲学的兴起,与这个问题对接的是葛兰西的文化霸权批判思路以及由此生发出来并在民主政治框架中对革命道路的重新思考,在这一条思想中,其核心概念是市民社会(公共领域)以及文化政治学批判。

如果说从卢卡奇到法兰克福学派早中期的革命策略是对启蒙传统的"大拒绝"和美学救赎论的话,那么从葛兰西的"阵地战"到哈贝马斯的"第三条民主"道路,则更多是继承了启蒙以来欧洲政治哲学传统。这使得他们的研讨不约而同地共同关注政治哲学的重要领域——市民社会,并由此形成了与卢卡奇传统不同的西方马克思主义的政治哲学理论,且开启出后马克思主义的政治哲学思潮,由此占据了西方马克思主义在70年代逻辑终结之后的理论空场,后马克思主义

[①] 原载《马克思主义与现实》2010年第2期。
[②] 仰海峰:《法兰克福学派的三大主题》,《南京大学学报》2009年第4期。

的激进政治哲学与此有不解之缘。由于目前国内学界出于各学科视野的局限性,对于西方马克思主义政治哲学的把握不免陷入碎片化的境地之中,本文将从一个总体性的视域,以市民社会概念为核心来考察其历史逻辑。

一、发达资本主义的新变化与文化意识形态斗争的凸现

1. 发达资本主义国家工人阶级经济地位的改善

19世纪末20世纪初,资本主义从自由竞争发展到垄断阶段,对外则是资本输出与垄断,这导致国际政治经济关系的变化,垄断资产阶级在利益国际交换中获得超额利润收买工人阶级。资本主义的世界经济体系,使得发达资本主义国家内部的阶级矛盾得以缓和,在发达资本主义国家,传统意义上的无产阶级不再有,代之以中产阶级,这在资本主义现实生活中的典型表现就是"白领"超过了蓝领。

垄断资产阶级用从殖民地获得的超额剩余价值收买本国工人阶级,这导致发达资本主义国家工人阶级的阶级意识弱化。马克思在1878年给德国社会民主党领袖李卜克内西的信中指出,当时的"英国工人阶级渐渐地、愈来愈深地陷入精神堕落,最后,简直成了'伟大的自由党'即他们自己的奴役者——资本家的政党的尾巴。英国工人阶级的领导权完全落入了卖身投靠的工联首领和职业鼓动家手中"①。"二战"之后流行的福特主义产生了大量的中产阶级,传统的无产阶级与资产阶级的二元矛盾、对立淡化。福特主义一方面加强对工人的控制,另一方面则是提高工人的工资,从而提高了工人的消费能力,缓和了资本主义消费不足的矛盾,也缓和了资本主义经济危机,而且提高工资也造就了一大批的中产阶级,缓和了阶级矛盾,从而遏止了阶级斗争与无产阶级革命。

在发达资本主义国家,工人阶级革命意识衰退,使革命问题向后推延,文化与意识形态成为批判阶级斗争的主战场。西方马克思主义者卢卡奇正是看到发达资本主义国家的工人阶级意识衰退,才从主体与阶级意识的视角来考察革命的条件(《历史和阶级意识》)。在这一点上他是正确的。但是由于他没有站到资本主义经济全球化的视角来看问题,没有认识到正是资本主义经济全球化所造就的世界体系使得发达国家的无产阶级革命的客观条件即经济状况发生了变

---

① 《马克思恩格斯全集》第34卷,人民出版社1960年版,第297页。

化,他只是从物化等意识哲学与文化批判的立场来考察无产阶级革命的主观条件。

2. 自发经济决定性作用的淡化

20世纪的企业组织形态相对于古典自由资本主义时期发生了深刻的变化:从分散的企业到大型企业组织的出现,资本主义企业由自由时代向垄断时代的企业组织方式过渡。由于资本主义生产规模的扩大,自由市场式的采购不仅不再适合生产的需要,而且也增加了交易费用,于是资本主义大型企业开始出现并改变自由资本主义时期由市场调节生产的经济活动方式。大型的康采恩与托拉斯产生,使得资本主义生产过程组织化,"看不见的手"必须转变为"看得见的手",自由市场的竞争必须让位于有计划的生产与管理。企业内部的管理之所以取代市场交换来配置资源,其根本原因在于"交易费用"的节约。

与这种有计划的生产与管理方式相适应的是国家干预政策的出台。在经济政策指导思想上,古典自由主义被凯恩斯主义所取代。1901年英皇维多利亚去世,标志着英国的辉煌时代——维多利亚时代行将结束。"一战"之后,英国从"世界工厂"的顶峰地位上衰弱下来,国际贸易地位急剧下降,出口市场逐渐缩小,这使得资本主义企图通过资本输出和垄断来解决其经济危机和生产萎缩的回旋余地大为缩小。经济危机和生产萎缩造成了大量失业,带来一系列社会问题。由于英帝国国际地位的衰弱,这些问题无法通过对外殖民扩张而转嫁到他国去,只能在国内解决,从20年代开始,就不断有人提议用扩张性财政政策和兴建公共工程来解决失业问题。1929—1933年的经济大危机使得失业问题更为严重,也使资本主义制度走到了一个十字路口:是按照马克思主义的分析,消灭私人所有制,代之以计划管理的公有制经济;还是按照凯恩斯主义所提供的方案,即仅仅抛弃自由资本主义时代的自由放任原则,而在宏观层面上调节生产和消费。

资本主义国家当然选择了凯恩斯主义所开的药方。在凯恩斯主义经济政策的影响下,传统自由资本主义时代的企业不再是完全独立于"国家"的市民社会的一分子,不再仅受市场这只"看不见的手"的影响,而是更需要"国家"这只"看得见的手"的调控。对于资本主义用"看不见的手"调节市场经济的现象,法兰克福学派如波洛克提出"国家资本主义理论",认为资本主义也会有计划,在被管理的资本主义之下,"经济的作用在 20 世纪已发生重要变化"。①波洛克认为,"战后资本主义的变化已经使工人阶级变得破碎和被动"②。正是这种政治经济学的判断迫使法兰克福学派重新审视其革命理论,与"无产阶级革命保持必要的距离",并迫使阿多诺等人"走向悲观主义",③到了70年代则导致西方马克思主义的逻辑终结。

二、研究视角的转换与文化政治学批判的兴起

与这种社会变迁相一致的是,西方马克思主义在方法论上开始对从单纯经济的角度来把握资本主义进行反思,卢卡奇提出:"不是经济动机在历史解释中的首要地位,而是总体的观点,使马克思主义同资产阶级科学有决定性的区别……无产阶级科学的彻底革命性不仅仅在于它以革命的内容同资产阶级社会相对立,而且首先在于方法本身的革命本质。总体范畴的统治地位,是科学中的革命原则的支柱。"④这种总体性反映在社会结构的把握上,就是强调在片面的经济之后还有文化政治的因素,在学术背景上从传统的政治经济学转向韦伯所开启的文化社会学。

1. 对经济决定论的理论反拨

传统马克思主义对现代社会的分析是基于苏格兰学派与古典经济学所开始的市场(经济)社会的观念,从市民社会到资产阶级社会的历史语境转换充分说明了这一点。由此,马克思认为上层建筑(即政治与文化公共领域)不过是经济基础的反映。这是第二国际经济决定论的基础逻辑。当然,马克思恩格斯并不是这么简单地看待上层建筑的作用。恩格斯认为经济基础与上层建筑之间是辩证关系,但在他们逝世之后的马克思主义传统中,基本上是忽视政治与文化在历史发展中的作用的。第二国际的经济决定论则又拘泥于马克思的理论模型,⑤

---

① [美]马丁·杰:《法兰克福学派史》,广东人民出版社1996年版,第176—177页。
② [英]M.C.霍华德、J.E.金:《马克思主义经济学史》,中央编译出版社2003年版,第83页。
③ 张亮:《崩溃逻辑的历史建构》,中央编译出版社2003年版,第218页。
④ 卢卡奇:《历史和阶级意识》,商务印书馆1995年版,第76页。
⑤ 卢森堡写的《资本积累论》,因谈及马克思的资本主义积累理论所存在的问题而受到党内批判,实际上卢森堡注意到了资本主义经济的全球化问题。

因为马克思的资本主义经济危机理论是建立在封闭的民族国家的范围内这一假设基础上，而70年代以来的资本主义全球化则打破了这一假设的现实基础。但第二国际理论家们没有意识到全球化对马克思的资本主义理论所带来的挑战及发展机遇，死抱着封闭的经济决定论，从而导致在理论和实践上的破产。第二国际的经济决定论正是因此而声名狼藉。

经济决定论者的问题首先在于对当时的社会历史进程的误认。具体来说就是，19世纪70年代之后，由于第一次资本主义经济全球化的兴起，欧洲资本主义国家从海外殖民地获得了超额利润和资本主义经济增长的动力，国内的经济危机得到一定程度的解决，阶级矛盾得以缓和。换言之，即资本主义经济全球化使发达国家国内社会的经济政治状况发生了变化，卢森堡看到了这一点，指出资本主义积累的动力来自"第三市场"——前资本主义或殖民地国家的市场，但卢森堡的观点受到第二国际内部的批判（列宁的《帝国主义论》则吸收了卢森堡的观点）。也就是说，第二国际的理论家拘泥于马克思在《资本论》中所描述的高度抽象的资本主义社会再生产的理论模型，没有注意到马克思的理论是有许多假设前提的，其中最重要的一条假设就是：这一理论模型是以封闭的资本主义经济为前提的。而资本主义经济全球化的兴起则打破了这一前提条件，这就使马克思的资本主义社会再生产的理论模型与现实有较大出入，在结论上，马克思所预言的资本主义自动崩溃的逻辑在欧洲也就不再具有现实的基础。所以，经济决定论者不仅忽视了主体能动性和历史辩证法，更为重要的在于未能准确把握资本主义全球化条件下的经济社会状况的变化及其对发达资本主义国家革命形势的影响。

第一次世界大战后，落后的俄国建立起社会主义国家，而按照俄国经验进行的欧洲社会主义革命却没有成功，这其中的主要原因在于欧洲工人阶级被垄断资产阶级用从殖民地获得的超额利润所收买，这导致欧洲国内阶级状况变化，国内阶级矛盾缓和。也就是说，导致欧洲革命失败的原因在于资本主义的经济全球化的体系。这一点马克思在工人国际——第一国际的建立宣言中就已经说明了，所以马克思号召全世界无产者联合起来，而不能以民族国家来分隔无产阶级的国际联盟。但这一点似乎没有受到西方马克思主义者的重视。也正是全球化使得资本主义的经济危机和崩溃逻辑不再发生，然而西方马克思主义者没有注意到这一点,他们没有从全球化时代已经变化了的经济结构特质出发来反思革命失败的根本原因;而是从文化与意识形态的视角来反思,如卢卡奇从无产阶级的阶级意识来反思第二国际的实证主义,葛兰西从市民社会的文化领导权的角度来思考革命。

西方马克思主义作为对第二国际"经济决定论"的理论反动,从俄国革命的成功经验中意识到伸张主体意志的重要性,把马克思主义的历史辩证法理解为主客体关系的辩证法,认为马克思主义的历史观是基于"'总体性'对主体与客体相互作用方式的研究"①。过去的研究者认为俄国的普列汉诺夫"把历史唯物主义的基础落在外部环境上,忽视了人的能动作用,这也是他在革命问题上犯错误的直接理论根源之一,在俄国革命问题上,他认为当时俄国'还没有成熟到实行社会主义的地步'"②。而实际上,普列汉诺夫所犯的错误与第二国际的经济决定论者一样,也是没有准确把握到 19 世纪末的资本主义全球化所导致的社会经济状况的变化,以及这种变化对于不发达国家的革命意义。同理,过去人们普遍的看法是列宁主义的"突出特征"是"在革命实践中正确强调了革命阶级的主体能动性",③而问题在于,如何才能"正确地强调革命主体的能动性"而又不陷入主观唯心主义的陷阱呢?这里的关键还在于对资本主义全球化之社会经济状况的准确把握,以及它对各国革命问题的影响。所以,列宁十月革命的成功,并不仅仅是正确发挥革命主体的能动性的问题,而更重要的是正确把握资本主义经济全球化的社会经济状况。所以,列宁所说的历史辩证法,是"用历史的态度来考察斗争的形式","脱离了具体的历史环境来提出实践问题,'就等于不懂得辩证法唯物主义的起码要求'"。④ 然而列宁的这种"辩证法唯物主义"却被西方马克思主义解读成"唯心主义辩证法",葛兰西认为,无产阶级的集体的社会意志可以使经济事实适应它们的意志,可以把经济运动引向人们的意志所决定的任何地方。⑤ 这样,他们从文化与意识形态领域中去寻找革命的动力也就不足为

---

① 张一兵、胡大平:《西方马克思主义的历史与逻辑》,南京大学出版社 2003 年版,第 18 页。
② 张一兵、胡大平:《西方马克思主义的历史与逻辑》,南京大学出版社 2003 年版,第 34 页。
③ 张一兵、胡大平:《西方马克思主义的历史与逻辑》,南京大学出版社 2003 年版,第 34 页。
④ 张一兵、胡大平:《西方马克思主义的历史与逻辑》,南京大学出版社 2003 年版,第 35 页。
⑤ 张一兵、胡大平:《西方马克思主义的历史与逻辑》,南京大学出版社 2003 年版,第 36 页。

奇了。

与发达资本主义国家的新变化相适应的是,西方马克思主义的政治社会理论重心发生了逻辑"偏移":从"经济决定论"到"文化政治本体论"。① 这一转变,表现在本文所研讨的市民社会问题上,就是把经典马克思主义从经济基础的视角来理解市民社会,转换为从文化与上层建筑的视角来理解市民社会。这就是作为公共领域的市民社会,按哈贝马斯的说法,它包括文化公共领域与政治公共领域。马克思所揭示的资本主义经济危机问题就转变为西方马克思主义所强调的文化领导权问题。在这一问题上,安德森对西方马克思主义的批判是适用的:从经济政治斗争向哲学文化斗争转移,从现实斗争向理论批判转移。与这种在结构性上从经济基础转向上层建筑的文化与意识形态领域相对应的是,理论眼光则从"世界历史"的视角转移到国内,提出与列宁基于资本主义经济全球化而提出的帝国主义完全不同的观点,即基于国家资本主义而提出的晚期资本主义。需要注意的问题是,从世界历史的视角来看,在资本主义经济全球化之后,全球化范围内的人类社会政治经济斗争更多的是通过国际关系而不是国内阶级关系表现出来。列宁的帝国主义概念比较准确地概括了资本主义在全球化的世界历史中的特点。相对而言,西方马克思主义者的晚期资本主义这一概念实际更为强调国内政治,更多关注自由、民主、大众文化、意识形态控制、极权主义的心理结构等问题。此后,经典马克思主义的资本主义经济危机及其所引起的无产阶级革命问题逐渐淡出西方马克思主义的理论视野,而知识分子(西方马克思主义学院派思想家)所领导的文化造反则凸显出来。晚期资本主义为他们指认了一个文化造反的对象;市民社会则是他们造反理论的立足点。

2. 理论支撑背景:韦伯等文化社会学的影响

西方马克思主义在国内经济斗争的历史舞台上渐渐淡出;与此相应,在与同时代的知识界的关系上,他们中断了马克思的政治经济学批判传统,而延续了韦伯的香火——从文化社会学的视角来考察社会历史。这几乎影响了西方马克思主义半个世界的理论逻辑进程。

---

① 政治本体论是拉克劳等后西方马克思主义者的观点,本文采用了他们的这一提法,以凸显其对马克思主义政治经济分析维度的遗忘。

从社会学或社会理论的角度来看,马克思、韦伯和迪尔凯姆则是公认的鼻祖,他们三个人实际上都在回答同一个问题,即对欧洲15世纪兴起的资本主义文化进行解释,当然他们的分析视角存在重大差别:马克思继承古典政治经济学的传统,注重从经济结构(阶级结构)和生产关系的角度认识资本主义文明,由此导向对资本主义阶级关系和生产关系的批判;韦伯关心的是资本主义的精神条件和组织特征,因此他提出资本主义的理性化、工具化问题。迪尔凯姆则强调资本主义文明中的社会整合机制。因此,马克思的理论被西方社会学称作"冲突论",韦伯以及迪尔凯姆则被称作"整合论",而西方社会学的主流出于维护社会稳定的目的,自然而然是从社会整合论这条线索发展出来。

在西方马克思主义理论家开始理论活动的年代,古典政治经济学关于阶级斗争的传统思路已经被排斥在主流经济学之外,古典社会学关于社会整合的理论应运而生,西方马克思主义理论家生活在这样一个理论环境之中,不可避免地会受其影响。实际上,从卢卡奇的《历史和阶级意识》一书中关于物化理论的描述就可见到韦伯社会学关于理性化、工具化的分析。而葛兰西则在马克思主义理论中开始建构社会学,按葛兰西的理解:"社会学难道没有企图做某种类似于实践哲学的事情?""社会学是这样一种企图:它以一种此前制定出来哲学体系、进化论实证主义的方法,去创造出一种历史和政治科学的方法。社会学是反抗实证主义的,但只是部分地反对。所以它变成了一种自身独立的趋向,变成了非哲学的哲学。"① 葛兰西对于社会学这种介于马克思主义哲学(他称为实践哲学)和实证主义(他认为是"部分地反对"实证主义)之间的理解,使得他的政治社会理论与传统马克思主义不同,表现出向实证主义社会学靠近的趋向。《狱中札记》一书的译者也意识到这一问题:"在这一点上,葛兰西心中的,与其说是他最经常当靶子的经验主义,不如说是企图在(首先由奥古斯特·孔德所创造的)'社会学'的总标题下,去构造马克斯·韦伯、帕累托与米凯尔企图构建的关于人和社会的一般的、广泛的理论。"②

葛兰西的这一系列理论创新活动扭转了传统马克思主义社会政治理论的政

---

① [意]葛兰西:《狱中札记》,中国社会科学出版社2000年版,第342页。
② [意]葛兰西:《狱中札记》,中国社会科学出版社2000年版,第342页。

治经济学研究路径(这一路径主要是被列宁的帝国主义论所继承),开启了西方马克思主义对市民社会的社会学、政治学阐释的传统。这便是本文所指认的西方马克思主义社会政治理论研究的文化社会学转向。所谓的文化社会学,从目前学术分工的状况来看主要有两大分支:一是作为综合社会学的文化社会学,主要形成于德、法两国,即韦伯、迪尔凯姆传统;二是作为社会学分支学科的文化社会学,主要指源于美国、英国的文化人类学和社会人类学。① 这里所说的文化社会学指认的是前者,其理论奠基人是法国的迪尔凯姆和德国的韦伯,他们对西方马克思主义理论传统的形成产生了深远的影响。

三、对资本主义社会结构的重新认识

西方马克思主义在重新审视其革命理论时,首先对马克思的社会结构(矛盾)理论进行了反思。其最重要的逻辑进展就是从葛兰西开始的,在马克思的经济基础与上层建筑之间嵌入市民社会。我们称这种社会结构理论为"三分法"。我们把这种"三分法"与马克思的"经济基础与上层建筑"的"二分法"进行比较,可以发现西方马克思主义的许多理论生长点与这个"二分法"具有密切关系:马克思的二分法在社会结构上(社会学上)体现为经济基础与上层建筑,在哲学上体现为矛盾对立的双方,在政治经济学上体现为资本与劳动,在革命立场上体现为无产阶级推翻资产阶级;而西方马克思主义的三分法则在社会结构上体现为经济基础、市民社会、上层建筑,在哲学上体现为矛盾双方的中介(如卢卡奇强调的中介,见《历史和阶级意识》),在政治经济学上体现为资本、劳动、知识三要素,在革命立场上体现为新阶级理论(如知识分子阶级)。

如果说传统马克思主义的社会结构与批判理论是二分的:市民社会与国家、经济基础与上层建筑、无产阶级与资产阶级、劳动与资本等,那么西方马克思主义的社会结构理论则是三分的,即市民社会、政治社会、国家,无产阶级、知识分子阶级、资产阶级,劳动、知识、资本等。这种理论逻辑在政治哲学上的表现,如利奥塔与哈贝马斯,都"力图避免独断的普遍主义和任意性的个体主义、无政府主义,他们两人都试图选择介于独断的普遍性陈述和无政府主义(个体主义)的

---

① 魏秋玲:《中外社会学研究手册》,中国社会科学出版社1996年版,第65页。

任意性暴乱之间的一条中间性道路"①,即在国家的普遍性与市场的无政府主义之间寻找第三条道路,介于其中的市民社会或公共领域便成了其政治哲学的主要理论指向。而从政治哲学的角度来考察市民社会也成了西方马克思主义的主流分析框架(经典马克思主义是从经济关系的角度来理解市民社会),在这个主流框架之下,西方马克思主义以文化批判的思路提出自己的政治主张,如后马克思主义的激进政治哲学。

从马克思到列宁,经典马克思主义遵循经济基础与上层建筑的"二分法"来考察现代社会的结构性矛盾,并认为这种社会结构的内在矛盾随着生产力的发展必然越来越严重,而革命则是释放这种压力、调整社会结构的最终办法,从这个意义,马克思指认了"革命是历史的火车头"。由此可知,社会主义革命的策略是建立在对社会结构矛盾的认知上的。战后西欧无产阶级革命的失败,促使欧洲共产党重新思考新形势下的革命道路与策略问题,其中首要的问题是对欧洲社会结构的重新认识。葛兰西认为:"对国家的基本认识离不开对市民社会的认识(因为人们可以说国家=政治社会+市民社会,即强制力量保障的霸权)。"②国家的实质总体上等于独裁+霸权,③"国家在特定时代的语言和文化中呈现两种形式,一是市民社会,二是政治社会",一方面,"在日常生活语言里,我们通常用国家生活形式一词表达这里的政治社会",另一方面,"可以把国家看做个人……在政治社会的外衣下建设环环相扣的复杂市民社会,使个人达到自治,但又不至于与政治社会发生冲突,相反却成为它的正常延续和有机补充"。④ 葛兰西认为,在西方,国家与市民社会之间存在着较紧密的联系,国家只是整个社会的外围工事,市民社会构成了强大的碉堡工事网,这决定了在东方获得胜利的运动战,在西方必须转变为阵地战。"在政治艺术和政治学领域里也应做出同样的改变,至少就最先进的国家而论应该这样。因为在这些国家里,'市民社会'已经成为一种十分复杂的结构,能够经受直接经济因素的灾难性'袭击'(危机、萧条,

---

① 刘森林:《主体性理论视域中的现代辩证法》,《南京大学学报》2008年第1期。
② [意]葛兰西:《狱中札记》,中国社会科学出版社2000年版,第218页。
③ [意]葛兰西:《狱中札记》,中国社会科学出版社2000年版,第195页。
④ [意]葛兰西:《狱中札记》,中国社会科学出版社2000年版,第233页。

等等)。"①

需要说明的是,葛兰西对于西方社会结构的理解是欧洲的特殊历史传统即传统市民社会的存在,这个问题国内学界在分析市民社会时有过很多讨论,在此不赘述。而本文需要说明的是,由于资本主义在20世纪发生社会转型,国家与市民社会所扮演的社会角色悄悄发生了变化。国家向市民社会的渗透,使市民社会的矛盾政治化。社会问题集中到政治(文化)领域中,哈贝马斯因此才指认晚期资本主义的危机主要是政治上的合法性危机,而马克思所说的古典资本主义的经济危机问题实际上已经交给了技术专家即应用经济学家们来处理。因此,传统的经济问题:一是经济效率与经济增长问题,这个问题被技术化处理,使得经济危机不再成为晚期资本主义社会所关注的问题;二是经济社会活动中的公平与正义问题,如剥削,这个问题被吸收到传统政治哲学的领域中来讨论。

发达资本主义国家在20世纪的新变化导致传统马克思主义所面对的二元社会结构——经济基础与上层建筑——发生了变化,这使得马克思的国家与社会、经济基础与上层建筑的社会形态理论的现实针对性有所削弱。而资本主义国家经济政策——对外转嫁危机、对内调节生产——也使得古典时代尖锐的经济危机爆发的可能性减少,这也使得传统马克思主义的经济危机引起社会主义革命的论断的适用性被削弱。因此"一战"之后,欧洲资本主义国家经历了一次短暂的革命高潮之后进入了平稳发展时期,社会主义阵营内部对革命问题日益悲观,对马克思所说的资本主义崩溃问题产生了争论,如波洛克的"国家资本主义理论"以及法兰克福学派对革命理论的重新审视,后来哈贝马斯进一步提出,晚期资本主义时代的危机并不是经济危机而是合法性危机,正是这一逻辑的自然延伸。

四、政治与文化公共领域:市民社会文化政治内涵的凸现

与葛兰西那种用"三分法"对市民社会进行结构性分析(经济基础+市民社会+政治上层建筑)的研究路径相关的是,西方马克思主义对现代市民社会的历史性认知也发生了改变。在马克思那里,现代市民社会主要是从经济基础与上

---

① [意]葛兰西:《葛兰西文选》,人民出版社1992年版,第418页。

层建筑的视角来考察的。需要注意的是,这种二分法是马克思哲学辩证法的特点,如他把阶级只划分为无产阶级与资产阶级、劳动与资本等,并强调矛盾双方的对立与斗争,而西方马克思主义虽然也强调辩证法,但他们更多的是强调辩证法中的中介思想,因此在市民社会这个问题上,在他们所提出的三分法中,市民社会实际上只是一个中介。这种三分法中的市民社会在列斐伏尔那里实际上就是日常生活世界,列斐伏尔提出:"日常生活不再是一个独立领域,也不再是社会的边缘领域,而是资本主义统治的核心领域,也是社会变革的核心地带。"①

从阶级分析的视角来看,现代市民社会是资产阶级统治的社会,因此马克思将其指认为资产阶级社会;而从经济基础与上层建筑的矛盾性关系来看,现代市民社会是"资本生产关系"所主导的社会,因此它被马克思指认为资本主义社会。所以我们在马克思的著作中可以清晰地看到,马克思交替使用资产阶级社会与资本主义社会这两个概念来指认现代市民社会。而在列宁那里,现代市民社会的分析引入了经济全球化的视角,资产阶级社会中无产阶级与资产阶级的矛盾、资本主义社会中资本与劳动的矛盾转变为帝国主义与殖民地之间的矛盾。因此在总体上说,传统马克思主义主要是从二元结构来把握市民社会的内在矛盾的。

由于西方马克思主义从三分法(经济基础+市民社会+国家)来理解当代市民社会的矛盾,于是便相应地以晚期资本主义来指认当代资本主义(市民社会)的历史本质。哈贝马斯认为,由于国家与经济力量侵入市民社会这个传统的私人领域,因此应以"国家的社会化"与"社会的国家化"的晚期资本主义这一概念来指认现代社会的本质。这是从政治的角度来理解市民社会。

此外,市民社会作为欧洲传统的社会历史现象,本身也具有文化的内容,这也为西方马克思主义从文化的角度来把握市民社会提供了历史的根据。中世纪后期所出现的市民社会既是经济上的市民社会,也逐渐发展成为政治上的公民社会(与宫廷社会相区别的民间政治社会),同时也复兴了古代市民社会所具有的文明含义。从文化的视角来看,市民社会在当时实际上指的是这样一个现象:外表礼貌待人、绅士风度、彬彬有礼。② 原来属于宫廷社会的礼节成为"普通"市

---

① 张一兵、胡大平:《西方马克思主义的历史与逻辑》,南京大学出版社 2003 年版,第 140 页。

② civility 的一般含义中包含有礼貌、礼仪、礼貌的行为。

民之间交往的"互动仪式"。这种态度和行为方式乃是基于行动者对身为市民社会成员身份的集体自我意识，以及对市民社会理念的认同。在社会的整合中，个人生活秩序的形塑（即福柯所谓的"主体化"过程）成为市民社会一个非常重要的部分，也就成为葛兰西所说的文化领导权的核心。因此，文化对于社会主体的形塑起着关键性的作用。

这种市民社会的个人日常生活实践，在促进现代民族国家认同和资本主义精神的形成上，发挥了相当关键的作用，这正是市民社会具有的文化认同内涵之所在。韦伯的《新教伦理与资本主义精神》正是基于这一文明、文化的视角来理解现代资本主义的发生的。哈贝马斯在《公共领域的结构转型》中也讨论了这一问题。不过需要注意的是，在这种礼貌与风度之后，隐藏的是一颗精于计算、追求自我利益的心灵。在"文明人"的面具之后，是一颗"经济动物"的心，正是这种"经济人"，使得人们成为在互动中行为可以预期的人。马克思正是基于这一视角来考察现代资本主义的发生和由此建构的社会秩序与政治架构的。① 马克思所说的"市民社会决定国家"以及从经济的视角来把握现代资本主义的形成正是对这一现象的说明。因此，尽管市民社会的文化内涵是其重要的方面，但从马克思主义的唯物主义本体论上来看，经济仍然是根本的决定性方面。这是我们理解西方马克思主义关于市民社会的文化政治学理论所要坚持的理论立场。

总之，福特主义和凯恩斯主义使马克思所分析的资本主义社会的辩证矛盾不再具有现实的基础。福特主义制造出大量的中产阶级，因而使无产阶级与资产阶级的矛盾淡化，也使马克思的阶级斗争与革命理论没有了现实民众的阶级基础。西方马克思主义因之转向"知识分子"来寻求革命的主体。凯恩斯主义使国家与社会一体化，即哈贝马斯所说的"国家的社会化"与"社会的国家化"，这使得马克思历史唯物主义的社会结构理论——经济基础与上层建筑之间的辩证矛盾——的现实基础很难寻觅。西方马克思主义因此转向经济基础与上层建筑、社会与国家的中间地带——市民社会，来寻求革命斗争的领域。所以，知识分子、文化批判、市民社会构成了西方马克思主义的社会政治理论主题，这是适合

---

① 如果从市民社会所具备的经济与文化内涵来看，韦伯的文化视角与马克思的经济视角都有其历史事实的支撑。

发达资本主义国家市民社会发展状况的。

如果说列宁的帝国主义论扩展了马克思主义关于资本主义理论的全球化视域，那么西方马克思主义的晚期资本主义批判理论则扩展了马克思主义关于资本主义理论的文化政治学视域。众所周知，西方马克思主义是作为正统马克思列宁主义的理论异动而出现的，从此西方马克思主义踏上了一条不归之路——与马克思列宁主义的政治经济学批判相左。从理论表现来看，西方马克思主义与正统马克思主义是异质性的理论形态，而早期西方马克思主义者如卢卡奇所受到的政治迫害似乎也证实了这一点。然而，如果从更大的理论与历史视野来考察，西方马克思主义与列宁主义之间也存在相通之处，这就是对现代性市民社会(资本主义)的批判。如果说列宁的帝国主义理论是对垄断资产阶级的国际代理人——帝国主义的批判的话，那么西方马克思主义则是对垄断资产阶级的国内代理人——晚期资本主义国家的批判。正是从这里，我们看到了列宁主义与西方马克思主义的视域融合：列宁与西方马克思主义的资本主义理论所批判的对象正好是当代资本主义政治哲学的两个方面——国内民主政治与国际强权政治，列宁的帝国主义论揭示了资本主义在国际上的行径是帝国主义；西方马克思主义的晚期资本主义理论则揭示了资本主义在国内实行民主政治的实质是更深层次的心理文化控制。正是资本主义这两种不同统治方式导引出不同斗争形式：前者以政治革命进行斗争，后者则以文化革命进行反抗，这就是西方马克思主义政治哲学的历史逻辑本质。

价值形式批判、否定性革命主体与后共产主义研究[1]
——"开放马克思主义"的起源与当代发展

孔智键

（南京大学马克思主义学院）

当1991年底苏联轰然倒地之时，历史似乎如福山所言已经终结。面对这个现实，一批来自不同思想传统的英国左派知识分子于1992年重新集结，他们在反思苏联体系的同时继续坚持运用马克思的方法来进一步分析资本主义社会新发展，并打出了一个新旗号来表达自身学术传统，即"开放马克思主义"（Open Marxism）。他们承认，随着资本全球化的发展，资本主义已经在世界范围内真正建立起自己的统治，当前任务一方面是要抵御外部对马克思主义的攻击，捍卫马克思理论学说的合理性；另一方面亟须在内部正本清源，清除所谓"封闭马克思主义"（Closed Marxism）对马克思主义的消极影响，重拾一种开放的辩证法来揭露资本主义更深层次的商品拜物教现实。经过较长时间的发展，这个原本规模较小的学术传统正不断深化自身的研究，尤其是在新世纪后逆流而上取得了令人瞩目的研究成果。他们已经成为当代英国乃至西方马克思主义研究领域中一支不可忽视的力量。

一、"开放马克思主义"——历史与范式

"开放马克思主义"在历史上第一次登场是1992年时任英国爱丁堡大学政治学讲师维尔纳·博内菲尔德（Werner Bonefeld）等人编辑的《开放马克思主义》[2]前两卷的出版。总的来看，在提出"开放马克思主义"这个称谓的初期，其

---

[1] 原载于《天津社会科学》2016年第4期。
[2] 《开放马克思主义》共三卷，前两卷于1992年出版，而第三卷则是在1995年出版。

主要成员还是踌躇于原有思想框架内开展思考,算不上一个"合格的"思想流派。① 这首先是由他们合作的缘起决定的。作为马克思主义遭遇危机情况下产生的应激性团体,这批知识分子的理论任务无疑是"先抵御,后建构",利用既有理论资源来否定"马克思主义已经死亡"的论调。但这批学者的知识背景恰恰非常复杂,既有学院派的学者,也有活动于工人运动的理论家;既有英国本土左派知识分子,也有受到德国、意大利等欧陆思想影响的学者,所以理论话语的差异性决定了短期内形成一种共同理论范式几乎是不可能的。例如,博内菲尔德对辩证法的解读,实际上是借助德国新马克思阅读运动复述了西方马克思主义,尤其是法兰克福学派对辩证法的经典解释。② 而作为"社会主义经济学家大会"(Conference of Socialist Economics,简称CSE)③一员参与过20世纪70年代关于国家问题争论④的约翰·霍洛维(John Holloway)则依旧是从资本逻辑学派的角度出发阐述了资本主义危机、拜物教以及阶级构成的问题。可以说,此时"开放马克思主义"更多是在表达相同立场意义上来使用,而一种旗帜鲜明的理论范式还未从自身复杂的思想众态当中脱胎成型。这种未定型的状态直到他们在20世纪90年代中后期遇见阿多诺思想在欧洲的复兴才真正得到解决。

曾经作为左派眼中的"叛变者",阿多诺和他的否定辩证法遭遇了理论政治

---

① "开放马克思主义"的思想来源非常复杂,包括了西方马克思主义传统、资本逻辑学派传统和新马克思阅读传统等。在《开放马克思主义》一书中他们明确将卢森堡、早期卢卡奇、柯尔施、布洛赫、阿多诺、鲁宾、罗斯多尔斯基、巴舒坎尼斯(Pashukanis)和约翰内斯·阿格诺力(Johannes Agnoli)等人的思想解释为自己传统的同路人。

② 博内菲尔德将辩证法理解为主客体辩证法、形式与内容辩证法、理论与实践辩证法以及内在于社会发展的范畴的构建与再构建的辩证法。参见 Werner Bonefeld, Richard Gunn, Kosmas Psychopedis (ed), *Open Marxism*, vol.1, London: Pluto Press, 1992, p. 3.

③ "社会主义经济学家大会"是一个从事政治经济学研究的学术组织。20世纪60年代,出于对当时流行的马歇尔主义的新古典主义经济学的不满,一些年轻人自发地组织讨论当时英国经济状况的诸多问题,这启发了他们创建一个不受政党控制的政治经济学研究组织,即CSE,第一次全体大会于1970年召开。其主办杂志《资本与阶级》(*Capital & Class*)从1977年出版至今,每年三期。关于CSE可参见 Simon Clarke (ed). *The State Debate*. Palgrave, New York, 1991 以及 Lee, Frederic. "*Conference of Socialist Economics and the emergence of heterodox economics in post-war Britain.*" *Capital & Class*; Autumn 2001; 75; p.15.

④ 参见 John Holloway, Sol Picciotto (ed). *State and Capital: A Marxist Debate*. London: Edward Arnold, 1978.

上近二十年的集体失忆,其罪状之一就是放弃了理论与实践的统一,忽视无产阶级的革命作用,采取退守到理论的"冬眠战略"(Strategy of Hibernation)。然而,资本在全球范围内树立其统治的事实证明阿多诺关于资本同一性强制的预言不幸成了现实,后者关于理论与实践、革命与阶级的判断从某种禁忌话语成为一个必须重新审视的对象。正是在既有的全球化资本主义研究基础之上,借助于阿多诺思想再发现的东风,"开放马克思主义"真正确立了以《否定的辩证法》中的历史哲学批判作为自身真正的理论范式,这具体体现在以下几个方面:

首先,他们认同阿多诺对当代资本主义的判断,承认随着全球化资本主义的确立,资本逻辑也就是其同一性已经在世界范围内得到前所未有的覆盖。阿多诺是用最抽象的哲学话语来揭示资本最发达的抽象统治形式,而"开放马克思主义"主要是从政治经济学角度切入全球化资本主义达及这一认识,试图自下而上地解释资本逻辑布展于当代生活方方面面的内在机理。

其次,他们都强调同一性的确定必然会在理论上争取意识形态的表达。阿多诺那里,资本构建起来的全面抽象统治,甚至使得最具批判性的哲学也"随着社会极其广大的扩张和由自然科学导致的进步,似乎成了晚期工业资本主义阶段简单的易货贸易的遗物"[①]。同样,开放马克思主义也明确反对各种受实证主义和科学主义影响的马克思主义,包括结构主义、批判实在论、分析的马克思主义等"封闭的马克思主义",因为它们无疑是用拜物教理论代替拜物教的批判理论,因而只是强化和再生产了他们声称敌视的拜物教现实。

接下来,如同阿多诺将批判的目标定位在资本主义交换体系与同一性上,开放马克思主义理论矛头指向的是资本主义社会的商品拜物教问题,具体任务在于重新激发马克思在价值形式批判和抽象劳动批判等问题上的当代意义。因为"资本主义社会关系表明了某种普遍的历史经济规律的特定历史解剖学"[②],所以当资本以最抽象的外观实现隐性统治之后,剩下的任务必须是击穿固定下来的思想教条,以彻底否定的姿态重新颠倒资本这个"普照的光"所统摄的一切东

---

① Theodor Adorno. *Negative Dialectics*. trans. E, B, Ashton. London: Routledge & Kegan Paul, 1973, p.3.

② Werner Bonefeld. *Critical Theory and the Critique of Political Economy: On Subversion and Negative Reason*, London: Bloomsbury, 2014, p.41.

西。这直接关乎阶级和革命前途在理论中的地位。

最后,在阿多诺那里,以"星丛"为基本模式的非同一性是对同一性的否定,它强调的是打破主体同一性强制的抗拒性姿态。这种非同一性的现实对象在阿多诺的理解中毫无疑问是无产阶级,然而事实表明理论上作为历史主体的无产阶级已经被资本同一性不断收编,几乎彻底丧失了自身否定性。开放马克思主义者们基本上延续了阿多诺悲观主义的谨慎态度,但他们认为,阿多诺的论断并非要将阶级问题从理论上割裂掉,也不在于召唤出新的革命主体以抵消无产阶级在历史哲学当中的基础性革命作用,阿多诺"冬眠战略"的提出在更深层次上是要提醒我们始终注意悬在工人阶级头上的达摩克里斯之剑,谨防它们沦为同一性的俘虏甚至是帮凶。

总之,纵览开放马克思主义在 21 世纪所呈现出来的研究状况会发现,他们已经是十分明确地站在法兰克福学派尤其是阿多诺的理论范式当中进行思考和理论建构:既要恢复马克思政治经济学批判的当代价值,坚持从资本的角度来理解和诊断当代资本主义,在承认同一性已经成为全球化资本主义时代的决定性力量前提下结合多个向度对之进行阐述;同时又在理论上重构"开放"与"批判"和"否定"的等位关系,以类似于法兰克福学派跨学科合作的方式揭露资本主义内部的社会关系矛盾,继而从阶级问题入手反对资本的同一性控制,力图实现对非同一性的再发明,因而这里的"开放"也蕴含了向其他所有抵抗性理论、实践以及向未来"敞开"的意义。正是在这个基本思想框架之内,博内菲尔德、霍洛维和西蒙·克拉克(Simon Clarke)发展出了三种不同的研究路向。

二、博内菲尔德与价值形式批判

作为一名德裔学者,博内菲尔德较早地接触到了成长于法兰克福学派传统下的"新马克思阅读"运动[①],因而较之其他从英国思想传统中成长起来的学者,在理解阿多诺思想时具有得天独厚的优势。借助这条重要的政治经济学研究思想支援,博内菲尔德试图立足于新的历史条件来厘清马克思政治经济学理论及

---

① 关于德国"新马克思阅读"运动请参见李乾坤《"新马克思阅读"运动:当代德国马克思研究的一种新纲领的探索》,《山东社会科学》2015 年第 10 期。

其与阿多诺、法兰克福学派之间的思想关系。他认为,中介这两者的是价值形式问题。

首先要回答一个问题,为什么是价值形式问题?马克思在《资本论》当中指出,价值形式理论研究是对资产阶级社会经济的细胞形式做的研究,是对资本主义所做的"显微解剖学"①的工作。而他在《政治经济学批判大纲》导言的分篇计划中将"世界市场与危机"作为最后单独一册讨论则表明,商品价值形式只有在资本主义生产关系"最发展的形式"②的世界市场成熟条件下才会最充分地暴露自己的拜物教本质,于是资本主义全球化的到来为我们真正理解马克思的价值理论提供了现实基础。另一方面,阿多诺正是继承了马克思上述观点,将理论重点聚焦于交换领域中的价值形式问题,才能从哲学的高度抽象出同一性批判。所以,"马克思对价值形式拜物教的批判不仅仅要应用到世界市场问题上去,更重要的是它本身就是对世界市场的批判"③。当下世界市场的进一步完善和全球化资本主义的发展并没有溢出马克思在《资本论》中价值形式问题讨论的范围,资本的运动过程在现实社会当中更加隐秘地生产着物化关系,但在理论上也更加有力地确证了马克思和阿多诺的判断。

博内菲尔德指出,当我们回溯马克思的基本方法来批判性地看待世界市场,即当下所谓全球化资本主义时,从资本与劳动关系的视角切入问题成了方法起点。在 2014 年出版的代表作《批判理论与政治经济学批判》中,博内菲尔德以"作为批判理论的政治经济学批判"来概括他对这一问题的解释。一方面,在理论上反对庞巴维克和熊彼特以及琼·罗宾逊等人对马克思价值形式理论的误读,他强调作为批判理论的政治经济学批判首先就反对将政治经济学范畴客观化、超历史化的做法。在马克思那里,政治经济学批判就是对经济范畴的批判,每个真正的经济学家都应该学会思考自己理论中未经反思的前提,寻找出隐藏在"阶级关系"、"阶级利益"背后人格化的社会关系。正如对宗教的批判不能在上帝的基础上批判上帝,政治经济学批判不能在真实的经济抽象基础上批判真

---

① 《马克思恩格斯全集》第 44 卷,人民出版社 2001 年版,第 8 页。
② 《马克思恩格斯全集》第 30 卷,人民出版社 1995 年版,第 9 页。
③ Werner Bonefeld and Kosmas Psychopedis (ed). *The Politics of Change: Globalization, Ideology and Critique*. New York: Palgrave Press, 2000, p.43.

实的经济抽象，而是要在政治经济学范畴与社会构成关系当中发掘批判的潜力。①

另一方面，他将阿多诺对同一性思维的批判引入政治经济学批判当中，认为对经济理论概念的分析一定要经过否定或颠倒的辩证法中介才能获得一种批判性理解，发现背后的强制性关系。对价值形式的批判不能陷入用一种形式对另一种形式的批判，重要的是深入资本主义生产过程当中，发掘隐秘在背后的社会关系。资本作为一种关系，它的运动离不开资本主义特有的商品——劳动力，资本主义"钱生钱"的秘密就在于劳动力这种商品能够产生披着利润外衣的剩余价值。"对作为等价交换的神秘之物——价值形式的理解不能局限于它自身，就像阿多诺看到的，等价交换的神秘外观之下藏着的是剩余价值。"②剩余价值这一天才的发现当然要归功于马克思而非阿多诺，这里显然是受到了"新马克思阅读"运动观点的影响。

在博内菲尔德看来，虽然"新马克思阅读"试图向我们介绍另一种摆脱了教条式确定性和自然主义社会观的马克思主义，然而这并不充分，问题的关键在于去重新发掘阶级、劳动等范畴的理论意义。他批判巴克豪斯等人始终与国家和政治运动保持一定的距离，因此在理论上并不完整，认为必须上溯到批判理论才使批判得以可能，只有阿多诺的否定辩证法才能为作为批判社会理论的政治经济学批判提供真正的动力与视角。因为在方法上，"批判理论的辩证法是一种呈现和发展某个特定的、有限的社会形式范畴的方法，它向我们演示了整个真实经济抽象系统的社会起源"，这与马克思政治经济学批判的方法是一致的。"没有抽象劳动、阶级和阶级对抗的批判理论就不会有完整的交换关系批判"③，也就无法构建起真正的价值形式批判，因为它们就是隐藏在政治经济学形形色色概念背后真正的社会构成关系，对这重关系的发掘是马克思和阿多诺批判理论的

---

① Werner Bonefeld. *Critical Theory and the Critique of Political Economy: On Subversion and Negative Reason*. London：Bloomsbury，2014，p. 4.

② Werner Bonefeld. *Critical Theory and the Critique of Political Economy: On Subversion and Negative Reason*. London：Bloomsbury，2014，p. 42.

③ Werner Bonefeld. *Critical Theory and the Critique of Political Economy: On Subversion and Negative Reason*. London：Bloomsbury，2014，p. 41.

应有之义。

三、霍洛维与否定性革命主体

约翰·霍洛维一直强调,我们不能离开政治的维度来解读马克思的政治经济学批判,"我们的任务不是在《资本论》的经济概念之外补上政治的概念,而是要认识到《资本论》所发展的概念必须能够批判经济学和社会关系的形式"①。在70年代阐述国家形式问题时,霍洛维就有意识地用阶级斗争来充实资本逻辑学派的资本批判逻辑。历史发展表明,在西欧发达资本主义国家内部寻求无产阶级革命的可能性已微乎其微,所以他将寻求革命主体的希望放到了第三世界。一方面,对墨西哥爆发的反抗新自由主义压迫的"萨帕塔运动"(Zapatista)②的思考,使得霍洛维看到了全球化时代被压迫人群自治的可能性,以及一种不受资本侵蚀的人类尊严的存在③;另一方面,立足于西欧工人阶级革命性不足的现实,在理论上他吸收了阿多诺的否定辩证法重建了自己所理解的自治主义的革命主体理论,完成了一种否定的革命政治学。

霍洛维用了"苍蝇和蛛网"这个形象的比喻来说明当今世界劳动者和资本的关系。资本这张同质化的蛛网已经在方方面面牢牢地捆绑住了劳动者,甚至在思维层面已经将后者同一化到自己的逻辑进程当中,任何呼唤主体的诉求都被视作不安分的挣扎和反抗,是对客观社会存在的违背。④ 相反,我们要关注的是资本主义的不稳定性、脆弱性,马克思主义不是资本主义的再生产理论,而是资本主义同一性的危机理论。"萨帕塔运动"为我们指出了劳动者打破蛛网获得自治的可能性,但依旧需要在理论上区分两种自治主义,即肯定的自治主义与否定

---

① John Holloway, Sol Picciotto (ed). *State and Capital: A Marxist Debate*, Edward Arnold. London, 1978, p.4.
② 萨帕塔运动这个组织名称来自墨西哥著名革命家艾米里亚诺·萨帕塔(Emiliano Zapata)。1994年1月1日,在北美自由贸易协定(NAFTA)生效的当天,在墨西哥南部的恰帕斯州爆发了以维护当地印第安人利益为目标的萨帕塔运动。他们认为自己为土生印第安人的权利而战斗,反抗新自由主义政策导致的阶级和地区分化。它是底层人民为了争取公平正义和有尊严的生活而进行的一次政治斗争。
③ 参见 John Holloway, Eloína Peláez. *Zapatista!: Reinventing Revolution in Mexico*. Pluto Press, London, 1998.
④ John Holloway. *Change the World Without Taking Power*. London: Pluto Press, 2002, pp. 3 – 4.

的自治主义,两者区分关键点是工人阶级。霍洛维认为,以奈格里为代表的肯定的自治主义最大的缺陷就在于容易将工人阶级概念化和固定化,"注意力仅仅是外在地放在了工人阶级的组成上,这很容易与社会学的分析混淆"①,这就是阿多诺所提防的工人阶级在理论上存在着被资本主义话语统摄和规训的可能。与此相异,否定的自治主义则是对阿多诺批判理论传统(而不是哈贝马斯的交往行为理论)的重要政治性说明,它强调反抗的中心地位,它的出发点是代替肯定性的否定性,是说"不"、呐喊以及作为否定的工人阶级、非同一性的否定主体。

非同一性的否定主体内含着要批判地看待工人阶级的要求。同阿多诺将发达交换领域中的同一性看作基本前提一样,霍洛维重视作为交换价值生产源泉的抽象劳动对于理解工人阶级的关键作用。马克思在《资本论》第一卷中批判地说明了劳动的二重性,即生产使用价值的具体劳动与生产交换价值的抽象劳动,并认为"这一点(劳动的二重性)是理解政治经济学的枢纽"②。霍洛维特别赞成这一判断,认为正是抽象劳动与资本同一性的共谋在不断围捕着人类最本真的自由劳动,所以对抽象劳动的批判就是对整个资本主义社会系统的批判:"否定资本主义就要否定创造资本的抽象劳动或异化劳动,它是对有用的或创造性活动的解放……对以抽象劳动为基础建构起来的整个阶级大厦的斗争,意味着是对作为抽象的工人阶级的斗争。"③抽象劳动越是发展,那么对它的批判越是必然发展到对当下工人阶级本身的批判。在这里霍洛维明确地提出反抗资本主义的非同一性主体依旧是一个未解决的问题,"工人阶级"、"我们"这些概念必须要保持一种开放的状态才可以避免被资本话语同质化。

霍洛维认为,马克思在《资本论》中讨论的抽象劳动本质上就是《1844年经济学哲学手稿》中的异化劳动,只是前者更重视在社会层面的分析。由此可见,他所强调的反对抽象劳动、富有创造性并体现人类尊严的有意识的生命活动,实际上就是未异化状态的自由自觉的活动,这种活动意味着"我们掌握主动,制定

---

① John Holloway, Fernando Matamoros, Sergio Tischler (ed). *Negativity and Revolution: Adorno and Political Activism*. London: Pluto Press, 2009, p. 96.

② 《马克思恩格斯全集》第44卷,人民出版社2001年版,第55页。

③ John Holloway, Fernando Matamoros, Sergio Tischler (ed). *Negativity and Revolution: Adorno and Political Activism*. London: Pluto Press, 2009, pp. 97–98.

议程。我们否定,但在否定之外发展着创造性……一种不受金钱规定的行动,不受权力控制的行动"①。然而,基于对资本主义全球化统治和欧洲工人运动低潮的现实的理解,霍洛维也不无悲观地坦白,这样一种独立于资本主义生产关系之外、作为破除抽象劳动的反资本主义力量的理想化活动,在当下只能是一种乌托邦式的理想,我们当下首先要做的是:停止制造资本主义!

四、克拉克与后共产主义过渡问题

自1993年出版了《工人怎么了?俄罗斯的工人和资本主义过渡》之后,英国华威大学社会学系教授西蒙·克拉克大量写作和编辑了关于俄罗斯工人运动、劳资关系、就业与劳动力市场和家庭生存境况等著作,令人颇为意外地从政治经济学研究转向了后共产主义时代俄罗斯资本主义过渡的研究。表面上他的研究主题似乎远离了开放马克思主义的基本范式,变为一种实证性研究,然而仔细阅读的话就会发现,他的研究实际上是要从微观层面向我们说明,在资本全球化已经成为既定事实的条件下,一个不同于传统西欧资本主义起源方式的前国家社会主义经济体系是如何被纳入资本主义世界体系当中的。

在克拉克看来,重要的是要从资本逻辑视角来看待资本主义国家问题,这是他和霍洛维早先研究的共识,这种方法同样适合以"非典型方式"过渡到资本主义的俄罗斯。在《俄罗斯资本主义的发展》一书中,克拉克表达了这样一个观点:一种社会系统向另一种社会系统的过渡或转型并不是完全照搬,它必然会承接先前传统的因素作为发展动力之一,巨变与传统之间总会保持着一定的张力。对于后共产主义过渡时期的俄罗斯,融入资本主义世界市场过程当中必然会遭遇发达资本主义国家的组织管理文化与苏联时代的个人经历、价值观、社会制度等方面的冲突。从马克思研究西欧资本主义积累的逻辑来看的话,问题就在于失去国家作为统筹经济要素分配机制后,新的经济体系是如何作为资本持续积累基础的制度安排以适应全球化资本的需要。

历史上,苏联解体初期的"休克疗法"并没有使俄罗斯顺利走上新自由主义发展道路,相反是越来越深陷于世界市场中能源和原材料供应商的角色当中,因

---

① John Holloway. *Crack Capitalism*. London: Pluto Press, 2010, p. 3.

为从具体的社会关系来看,基于斯密、哈耶克"追逐私利的理性人"理想型前提提出的政策根本不符合当时俄罗斯依旧是在前苏联集体主义下生活的个人现实①。克拉克指出,由于严重依赖能源和原材料出口,最初俄罗斯的商业资本家获得剩余价值后都用来争取贸易垄断,而非投入生产领域,这使得原先的社会关系和价值观等依旧保持着顽强的生命力。然而,1998年俄罗斯的经济危机深刻地改变了资本原有的积累方式,在资本总构成中生产性资本的增加大大促进了整个经济结构的改善。随着先进的管理方式、科学技术和机器的投入使用,旧的价值观、社会制度与实践不再适应全球性资本的需要相继被取代,作为资本持续积累基础的制度安排也一步一步落地生根。于是我们看到后发资本主义经济的危机并没有预示着它的绝对终结,反而是为全球化资本主义的发展排除了旧障碍,使之愈发紧密地融入资本主义世界体系当中。

那么劳动者状况又如何？克拉克认为这一问题可以用《资本论》中关于资本积累过程的说明解释,也就是生产领域中劳动对资本从形式从属走向实质从属的过程。由于劳动力、技术和管理方式全面落后,服务于国内市场的传统私营企业朝不保夕,必然在危机中走向淘汰,结果就是一方面产生出过剩的廉价劳动人口,另一方面则是私营企业被跨国公司收购,服务于全球性资本的统一指挥。大量被游离出来的劳动力迫于生计出卖自己以竞争少量工作岗位,于是他们"在工作中会认同一种价值观,他们要生产出适销产品就像他们要完成一项计划那样自然而然,他们愿意做出必要的努力和牺牲以使自己在不利的环境中生存下去"②。这种从属心理机制的形成与马克思关于工人自觉服从资本生产逻辑的描述非常相似:"在通常的情况下,可以让工人由'生产的自然规律'去支配,即由他对资本的从属性去支配,这种从属性由生产条件本身产生,得到这些条件的保证并由它们永久维持下去。"③

我们可以以此来理解资本主义的发展必然伴随着严重的阶级冲突。克拉克

---

① Simon Clarke. *The Development of Capitalism in Russia*. Abingdon and New York: Routledge, 2007, p. 8.

② Simon Clarke. *The Development of Capitalism in Russia*. Abingdon and New York: Routledge, 2007, p. 228.

③ 《马克思恩格斯全集》第44卷,人民出版社2001年版,第846页。

曾经自述,他深入俄罗斯所做的许多田野调查和案例分析,目的就是表明:历史不是预定的,是斗争的结果,而在俄罗斯,斗争并没有消失,它才刚刚开始。[①] 此处实际上是确证了这一看法。他认为,资本主义条件下劳动不充分从属于资本意味着阶级冲突是散布于管理结构各个方面,主要是表现在不同的管理机构当中,而不是劳动和资本的直接对抗。随着劳动从形式从属过渡到实质从属,生产设备和其他条件的现代化并不会导致阶级冲突的消失,但会将生产线管理者(line managers)吸纳到整个管理结构当中,加之俄罗斯从未真正形成有力量的中层阶级作为矛盾的缓冲,这就使得阶级冲突表现为我们所熟悉的劳动与管理的直接矛盾。总而言之,克拉克的研究向我们表明资本的发展已经获得某种普适性,无论用何种方式、无论对象原先是何种经济类型,资本这头巨兽都会将其吞噬到自身系统逻辑之中,必须重新坚持从资本与阶级的角度才能透视和批判当代资本主义。所以,克拉克最后总结道:"事实就是,俄罗斯的资本主义与其他地方的资本主义差别并不大。"[②]

---

① Simon Clarke, Peter Fairbrother, Michael Burawoy and Pavel Krotov. *What about the Workers? Workers and the Transition to Capitalism in Russia*. London: Verso, 1993, p. 8.

② Simon Clarke. *The Development of Capitalism in Russia*. Abingdon and New York: Routledge, 2007, p. 240.

国外生态马克思主义文明观的基本路径[①]

王学荣

(南京大学马克思主义学院)

生态学马克思主义理论家不仅对"绿色资本主义"做了深刻剖析,认为所谓的"绿色资本主义"只是痴人说梦,实际上是不可能实现的,还对资本主义文明的弊病与痼疾进行了深刻揭露,认为经济危机与生态危机之间具有内在勾连,只要资本主义经济危机无法克服,资本主义生态危机也将成为不可避免的痼疾。在对资本主义文明危机进行批判的过程中,生态马克思主义者同时阐发了对未来新文明类型的构想与筹划,其中既包含了对资本主义文明方式的超越,亦内在地包含着对社会主义文明方式的开拓。某种程度上,上述研究成为国外生态马克思主义文明观之基本进路。

一、相关概念厘定

在西方马克思主义研究中,通常会有"红绿派"、"绿绿派"这样的划分。事实上,生态主义就是通常所说的"绿绿派"。"绿绿派"是一个非常庞杂的阵营,主要包括生态原教旨主义、生态无政府主义和主流绿党等不同流派。[②] 而生态社会主义和生态学马克思主义则属于"红绿派"。目前理论界常常有人将这两个概念不做区分,甚至混淆起来。然而,生态社会主义和生态学马克思主义已经是两个约定俗成的固定术语,二者之间不能简单地等同。且二者外延也不一样,生态社会主义比生态学马克思主义的范围大得多。换言之,生态学马克思主义仅仅是生态社会主义当中的一个"真子集"。正如有学者指出的,"在生态社会主义阵营中,除了一些马克思主义者之外,还有一些其他的生态理论家"[③]。

[①] 原载《科学社会主义》2017年第5期。
[②] 陈学明、王凤才:《西方马克思主义前沿问题二十讲》,复旦大学出版社1988年版,第287页。
[③] 陈学明、王凤才:《西方马克思主义前沿问题二十讲》,复旦大学出版社1988年版,第287页。

不过,尽管二者不完全等同,但总体上看,二者都属于"红绿派"这一大本营,与作为"绿绿派"的生态主义存在根本性分歧,即对生态危机的根源持不同观点。"红绿派"认为,生态危机的根源应当从资本主义文明方式内部去寻找,且其根源恰恰存在于资本主义文明内部,在于其制度本身。而"绿绿派"则基本上不涉及甚至回避资本主义制度。在如何消除生态危机这一问题上,"红绿派"和"绿绿派"亦表现出迥然相异的看法。"红绿派"认为,既然生态危机的根源出在资本主义文明内部,在于其制度本身,那么要消除生态危机,就必须彻底地颠覆、铲除资本主义文明。只有这样,方可达到标本兼治的效果。生态主义则认为,资本主义自身具有"净化"生态危机的能力,主张在资本主义框架内通过分散化的经济和基层民主消除生态危机。这在"红绿派"看来则是治标不治本的。此外,"红绿派"和"绿绿派"的社会目标也不一样。"红绿派"主张建立社会主义社会。当然,它所主张的社会主义社会并非我们现实中的社会主义,而是生态社会主义。"绿绿派"则反对将消除生态危机与社会主义运动勾连在一起。换言之,"绿绿派"所主张的消除生态危机仅仅在资本主义制度框架内进行。由此可见,"绿绿派"的这一主张浪漫主义色彩明显,是一种"生态乌托邦"。

需要指出的是,同样在"红绿派"阵营中,与生态社会主义相比较而言,生态学马克思主义的立场更彻底、观点也更鲜明。因此,"红绿派"中的生态学马克思主义往往更受我国学界推崇。

二、"绿色资本主义"批判

在资本主义社会中,一直有人做着"绿色资本主义"的"白日梦"。究竟绿色资本主义是否可能呢?生态学马克思主义理论家对此做了深刻剖析。尽管不同学者思考的角度不同,但结论是一致的。所谓的"绿色资本主义"只是痴人说梦,实际上不可能实现。

安德烈·高兹(Andre Gorz)认为,资本主义制度与生态保护格格不入。在他看来,要实施生态保护,意味着要尽量缩减消费规模,同时对资源、能源进行精心安排,以实现"更少地生产、更好地生活"。因此,高兹主张以最少量的劳动、资本和资源去获取具有高度使用价值和耐用性的产品。他在《资本主义、社会主义和生态学》一书中这样写道"对我们的经济从产品设计到消费和物质的再循环进行生态学的重建",这些活动"必须保证生活的基本要素和改善其质量"。① 这些要求尽管表面上看起来能在资本主义社会中实施,但由于资本主义本性使然,这些举措在实施过程中不免夭折。因为从根本上讲,这些要求与资本主义生产方式恰恰是背道而驰的,资本主义的生产模式和消费模式是建立在追求利润最大化的基础之上的。资本主义文明下奉行的是"更多地生产",而不是"更少地生产"。因此,高兹所主张的"生态学的重建"不可能在资本主义制度下进行。只有在社会主义生产方式下,这一主张才能由设想转化为现实。

英国生态马克思主义学者大卫·佩珀也对这一问题进行了深刻的揭露。佩珀认为,生态危机在资本主义文明前提下不可能得到根本性解决。他指出,有的发达资本主义国家将一批高耗费、高污染的企业转移到发展中国家,同时丢弃大量垃圾,并大肆掠夺土地资源、清洁的空气、干净的水源以及其他自然资源。对此,佩珀在《生态社会主义——从深层生态学到社会正义》一书中予以无情揭露:"环境质量是同物质上的穷或富联系在一起的,而西方资本主义越来越通过对第三世界财富的掠夺来维持和'改善'自身,使自己成为令世人仰慕的样板。"② 佩珀对"改善"一词特意加了引号,其实是大有深意的。因为在他看来,当今资本主义国家的生态危机状况似乎有了些微的"改善",但这无非是通过对广大发展中国家进行生态掠夺来转嫁危机的,这是一种典型的"生态帝国主义"。然而,转嫁危机并未消除危机。从世界范围来看,生态矛盾并未得到解决,相反还在加剧。佩珀认为,所谓"绿色资本主义"不过是一种"自欺欺人的骗局",③ 在资本主义制度框架内,真正意义上的可持续发展是根本不可能实现的。

三、对资本主义文明之痼疾的病理学诊断

生态马克思主义者对资本主义文明的痼疾进行了深刻揭露。例如,美国生态马克思主义学者詹姆逊·奥康纳在《自然的理由——生态学马克思主义研究》一书中从生态学的视角对当代资本主义进行剖析。奥康纳在书中提出了一个发

---

① Andre Gorz. *Capitalism, Socialism, Ecology*. London, 1994, pp.31-32.
② David Pepper. *Eco-Socialism: From Deep Ecology to Social Justice*. London, 1993, p.96.
③ David Pepper. *Eco-Socialism: From Deep Ecology to Social Justice*. London, 1993, p.95.

人深省的问题,即"一个生态上具有可持续性的资本主义是否可能?"①在他看来,答案是否定的。因为资本主义文明存在着双重矛盾,而这双重矛盾恰恰是资本主义文明方式本身所无法克服的。正如奥康纳所说,由于"资本自身的本性使然,非但资本顺利解决'第一重矛盾'的能力大可怀疑,而且它成功地解决这'第二重矛盾'的能力也是不可靠的"②。这里所说的"第一重矛盾",实际是指资本与人之间的矛盾,"第二重矛盾"则是指资本与自然之间的矛盾。只要资本与自然的矛盾仍然存在,那么,"全球环境调节的远景"就是暗淡的,"几乎任何地方的自然都受伤了"③的局面就不会改观,所以他得出这一结论——生态上具有可持续性的资本主义绝无可能。④

生态学马克思主义理论家进一步认为,生态问题与经济问题往往是联系在一起的。例如詹姆逊·奥康纳提出,资本主义积累和危机会导致生态问题,而生态问题反过来又会导致经济问题,⑤二者是相辅相成、互相促进的。尽管当今资本主义频频呈现花样百出的"新变化",然而资本主义基本矛盾仍未有丝毫改变。只要这一基本矛盾仍然存在,资本主义经济危机就是无法克服的顽瘴痼疾。2008年那场声势浩大的全球金融危机再次证明了这一点。由于经济危机与生态危机之间具有剪不断的联系,因此,只要资本主义经济危机无法克服,资本主义生态危机就将成为不可避免的痼疾与隐患。

难能可贵的是,生态马克思主义者并不是"就生态论生态"、"就自然论自然",而是特别凸显人与自然之间的互动性,并认为"人与自然的关系"和"人与人的关系"具有内在勾连性。例如威廉·莱斯在《自然的控制》一书中明确谈到,"对自然的控制不可避免地转变为对人的控制以及社会冲突的加剧,这样便产生

---

① [美]詹姆逊·奥康纳:《自然的理由——生态学马克思主义研究》,唐正东等译,南京大学出版社2003年版,第382—383页。
② [美]詹姆逊·奥康纳:《自然的理由——生态学马克思主义研究》,唐正东等译,南京大学出版社2003年版,第377页。
③ [美]詹姆逊·奥康纳:《自然的理由——生态学马克思主义研究》,唐正东等译,南京大学出版社2003年版,第377页。
④ [美]詹姆逊·奥康纳:《自然的理由——生态学马克思主义研究》,唐正东等译,南京大学出版社2003年版,第382—383页。
⑤ [美]詹姆逊·奥康纳:《自然的理由——生态学马克思主义研究》,唐正东等译,南京大学出版社2003年版,第294页。

了恶性循环"①。实际上,这与马克思主义创始人的观点具有高度耦合性。马克思、恩格斯就曾断言,"只要有人存在,自然史和人类史就彼此相互制约"②。按照生态马克思主义者的观点,当今世界愈演愈烈的生态危机并不单纯是自然系统内部平衡关系的破缺。就其实质而言,乃是人与自然关系的失衡。

四、生态马克思主义对未来新文明类型的构想与筹划

生态马克思主义理论家在对资本主义文明痼疾的批判中,同时阐发了对新文明类型的构想与筹划。这其中既包含了对资本主义文明方式的超越,亦涵盖着对社会主义文明方式的开拓,为我国生态文明建设实践提供了重要借鉴。例如安德烈·高兹在《资本主义、社会主义和生态学》一书中详尽分析了资本主义、社会主义与生态保护三者之间的关系。他认为,资本主义文明所奉行的"生产力的经济规则"与生态保护是格格不入甚至截然对立的,"生产力的经济规则与资源保护的生态规则截然有别","从生态观点看是对资源的浪费和破坏的东西,用经济的眼光来衡量则是增长之源"。③ 在高兹看来,在资本主义文明所奉行的"生产力的经济规则"作用下,人类是无法保护生态环境的,因为"生产力的经济规则"是以获取最大限度的利润为根本目标的。在利润动机的支配下,只要是经济的"增长之源",资本主义文明就会加以实施,哪怕是对资源的浪费和破坏。而要保护生态环境,就意味着放弃"利润动机"和"经济理性",重构一种新的理性形态——"生态理性"。由于利润动机和经济理性与资本主义文明方式有着天然的共谋关系,而"生态理性"则是蕴含在社会主义文明方式之中的,理性形态的转变必须通过文明方式的转变来实现。也就是说,只有将资本主义文明方式转变为社会主义文明方式,理性形态的转变才能真正实现。

无独有偶,大卫·佩珀亦主张从资本主义文明方式本身去寻找生态危机的根源。他认为,人类破坏自然生态的行为,归根结底是由资本主义文明方式本身所决定的,对自然的盘剥乃是资本主义剥削的一部分。既然生态危机的根源在

---

① [加]威廉·莱斯:《自然的控制》,岳长龄等译,重庆出版社2007年版,第169页。
② 《马克思恩格斯选集》第1卷,人民出版社1995年版,第66页注②。
③ Andre Gorz. *Capitalism*, *Socialism*, *Ecology*. London,1994,pp.32-33.

资本主义文明方式,那么消除生态危机的根本出路就在于对这一文明方式本身进行彻底变革,将之变革为社会主义文明方式这种新的文明样态。当然,佩珀所说的社会主义并非传统意义上的社会主义,而是生态社会主义。生态社会主义克服了资本主义的弊病与痼疾,本质上是一种"生态友好型"的新文明样态。从这个意义上讲,这也是对资本主义文明的扬弃与超越。

生态马克思主义所构想的未来新文明类型与恩格斯提出的"两个和解"的思想(即"人与自然的和解"、"人与人的和解")亦是内在相通的。"两个和解"在一定意义上也意味着人类新文明类型的开启,"必然王国"为"自由王国"所取代。在"自由王国"中,不仅人与人之间、人与社会之间是相互协调的,而且人与自然之间也是高度和谐的。人们将以一种合乎自然本身发展规律的方式来改造自然。那时,人类文明与自然环境之间将达成一种动态平衡与和谐。简言之,生态马克思主义学者所构想和筹划的"未来新文明类型",在马克思恩格斯那里往往被提示为"共产主义"。不过,对共产主义不宜狭隘地理解为"党"或"世界观"。诚如海德格尔所指出的,"谁若把'共产主义'认为只是'党'或只是'世界观',他就是像那些把'美国制度'只认为而且还加以贬谪地认为是一种特殊生活方式的人一样以同样的方式想得太短浅了"[①]。因为严格说来,"共产主义"乃是一种新文明样态的生成与显现。

---

① 孙周兴:《海德格尔选集》上卷,上海三联书店1996年版,第384页。

资本主义的空间性批判与日常生活的总体性革命①
——一种拓展马克思主义社会理论的激进尝试

温 权

（南京大学马克思主义学院）

资本主义制度与资本的异化生产，在当代已从具体"物"的层面侵入到抽象的空间领域。借此，商品的拜物教特质就被泛化为资本空间对个体生存的不断扭曲。而之前囿于市场交换的剩余价值剥削，也逐渐演变成对日常生活的全面褫夺。于是，资本对空间的掌控和持续重构，就成为一种微观的政治权力，它在成功占据生产要冲的同时，又规避了普罗大众进行政治革命的风险。换言之，资本主义发展所引起的空间异化，超出了传统马克思主义之于劳资矛盾和社会更迭的宏观设想。毋宁说，它亟须实现一场针对空间的微观批判。

实际上，资本对空间的异化本质上是由它所创造的抽象物，即商品或货币所表征的抽象社会劳动对具体生产实践进行遮蔽的结果。② 后者以资本逻辑的同质化属性，营造出用于资本循环与增殖的抽象空间。因此，它所表征的"形式化与数量化功能在消除事物特性"的同时，"反过来成了某种超级象征物"。这就使得"居于支配地位的空间形式，即财富与权力的中心空间，竭力去塑造它要统治的边缘空间（即日常生活领域——笔者注）"③，从而导致抽象空间对日常生活的残酷剥削。此外，在经济全球化浪潮中，它还被视为资本主义"消灭空间限制"并"创造新空间"的过程。④ 其中，"空间生产本身取代了——或者说已经凌驾于空间中物的生产之上。……正是由于资产阶级掌控了抽象空间，所以他们的开明

---

① 原载《理论与改革》2016 年第 2 期。
② Henri Lefebvre. *The Production of Space*. Blackwell Publishing, 2007, p.50.
③ Henri Lefebvre. *The Production of Space*. Blackwell Publishing, 2007, p.49.
④ Henri Lefebvre. *The Survival of Capitalism, Reproduction of the Relations of Production*. Allison & Busby, 1976, p.21.

专制和资本主义体制能够部分实现对商品市场的控制"①,并使自身在规避批判的同时得以幸存。

问题在于,个体在日常生活中如何实现对资本抽象空间的反制?不可否认,资本主义已然借助空间的重构与再生产,"将市场选择的法则以机械主义的方式嵌入到不同的群体当中"②。这就在微观的心理和交往层面,阻碍了对其进行批判乃至变革的可能性。因此,个体只有从"一种革命性的空间意识"以及"一种激进的空间实践"出发,通过"剥夺对空间生产的控制权",③才能祛除抽象空间带来的异化现状。而其实质,则是脱胎于日常生活领域且以实现人类全面性为旨趣的总体性革命对商品拜物教的彻底瓦解。

一、资本生产的深层幻象:抽象空间的形成与日常生活的危机

以货币增殖为目的的商品生产,直接表现为以物的尺度为衡量标准的资本积累。然而,就资本自身的性质来说,它并不单纯是物,"而是一定的、社会的、属于一定历史社会形态的生产要素,它体现在一个物上,并赋予这个物以特有的社会性质"④。也就是说,资本及其生产,首先应被视为对资本主义社会关系的确立。作为一项历史性的社会实践,它在空间上必然能够"容纳各种被生产出来的事物,以及这些事物之间所固有的共存性与同时性关系"⑤。因此,资本主义的社会实践,又被视为资本空间的形成过程。借助强大的物质生产力,后者不但颠覆了狭隘的地域性限制,更于抽象的时空维度建构出以财产私有和价值剥削为基本属性的空间秩序。从资本的空间生产来看,它主要包括以下两方面的内容:

第一,资本空间的形成及其再生产意味着自然空间的急遽消退,和随之而来的商品拜物教对传统交往范式的不断侵蚀。这是资本逻辑将人与自然以及人与人之间的关系纳入自身运转机制的直接后果。一方面,在高额利润的诱惑下,资

---

① Henri Lefebvre. *The Production of Space*. Blackwell Publishing, 2007, p.63.
② David Harvey. *Space of Hope*. Edinburgh University Press, 2000, p.41.
③ [美]爱德华·W.苏贾:《后现代地理学》,王文斌译,商务印书馆 2004 年版,第 141 页。
④ 《马克思恩格斯选集》第 2 卷,人民出版社 1995 年版,第 577 页。
⑤ Henri Lefebvre. *The Production of Space*. Blackwell Publishing, 2007, p.74.

本依托不断进步的社会生产力，"征服自然的力量迫使它们为人的需要服务"①。于是，自然空间就退化成为实现资本持续增殖，从而确保市场经济正常运行以满足人类消费诉求的消极场域。在此基础上，它"虽然仍是社会过程的起源，但现在已经被降贬为社会的生产力在其上操纵的物质了"②。换言之，自然空间向资本空间的让渡，意味着根植于人类具体劳动过程的社会实践，被抽象的商品生产或财富占有所取代。另一方面，必须认识到，"资本主义的形成问题，以及目的合理性的行动方向是怎样在形成阶段中可以实际机制化的问题……从一开始就把社会合理化与目的合理性方向联系起来"③。这说明，资本主义对空间结构的重组，还要求原先的人际交往范式，逐渐依附于它所强调的社会合理性机制。而后者无疑是突显商品拜物教的异化体系。因此，资本的生产和再生产在空间层面造成了双重恶果：当自然的"物变成商品时，在空间中循环并被拜物教化的产品，就变成了比现实本身更加真实的'现实'"，从而在取代现实本身的同时，将"其中的劳动印记清洗一空"。④ 这就在社会空间与劳动空间彼此分离的情况下，使资本周转的抽象规律对人类个体进行编码成为可能。而后者则是与"经验世界相对抗的、令人生畏的抽象化所控制的消解性力量"⑤。

第二，从本质上来说，资本的空间生产只能是与经验生活相对立的抽象空间的生产。这与资本主义制度下的抽象劳动不无关联。在商品交换与资本增殖的过程中，"随着劳动产品的有用性的消失，体现在劳动产品中的各种劳动的有用性质也消失了，因而这些劳动的各种具体形式也消失了。各种劳动不再有什么差别，全都化为相同的人类劳动，抽象劳动"⑥。不难看出，其中蕴含着资本生产的同质化特征。通过物的交换对个体劳动过程的遮蔽，它抹煞了商品得以产生的具体环节，并将其笼统地称为用于交换的一般社会劳动。进而，就在抽象的物的层面，赋予作为生产场域的空间以抽象的性质。因此，由抽象劳动所激发的抽

---

① 《马克思恩格斯全集》第26卷Ⅲ，人民出版社1974年版，第324页。
② 包亚明：《现代性与空间的生产》，上海教育出版社2003年版，第48页。
③ [德]尤尔根·哈贝马斯：《交往行动理论》第1卷，洪佩郁、蔺青译，重庆出版社1993年版，第300页。
④ Henri Lefebvre. *The Production of Space*. Blackwell Publishing, 2007, p.82, 213.
⑤ Henri Lefebvre. *The Production of Space*. Blackwell Publishing, 2007, p.53.
⑥ 《马克思恩格斯全集》第44卷，人民出版社2001年版，第50—51页。

象空间,"既不同于符号式的抽象,也不与概念化的抽象相一致,它发挥着否定性的作用。并且只能用一种拜物教的异化方式来界定"①。换言之,资本的抽象空间是发轫但凌驾于物的生产之上的异化的社会关系。它否定了劳动的经验性特质和多样性内涵,转而以商品的单向度属性将丰富的经验生活裹挟入整齐划一的工业化进程中。值得一提的是,抽象空间作为一种被异化的社会关系,它"在由人们的行动所建构的同时,又成为这种建构的中介"②。也就是说,为资本主义所营造的抽象空间的生产,已然成为超越商品范畴的空间的再生产。后者才是资本主义制度改变原有空间形式,并对其进行重组的真正动力所在。

需要强调的是,资本生产与抽象空间的耦合,意味着物对人的异化已经弥散到更为广阔的空间领域。这集中表现为,"空间结构通过向永久性的景观中,注入大量看起来不可改变的形式,而吸收了社会关系。凭借对共享性背景的创造,空间形式具有将完整的个体纳入现实的共享性概念中的能力"③。其中,由空间结构所决定的"共享性背景"或"共享性概念"不啻为表征资本异化生产的意识形态。既然抽象空间中的主体间性,表现为"同一的幽灵般的对象性"④,那么"这种交往形式中的旧的传统观念……也就愈发下降为唯心的词句、有意识的幻想和有目的的虚伪"。⑤ 因此,资本主义对抽象空间的掌控,无非是想在具体的人类实践场域之外,刻意制造一种旨在巩固其统治地位的意识形态空间。后者不仅为异化的制度提供充分的合理性,更试图以空间再生产的形式使自身实体化,从而完成以抽象劳动为表征的虚拟空间,对以具体劳动为特质的真实空间的取代。从这点上来说,"抽象空间应被视为一种……终将征服自然并导致其毁灭的工具。……它绝不是精神的抽象,也不是认识论意义上的科学抽象(即把概念从实践中分离出来,以便于它能够被编录并纳入绝对知识中);相反,它拥有一个社会的存在"⑥。而在抽象空间的生产与再生产中,已然实体化的意识形态,无疑

---

① Henri Lefebvre. *The Production of Space*. Blackwell Publishing,2007,p.50.
② Anthony Giddens. *Studies in Social and Political Theory*. Basic Books,1977,p.121.
③ David Harvey. *Cosmopolitanism and the Geographies of Freedom*. Columbia University Press,2009,p.158.
④ 《马克思恩格斯文集》第5卷,人民出版社2009年版,第51页。
⑤ 《马克思恩格斯全集》第3卷,人民出版社1960年版,第331页。
⑥ Henri Lefebvre. *The Production of Space*. Blackwell Publishing,2007,p.308.

就是这种被异化的社会存在本身。

毋庸置疑,作为一种社会系统的抽象空间的形成,"是呈现为互动模式的结构与社会系统关系在结构二重性过程中不断生产与再生产的过程"①。在这种互动模式中,原先泾渭分明的日常生活与生产生活变得愈发难以区分。在资本的抽象空间中,"劳动产品表现为只是无差别人类劳动的凝结物的一般价值形式"②,故而蕴含于其中的多样性实践体验,逐渐被抽象的交换价值所取代。这就导致作为劳动产品的发端和终点的日常生活领域,被纯粹的商品生产活动所掩盖。推而广之,该现象意味着抽象空间的生产与再生产,压缩并剥夺了日常生活得以正常运转的范围,从而造成后者的全面异化。其中,涉及日常生活与生产生活之间关系的颠倒,以及人类之于商品消费的单向度需要对其全面性需要的否定。一个不争的事实是,"人以需要的无限性和广泛性区别于其他一切事物"③,但这只有在比生产生活更为广泛的日常生活领域才能实现。然而,处于资本抽象空间中的商品生产,只"关涉到工作、物品的生产者和剩余价值"之间狭隘的物的关系,并将日常生活的丰富性作为无关紧要的抽象物予以摈弃。④ 于是,个体自身的全面性需要就物化为纯粹的商品消费欲求。至于日常生活本身,则被"贬低为浓缩的、抽象化的、独立的社会的不透明的系统"⑤,进而矮化成抽象空间的一个分支,并在之后彻底为其所吞没。

从某种意义上说,抽象空间对日常生活的掠夺,实则是资本市场对日常空间的消灭。这突出地表现为,"资本越发展……资本同时也就越是力求在空间上更加扩大市场,力求用时间去更多地消灭空间"⑥。如此一来,原本构成日常生活一个方面的物质生产,就以排他性的姿态成为前者的全部内容。加之资本对抽象空间本身的再生产,日常生活领域就在内、外两个方面受到剧烈的冲击而逐渐趋于瓦解。反映在现实层面,无非是"那些拥有极其多样化的历史经验、生活在

---

① Anthony Giddens. *The Constitution of Society*. Polity Press, 1984, p.25.
② 《马克思恩格斯全集》第44卷,人民出版社2001年版,第83—84页。
③ 《马克思恩格斯全集》第49卷,人民出版社1982年版,第130页。
④ 包亚明:《现代性与空间的生产》,上海教育出版社2003年版,第49页。
⑤ [德]尤尔根·哈贝马斯:《交往行动理论》第1卷,洪佩郁、蔺青译,重庆出版社1993年版,第456页。
⑥ 《马克思恩格斯全集》第46卷下,人民出版社1980年版,第33页。

难以置信的各种形态的物理环境中的人们,已经被塑造——有些是以文明的哄骗方式,但更多的是被无情的力量所逼迫——进入国际性的劳动分工复合体中"①。换言之,资本的空间生产已经引发人类日常生活的深刻危机。这不仅体现为个体多样性需要的丧失,更意味着日常空间的全面萎缩和抽象空间的过度生产。

借此,资本主义制度在市场机制的推动下,把自身隐藏在被实体化的意识形态当中,通过对它的再生产,于抽象空间的范围内缔造出遮蔽并取代日常经验的所谓"真实"幻象,从而使其自身伪装成具有普适性的绝对真理和颠扑不破的生存秩序。一旦虚拟的意识形态空间通过资本的空间生产得以实体化,它就必然成为左右个体生存的空间权力,而后者往往以微观的形式渗透到人们日常生活的方方面面。

二、微观权力的隐性霸权:政治空间的建构与地缘差异的剥削

资本的异化生产与商品的单向度消费,对个体多样性需要的压制,可视为抽象空间入侵日常生活的经济学跳板。然而,资本主义市场经济的良性运转离不开健全的制度性保障。后者作为秩序性的政治权力,必然构成资本抽象空间的内在要素,且以资本周转和货币流通的形式泛化到日常生活的各个领域。因此,"为资本主义与新资本主义创造出的抽象空间,既包括'商品的世界'及其'逻辑'与环球战略,还涵盖了货币的权力和政治国家的权力"②。换言之,抽象空间自身应被视为确立资本主义制度的政治空间。

一方面,从宏观上看,它外化为建基于市场结构之上的资本主义国家,而后者无疑是资本权力意志的直接表达。也就是说,尽管资本空间"被各种历史的、自然的元素模塑铸造,但这个过程是一个政治过程",它是"政治的、意识形态的",因此具有相应的"政治性与策略性"。③ 这集中体现在国家机构对个体的生产生活和交往范式的政策性调整与监控。同商品生产的批量化、重复性相一致,为国家政权所表征的政治空间,对其下辖的一应事物做出了整齐划一的同质化

---

① David Harvey. *The Limits to Capital*. Basil Blackwell,1982,p.173.
② Henri Lefebvre. *The Production of Space*. Blackwell Publishing,2007,p.54.
③ 包亚明:《现代性与空间的生产》,上海教育出版社 2003 年版,第 62 页。

处理。于是,"社会空间和体验就成为千篇一律的现代化与机械化"场域,①从而服从一般经济规律的统一调配。问题的关键在于,政治空间的同质化倾向,孕育出用于审视日常生活的还原论视角。它把原本内容丰富但略显杂乱无章的日常体验,囊括进秩序井然却充满异化压制的资本政权体系,从而使国家权力成为日常交往的唯一合法性依据和主要决定性因素。这无异于"由资本主义国家……日益渗入日常生活周期性实践的工具化的'空间规划'"②。如此一来,资本主义制度就与政治空间彼此铰合起来,共同成为挟制日常生活的空间权力。

另一方面,从微观上说,政治空间的逐步扩张,得益于主导并协调市场结构的官僚制体系。由于"国家之间力量的地缘政治游戏,已然在空间关系的结构变化中与市场紧密联结"③,这就迫切需要健全的行政能力与之相互协调。因此,"滋生于国家机构与资本当中的二元力量,其影响就是赋予……资本循环与积累以及国家在回应资本积累时,所建构的官僚协作的必要的空间—时间性秩序"④。简言之,就是确立资本主义的官僚机制之于日常空间的管理地位。后者从具体的技术层面深入到个体交往与生产的各个角落,通过政策的制定与执行,建构出与资本主义制度相匹配的空间秩序。因此,官僚制在政治空间中的作用,绝非简单的协调经济要素的合理配置,在更为隐蔽的层面,它发挥着对人们的日常生活进行教化与规约的功能。其主要任务,就是使人们在现有的制度下,"准备好控制他们自己的社会关系,以及不断塑造他们自己的命运"⑤。换言之,就是使每个个体自觉成为从事资本生产的抽象环节,即把他们"训练成机器"⑥。这样,寓于日常生活当中的"工作空间、休闲空间以及生活空间之间的联系,就由政治权力机构来提供"⑦。它们统统作为抽象空间再生产的场域,无时无刻不处

---

① F. Jameson. *Postmodernism, or the Culture Logic of Late Capitalism*. Duke University Press, 1991, p.366.

② [美]爱德华·W. 苏贾:《后现代地理学》,王文斌译,商务印书馆2004年版,第76页。

③ David Harvey. *Space of Hope*. Edinburgh University Press, 2000, p.32.

④ David Harvey. *Cosmopolitanism and the Geographies of Freedom*. Columbia University Press, 2009, p.156.

⑤ [匈]安德拉什·赫格居什等:《社会主义的人道主义》,衣俊卿等译,黑龙江大学出版社2014年版,第116页。

⑥ 《马克思恩格斯选集》第1卷,人民出版社1995年版,第289页。

⑦ Henri Lefebvre. *The Production of Space*. Blackwell Publishing, 2007, p.59.

在政治空间的监管当中。

值得一提的是,彰显微观权力的政治空间不仅表现为对个体日常生活的攫取,在更为宽泛的人类学层面,它还造成区域性的不平等与地缘间的差异。这集中反映为资本主义的城市化运动对空间格局的全面重组,以及人为制造的中心区域对边缘地带的无情剥削。二者互为表里,分别构成资本空间权力的两个外在指向:

首先,需要明确的是,"在国家与国际的层面上反映了商业世界,以及货币的权力和国家的'政治'"的抽象空间,促使"积累的摇篮、富裕的地方、历史的主体、历史性空间的中心——换句话说,就是城市——急速地扩张了"。① 其后果就是社会财富源源不断地向城市靠拢,并形成日臻完善的城市金融体系。于是,在前资本主义时代,由于城乡区分不甚明显而产生的平面化地理景观,转变为以城市为节点的空间网络。而城市本身作为该网络的枢纽,则在整体上协调并规划后者的总体性格局。这当然包括一般的生产范式及其相应的交往形态。由此可见,"城市虽不足以改变生产关系但调节了生产关系。作为生产中一种相当于科学的力量,空间和空间的政治组织表达了社会关系,并对它们施以影响"②。这说明,现代化城市已经成为政治空间的表征物。它们对地缘景观与空间网络的重构,可视为以城市为中心的政治性规划。故而,可以认为,"再也没有比城市规划和'城市性'更恶劣的敌人了,它们不啻为资本主义和国家操纵支离破碎的城市现实和控制空间的战略工具"③。正因为如此,资本主义及其国家权力才能在控制劳动力、交换和消费形式的基础上,"通过对城市空间的组织和再组织为统治阶级服务,以利于资本积累和对危机的控制"④。显然,城市化运动是政治空间进行自我建构并逐渐推致微观权力的结果。

其次,政治空间的微观权力只能以剩余价值的剥削或利润额度的增殖为先决条件。这是由于"资本主义无法生产出一个不同于资本主义的空间,也不可能

---

① 包亚明:《现代性与空间的生产》,上海教育出版社 2003 年版,第 49 页。
② David Harvey. *Social Justice and the City*. Basil Blackwell Publishing, 1973, p.306.
③ Micheal Smith. *Cities in Transformation*. Sage Publications Inc, 1984, p.204.
④ [美]爱德华·W. 苏贾:《后现代地理学》,王文斌译,商务印书馆 2004 年版,第 143 页。

实现它这样的企图,即掩盖这个空间的诸如追求利润最大化等的蛛丝马迹"①。但是,对剩余价值的剥削并不仅仅限于某一特定的场域。被抽象空间同质化的社会结构,在打破狭窄的地域性限制的同时,为资本的全球性运转提供了必要契机。可以想象,"先进的资本主义世界,大部分被逼进一场有关生产技术、消费习惯和政治经济实践的大革命里。……这一切都伴随了空间关系的激烈重组、空间障碍的进一步消除,以及一个资本主义发展的新地理形势的浮现"②。这就在空间层面,使资本自身实现了利润的域外获得。其实质,无疑是经济全球化浪潮中,处于金融中心的区域对落后地区的经济掠夺。一个不争的事实是,"资本主义存在本身就是以地理上的不平衡发展的支撑性存在和极其重要的工具性为先决条件的"③。换言之,经济发展的地缘性差异,纯粹是资本主义体系在不断更新的过程中刻意营造的状况。伴随着生产能力的区域性提升,以及地缘间剥削的加剧,"地理的不均匀发展"彻底引发了资本主义的全球性霸权。④ 这是政治空间内,中心区域向边缘地带不断辐射强权的集中表现。与其说中心区域通过经济掠夺限制了落后地区的发展,不如说在这样一种经济剥削的背后,隐藏着难以估量且潜移默化的微观政治力量。一旦边缘地区落入它的陷阱,就自然成为政治空间施展强权的对象,从而被迫接受资本的空间重组与中心区域加诸于己的强制性规划。

　　隐匿于政治空间中的微观权力,发轫于抽象空间对日常生活的压制。它不仅相对于独立的个体表现为某种异化的力量,更于个体生存的空间层面,实现了总体性的霸权。从具体的国家政权对某一区域内人类的日常生活进行管控,到抽象的地域性权威在全球化范围内发号施令,政治空间的微观权力实现了世界性的扩散。其中,除了发达的资本主义国家对落后地区的剥削之外,还有它以城市化的形式对下辖人群的钳制。因此,政治空间的微观权力,可视为以金融中心(即城市)和区域中心(即发达的资本主义国家)为立足点的(一般)国家官僚体

---

① Henri Lefebvre. *The Production of Space*. Blackwell Publishing, 2007, p.161.
② David Harvey. *Between Space and Time*. Annals of the Assosiation of American Geographers, 1990, p.429.
③ [美]爱德华·W. 苏贾:《后现代地理学》,王文斌译,商务印书馆2004年版,第162页。
④ Cf. David Harvey. *The Limits to Capital*. Basil Blackwell Publishing, 1982, p.373.

系,在全球层面重组乃至颠覆人们日常空间结构的能力。

三、总体革命的现实意义:差异空间的设想与身体实践的可能

资本主义对抽象空间的生产与再生产,将物对人的异化提高到了空间维度。这就使日常生活屈从于政治空间的微观霸权之下,从而丧失了它的多元性内涵。此外,资本的同质化力量及其意识形态幻象,又在客观上造成因区位差异所引发的地缘性剥削。于是,资本主义制度在当代就获得了新的表现样态:即超出传统的生产力—生产关系矛盾范式之外的空间生产与日常生活之间的尖锐对立。不得不说,"通过地理上扩张入新的领域,以及对空间关系乃至全球经济空间的建构和全面重组,已经构成 20 世纪的资本主义得以幸存的主要原因之一"①。因此,囿于物的生产层面的哲学批判和政治变革,显然无法回应当代资本主义社会的内在危机。问题的关键在于,对资本主义制度的颠覆,不仅要"作为由无产阶级夺取政权",它更是在空间层面,对"日常生活的彻底重构"。② 从这点上来说,以马克思主义为核心的社会批判,无疑是以个体自身全面性为旨趣的总体性革命。以抽象空间的特质为出发点,它包括两方面重要的实践内容:

首先,日常生活的总体性革命旨在建构与资本的抽象空间相对立的差异性空间。其目的在于,根除由抽象空间的拜物教特质所引发的日常生活同质化倾向。毋庸讳言,在资本的异化空间当中,"无处不在的机械重复已经打败了别具一格,人造与设计的东西已经将自发的与自然的东西从各个领域驱逐出去,简言之,产品已经战胜了作品"③。它在抽离个体创造性的同时,又使凝结于劳动产品之上的人类生活体验消失殆尽。由此可见,资本生产的重要指向,无疑是一元的商品消费向度,对多元的个体需要向度的否定。"作为一项筹划……它剥夺了未被明确规定的那一切应具有的公权"④,转而以货币的单向度价值取而代之。

---

① David Harvey. *Justice Nature and the Geography of Difference*. New York: Blackwell Publisher,1996,p.241.
② [匈]安德拉什·赫格居什等:《社会主义的人道主义》,衣俊卿等译,黑龙江大学出版社 2014 年版,第 37 页。
③ Henri Lefebvre. *The Production of Space*. Blackwell Publishing,2007,p.76.
④ [英]齐格蒙特·鲍曼:《现代性与矛盾性》,邵迎生译,商务印书馆 2003 年版,第 380 页。

因此，资本"空间的建构必然意味着价值的丧失或'消极价值'的出现"①。为扭转这一局面，一种突显个体生存多样性的社会构想势在必行。这就要求，重现被商品生产同质化的差异性劳动环节，及其所蕴含的丰富生活内涵。然而，"就抽象空间倾向于同质化并抹杀现存的差异性与特殊性而言，一种新的空间除非强调差异性，否则是不可能诞生的"②。换言之，对日常生活的重构，意味着一种差异性空间的形成。它作为超越现存制度并瓦解异化空间的激进诉求，只能在现有制度之外获得依据。

反观抽象空间的形成过程，差异性空间的确立实则与其相伴相生。它的关键作用在于，从人类进行物质生产的开端，遏制劳动的抽象化。这就要求"颠覆支配性空间，将取用置于支配之上，将需要置于命令之上，将使用置于交换之上"③。其实质，无疑是个体需要之于商品交换的绝对优先性，以及人的尺度之于物的尺度的绝对控制性。如果说，资本的抽象空间将自身的立足点定位于当下，那么差异性空间则将其"定位于人类内在的未来"，它"仅仅意味着，从一个到另一个的进程只能被设想为一场社会整体变革"。④ 值得一提的是，在差异性空间与抽象空间的斗争中，人们往往对单纯的政治革命怀有不切实际的热衷与幻想。那种认为通过政权更迭和所谓的体制转换，就能改变异化生产体系的论点，无非是资本主义政治空间中，同质化与还原论意识形态延续。尽管"政治革命毫无疑问是必要的，但是它本身没有能力把这一彻底的新结构变成现实"⑤。事实上，要想改变生活，一场总体性的革命必须改变空间。至于绝对的政治革命本身，实则是"透过（政治的）空间之镜所看到的我们自身的想象和幻影"⑥。因此，差异性空间的建构是一项超政治的实践。它旨在恢复被抽象空间蚕食的日常生活的多样性，并逐渐推演出"一整套因人而异的社会关系"，这就为"日常生活中

---

① David Harvey. *Justice Nature and the Geography of Difference*. Blackwell Publishing, 1996, p.217.
② Henri Lefebvre. *The Production of Space*. Blackwell Publishing, 2007, p.53.
③ 包亚明：《现代性与空间的生产》，上海教育出版社 2003 年版，第 57 页。
④ [匈]阿格妮丝·赫勒：《激进哲学》，赵司空、孙建茵译，黑龙江大学出版社 2011 年版，第 128 页。
⑤ [匈]安德拉什·赫格居什等：《社会主义的人道主义》，衣俊卿等译，黑龙江大学出版社 2014 年版，第 68 页。
⑥ Henri Lefebvre. *The Production of Space*. Blackwell Publishing, 2007, p.191.

形色各异的不同自我,以及各式各样截然不同的社会态度"提供了包容性的场域。① 由此可见,差异性空间就是与独立的个体相关联的日常空间。

其次,日常生活的总体性革命本质上实现了具体的身体实践对抽象的空间生产的反制。毋庸置疑的是,"位于空间与权力话语真正核心处的是身体,是那个不能被简化还原且无法颠覆的身体。它拒斥那剥削与毁灭它的关系的再生产。……这个人类的身体抵抗着压迫性关系的再生产"②。在资本的抽象空间中,由于劳动产品与劳动者之间的分离,个体始终处在异化的阴影之下。为他们所创造的大量物质财富,仍然是"'异己的'和'不依赖'于他们的,即仍旧是一种特殊的独特的'普遍'利益"③。它只能满足个体最低限度的生存需要,即维持身体存在的低端物理性需要。至于身体实践的全面性,则被抽象化为商品消费的一个环节,而日趋单一与贫乏。这集中体现为,"异化劳动从人那里夺去了他的生产的对象,也就从人那里夺走了他的类生活……异化劳动把自主活动、自由活动贬低为手段,也就把人的类生活变成维持人的肉体生存的手段"④。因此,有关身体实践的变革,就是超越抽象空间对它的纯粹物理性定位,转而以自由发展的全面性取而代之。

在现实生活中,虽然"活生生的身体……已沦为被分割已毕的空间所设下的天罗地网的俘虏"⑤,但个体"作为这个过程的牺牲品从一开始就处于反抗的关系中,并且感到它是奴役过程"⑥。这就为身体革命的激进需要提供了可能性。尽管资本主义制度通过政治空间的重组,已然建构出能够容纳自身异化生产且规避政治危机的空间体系。但它所特有的剥削本质与同质化倾向,在割裂人类与其全面性的关系时,仍然会激起身体实践最为原始的反弹。这是实存的多样性需要对虚拟的意识形态谎言最直接的批判。因此,它可视为一种"生存方式意

---

① G.H.Mead. *Mind, Self, and Society*. University of Chicago Press,1967,p.142.
② Henri Lefebvre. *The Survival of Capitalism, Reproduction of the Relations of Production*. Allison & Busby,1976,p.89.
③ 《马克思恩格斯选集》第1卷,人民出版社1995年版,第85页。
④ 马克思:《1844年经济学哲学手稿》,人民出版社2008年版,第58页。
⑤ Henri Lefebvre. *The Production of Space*. Blackwell Publishing,2007,p.99.
⑥ 《马克思恩格斯全集》第49卷,人民出版社1982年版,第48页。

义上的总体性革命"①。其中,亟待瓦解的是为商品的抽象劳动所营造的虚假现实,以及由此引发的意识形态对生存体验的霸权。身体革命旨在恢复个体的实践体验之于日常生活的直接关系,从而终结横亘于二者之间的政治空间及其被实体化的微观权力。由此可见,对资本主义抽象空间的超越,"关键是再现身体化空间的本真状态,或者说是创造性重建人的生命体验过程与空间的本真性联系的生产—本体论,解构各种抽象的符号空间的统治"②。唯有这样,个体的全面性才能实现,进而本真的日常生活才能再度产生。

不难看出,现代资本主义的矛盾,无疑是空间的异化生产与日常生活的多样性实践之间尖锐的对立。而所谓的"'空间转向'以及'地理学想象'"不外乎"通过'空间'和'地方'视角再度打开资本主义话语和权力所封闭的历史和物化了的日常生活实践"。③ 于是,一种更为广泛的空间革命呼之欲出,它要求"日常生活变成每个公民和每个社区都能进行的创造"④,以此来对抗抽象空间带来的机械重复和同质化的政治幻象。事实上,日常生活的总体革命与空间生产的全面批判,无疑是同一问题的两个不同维度,其母体都是马克思关于社会关系生产与再生产的辩证法理论。⑤ 只不过它们在空间层面被赋予更为广泛的涵义。因此,基于资本空间批判之上的日常生活总体性革命,应被看作马克思主义社会理论在应对资本主义制度新样态时的激进尝试。后者无疑拓宽了传统马克思主义的理论视域,从而增强了马克思主义本身的批判力度,进而为实现人类的全面解放提供出新的佐证。

---

① [匈]安德拉什·赫格居什等:《社会主义的人道主义》,衣俊卿等译,黑龙江大学出版社 2014 年版,第 69 页。
② 刘怀玉:《现代性的平庸与神奇》,中央编译出版社 2006 年版,第 418 页。
③ 胡大平:《地理学想象力和空间生产的知识》,《天津社会科学》2014 年第 4 期。
④ Henri Lefebvre. *Everyday Life in the Modern World*. The Penguin Press,1971,p.135.
⑤ Henri Lefebvre. *The Survival of Capitalism*, *Reproduction of the Relations of Production*. Allison & Busby,1976,pp.7-8.

德国"新马克思阅读"的兴起、基本理论及理论成就[①]

李乾坤

（南京大学马克思主义学院）

德国"新马克思阅读"（die Neue Marx-Lektüre）这一理论运动，目前已进入我国学界的视野中。借助于既有研究，我们可以掌握这一理论运动的如下基本特征：首先，"新马克思阅读"的理论重点，是探究马克思的价值形式分析中的辩证法思想，强调价值形式理论在马克思思想中的革命性作用；其次，这一理论运动与法兰克福学派的批判理论传统有着密切关系，它力图为批判理论奠定政治经济学批判的基础，"新马克思阅读"运动因此也被视作法兰克福学派在1970年后的一个分支；再次，"新马克思阅读"运动在21世纪以来，成为当代德国马克思思想研究的一个新的增长点。但是，我们对于"新马克思阅读"运动的系统性探讨尚还欠缺。哪些因素诱发了这一理论运动，它所兴起的思想史背景是什么？"新马克思阅读"运动的理论主张的独创性是什么，它的价值和意义在哪里？此外，从我们今天的视角来看，应如何评价这一理论运动的成就？本文尝试回答这些问题。

一、"新马克思阅读"兴起的背景

要搞清"新马克思阅读"兴起的原因，就需要对20世纪60年代的联邦德国乃至西欧的社会史和思想史背景进行一个考察。

从社会史的角度来看，"二战"后经历了十多年发展的联邦德国，在很多方面发生深刻变革。这些变革的基础，首先就是战后联邦德国经济上的飞速发展，创造了举世瞩目的"经济奇迹"。1949年5月23日成立的德意志联邦共和国，在经历了纳粹主义肆虐之后的"国家恐惧症"氛围中，重建国家的合法性成为一个

[①] 原载《马克思主义与现实》2018年第6期。

迫在眉睫的问题。联邦德国做出的选择，其实就是将国家的合法性奠定在经济之中。① 通过货币改革、建立社会市场经济而推动经济的快速发展，从而塑造国家的合法性。这就是福柯在《生命政治的诞生》讲演中曾专门探讨过的"德国新自由主义"②。与经济上全面繁荣的景象相呼应的，是福利国家（Sozialstaat）的建立。国家通过对分配的调节，使得人民在就业、教育、住房、医疗等各个方面都得到充分的保障，德国社会开始全面中产化。除了福利国家政策之外，在政治上，联邦德国全面接受了美国主导的民主宪政改造。福利国家与民主宪政，使得"国家"的形象发生了改变，它似乎不再是几个利益集团所争夺、操纵的工具，而成为一种社会普遍利益的代表。经济、社会和政治上的一系列变革的后果，是在社会生活方面，经济原则成了支配人们生活的统治性原则；在政治方面，当社会全面中产化之后，德国的主要政党，也开始将自身转变为"全民党"，这尤其以德国社会民主党1959年通过戈德斯贝格纲领为标志。左翼政党在联邦德国的实践遭遇了重大挫折。

联邦德国全新的社会和政治景象，为左翼知识分子提出了这样两个至关重要的问题。首先，资本主义的全面胜利，所带来的是物化和拜物教现象的加深。经济的原则，正成为阿多诺所批判的同一性原则，它通过精致、隐蔽甚至是人们心甘情愿的方式，建立起一个"全面管理的社会"。传统马克思主义体系中的阶级似乎消弭了，剥削似乎也隐藏不见了。那么，面对这样的社会，如何重新激活马克思所提供的理论资源？其次，通过福利国家政策和民主宪政所塑造的全新的国家形式，也是德国人在历史上第一次遭遇的。这种以平等和自由、民主宪政为原则，似乎代表了普遍利益的、具有黑格尔伦理意义的国家，背后的原则是什么？它是否意味着马克思主义的国家理论全面过时了？如何面对全新的资产阶级国家"形式"？

---

① ［德］赫尔弗里德·明克勒：《德国人和他们的神话》，李维、范鸿译，商务印书馆2017年版，第449—450页。
② ［法］米歇尔·福柯：《生命政治的诞生》，莫伟民、赵伟译，上海人民出版社2011年版，第63—78页。德国新自由主义，以1948年艾哈特推动的的货币改革为发端。德国新自由主义区别于英美在20世纪70年代末80年代初由撒切尔-里根新政开启的新自由主义。前者是在经济中为国家奠定合法性，后者则是国家向市场让渡权力、恢复市场的自由原则。

从思想史的角度来看,如下三个方面的因素直接推动了新马克思阅读的兴起:

首先,20世纪60年代后期,联邦德国战后成长起来的青年一代开始主动学习马克思主义,批判资本主义,从而在青年学生群体中掀起了一股阅读马克思的热潮,这一热潮一直延续到70年代末。和战后德国思想界各个领域一样,在德国当时的左翼理论界,"重建"也成为一个主题词。因为,联邦德国的马克思主义的传统,自1933年纳粹上台一直到1963年强势反共的政治家阿登纳下台,已经产生了长达三十年的断裂。① 青年一代所重建出来的,则主要是一种黑格尔主义的马克思主义。这种黑格尔主义的马克思主义主要有两个来源,一位是列奥·科夫勒所中介的卢卡奇思想,另一位则是伊林·费切尔所揭示的马克思思想的黑格尔因素。

黑格尔主义的马克思主义,又与战后的社会民主主义价值观的重塑交相呼应。德国社会民主党在战后试图将社会主义价值观与基督教伦理相融合、统一,在这一目标下,作为人道主义哲学家的马克思的形象更加具有吸引力。郎兹胡特和迈耶尔1932年主编的《历史唯物主义:早期文献》,在1953年以《卡尔·马克思:早期文献》为题大大删减体量后再次出版,为对马克思思想进行一种人道主义的解读提供了文献基础。此外,由德国新教协会主编,伊林·费切尔等人主编的《马克思主义研究》(Marxismus Studien)辑刊,在当时推动了联邦德国的马克思主义研究。对马克思思想中的黑格尔辩证法的挖掘,以及对人道主义马克思主义传统的反思,构成了"新马克思阅读"的深层思想渊源。

其次,20世纪50年代,英美学界围绕马克思劳动价值论的争论再次掀起高潮。保罗·斯威奇、温特尼茨、多布、米克以及琼·罗宾逊等人积极参与了这一讨论,到60年代后,以斯拉法为代表的新李嘉图学派和以萨缪尔森为代表的新古典综合派,更进一步推动了劳动价值论的探讨。问题的关注点,逐渐从价值理论建构的技术性讨论,深入到劳动价值论存在的必要性问题上。在对马克思劳动价值论的经济学味道十足的转形问题的讨论过程中,人们已经注意到从更为

---

① 笔者专门论述这一主题的论文《德国马克思主义发展史中"失去的三十年"及其思想史效应》,《西南大学学报(社会科学版)》2019年第4期,第64—71,198页。

基础的意义上探究劳动价值论的必要性。经济学领域的争论，实际上折射出的是哲学方法论上的冲突。必须从哲学的角度回应围绕价值问题的争论了。恰恰是这种理论诉求，促使"新马克思阅读"的开拓者巴克豪斯和莱希尔特从价值形式问题入手，论证价值形式之上的辩证法，从而超越经济学论争中简单地将价值视作一种主体性的需要或一种客体性的实体。"新马克思阅读"的主要代表人物都将回应经济学领域的劳动价值论作为首要任务。1973年，苏联经济学家鲁宾的《马克思价值理论文集》德文版在德国再次出版，也对"新马克思阅读"的发展发挥了重要推动作用。

再次，法兰克福学派的批判理论资源，在20世纪60年代后期被重新激活。霍克海默和阿多诺等人在"二战"后回到法兰克福重建社会学研究所，但是他们二人在很长一段时间里刻意隐藏了研究所在三四十年代的研究，成了"重建社会里的批判性装饰"。① 但是在20世纪60年代后期，伴随着联邦德国重读马克思的热潮，以及日渐高涨的学生运动，法兰克福学派的批判理论传统也开始逐渐被挖掘出来。在六八学生运动时期，左翼学生甚至到阿姆斯特丹去复制在德国难觅其踪的《启蒙辩证法》。"新马克思阅读"正是在这一背景下，从对马克思的直接阅读出发，探寻批判理论与马克思的深层联系。"新马克思阅读"运动的理论奠基人巴克豪斯和莱希尔特，都是阿多诺的学生，②他们始终将自己的理论探索放置在法兰克福学派批判理论的传统之中，此外参与"新马克思阅读"讨论的许多学者也都有法兰克福社会研究所的学术背景。而以法兰克福大学为核心、巴克豪斯等人编辑、前后出版12期的辑刊《社会：马克思理论研究》(*Gesellschaft. Beiträge zur Marxschen Theorie*)，成为"新马克思阅读"的一个理论阵地。

以上这些社会史背景和思想史背景，共同促成了"新马克思阅读"运动的兴起。

---

① ［德］魏格豪斯：《法兰克福学派：历史、理论及政治影响》上，上海人民出版社2010年版，第573页。

② 汉斯-格奥尔格·巴克豪斯(1929—)，硕士师从于阿多诺，硕士论文题为《产品的商品形式和货币形式的社会结构》。他求学期间的《价值形式的辩证法》一文曾受到阿多诺的高度评价。海尔穆特·莱希尔特(1939—)，硕士师从于阿多诺，硕士论文主要研究恩格斯的价值理论，博士师从于伊林·费切尔，博士论文《马克思资本概念的逻辑结构》与巴克豪斯的《价值形式的辩证法》共同构成"新马克思阅读"的纲领性文献。

二、"新马克思阅读"运动的理论主题

"新马克思阅读"运动自 20 世纪 60 年代末兴起,至今一共传承了三代学人,但实际上,这一理论运动始终是一个松散的共同体。① 维系这个共同体的,是他们共同的理论关注点和理论范式。这就是马克思的价值形式和国家形式问题,以及与之密切相关的政治经济学批判与批判理论关系问题。

(一) 价值形式的辩证法

马克思的价值形式(或者说"价值的表现形式")分析,被"新马克思阅读"视为马克思对于古典政治经济学的真正超越,也是马克思哲学方法论革命的充分表现。马克思曾在《资本论》的序言中强调价值形式分析对于理解资本主义生产方式和交换方式的关键意义。正是马克思价值形式分析中的辩证法,使其超越于劳动价值论争论中片面强调价值的实体性和价值的效用性这两种不同倾向。② 但是,价值形式分析中的辩证法,根据巴克豪斯的观点,却在包括第二国际和苏联教科书体系的传统马克思主义的解读模式中"被以一种粗糙地简化了的和常常是以完全走样的形式而被引用或批判的",或者说被"稀释"和"通俗化"了,因此"对马克思思想的实证的阐释来说,定义独特的、经典的和马克思主义的价值理论就是必要的"。③

对价值形式分析的辩证法思想所进行的通俗化,正是马克思自己做的。在《资本论》1867 年德文第一卷第一版出版前,马克思听从了恩格斯和库格曼的意见,为"太过难解"的第一章第一节分析商品的价值表现形式的部分,另写了一份"简单地,甚至讲义式地叙述问题"④的题为"价值形式"的附录。此后的 1873 年

---

① 新马克思阅读的第一代主要由巴克豪斯、莱希尔特和国家衍生论争的参与者,如沃尔夫冈·穆勒等人,有学者也将阿尔弗雷德·施密特视作新马克思阅读的代表;新马克思阅读的第二代以海尔穆特·布伦特尔、米夏埃尔·海因里希、狄特·沃尔夫和维尔纳·博内费尔德为代表;第三代则以英格·埃尔贝、斯文·艾尔玛、延·霍夫等学者为代表。

② 需要指出的是,新马克思阅读的这一基本判断,与同时代日本马克思主义学界的宇野宏藏的观点非常接近。新马克思阅读和宇野学派,几乎在同时进行了相近的研究。受宇野学派的影响,柄谷行人在《跨越性批判》一书中深入发挥了马克思在价值形式理论之上的革命性意义。

③ Hans-Georg Backhaus. *Zur Dialektik der Wertform*, in *Dialektik der Wertform*. Freiburg:Ca ira-Verlag,1997,S.41.

④ 《马克思恩格斯全集》第 42 卷,人民出版社 2016 年版,第 15 页。

出版的《资本论》第一卷第二版,将马克思对第一版的第一章的"商品"节大幅度地修改为四小节,其中第三节"价值形式或交换价值"改动尤其大。在第一版中和价值实体、价值量、劳动二重性等问题处于完整语境中被探讨的价值形式问题,被全部改写后与第一版的"价值形式"附录进行了合并。这种改写,在巴克豪斯看来造成如下三点问题:

第一,《资本论》第一版原"商品"节中价值实体向价值形式过渡的辩证论述被严重破坏。这一部分,正是马克思所说的"我甚至卖弄起黑格尔的特有的表达方式"的地方,而因为马克思的这种改写,导致马克思"对价值的'演绎'已根本不能被理解为辩证的运动了"。① 其实,在《资本论》第一章中,马克思的方法对黑格尔逻辑学方法的继承,列宁在《哲学笔记》中就已经强调出来了。这一问题在大约五十年后,又重新被联邦德国的青年一代学者所发现。

第二,巴克豪斯认为这种改写,为人们理解商品拜物教造成了许多困难。我们所熟知的《资本论》第一卷第二版中作为独立一节的"商品的拜物教性质及其秘密",其实是对第一版附录"价值形式"中的"等价形式"的第四个特征中的最后一个"商品的拜物教特征在等价形式中比在相对形式中更明显"的扩充,换句话说,离开了完整的第三节,就无从准确理解商品拜物教这一节。这导致"一,众多研究者都忽视了劳动价值学说将货币作为货币来研究并在此基础上创立一个专门的货币理论的要求;二,马克思所创造的劳动价值学说和物化现象之间的关系还处于模糊的状况之中"②。

第三,马克思的通俗化改写,使得恩格斯将商品的"简单流通"过程错误地理解为"简单商品生产"过程。在巴克豪斯看来,这一误解奠定了后来全部马克思主义政治经济学的理解方式。这就是将马克思《资本论》中的"商品与货币"当作前资本主义的简单商品生产的历史阶段。然而,这一章实际上正是资本主义生产方式和交换方式的逻辑的抽象表达!这里正关系到马克思《资本论》中历史的方法和逻辑的方法的关系问题。"新马克思阅读"的学者,继承和发展巴克豪斯

---

① Hans-Georg Backhaus. *Dialektik der Wertform, Untersuchungen zur Marxschen Ökonomiekritik*. Freiburg:Ca ira-Verlag,1997,S.43.
② Hans-Georg Backhaus. *Dialektik der Wertform, Untersuchungen zur Marxschen Ökonomiekritik*. Freiburg:Ca ira-Verlag,1997,S.46.

的观点,都强调价值形式分析是对资本主义生产方式的"细胞形式"的分析,是逻辑的而非历史的。

既然马克思的改写使得价值形式分析的辩证法思想大大"稀释",那么,"新马克思阅读"的首要任务就是重建价值形式的辩证法。

对价值形式的辩证法的重建,在文本层面,就是要回到马克思的《资本论》第一卷第一版,以及以《1857—1858年经济学手稿》为代表的马克思政治经济学批判手稿之中。这些手稿正是在20世纪60年代之后逐渐进入西方学术界的视野之中,也成为"新马克思阅读"的研究对象。在理论层面,就是要打破将价值形式的发展过程理解为客观历史规律的做法,而将价值形式视作资本主义生产方式和交换方式所必然逻辑地发展出的外在形式,探求货币形式这一客观形式性外表所掩盖的社会结构内容,这就是一种矛盾性的社会关系,从而在价值形式之上建立起一种主客体双重维度的统一。这其实正是卢卡奇所奠定的黑格尔主义的马克思主义的方法。

资本主义生产方式内在不可弥合的矛盾,即建立在私人占有之上的社会化生产,使得一切商品生产者(这是资本主义社会中一切个体的存在状态)都必须借助交换来满足自己的需求,正是在交换之中,价值形式的逻辑的发展得以展开,最终以完成了的价值形式——货币(Geld)形式①表现出来。莱希尔特这样总结这一社会内容:"个体参与到一个全面依赖性的体系之中,参与到'需要的体系'之中,借助于依靠他们具体的感性生产来和所有其他人的生产联系起来。在他们劳动的内容上展现出了他们活动的社会特征,他们的劳动已经是社会的生产,但是,关键在于,这是无意识的社会生产。"②这种个体与社会、私人劳动与社会劳动相矛盾的"需要的体系",正是客观的价值形式背后的主体性内容。

进一步看,这种矛盾的社会内容是如何最终表现为价值形式的形式性外表的呢?这里,巴克豪斯和莱希尔特使用了"二重化"(Verdopplung)概念来表达。

---

① 在马克思《资本论》中,货币形式并非我们日常所指的货币,而是价值形式逻辑发展的一个环节。从一般等价物、金银,到铸币(Münze),最后到货币(Geld),不同的价值形式背后对应的是不同发展程度的社会结构。

② Helmut Reichelt. *Zur logischen Struktur des Kapitalbegriffs bei Karl Marx*. Freiburg: Caira-Verlag, 2001, S.164.

二重化,在最基本的意义上就是商品向货币的二重化过程,这是货币形式的秘密之所在。对此马克思是这样表述的:"商品本来就是一个二重物,使用价值和价值,有用劳动的产品和抽象劳动的凝结物。为了表示出它是哪一种,它必须把它的形式二重化。……如果对两个商品的关系从质的方面进行考察,就会从那种简单价值表现中发现价值形式的秘密,从而简单地说,发现货币的秘密。"①所以,商品二重化为商品和货币的过程,正是价值形式的辩证法的展开。莱希尔特继而将这种二重化进一步区分为观念的二重化和现实的二重化。

价值形式问题在"新马克思阅读"的传统中,始终作为核心和基础的对象被探讨。"新马克思阅读"强调马克思在价值问题上实现的哲学方法论革命:在巴克豪斯和莱希尔特这里,即实现了一种主客体统一的辩证法;在"新马克思阅读"的第二代代表米夏埃尔·海因里希那里,马克思正是在价值问题上实现了一种"科学革命";②而在迪特·沃尔夫那里,则重点强调黑格尔的逻辑学结构与马克思资本逻辑的内在同构性。新马克思阅读对价值形式的辩证法的重建,也为继续探讨国家形式问题以及批判理论的政治经济学批判根基奠定了基础。

(二) 资本逻辑与国家形式:国家衍生(Staatsableitung)论争

"新马克思阅读"的另外一个理论重点在国家理论之上。这就是在巴克豪斯和莱希尔特所提供的价值形式辩证法研究的影响下,发生于20世纪70年代的"国家衍生"论争。国家衍生论争被广泛承认为"新马克思阅读"的重要分支。那么,价值形式和国家问题(确切说是国家形式问题)有什么关系呢?

英国学者西蒙·克拉克在1990年编著的《国家争论》一书的导言中,介绍国家衍生论争时指出:"这一路径(国家衍生论争)建立在将马克思《资本论》诠释为一种作为整体的资本主义社会的社会联系理论,而非'经济学'理论之上,这一路径以对马克思价值理论的讨论为先声。"③也就是说,在"新马克思阅读"那里,价值形式和国家形式存在着内在的同构性关系:价值形式分析所揭示的是,资本主义社会关系内在不可克服的矛盾,最终必然采取价值形式的完成形式即货币形

---

① 《马克思恩格斯全集》第42卷,人民出版社2016年版,第40—41页。
② Michael Heinrich. *Wissenschaft der Wert, Die Marxsche Kritik der politischen Ökonomie zwischen wissenschaftlicher Revolution und klassischer Tradition.* Münster,1999,S.17.
③ Edited by Simon Clarke. *The State Debate.* Macmillan Academic and Professional LTD,1991, p.9.

式的外表;货币一般是资本这一环节的逻辑前提,资本逻辑的内在矛盾,即资本的流通、积累等规律,由于其内在不可克服的矛盾,必然采取资产阶级的国家形式。此外,价值形式的辩证发展之所以能够完成,商品的价值之所以能够以货币形式表现出来,也必然需要一定的外在社会条件,这首先就包括相应的法律形式和国家形式。价值形式和国家形式问题,因此是一种逻辑上递进和深入的关系。

关于价值形式与国家形式的这种内在关联,苏联法学家叶甫根尼·帕舒卡尼斯早在1927年出版的《法的一般理论与马克思主义》中就做出了论述。在这本书中,帕舒卡尼斯提出了一个著名的问题,这就是:"为何阶级统治没有停留在它所是的东西之上,也就是说,一部分人民在实际上屈服于另一部分人?为何它要采取一种官方的国家的统治形式,或者为何同样是这一形式,这一国家强制的机构没有变成统治阶级的私人机构,为何它同后者分离开,并采取了一种非个人的,和社会分离开的公开权力的机构的形式?"①帕舒卡尼斯给出的答案直接而明确:商品形式决定资产阶级的法律形式和国家形式。正是商品形式的形式平等的特征,决定了资产阶级法律形式和国家形式的形式平等。也就是说,以看似平常的商品关系,作为资本主义社会的统治性关系,也以同样的结构塑造了资本主义的法和国家。《法的一般理论与马克思主义》一书于1967年在德国再版,在当时深刻影响了"新马克思阅读"在国家理论上的发展。

战后联邦德国的福利国家政策以及对它的理论辩护,是国家衍生论争的主要批判对象。沃尔夫冈·穆勒和克里斯特尔·诺伊西斯于1971年发表的《福利国家幻象与劳资矛盾》一文,被视作国家衍生论争的开端。这篇文章批评社会民主主义的修正主义国家理论,认为这种国家理论将资本主义社会生产中的生产过程和分配过程相分离,将国家机器视作独立于资本主义生产形式之外的自主的存在,②它似乎可以仅仅通过对分配的调节就实现社会的改良。在此基础上,这种国家理论将对经济规律的变革排除在外,而将国家的政治调节视作灵丹妙药,在理论上就反映为在哈贝马斯和奥菲那里所表现出的,片面地关注政治的和

---

① [苏]帕舒卡尼斯:《法的一般理论与马克思主义》,杨昂、张玲玉译,北京:中国法制出版社2008年版,第92页。

② Wolfgang Müller, Christel Neusüß, Die Sozialstaatsillusion und der Widerspruch von Lohnarbeit und Kapital. PROKLA. Sonderband 1, 1971, S.13.

社会学的理论,而忽视对经济学理论的"经济分析"。①

要打破资产阶级国家形式的最新表现即福利国家,就要走向背后的经济过程,走向生产过程的总体性。以经济的总体视角来看,分配环节本身就是生产环节不可分割的一部分,并不具有独立的、支配性的政治性特征。国家对社会产品的再分配实际上是资本积累和流通过程的必然手段,是维系再生产过程的需要。在这个意义上,福利国家政策所进行的干预其实只是资本逻辑的内在衍生而已。修正主义的国家理论看不到这种总体性的联系,孤立地审视国家的调节,以政治和伦理的视角探讨国家调节时,也就如忘记了商品和货币所产生的社会关系一样,而陷入国家形式的幻想和拜物教之中。

在穆勒和诺伊西斯的以上文章发表以后,众多学者和研究小组都参与到国家衍生问题的论争之中。他们从不同的角度推进了资本逻辑和国家形式的关系问题。例如,弗拉托沃和胡伊斯肯就基于《资本论》中资本主义社会收入来源的三位一体公式之上的神秘化过程,分析资产阶级社会平等表象的形成;而布兰克、于尔根斯和卡斯滕迪克,则发展了帕舒卡尼斯的观点,将注意力放在资产阶级国家形式的法律形式前提和财产权问题上。他们强调资产阶级的法律形式保障了平等交换的原则得以进行,法律形式是国家形式的前提,二者共同保障了商品交换的基本条件即财产权;艾尔玛·阿尔特法特侧重从资本积累理论和平均利润率下降规律理论来分析国家问题,资本主义社会的平均利润率下降是一个必然的规律,随着这一危机的来临,当个别资本不再获利时,国家往往也会从维护秩序转变为干预秩序,"国家因此在资本主义社会的基础上是对个别资本的一定补充,这种国家的'补充'是历史地规定的……国家特殊化因此奠定于资本关系的'本性'之中"②。

国家衍生论争的参与者尽管强调的重点不同,但有着基本的共识,即认为资产阶级的国家形式只是资本主义生产方式和交换方式的必然结果,是资本逻辑的衍生物。这一观点具有非常直接的现实意义,就是指出福利国家和民主宪政

---

① Wolfgang Müller, Christel Neusüß, Die Sozialstaatsillusion und der Widerspruch von Lohnarbeit und Kapital. *PROKLA*. Sonderband 1,1971,S.16-17.

② Elmar Altvater. Zu Einigen Problemen des Staatsinterventionismus. *PROKLA* 3/1972,Berlin,S.17.

的全新资产阶级国家形式并没有像一些人以为的那样已经彻底摆脱了传统的工具论,具有了超越性的伦理力量,而是资本为实现自身的积累和流通所采取的手段而已,它在本质上仍然服务于资本本身。

(三) 探寻批判理论的政治经济学批判基础

"新马克思阅读"的第三个主要理论探索,体现在对法兰克福学派批判理论的推进之上。这就是从政治经济学批判的角度重新阐释批判理论。一些学者将这一点视为"新马克思阅读"的首要理论贡献。① 法兰克福学派的批判理论与马克思开拓的政治经济学批判有着密切的关系,这一观点对于今天的学者来说并不陌生。但是在20世纪70年代,这可是一个被全新揭示出的角度。法兰克福学派早期的文献,如《社会研究杂志》直到1970年才在阿尔弗雷德·施密特的主持下再次出版,法兰克福学派早期的批判理论资源才为青年一代所知。

然而,为何要从政治经济学批判的角度来重新解释批判理论呢? 我们在前文中已经回答了这一问题。一方面,在当时联邦德国重建对马克思理解的氛围中,青年一代学者迫切地想要找到马克思理论在新时期重新出场的路径;另一方面,则是因为批判资本主义现实如福利国家社会的实践需要。面对这样的理论任务,不同的人给出了不同的答案。是否坚持回到马克思的政治经济学批判,在1969年成了法兰克福学派第二代分化的关键。如哈贝马斯就怀疑马克思的政治经济学批判在当代的价值,进而在西方理论传统中寻找其他资源来重建他对历史唯物主义的理解,从而开辟了交往行为理论的路径。而"新马克思阅读"则是法兰克福学派第二代之中,试图回到马克思来重新理解批判理论的一批学者。

为了将马克思的政治经济学批判解读为社会批判理论,同时也将社会批判理论建立在政治经济学批判之上,"新马克思阅读"首先要做的,就是对"政治经济学批判"这一概念的重新解读。在巴克豪斯看来,"政治经济学批判"本身具有一种二义性,它不仅是对一种经济学说体系的批判,更是对现实的经济体系的批

---

① [意] R.贝洛菲尔、T.R.瑞瓦:《新马克思阅读——复归政治经济学批判于批判理论之中》,孙海洋译,《马克思主义与现实》2015年第5期。

判,这一现实的经济体系,借用阿多诺的话来说,就是一种"非人的体系"。① 批判现实的非人的体系,正是批判理论的宗旨。在这个意义上,政治经济学批判就等同于社会批判理论。"新马克思阅读"的价值形式研究,其实已经为这一点提供了逻辑前提。价值形式的辩证法,就是主体性的矛盾的社会结构,展现为客观的价值形式的辩证运动的过程。在价值形式的辩证法中,商品、货币等经济学范畴本身就是具有主-客体维度的"客观的思维形式",是现实的、矛盾的社会关系在思维上的展现,它们同时具有观念的内容和现实的内容。政治经济学批判与批判理论的统一,关键就在于二者的批判对象在根本上是一致的。这就是政治经济学批判的对象问题。巴克豪斯指出,"在语言学的考虑背后隐藏着的事实逻辑的问题,就接近了马克思的'范畴'和国民经济学的基本概念的关系问题。马克思将'范畴'也定义为'荒谬的'(verrückte),也就是颠倒的'形式'以及'客观的思维形式'(objektive Gedankenform)。关于'范畴'的现实性的讨论也和围绕'荒谬'、颠倒、设定的以及'客观的'联系起来"②。这样,对政治经济学范畴的批判,也就是一种具备主体性和客体性维度的双重批判,是打破经济学范畴之上的似自然性特征,还原产生这种自然性特征的现实关系的过程。

"新马克思阅读"对于政治经济学批判和批判理论关系的解读,也继承了阿多诺的哲学方法论。这种哲学方法论,阿多诺在《否定辩证法》中做了充分论述,在与实证主义社会学争论时生动地加以运用,即始终强调"作为主体的社会和作为客体的社会"③,将社会视作一个主客体的统一,反对将对社会的认识片面锚定在主体性或是客体性之上。社会对象的主客体同一性,与政治经济学批判的二义性恰好是一致的。批判理论因此并非单纯的"社会批判"、"文化工业批判"或"工具理性批判",而恰恰内涵了一种政治经济学批判。作为"新马克思阅读"

---

① Hans-Georg Backhaus. "Über den Doppelsinn der Begriffe 'Politische Ökonomie' und 'Kritik' bei Marx und der Frankfurter Schule." In Hrsg. von Stefan Dornuf und Reinhard Pitsch, *Wolfgang Harich zum Gedächtnis: Eine Gedenkenschrift in zwei Bände*. Band.2, München 1999, S.17.

② Hans-Georg Backhaus. "Über den Doppelsinn der Begriffe 'Politische Ökonomie' und 'Kritik' bei Marx und der Frankfurter Schule." In Hrsg. von Stefan Dornuf und Reinhard Pitsch, *Wolfgang Harich zum Gedächtnis: Eine Gedenkenschrift in zwei Bände*. Band.2, München 1999, S.39.

③ Theodor Adorno. "Einleitung zum Positivismusstreit in der deutschen Soziologie," in Th. W. Adorno u.a. *Der Positivismusstreit in der deutschen Soziologie*. Darmstadt und Neuwied 1969, S.43.

第二代的博内费尔德指出,"对于政治经济学批判来说,经济的本质(economic nature)并非经济学的本质(essence of economics)。经济学的本质是社会,而社会则是出于社会关系中的社会个体"①。反过来讲,"对于社会批判理论来说,生产的社会关系并非历史地超决定的普遍经济规律的表现;批判理论认为经济规律是表现经济本质规律的纯粹的社会形式"②。所以,政治经济学批判和批判理论在内在逻辑上是高度一致的。

三、"新马克思阅读"运动的理论成就

"新马克思阅读"运动自20世纪60年代末兴起以来,已经成了德国马克思主义传统中的一个重要力量。2008年,总结"新马克思阅读"这一思想传统的著作《西方的马克思:联邦德国1965年以来的新马克思阅读》出版,在引发了德国左翼理论界的争论的同时,也标志着这一理论传统正式以一个独立的传统进入思想史视野中。五十多年来,"新马克思阅读"所提供的价值形式理论、国家理论以及对批判理论的重新阐释,影响了德国内外的一大批学者。在德国,如今以英格·埃尔贝和斯文·艾尔玛等人为代表的"新马克思阅读"第三代已经在德国左翼理论界扮演了不可或缺的角色。在德国之外,"新马克思阅读"的国家理论研究,在20世纪70年代早期就被约翰·霍洛维和皮西奥多介绍到英国,成为英国国家理论争论中"社会主义经济学家大会"的"资本-阶级冲突论"国家理论的直接思想资源。此外,20世纪90年代英国学界的"新辩证法学派",在重建马克思《资本论》中的辩证法思想时,也吸收了"新马克思阅读"的不少思想资源。"新马克思阅读"的理论探索甚至还被当代激进思想家齐泽克所注意和强调。③ 如今在西方学界,"新马克思阅读"的影响还在持续扩大,一大批青年学者聚焦在"新马克思阅读"的理论之上,英国的历史唯物主义书系,也已经开始准备翻译出版

---

① Werner Bonefeld. *Critical Theory and the Critique of Political Economy. On Subversion and Negative Reason*, Bloomsbury, 2014, p.27.

② Werner Bonefeld. *Critical Theory and the Critique of Political Economy. On Subversion and Negative Reason*, Bloomsbury, 2014, p.54-55.

③ 齐泽克在其《延迟的否定》和《视差之见》中,对莱希特《论马克思资本概念的逻辑结构》一书都有提及,并肯定此书的重要意义。

新马克思阅读代表人物的主要著作。

那么,应当如何评价新马克思阅读的理论成就呢?我们可以总结为如下三个方面:

首先,"新马克思阅读"将一直以来被视作纯粹经济学问题的劳动价值论,纳入了马克思主义哲学的视野中。"新马克思阅读"运动对马克思价值形式理论的研究,使我们进一步思考如下两个问题:如何理解马克思思想形成史中的劳动价值论的地位,以及如何从马克思主义哲学的视角来思考劳动价值论。马克思在《德意志意识形态》中初步确立的以生产话语为基础的历史唯物主义基本原理体系,如何在马克思对资本主义的研究中得到具体的运用?对这一问题的解答,显然也涉及对青年马克思和晚年马克思思想发展的把握问题。马克思在1857年重启政治经济学研究之后,首先在商品价值问题上付诸了大量笔墨。通过对"新马克思阅读"的研究,我们发现马克思的价值形式分析之上运用的辩证法思想,是对历史唯物主义方法的巧妙运用,在此之上更融贯了历史和逻辑相统一的方法。此外,价值形式研究还构成了一种基于价值理论的社会认识论思想,联系阿多诺所讲的"历史唯物主义是对起源的回忆",①如何克服物化,祛除商品、货币、资本、国家拜物教的魔力,让那个范畴的体系建立的海市蜃楼显出原形,作为对社会现实真实起源的回忆。所以,对价值形式的分析,还可以帮助我们拓宽马克思的哲学认识论的维度。

其次,"新马克思阅读"的价值形式和国家形式研究,为我们批判分析当代资本主义的最新发展提供了有力的理论资源。"新马克思阅读"所直接面对的正是"二战"之后的德国新自由主义。经济的繁荣、福利国家制度的建立、消费社会的兴起以及民主宪政的成熟,都使得社会矛盾日渐隐蔽化,马克思当年所面对的赤裸裸的剥削关系已经不再直观可见,"经济人"、"企业人"概念表明了资本对于个体生命的操控更加深入。价值形式这一资本主义社会的"细胞形式",已经成长为盘踞在现代资本主义世界之上的巨兽。在这种资本主义社会的全新统治形式、这种"抽象的统治"面前,马克思主义的批判力何在?"新马克思阅读"通过价

---

① [德]阿尔弗雷德·索恩-雷特尔:《脑力劳动与体力劳动:西方历史的认识论》,谢永康、侯振武译,南京大学出版社2015年版,第176页。

值形式批判和国家形式的批判，向我们揭示出形式上平等自由的统治形式所掩盖的资本主义社会的真实矛盾。马克思思想在今天的革命批判的意义，也不再像正统马克思主义话语体系中用尽办法去揭露一种公开的露骨的不平等的剥削压迫形式，而是要通过批判指出它为何恰恰在形式上是平等的，这种形式上的平等是如何产生的，它背后真实的机制究竟是怎样的。"新马克思阅读"的研究，也为我们在今天揭露和批判新自由主义的意识形态霸权，提供了重要的参考。

再次，"新马克思阅读"为我们重新审视法兰克福学派批判理论的传统，提供了全新的视角。过去，在佩里·安德森和马丁·杰伊的中介作用下，我国学界也将法兰克福学派的批判理论主要理解为一种哲学批判和文化批判，而脱离了传统马克思主义政治经济学批判和政治批判这些经典主题；与此同时，将哈贝马斯所开辟的交往行为理论路径当作了法兰克福学派第二代的全部代表。作为法兰克福学派第二代的分支的"新马克思阅读"恰恰证伪了这两种观点。联系法兰克福学派早期的格罗斯曼、波洛克以及诺依曼等人的研究，我们会看到法兰克福学派早期和晚期的政治经济学研究遥相呼应。确立霍克海默和阿多诺批判理论范式的《启蒙辩证法》，其中也恰恰运用了一种经济学的方法。① 也正是从这一角度，可以确定，在法兰克福学派的发展传承之中政治经济学研究的传统从未中断。法兰克福学派的批判理论也离不开政治经济学批判的基础。政治经济学批判本身具有一种二重性，它同时就是对资本主义社会的批判。在这一理解之上，批判理论的一系列跨学科研究才能拥有坚实的地基。在资本主义最新发展情况下，经济基础已经完全与政治结构和意识形态同一化，他们的理论研究也恰恰构成了一种话语转换，面对这种全新的图景，"新马克思阅读"为我们提供了一个有力的理论工具。

---

① 李乾坤：《理性自我否定的现实根源——析〈启蒙辩证法〉的政治经济学方法》，《求是学刊》2016年第3期。

马克思主义中国化、大众化、时代化问题探索

中国特色社会主义实践特色探析[①]

王锁明

（南京大学马克思主义学院）

习近平同志在十八届中共中央政治局第一次集体学习时指出："全党同志一定要以更加坚定的信念、更加顽强的努力，毫不动摇坚持、与时俱进发展中国特色社会主义，不断丰富中国特色社会主义的实践特色、理论特色、民族特色、时代特色。"[②]在党的十八大报告中，胡锦涛同志也要求："我们一定要毫不动摇坚持、与时俱进发展中国特色社会主义，不断丰富中国特色社会主义的实践特色、理论特色、民族特色、时代特色。"[③]在这两次党的重要文献中，都将实践特色置于中国特色社会主义"四大特色"之首，足见实践特色对于建设和发展中国特色社会主义的基础性地位和决定性作用。党的十八届三中全会通过的《决定》指出："实践发展永无止境，解放思想永无止境，改革开放永无止境。面对新形势新任务，全面建成小康社会，进而建成富强民主文明和谐的社会主义现代化国家、实现中华民族伟大复兴的中国梦，必须在新的历史起点上全面深化改革，不断增强中国特色社会主义道路自信、理论自信、制度自信。"[④]这同样明确了"实践"在"全面建成小康社会"进程中的重要地位。那么，什么是中国特色社会主义实践特色？它体现在哪些方面？其重要性何在？特别是在新形势下又怎样进一步丰富这一特色？可以说，弄清楚这些问题，对于当前我们全面深化改革开放实践，进一步坚持和发展中国特色社会主义伟大事业具有十分重要的现实意义。

---

① 原载《观察与思考》2014 年第 2 期。
② 《习近平在中共中央政治局第一次集体学习时强调：紧紧围绕坚持和发展中国特色社会主义，深入学习宣传贯彻党的十八大精神》，《人民日报》2012 年 11 月 19 日。
③ 胡锦涛：《坚定不移沿着中国特色社会主义道路前进，为全面建成小康社会而奋斗——在中国共产党第十八次全国代表大会上的报告》，《人民日报》2012 年 11 月 18 日。
④ 《中共中央关于全面深化改革若干重大问题的决定》，《人民日报》2013 年 11 月 16 日。

一、中国特色社会主义实践特色的集中体现

在中文语境中,特色是"事物所表现的独特的色彩、风格等"①。所谓实践特色,顾名思义就是事物具有独特的实践色彩或风格。那什么是中国特色社会主义实践特色呢?这在学界并没有一个明确界定。一般地说,它可以理解为中国特色社会主义烙有鲜明的实践色彩或风格,即中国特色社会主义始终坚持以马克思主义为指导,坚持实践第一的观点,强调尊重实践、依靠实践,坚持在实践中探索,努力在实践中创造,勇于在实践中检验,推动在实践中发展,重视实践经验的总结,从而在实践中吸取营养、不断成长。

中国特色社会主义在本质上是实践的,是富有实践特色的。这主要体现在以下三个方面:

(一)中国特色社会主义实践特色最直接体现在开辟了一条中国特色社会主义道路

中国特色社会主义以多种形态存在,但首先体现于它形成了赖以实现前进目标的实践形态。以 1978 年党的十一届三中全会为标志,我国进入改革开放和社会主义现代化建设的新时期。30 多年来,我们党团结带领人民群众在改革开放中不懈探索,努力解决我国社会主义现代化建设中的实践问题,认真总结改革开放的实践经验,终于在实践中走出了一条中国式的社会主义现代化道路,这就是中国特色社会主义道路。其核心内容就是"在中国共产党领导下,立足基本国情,以经济建设为中心,坚持四项基本原则,坚持改革开放,解放和发展社会生产力,巩固和完善社会主义制度,建设社会主义市场经济、社会主义民主政治、社会主义先进文化、社会主义和谐社会,建设富强民主文明和谐的社会主义现代化国家"②。事实证明,中国特色社会主义道路"本质上是一条后发达国家逐步实现现代化的发展道路,是一条不同于西方资本主义传统发展模式的崭新道路,是一条适合中国国情、指引中国发展进步的光明道路"③,它"引领中国发展进步,体

---

① 中国社会科学院语言研究所词典编辑研究室:《现代汉语词典》,商务印书馆 2008 年版,第 1335 页。
② 胡锦涛:《高举中国特色社会主义伟大旗帜,为夺取全面建设小康社会新胜利而奋斗——在中国共产党第十七次全国代表大会上的报告》,《人民日报》2007 年 10 月 16 日。
③ 何民捷:《坚定不移走中国特色社会主义道路——访中国社会科学院副院长李捷》,《人民日报》2012 年 11 月 7 日。

现了当代中国发展进步的客观规律和趋势",同时又"体现了中国最广大人民的根本利益,体现了中国人民共同的价值追求"①,因而也最直接体现了中国特色社会主义的实践特色。

(二)中国特色社会主义实践特色突出体现在充分尊重和发挥人民群众的首创精神

中国特色社会主义之所以具有强大的生命力和感召力,根本上就在于它始终贯穿着人民群众的创造精神。人民群众是社会物质财富、精神财富的创造者,也是社会变革实践的推动者。建设中国特色社会主义的实践,说到底即是人民群众自身的实践。坚持马克思主义实践第一的观点和人民群众创造历史的原理,就必然要求在中国特色社会主义事业中重视人民群众的实践活动。无论是安徽小岗村启动中国农村改革的实践尝试,还是我国民营经济的快速发展,其"首发权"都在基层一线、都在人民群众。可以说,从尊重群众的首创精神先行试点到逐步推开,是我们党领导人民开创中国特色社会主义事业始终坚持的一个重要方法。中国特色社会主义实践特色也恰恰是在充分尊重和发挥人民群众首创精神的基础上,对人民群众实践经验给予科学概括提升的必然结果。

(三)中国特色社会主义实践特色还体现在把实践探索看作是推进中国特色社会主义的根本途径

中国特色社会主义是一项前无古人的伟业,没有现成的经验可借鉴,也没有现成的路径可遵循,这就要求我们坚持正确的方法论,大胆地去"闯"。而实践探索则是富有中国特色、符合中国国情的"闯"法,它不仅是获得规律性认识的基础,而且还是推进中国特色社会主义最基本最强大的动力。事实上,在中国特色社会主义的实践进程中,实践探索无所不在。实行农村联产承包制靠的是实践探索,发展以公有制为主体的多种所有制靠的是实践探索,确立社会主义市场经济体制靠的也是实践探索。由此可见,中国特色社会主义发展过程中贯穿着强烈的实践探索精神。邓小平的"猫论"以及"摸着石头过河",生动形象地说明了中国特色社会主义的实践探索性。在我国改革实践进入攻坚期和"深水区"的今天,深刻理解中国特色社会主义与实践探索的内在关联,不断丰富中国特色社会主义实践特色,就要求我们必须始终立足实践,不断总结经验、探索规律,更好地坚持和发展中国特色社会主义伟业。

---

① 刘长军:《矢志不移地推进党的建设新的伟大工程》,《理论学习与探索》2012年第4期。

二、实践特色是中国特色社会主义的根本特色

中国特色社会主义实践特色依据和体现了马克思主义实践第一的观点和人民群众创造历史的原理,贯穿于中国特色社会主义的各个方面、各个环节,概括了中国特色社会主义事业的主旋律、主基调,深刻回答了如何进一步坚持与发展中国特色社会主义这一重大的实践和理论问题,因而构成了中国特色社会主义的根本特色。

(一)中国特色社会主义的道路、理论体系和基本制度三者形成、发展和统一于改革开放实践之中

科学社会主义不仅是一种理论学说,而且是一种运动和制度,具有学说、运动和制度三种含义或三种形态。中国特色社会主义是我们党把科学社会主义同当代中国实践和时代特征相结合的产物,因而也是多种形态的统一体,它主要包括中国特色社会主义理论体系、道路和基本制度这三种形态,其中无一不是在改革开放实践中形成和发展起来的。以中国特色社会主义理论体系为例,它的孕育、创立、丰富和发展,就是在我国改革开放和社会主义现代化建设进程中逐步实现和体现的。改革开放实践为中国特色社会主义理论体系的形成和发展提供了实践基础,还推进了中国特色社会主义道路的拓展,促进了中国特色社会主义基本制度的完善。因此,无论是中国特色社会主义理论体系的形成,还是中国特色社会主义道路的开创,抑或中国特色社会主义基本制度的建立,三者都是同改革开放实践紧密联系在一起的。其中,"中国特色社会主义道路是实现途径,中国特色社会主义理论体系是行动指南,中国特色社会主义制度是根本保障,三者统一于中国特色社会主义伟大实践"①。同时,中国特色社会主义道路、理论体系和基本制度的正确性、可行性,也是在改革开放实践中不断得到检验、完善和发展的。改革开放实践贯穿于中国特色社会主义的各个方面,是中国特色社会主义的基础。离开改革开放实践谈中国特色社会主义毫无意义。

(二)中国特色社会主义实践特色是其他三个特色的逻辑起点和前提基础

社会实践是中国特色社会主义的出发点,中国特色社会主义的理论特色、民

---

① 胡锦涛:《坚定不移沿着中国特色社会主义道路前进,为全面建成小康社会而奋斗——在中国共产党第十八次全国代表大会上的报告》,《人民日报》2012年11月18日。

族特色和时代特色是在实践中铸就并随着实践发展而不断发展的。实践特色是中国特色社会主义其他三个特色的逻辑起点。首先,实践是理论之源,中国特色社会主义理论体系是在改革开放实践中逐渐形成、发展起来的;其次,实践是活力之源,中国特色社会主义以传统文化为生长沃土和发展依托,又将当今时代元素注入民族传统而使之充满活力;再次,实践是潮流之源,中国特色社会主义是我们党团结带领全国各族人民顺应时代潮流并持续创造的过程,是包容开放和与时俱进的。因而,实践特色是其他三个特色的前提和基础。其中,理论特色离不开实践特色提供的活水源头,民族特色离不开实践特色增添的青春活力,时代特色也离不开实践特色培育的时代精神。总之,要不断丰富中国特色社会主义的理论特色、民族特色、时代特色,就必须首先把握好中国特色社会主义实践特色,把握好实践特色与其他三个特色的内在关联。唯其如此,其他三个特色的丰富和发展才有可靠保证。

(三) 中国特色社会主义的"三个自信"源于改革开放的成功实践和伟大成就

党的十八大报告关于中国特色社会主义的"道路自信、理论自信、制度自信"的提出,正面回应了对当今中国发展的各种热议。"三个自信"反映了我们党对中国特色社会主义事业发展的清醒认识,表达了中国共产党人将坚定不移地沿着中国特色社会主义道路推进改革开放实践:既不妄自菲薄,也不妄自尊大;既不为任何不切实际的吹捧所驱使,也不会因任何恶意的贬损而动摇。应该说,近年来外国媒体、政要和民众,多数对中国发展是认可的,这是我们"自信"的依据之一。然而又必须指出,"三个自信"虽是在当今中外对比中激发出来的,但是归根到底来源于中国特色社会主义的成功实践和伟大成就。改革开放30多年来,在内有困难、外有压力的形势下,中国特色社会主义全面展开,逐步实现了人民生活从普遍贫穷到总体小康的历史性跨越,实现了从传统计划经济体制到社会主义市场经济体制的历史性跨越,实现了从封闭半封闭到走向世界融入世界的历史性跨越。可以这么说,如果没有改革开放实践的巨大成就,没有战胜各种艰难险阻的应对能力,就不会产生"三个自信"的"底气"和勇气。我们要巩固和维护中国特色社会主义的道路自信、理论自信和制度自信,就必须努力丰富中国特色社会主义实践特色,大力推动改革开放和社会主义现代化建设的进一步发展。

（四）注重实践探索是我们党团结带领人民群众建设中国特色社会主义的基本经验和重要方法论

中国特色社会主义是与党领导人民进行社会主义现代化建设特别是改革开放实践分不开的，是在改革开放实践中一步步地形成和发展起来的。在1982年党的十二大开幕词中，邓小平首次明确地提出建设中国特色社会主义这一科学概念，从此我们党奋力开创和推进改革开放这一前无古人的崭新实践，从农村率先改革到城市全面改革，从市场经济体制改革到政治、文化、科技、教育、社会等各个方面的体制机制改革，从封闭半封闭到全方位、多层次、宽领域的对外开放，从"两个文明"建设到"五位一体"的总体布局等，无不是通过实践探索而逐步达成，也无不烙上实践第一的鲜明色彩。回顾与总结30多年的改革实践，我们得到的基本经验是，中国特色社会主义的成功不是靠"本本"，而是靠实践，靠与实践相结合，通过不断探索而"闯"出一条新路。因而，实践特色"是党领导人民在建设社会主义长期实践中形成的最鲜明特色"[①]。

三、不断丰富中国特色社会主义实践特色

中国特色社会主义实践特色不是一成不变的，而是需要不断丰富和发展的。那么，如何才能不断丰富和发展中国特色社会主义实践特色呢？笔者认为，在全面深化改革实践的今天，丰富和发展中国特色社会主义实践特色应该在这几个方面给力发力。

（一）继续坚持解放思想这一法宝

改革开放30多年的历程表明，中国特色社会主义是一个紧贴时代变化而不断变革的过程，也是在与各种错误思潮斗争中逐步发展起来的。解放思想是发展中国特色社会主义的一大法宝。针对"两个凡是"的僵化认识，党的十一届三中全会从思想路线着手拨乱反正，恢复实践权威，重新确立实践标准，为推动进入改革开放新时期提供了强有力的思想舆论准备。针对离开生产力而抽象谈论社会主义的错误观念，党的十三大明确提出生产力标准，从而在根本上划清了科

---

① 胡锦涛：《坚定不移沿着中国特色社会主义道路前进，为全面建成小康社会而奋斗——在中国共产党第十八次全国代表大会上的报告》，《人民日报》2012年11月18日。

学社会主义与种种空想的界限。针对改革开放中"姓社姓资"的抽象争论,1992年邓小平在南方谈话中提出"三个有利于"标准,这成为后来判断改革开放是非得失的最主要标准。可见,在发展中国特色社会主义的艰难历程中,我们在实践上的每一个重大发展,在理论上的每一个重大突破,在工作上的每一个重大进步,无不是解放思想的结果。正是由于不断解放思想,努力探索适合中国国情的社会主义道路,改革开放实践才取得了重大胜利。

实践发展永无止境,解放思想也永无止境。中国特色社会主义从来不固守某种理论教条或模式,也从不固化某种具体制度,而是随着时代变迁而逐步丰富和不断发展的。我国改革开放之所以取得巨大成功,关键正在于我们既坚持马克思主义基本原理,又根据当代中国实践和时代发展要求不断地解放思想,形成了包括邓小平理论、"三个代表"重要思想以及科学发展观等重大战略思想在内的中国特色社会主义理论体系,进而赋予当代中国马克思主义勃勃生机。所以在新形势下,我们要继续推进中国特色社会主义,就需要继续保持与时俱进的精神状态,进一步加大解放思想的力度。首先,"老祖宗"不能丢。马克思主义是我们立党立国的根本指导思想。没有马克思主义及其在中国的发展,就没有新中国,就没有中国特色社会主义。我们在任何时候、任何情况下都要高度重视马克思主义的指导作用,都要坚持用马克思主义的立场、观点、方法来研究和解决我国改革开放和社会主义现化建设中的实际问题。其次,要讲"新话"。当今世情、国情、党情同过去相比发生了许多深刻变化,面对这种新情况、新问题、新矛盾,我们不能教条地、僵化地对待马克思主义,而必须随着实践发展而不断发展马克思主义,用发展着的马克思主义指导新的实践,不断开辟马克思主义中国化的新境界。[①] 第三,还必须"自觉地把思想认识从那些不合时宜的观念、做法和体制的束缚中解放出来,从对马克思主义的错误的和教条式的理解中解放出来,从主观主义和形而上学的桎梏中解放出来"[②],善于在解放思想中统一思想,并以实践基础上的理论创新进一步回答现实中出现的一系列重大理论和实践问题,为

[①] 在如何对待马克思主义的问题上,正确态度当然是将继承与创新、坚持与发展有机统一起来,而如何体现这一原则却是一项系统性工程(参阅拙文《加强主流意识形态建设,巩固马克思主义指导地位》,载《唯实》2014年第1期)。

[②] 江泽民:《全面建设小康社会,开创中国特色社会主义事业新局面》,人民出版社2002年版,第13页。

进一步推动改革开放和中国特色社会主义事业发展提供强大精神动力和良好舆论环境。

（二）大力弘扬实事求是的思想原则

坚持一切从实际出发、实事求是,是实现马克思主义基本原理与中国具体实践相结合的基础。"过去我们搞革命所取得的一切胜利,是靠实事求是;现在我们要实现四个现代化,同样要靠实事求是。"①在30多年的改革开放和社会主义现代化建设进程中,我们始终遵循和坚持实事求是,立足于中国社会主义初级阶段的实际,结合世情、党情,针对出现的新问题、新难题,不断探索社会主义现代化的发展规律,科学回答了"什么是社会主义、怎样建设社会主义"、"建设什么样的党、怎样建设党"、"实现什么样的发展、怎样实现发展"等重大的理论与实践问题,开创出一条中国特色社会主义道路,形成和发展出一整套中国特色社会主义理论体系和基本制度。改革开放30多年来的巨大成就,充分证明了中国特色社会主义是根本改变中华民族、中国人民前途命运的正确选择。

当前,我国正处于并将长期处于社会主义初级阶段这一最基本的国情没有变,所以我们要继续推进中国特色社会主义,"在任何情况下都要牢牢把握社会主义初级阶段这个最大国情,推进任何方面的改革发展都要牢牢立足社会主义初级阶段这个最大实际"②,努力实现马克思主义基本原理与中国具体国情相结合。为此,就"一定要纠正脱离实际情况的本本主义"③,继续弘扬一切从实际出发、实事求是的思想原则,全面审视当今世界和当代中国发展大势,"以我国改革开放和现代化建设的实际问题、以我们正在做的事情为中心,着眼于马克思主义理论的运用,着眼于对实际问题的理论思考,着眼于新的实践和新的发展"④,在深入调查研究的基础上提出全面深化改革的顶层设计和总体规划,进一步深化对中国特色社会主义的实践探索,不断开创中国特色社会主义事业的新局面。

（三）全面深化改革开放的伟大实践

中国特色社会主义从生根发芽到成长壮大的每一步发展,都是以改革开放

---

① 《邓小平文选》第2卷,人民出版社2006年版,第143页。
② 胡锦涛：《坚定不移沿着中国特色社会主义道路前进,为全面建成小康社会而奋斗——在中国共产党第十八次全国代表大会上的报告》,《人民日报》2012年11月18日。
③ 《毛泽东著作选读》上,人民出版社1986年版,第51页。
④ 江泽民：《论党的建设》,中央文献出版社2001年版,第254页。

实践作为最基本的动力,其发展成果也都是对改革开放实践经验的宝贵总结。改革开放30多年来,我国综合国力不断增强,国际地位大幅提升,人民生活水平显著改善。不仅如此,改革开放还有力推进了中国特色社会主义道路的拓展,促进了中国特色社会主义基本制度的完善,也为中国特色社会主义理论体系的形成和发展提供了现实基础。正是在改革开放进程中我们不断地推进了中国特色社会主义事业,进而使中国特色社会主义实践特色也体现得更加充分。改革开放实践是当代中国最鲜明的特色,也是推动当代中国发展的最大"红利"。

我国过去30多年的快速发展靠的是改革开放,我国未来发展也必须坚定不移改革开放。改革开放是推动党和人民事业向前发展的重要法宝。当前,我国发展中不平衡、不协调、不可持续问题日益突出,制约科学发展的体制机制障碍躲不开、绕不过。此外,由于受生产力发展水平较低、经济基础和上层建筑某些方面不相适应的制约,以往各项改革在实践层面的展开还面临着诸多新课题。因此,我们必须不失时机地将深化重要领域的改革实践作为进一步发展中国特色社会主义的着力点和突破口,切实将改革创新精神贯彻到治国理政各个环节各个方面,全面推进经济、政治、文化、科技、教育和社会等领域的改革,大胆破除制约科学发展的观念体制机制,努力从促进生产力与生产关系、经济基础与上层建筑的协调一致上来丰富中国特色社会主义实践特色,进一步完善和发展中国特色社会主义的道路、理论体系和基本制度。总之,改革开放是中国特色社会主义最基本的实践形式,也是丰富中国特色社会主义实践特色的伟大实践,我们要"在深入调查研究的基础上提出全面深化改革的顶层设计和总体规划",要"统筹谋划、协同推进","聚合各项相关改革协调推进的正能量"。①

(四)进一步加大实践层面的探索力度

中国特色社会主义道路的开辟根源于在实践中不断探索,中国特色社会主义成就的获得也依赖于在实践中持续创造。党的十一届三中全会以来,我们所取得的每一项成就、每一个进步,不论是重大路线方针政策的制定,还是具体决策方案措施的出台,都是与党领导下的人民群众"大胆地试,大胆地闯"、"走一

---

① 《习近平在广东考察时强调:增强改革的系统性、整体性、协调性,做到改革不停顿开放不止步》,《人民日报》2012年12月12日。

步,看一步"、"有一点,总结一点"的实践探索分不开。事实上,从广东改革开放先行一步到我国全方位对外开放,从经济体制改革到融入世界经济体系,从"两个文明"一起抓到形成经济、政治、文化、社会和生态建设"五位一体"的总格局等,中国特色社会主义从来都是在努力实践中不断探索出来的。通过长期的实践探索,我们党团结带领全国各族人民开辟出了一条既超越传统社会主义又避免资本主义弊病的新路,这就是中国特色社会主义道路。

"实践永无止境,探索和创新也永无止境。世界上没有放之四海而皆准的发展道路和发展模式,也没有一成不变的发展道路和发展模式。"[1]时代是变动不居的,"坚持和发展中国特色社会主义是一篇大文章,邓小平同志为它确定了基本思路和基本原则,以江泽民同志为代表的中国共产党人、以胡锦涛同志为代表的中国共产党人在这篇大文章上都写下了精彩的篇章。我们这一代共产党人的任务,就是继续把这篇大文章写下去"[2]。在全面深化改革实践的新形势下,我们要不断丰富中国特色社会主义实践特色,就必须更加注重在实践中探索,倾听实践创新的呼唤,发扬"逢山开路、遇河架桥的精神,锐意进取,大胆探索,敢于和善于分析回答现实生活中和群众思想上迫切需要解决的问题"[3],积极寻找解决问题的新路径,力求在优化行动方略、健全体制机制和完善政策措施上取得新进展,推动中国特色社会主义在实践层面愈益向广度和深度拓展,不断推进中国特色社会主义事业的新发展。

(五)充分发挥人民群众的首创精神

坚持从群众中来、到群众中去,是我们党的政治优势,也是我们党领导人民群众开创中国特色社会主义事业必须坚持的一个重要方法。改革开放30多年来,我们党始终把人民群众的根本利益放在第一位,尊重人民群众在实践中创造,团结带领广大人民群众在实践中探索,由此推动中国特色社会主义事业的持续发展。党的十一届三中全会以来的所有重大改革实践,无不反映了党最广泛地调动人民群众的积极性、主动性和创造性,无不凝聚着人民群众的实践智

---

[1] 胡锦涛:《在纪念党的十一届三中全会召开30周年大会上的讲话》,《求是》2008年第24期。
[2] 习近平:《毫不动摇坚持和发展中国特色社会主义》,《人民日报》2013年1月6日。
[3] 习近平:《毫不动摇坚持和发展中国特色社会主义》,《人民日报》2013年1月6日。

慧。正是在人民群众的这种创造性实践活动中,中国特色社会主义事业不断取得成功,中国特色社会主义道路逐步明晰、理论体系逐步丰富、基本制度也逐步成型。

当前,我国改革开放正进入攻坚期和"深水区",要完成攻坚克难,就不仅要有顶层设计,而且要有人民群众的广泛参与,要将顶层设计与问计于民有机结合起来。此其一。其二,实现中华民族伟大复兴的中国梦是当代中国人的精神旗帜。中国梦"归根到底是人民的梦,必须紧紧依靠人民来实现","中国梦的实现依靠人民、为了人民、成果为人民所共享,实现中国梦与提升人民主体性内在统一于人的自由全面发展终极价值目标的实现"。[①] 为此,首先要发扬党密切联系群众的作风,真诚代表中国最广大人民群众的根本利益,始终把人民群众"答不答应"、"支不支持"、"满不满意"作为党和政府全部工作的出发点,把是否符合最广大人民群众的利益作为检验一切工作的最高标准,围绕人民群众最现实、最关心、最直接的利益问题来推进各项事业。其次,要拜人民为师,坚持问计于民、问政于民,努力从人民群众的创造性实践中汲取营养,并尊重和发挥广大人民群众的首创精神,把各方面群众的创业热情充分激发出来、创造活力充分释放出来、创优源泉充分汇聚起来,鼓励在实践中不断探索,进一步深化重要领域的改革实践,为实现中华民族伟大复兴的中国梦而奋斗。中国革命、建设和改革开放的实践也一再表明,人民群众的创造性实践是党战胜各种困难和风险、不断取得事业成功的可靠保证,是我们获得正确认识的唯一源泉,也是我们坚持、巩固和发展中国特色社会主义事业的根本动力。

综上所述,中国特色社会主义是指导当代中国发展进步的伟大旗帜,在本质上是实践的。中国特色社会主义实践特色根源于人民群众改革开放的伟大实践,散发着强烈的实践探索精神,深刻回答了如何坚持和发展中国特色社会主义这一重大理论和实践问题,构成了中国特色社会主义的根本特色。在新的历史条件下,我们党面临着全面深化改革实践、持续推进中国特色社会主义的艰巨任务,为此就要始终以实践为基础,坚持尊重实践、尊重群众、尊重创造,坚持求真务实的基本要求,着眼于我国经济社会发展的新实践和新探索,坚定不移地全面

[①] 唐晓燕:《马克思主义人民主体观视域下中国梦实现路径探析》,《观察与思考》2013 年第 10 期。

深化各项改革事业,不断丰富中国特色社会主义实践特色,不断开创中国特色社会主义事业新局面。唯其如此,才能坚定地走好中国特色社会主义道路,不断完善中国特色社会主义理论体系,努力促进中国特色社会主义基本制度的自我完善和自我发展,从而推动中国特色社会主义事业的大发展。

论国有企业改制中劳动关系的调适[①]

周春梅

(南京大学马克思主义学院)

随着中国社会主义市场经济体制的推进,国有企业为适应市场经济的要求也进行了大规模的改制。自 1992 年开始,为建立起现代企业制度,大批国有、集体企业进行了改制和资产重组。在此过程中,产权关系、劳动关系和分配关系都发生了根本性的变化,劳动者与管理者的权利、地位也发生改变,收入差距拉大,下岗、失业、身份置换等引起的问题相继出现,矛盾乃至冲突也频频发生。虽然学界及官员对劳资关系的变化给了关注,但是,劳动关系矛盾的突出表现在哪里?冲突的程度怎样?矛盾和冲突的原因是什么?劳动关系中的双方权益如何保障?如何协调和化解矛盾和冲突?又应建立什么样的化解机制?这些问题都亟待解决。

一、国有企业改制的历程

中国的国企改制主要包括两个方面:一是改变企业形态,主要是指企业法律性质的变化,即按照相关法律法规改变国企资本组织关系、治理结构;二是改变企业股权结构,即改变企业股权比例或引入新股东,包括出售部分或全部国有股权。这两个方面密切联系,企业法律性质的变化往往是企业股权变化的前提,反过来,企业股权的变化又会对企业的法律性质有着决定性的影响。国企改制在内容上是非常广泛的,它既与国家的经济体制的转轨联系在一起,也是一项现代企业制度创新。具体地说,国企改制包括企业内部制度的广泛变革,其核心是把国企从计划经济体制下的政府部门附属物改制为独立自主的市场竞争和经营主体。从企业的外部关系看,国企改制是要把行政调拨等配置社会资源的方式改

[①] 原载《江苏社会科学》2010 年第 6 期。

制为通过市场竞争机制优化资源配置的方式。从企业的类型看,是要把企业从原先的"大而全、小而全"的封闭性组织改制为高度专业化、开放性的法人组织。最为重要的是,要把企业从国家作为单一投资主体和经营主体的工厂改制为投资主体多元化、经营管理民主化、企业行为合理化和风险分散化的公司,即把国企从不承担任何经济责任的单位式企业改制为权利与责任共存、权利与义务均衡的法人。[①]

中国国企的形成应该说主要是在1949年以后由中央政府依靠财政手段相继投资兴办的,并施行了高度集中的计划经济管理模式,然而,这种高度集中的计划经济体制在运行中逐步暴露其低效高耗的弊端。改革开放后随着社会主义市场经济体制的逐步确立,国企也就被倒逼上了改革之路。

国企改制先后经历了双轨制时期的"企业经营制度改革"和市场经济时期的"企业产权制度改革"两个阶段。在第一阶段先后经历了"放权让利"、"利改税"和出台"改革整体设计方案"三个步骤;在第二阶段则深入到了所有制结构的变革,在表现形式上就是一场"公司化改造"运动。国企制度改革反映了我国市场经济发展的历程,也符合市场经济发展的内在逻辑,体现出了从企业行为的调整,到企业目标的改变,再到企业制度的变革这样一个逐步深入的过程。到1995年,中央政府宣布国企改革要通过改革、改组、改造和加强管理,使大多数国有大中型亏损企业摆脱困境,走一条"减员增效、下岗分流、规范破产、鼓励兼并"的路子。随着这一进程的推进,大批国企工人下岗也就在所难免。

1997年之后,各地开始探索包括整体或部分出售国企股份等形式在内的企业改制。改制最先从乡镇集体企业和县、市属小型国企开始,到1998年中期,全国已有70%的小型国企放开。而自2000年开始,为了实现国企产权改革的目标,开展了"产权置换"和"职工身份置换"相结合的所谓"双重置换"改革,并迅速地从县、市属国企向省属乃至央企推进,相当一部分原国有、集体大中型企业改制转变为多元投资主体结构的混合型经济组织,不少国企成为国有资产不控股企业或国有资产完全退出的非公有制企业。至此,国企所有制结构发生了巨大变化,国有资本的有序退出,改变了国企的所有制结构,尤其是中小型国企变成

---

① 任洪斌主编:《国有企业改制解惑》,中国财政经济出版社2004年版,第2页。

了合资企业,从而脱离了国家所有制。与此同时,国企的治理结构也发生了变化,金融机构开始介入对国有资产的管理。

由于企业的性质、产权结构和治理结构决定了企业的劳动关系。因此到十五大以后,随着产权制度改革的推进,改制企业或者破产企业普遍出现了企业与大批职工解除劳动关系的情况。在那些国有资本退出的企业中,对离退休年龄不到5年的职工实行了可以办理内部退养手续的做法,即每月发放一定的基本生活费,企业继续代缴养老(医疗等)保险,直到退休。对其他固定工则采取了职工身份置换的办法,通过向职工发放一定的经济补偿金,解除原劳动关系。同时,也鼓励职工买断工龄,自己向社保机构续缴余下的养老保险等费用,另谋出路,或与改制后的企业重新签订劳动合同,一种与市场经济的运行逻辑相适应的劳动关系逐步形成。

二、劳动关系的复杂化

劳动关系的范畴有广义和狭义之分,广义的劳动关系就是人们在社会劳动过程中发生的一切关系,包括劳动力的使用关系、劳动管理关系、劳动服务关系等。狭义的劳动关系则是指劳动力的所有者(劳动者)与劳动力的使用者(用人单位)之间以实现劳动为本质的劳动力与生产资料相结合的社会关系。[1] 国企改制使广义的劳动关系和狭义的劳动关系都发生了根本性的变化。依据经典社会主义理论,劳资关系是有特定内涵的,是指资本主义生产关系中的雇佣劳动者同资本家间的阶级关系,是一种剥削与被剥削的关系,这构成了资本主义社会全部社会关系的基础和核心,并决定了劳资关系的矛盾是对抗性的矛盾。而社会主义社会被看成一个成熟的、发达的公有制社会,劳资关系形成的前提条件已失去了社会基础。在此意识形态的指导下,新中国在社会主义改造完成后建立的社会主义的全民所有制和劳动者集体所有制经济关系中,劳资关系的主体资本家和雇佣工人既然不复存在,劳资关系也就消失了。其实,在传统计划经济条件下的公有制经济中,劳动者对生产资料的占有是名义上的,对劳动产品的分享,必须通过国家这个"大主人"才能实现,因而不可避免会产生劳动者的个人利益

---

[1] 邱小平主编:《劳动关系》,中国劳动社会保障出版社2004年版,第2页。

和国家整体利益的矛盾以及职工同企业领导在企业经营管理、生产协调、工资升级、利润分配、劳动岗位调整等方面的矛盾。

十一届三中全会后,我国开始调整所有制结构,初步形成以公有制为主体、多种经济成分共同发展的新格局,到十五大后基本实行以公有制为主体、多种经济成分共同发展的基本经济制度,中国经济成分可划分为两大类别:一为公有经济,包括国有经济和集体经济,还包括混合所有制中的国有成分和集体成分;第二类为非公有经济,包括劳动者个体经济、私营经济、港澳台经济、中外合资经济、外商经济等经济成分。至此,部分学者和民众认为"劳资关系"出现。此后,随着社会市场经济体制的逐步确立,不同所有制经济之间的界限被打破,出现了交互持股的所有制形式,股份制、联合经营和企业集团等混合所有制形式迅速发展,目前形成了不同形式、不同层次的劳动关系:一是国企中的劳动关系,二是非公企业中的劳资关系,三是混合经济中的劳动关系。这些不同类型的劳动关系的性质、特点和矛盾也有所不同。

多种所有制结构引发了主体利益多元化,尤其是非国企利益主体在目标追求上的差异:雇主在生产经营过程中所追求的目标是实现资本的保值、增值,即实现利润的最大化,而劳动者在劳动过程中所追求的目标是实现自身价值的最大化,即获得较高的工资和较好的工作条件,这就使得劳资在利益得失上所发生的摩擦与碰撞经常化。当前中国劳动关系呈现如下六个特征:

1. 劳动关系主体的多元化、利益的多元化,导致矛盾的多元化和利益调整的复杂化。由于出现了性质不同的各类企业,在调整各种劳动关系矛盾的法律法规滞后的情况下,矛盾和冲突已呈现尖锐性、多发性、群体性、社会性、复杂性等特点,成为一个影响经济发展、社会和谐的不可忽视的现实问题。

2. 改制后劳动关系双方利益明晰化、两极化。企业和劳动者成了相对独立的利益主体,一方有用人自主权,另一方可自由择业,劳动关系的确立通过市场交换来实现。劳动力资源配置的市场化,使劳动关系中企业和劳动者双方的主体地位日趋明确。

3. 劳动关系的变动日趋常态化。为适应市场竞争的需要,大多数企业都对产品结构进行了调整,同时深化改革、加强管理、重新配置生产要素和劳动力资源。大量劳动者需要与企业重新确立劳动关系,通过变更原有劳动合同来明确双方的权利和义务。劳动关系基本格局也由原来长期的、固化的劳动关系转变为不可预期的、多变的劳动关系。

4. 劳动关系契约化与非契约化并存。表现为企业和职工之间劳动关系的确立是用劳动合同这种契约化的形式来实现的。劳动关系双方的责任、权利和义务的确立正在朝着平等、自愿、协商和规范化的契约化方向发展。但是由于劳动力过剩、法律法规不健全及执法不力,不少企业不与劳动者签订劳动合同,使劳动关系存在着权利和义务不清、不对等的问题。

5. 劳资双方的非对称性导致劳动者的弱势化。表现在一些年龄偏大、技能偏低的下岗职工和失业人员日益成为再就业困难的劳动者群体,在劳动力市场上处于明显的弱势地位。劳动者无论是在劳动力市场上还是在企业中都处于弱势地位,他们在工资待遇、劳动福利、社会保障等方面的权利难以落实。

6. 劳动关系的矛盾也表现为对立面的统一。一方面,劳动关系的双方在经济利益上彼此对立,都追求各自的利益最大化;另一方面,劳动关系双方存在依赖的一面,劳动关系双方的存在和发展是社会主义市场经济和现代化大工业的内在要求,劳动关系双方相互依赖,在商品生产中结成利益共同体,在企业这个载体上,存在利益共享、损失共担的关联。

三、劳动关系的调适

政府作为维护公共利益的代表,有着调整、优化劳动关系的职责,使劳动关系中的矛盾控制在合理范围之内,以保证社会经济的稳定和持续发展。也就是说,政府不再是劳动关系中的一方,而是超然于劳动关系之外的第三方,扮演主持公正的角色。然而,国企改制是中国社会主义实践中的一项全新的探索,它对以往一切关于社会主义的理念都形成了冲击,带来的劳动关系变化也是在以往的社会主义观念中所没有包涵的内容:国企改制,已经造成了劳动关系力量对比上的失衡,资方处于明显优越的地位,劳动者则处于弱势地位;由于企业改制后,多种企业类型并存,劳资关系也出现了各种类型,劳动者的地位因企业的状况不同而不同;在民主成为话语霸权的今天,劳动者的权利在上升,但劳动者很难组建独立的维权组织;当前中国规范劳动关系的法律法规体系不健全,工会、雇主组织发育也都不完备。所有这些对于经济、社会发展而言,都既不公平又会降低效率,所以需要政府去强化干预机制,通过劳动政策的制定,确立起一种劳资两利关系,从而促进劳资合作,扼制劳动关系恶化的趋向,至少使其在可控的范围内。

劳动关系的调适虽然有一些可借鉴的国际经验,但必须以特定的国情为依托。当下中国至少有两个方面的因素制约着政府对劳动关系的调整:一是政府受到长期的计划经济中指挥、包办一切的思维定势和行为惯性影响,决定了它常常不自觉地站在劳动关系中的某一方的立场上,因而不能够运用超然的态度去调整劳动关系;二是传统经济条件下的政府、企业与个人的关系和计划经济的分配方式,在改制中没有彻底解决历史"欠账"问题,职工在争取自己的经济利益时必然与政府有利益纠葛,这就是为什么人们常常看到政府在劳动关系出现不和谐音的时候,总是站在资方一边。政府这种不能够扮演超越于不同利益主体之上的第三方角色的表现,使其陷入无法客观公正协调劳动关系、化解劳动关系矛盾的境地。

公共行政的核心价值"应当体现在公共利益上,是关于公共利益的信念、公共利益至上性的理念以及促进公共利益实现的道德意志等的总和。只有在公共利益至上性的理念下,公共行政才能成为维护平等和提供公正的行为体系"①。即政府应当在一个较为超脱的位置上去为各社会利益主体的表达、要求和实现制定规则和程序,以监督者、协调者和裁判者的身份介入各社会利益主体的利益表达和博弈过程。一旦政府无法站在这种较为超脱的第三方的位置上,就会陷入利益纠纷和冲突之中。正是由于这个原因,引发了大量的群体性事件、上访潮以及其他各种各样的冲突。

构建社会主义和谐社会的实质和核心目标是妥善处理各方面的利益关系。而劳动关系作为生产关系中的最基本和最重要的内容,其状况对整个经济基础有着重要的影响,因此,当前的迫切任务在于正确认识国企改制后劳动关系的性质和状况,从实际出发去寻找和发现正确处理劳动关系的有效路径。

毋庸置疑,劳动关系中的矛盾是客观存在的,只是在不同的所有制形式下,这种矛盾在表现方式上会有所不同。在市场市场经济条件下,资本和劳动力在

---

① 张康之:《对平等和公正的历史考察》,《理论探讨》2007年第6期。

实现自身价值和获利过程中必然会以某种方式集中反映到劳动关系上来,资本与劳动力之间天然的矛盾也就必然会以劳动关系的矛盾形式呈现出来。再者,劳动关系双方在地位、发展能力等方面都存在着差异,差异是矛盾的先导。所以,劳动关系中的矛盾和冲突是现代市场经济中的正常现象,应视为一种正常的社会关系。面对劳动关系中的矛盾和冲突,政府必须以理性、冷静和积极的态度来对待,在矛盾中寻求平衡,在平衡中寻求合作与协商,在合作与协商中寻求"双赢"。

社会主义和谐劳动关系是指在社会主义市场经济条件下,由劳动力资本拥有者及其利益代表者与物质资本所有者及其经营者之间,在劳动中所形成的既对立统一又互惠互利的经济利益关系,劳动关系主体之间是既冲突又合作的关系,这种关系具有资源配置市场化、关系类型多元化、关系确定契约化、关系规范途径法制化等方面的特征。按如此认识,就可以发现化解劳动关系矛盾的科学和合理的机制,就能够找到科学有效的处理矛盾的方法。如果能够建立起有效的谈判、沟通机制,发现有效的泄愤阀门,也就能够达到及时化解、缓和矛盾的目的。基于此,当前对劳动关系的合理调适要从以下三个方面着手:

1. 建立完善的利益表达机制和渠道。在社会利益多元化的情况下,不同的利益主体必然会提出多样化的利益要求,这些利益要求之间肯定会存在着冲突,它可以通过利益博弈达到利益平衡,从而解决矛盾,推动社会的发展。而这种动态平衡有赖于一整套完善的制度化的利益表达机制、利益博弈机制和利益协调机制来提供保障。没有畅通的利益表达渠道、没有规范的利益表达机制,就不可能有正常的利益表达方式,就不可能有众多利益主体的良性利益博弈。

诚然,现行法律规定企业要建立工会和职代会、劳动关系纠纷调解委员会等组织,但是由于这些组织在一定程度上是虚设的,导致工人利用企业内部的机制表达利益诉求的渠道不够畅通,难以及时表达意愿。各级各类信访部门尽管接待职工来信来访,可是,因为权限所致,往往无法帮助职工顺利实现利益要求、解决劳动关系矛盾。当工人们真切地感受到了自身的利益被侵害,他们也往往投诉无门,除了以不断越级上访、罢工、静坐这些高成本的方式表达不满以外,再没有更好的途径来表达诉求以改变自身的状况。在单个劳动者并不具备足够的表达利益要求的能力的时候,政府应该制定建立工会的组织规则,引导工人自己组织起来，建立可以表达自己意愿的工会，让工人成为真正的主人。通过工会、职代会来表达工人的声音，才是化解劳动关系矛盾、解决劳动关系冲突的基本步骤和根本办法。

政府的相关职能部门以及新闻媒体应积极配合，完善工会、职代会的利益表达、沟通渠道，或者及时弥补工会、职代会的不足，使职工的利益、诉求能够找到表达的机会并被充分考虑。有了疏解矛盾、发泄不满的阀门，方能有效地避免矛盾的激化。

2. 建立多方面多层次的利益协调和均衡机制。政府要搭建事前协商沟通的制度平台，"在政策出台之前，如果能做到与各利益相关方充分协商，出台后及时听取各方的反馈意见，不断纠正政策偏差，就能避免发生对各方伤害都很大的突发事件。从落实科学发展观的角度和当前的现实需求来看，民主协商的体制和机制建设步伐应该更快一些"①。这就要求工会、职代会自觉成为劳动者维权组织，政府及其职能部门在处理劳动争议时应坚持保护弱者的原则，建立起多方面多层次的利益协调机制，使得劳动关系双方无论是在企业内部还是在企业外部，都能够按照制度化的方式协调和均衡利益。公安机关应采取恰当方式维护社会稳定，协调劳动关系矛盾。新闻媒体发挥好舆论监督作用，促进劳动关系的和谐发展。同时，要建立制度化的矛盾化解机制。"一个好的制度和一个坏的制度的区别，或者是一个好的社会与坏的社会的区别，不在于有没有矛盾或者是冲突，而是在于两点，第一，制度和社会能不能容纳冲突，容纳冲突的能力有多强；第二，有没有制度化的办法去解决冲突。……一个社会制度有没有对社会冲突和社会矛盾容纳的能力，有了这个能力，发生了社会矛盾和冲突，这个制度很有自信，我自岿然不动。但是一些矛盾和冲突还在萌芽的时候，他就惊慌无措，草木皆兵。所谓不同制度的容纳能力是非常不一样的。"②

3. 改变"劳"弱"资"强的非对称的博弈关系。和谐劳动关系的建立依赖于劳资双方地位的平等，作为管理者和组织者的资方与作为生产者的劳方，只有平等合作，才能形成现实的生产力。同时，只有实现劳动成果的公平分配、劳动群

---

① 《群体性事件推动反思要防止权力和资本结合》，新华网2008年12月22日。
② 孙立平：《解决社会矛盾的新思维》，《中国政法大学"燕山大讲堂"》（第18期），2008年11月29日。

众有尊严的体面劳动，才能调动劳动者的积极性和创造性，促进生产力的发展。温家宝同志曾多次引用亚当·斯密在《道德情操论》里的一句名言："如果一个社会的经济发展成果不能真正分流到大众手中，那么它在道义上将是不得人心的，而且是有风险的，因为它注定会威胁到社会的稳定。"①所以他强调，公平正义是社会主义制度的首要价值。而当前的劳动关系存在着资本日益强势化与劳动者地位持续弱势化的趋势，这种趋势构成了利益分配不公平的重要社会基础。大多数的侵害工人权益事件，都是与雇主唯利是图和劳动者地位低下、劳动者不能保护自己、执法部门失职（监管不到位）、政府不能均衡劳资利益联系在一起的。

要使劳动者真正摆脱弱势地位，根本的途径在于提高劳动者的谈判地位和能力，让劳动者拥有与资本所有者平等对话的权利。何以实现？应该"德"、"法"并用。一方面，要有完善的法律制度和有效的法律调整能力，即建立代表劳动者利益、维护劳动者权利的工会、职代会等真正有力量的"自己的组织"，建立程序规范的劳动关系三方协商机制、集体协商与集体合同制度等，对处于弱势的劳动者实行缺陷保护。另一方面，要依靠亚当·斯密提到的看不见的手——道德。②不仅要倡导资方的道德自律，还应形成社会舆论对资方的道德他律，形塑一种谴责无德性、褒奖有德性的企业家的公共舆论生态，使其诚信生产经营，平等对待劳动者，尊重劳动者的劳动。

结语

促使和保证社会公正的实现是政府不可推卸的责任。"在政府的一切职能中，以政府为载体的公共行政在每一个环节上都应提供公正，坚持公正和追求公正，把公正作为永恒的目标。"③政府是代表人民进行国家事务管理的部门，只有政府才能够制定一套符合社会公正的规则，采用足够的权力与强大的工具使社会制度发挥强制作用。维护社会公正也是政府与公众之间达成的一种契约，公众赋予政府以公共权力，委以政府处理公共事务的责任，以保证社会运行的秩

---

① 温家宝接受英国《金融时报》专访，参见新华网 2009 年 2 月 2 日。
② 温家宝指出，"亚当·斯密只有两次在《国富论》和《道德情操论》里提到看不见的手，一只看不见的手是市场，一只看不见的手是道德"。
③ 张康之：《政府：公共的就是公正的》，《东南学术》2000 年第 1 期。

序。在市场经济条件下,三方格局已经成为国际通行的做法。因此政府应该以第三方的身份,积极努力扮演好在调节劳动关系上的角色。现阶段中国需要一个强有力的政府来保护劳动者的合法权益,建立一个完善的利益表达和利益均衡机制,以维持社会的稳定,如此才能期望一个和谐的劳动关系格局的出现。

我国城乡居民收入差距问题研究[①]

王培暄

(南京大学马克思主义学院)

20世纪90年代以来,我国城乡居民的收入差距经历了一个"由缩小到扩大"的变化过程。据统计,城乡居民的收入比1996年为2.51∶1;1997年为2.47∶1;1998年为2.51∶1;1999年为2.65∶1;2000年为2.79∶1。2001年城镇居民的人均可支配收入与农村居民的人均纯收入之比为2.90∶1,2002年更是上升到3.11∶1。近年来,收入差距扩大速度加快,到目前,农村居民收入已不足城镇居民收入的1/3。[②] 另据统计,我国农村社会消费品零售总额占社会消费品零售总额的比重从1995年的40%下降到2004年的34.5%,相应的城乡消费比重的差距由20个百分点扩大到31个百分点,以人均计算,城市人均消费为6687元,农村为1407元,二者的差距为4.7∶1。[③] 占据人口大多数的农村居民消费水平增幅缓慢,这充分说明农村居民并没有较好享受到近年来经济快速增长所带来的实惠。

一、我国城乡居民收入差距扩大的特征描述

总体来说,我国城乡居民收入差距扩大的趋势呈"剪刀式"扩大的状态。进入21世纪以来,城乡居民收入差距扩大的趋势并没有得到改变。

(一) 差距的时间波动性

由于我国城乡居民的收入在不同的年份里增长速度不同,我国城乡居民收入差距的扩大呈现出时间波动性的特征。据统计,1978—1985年,农村居民收

[①] 原载《兰州学刊》2011年第11期。
[②] 吴亚丽:《居民收入差距研究》,《山西财经大学学报(高等教育版)》2002年增刊。
[③] 马崇明:《论我国居民收入分配差距及其治理》,《企业家天地(理论版)》2007年第10期。

入增长的速度大约比城镇居民快一倍;但1986—1996年,城镇居民收入增长的速度却比农村居民快了59%;而1997—2005年,农村居民收入的年均增长率仅为4%,相当于同期城镇居民收入年均增长率的一半,以致改革开放以来曾一度缩小的城乡居民收入差距再度扩大,并达到最高水平。①

(二) 差距的区域差异性

我国城乡居民收入差距的扩大还表现出区域的差异性,西部地区的城乡居民收入差距比中部地区和东部地区要大。据龙江智、杨新宇、郑宪强等学者的统计,1999年,东部沿海各省农村居民人均纯收入都达到城镇居民人均可支配收入的40%以上,其中江苏省和辽宁省分别高达53.5%和51%;中部地区各省农村居民的人均纯收入占城镇居民人均可支配收入的比例也大多在35%—45%之间;而西部地区各省(除内蒙古外)农村居民人均纯收入均低于城镇居民人均可支配收入的35%,其中最低的是云南省,农村居民人均纯收入仅为城镇居民人均可支配收入的23%,不足城镇居民人均可支配收入的四分之一。②

(三) 城乡居民收入差距与全国居民总体收入差距的高度相关性

有学者通过对全国居民总体收入的基尼系数和城乡收入比的相关性分析,发现两者的相关系数达到0.88。③

比较农村内部基尼系数、城镇内部基尼系数和全国总体基尼系数可以看出:农村内部基尼系数高于城镇内部基尼系数,而全国总体基尼系数则又高于城镇内部基尼系数与农村内部基尼系数。据此可以推出以下结论:我国存在较高的城乡收入差距,并且,城乡收入差距是导致我国总体收入差距的最主要因素。

二、城乡居民收入差距扩大的原因分析

城乡居民收入差距扩大的原因,综合起来主要有以下四个方面:首先是农村自身经济发展水平滞后,其次是城乡分割的二元经济结构,再次是城市偏向的经济发展战略,最后是再分配机制所存在的缺陷。

---

① 刘铮、龙菊梅:《缩小城乡居民收入差距对策新探》,《淮北职业技术学院学报》2004年第2期。
② 龙江智、杨新宇、郑宪强:《20世纪90年代我国城乡收入差距研究》,《农村经济》2002年第2期。
③ 郭超利、王晓蓉:《我国城乡居民收入差距研究》,《兰州交通大学学报(社会科学版)》2006年第5期。

（一）农村自身经济发展水平滞后导致城乡收入差距扩大

在市场经济条件下，决定居民收入差距的直接因素是其自身劳动生产率的差异。城镇居民的收入主要来自非农产业，而农村居民的收入则主要来自农业。据世界银行有关劳动生产率差别的统计表明：1995年我国城乡的实际相对收入差别为3.02，其中，由城乡之间的比较生产力差别所决定的成分占75.2%。由此可以得出结论：导致我国城乡居民收入差距的直接因素是城乡之间劳动生产率的差别。

（二）城乡分割的二元经济结构导致城乡收入差距扩大

国家统计局农调总队课题组对中国1978—1993年的城乡差别和影响因素包括二元结构系数、农产品价格低于价值比重、城市居民隐性收入比重、农民非农产业就业和城乡人口比例进行了计量分析。结果表明，我国城乡差距主要是由城乡分割的二元经济结构所决定的，二元结构系数解释了城乡收入差距的59.62%。①由于二元经济结构的存在，重工业得到优先发展，通过农产品统购统销制度，工农业产品的"剪刀差"将农业剩余价值转化为工业利润。同时，城乡分割的二元户籍制度使得劳动力市场分割，城市职工报酬以及城市居民的福利保障远远高于农村可比劳动力。这不但减少了农民的可支配收入，而且形成了城市居民的利益刚性和城市偏好。

（三）城市偏向的经济发展战略导致城乡收入差距扩大

城市偏向的经济发展战略导致农村地区交通通信等基础设施发展滞后、农村居民公共卫生健康投入不足、基础教育薄弱，进而导致城乡收入差距扩大，尤其是教育的薄弱更容易导致城乡收入差距扩大。众所周知，对教育的投资是改善人力资本状况的最主要途径，教育的缺乏使得农村居民的人力资本储蓄较低；而这种较低的人力资本不仅限制了农村居民在农业生产率上的提高，而且也限制了农村剩余劳动力向较高收入的非农产业的转移。更有甚者，教育的缺乏还直接导致农村居民思想观念上的落后，尤其是"多子多福"的落后生育观，导致农村人口过快增长，其结果必然是造成农村居民经济负担加重。据统计，1997年，

---

① 罗小兰：《我国城乡收入差距缩小的一个途径分析——以最低工资为视角》，《地方财政研究》2007年第11期。

我国城镇人口负担少儿系数为27.17%,负担老年系数为10.56%,总负担系数37.73%;而农村人口负担少儿系数为41.54%,负担老年系数为10.25%,总负担51.79%。① 可以看出:农村人口的总负担系数比城镇人口高出14.06个百分点,农村人口负担老年系数却比城镇人口低0.31个百分点。由此得出结论:农村人口的总负担系数之所以高于城镇,主要原因在于农村人口负担少儿系数高于城镇。

(四)再分配机制所存在的缺陷导致城乡收入差距扩大

一般情况下,初次分配的不平等往往是市场规律的必然结果,国家有时难以对市场规律进行强行干预;但国家可以通过一定的再分配机制缩小收入差距。然而,我国的收入再分配机制目前存在着明显的缺陷,在这里主要表现为城乡居民之间不平等的社会福利和社会保障制度。我国的社会保障城镇覆盖率在88%以上,而农村覆盖率只有3.3%,相当一部分农村弱势群体没有被纳入社会保障范围。② 还有,我国个人所得税主要针对城镇居民,对农村人口收入不起调节作用。从纳税额占收入的比例来看,1995年农村居民人均收入相当于城镇居民收入的40%,他们支付的人均税款却相当于城镇居民的9倍,如果加上上缴名目繁多的杂费,所付税款相当于城镇居民的30倍。③

三、缩小城乡收入差距的对策思路

为缩小城乡收入差距,我国亟须加快农村经济结构的战略性调整,提高农业整体效益;振兴农村非农产业,改变城乡二元经济结构;实行城乡平衡发展战略,加大对农村基础设施和基础教育的投入;充分发挥政府的调控作用,强化政府收入分配的调节功能。

(一)加快农村经济结构的战略性调整,提高农业整体效益

首先是转变农业增长方式。目前我国的农业生产大多以粗放型经营为主,今后要走集约型增长的道路,通过精耕细作、加强田间管理、提高科技含量等方

---

① 陈煜、黄清峰:《教育不平等与收入差距研究综述》,《教育经济研究》2008年第2期。
② 李娜:《政府职能转变滞后带来的收入分配差距》,《法制与社会》2007年第10期。
③ 邓世兰:《论我国城乡之间居民的收入差距问题》,《华中理工大学学报(社会科学版)》2000年第1期。

式来提高单位土地面积的产量,以提高农业生产效率。其次是优化农村产业结构。据统计,在我国农业总产值中,农业产值约占58%,林、牧、渔业产值约占42%;在农村居民人均纯收入中,来自第一产业的人均纯收入占60%以上,其中又有70%以上来自种植业。① 由此可见我国农业生产中多种经营的发展还很不充分。因此,我们当前要进一步优化农业产业结构,大力发展多种经营,这是提高农业生产效率、增加农民收入的重要途径。其三是建立土地流转制度。以往集体耕地均分到户,使家庭经营的土地面积过小,土地分割细碎,这种小规模经营的方式在改革初期会释放出巨大的生产力,但到一定阶段,其固有的阻碍农田基本建设、阻碍农业机械化等规模不经济问题便会成为农业生产力进一步发展的阻力。今后,我们要按照"明确所有权、稳定承包权、搞活使用权"的原则,允许农村土地使用权依法有偿转让,以鼓励土地向种田能手和专业场队集中,适度发展规模经营,以提高土地的使用效率。其四是积极发展贸、工、农一体化的产业化经营。贸、工、农一体化是指以商业部门为龙头,以农产品加工工业为核心,直接从事农业生产和农产品加工、销售以及储运三者紧密相连的综合性实体。我们今后要打破农户单独进行生产经营、农户包揽一切生产程序的旧有体制,把农业生产部门、食品业、批发零售业、储运业、化肥业、农具业、建筑业、农药业、银行信贷业、信息咨询业以及以农产品为原料的行业(如纺织业、制鞋业、制革业)等有机地联结成一个整体,把千家万户的小生产与千变万化的大市场联结起来,以提高农业的综合效益和市场化程度。

(二)振兴农村非农产业,改变城乡二元经济结构

要改变城乡二元经济结构,除了改革户籍制度、取消对农民进城务工的不合理限制和歧视性做法、主动吸纳农民进城外,主动加速农村城镇化的进程是大势所趋,因此还要加快乡镇企业的发展。据统计,全国农村社会增加值的63.6%、国内生产总值的30.33%、农民收入的34.3%都来自乡镇企业。而乡镇企业发达的地区,如浙江省,农民收入的50%、财政收入的60%、全省国民生产总值的45.6%、农村劳动力就业的39%都出自乡镇企业,但近几年我国乡镇企业的发展已陷入一个低谷,总产值的增长速度放慢,吸收农村剩余劳动力的能力减弱,经

---

① 彭海文:《缩小城乡居民收入差距构建和谐小康社会》,《企业家天地(理论版)》2007年第10期。

济效益下降。当前,首先要转变乡镇企业的增长方式,要实现由粗放型向集约型根本转变,增加技术引进方面的投资,重视技术的更新改造,加大对企业职工的培训力度,以增加产品的科技附加值。其次要健全乡镇企业的运行机制,通过股份合作制、股份制、拍卖、风险抵押承包等多种形式,明晰乡镇企业的产权;通过兼并、租赁等多种形式对亏损企业进行重组,以增加企业的活力。第三要加强乡镇企业的制度建设,以制度优势创造竞争优势,由利用政策转向利用体制,完善内部监督机制和制约机制。只有乡镇企业进一步发展了,才能提高职工的工资和农民的收入。

(三) 实行城乡平衡发展战略,加大对农村基础设施和基础教育的投入

实行城乡平衡发展战略,对缩小城乡收入差距至关重要。首先,要建立平等交换的工农业关系,建立保证农民收入稳定增长的机制,加快农产品批发市场的建设,加快建立竞争性的农产品购销经营企业,完善农产品市场网络,解决农产品买卖难的问题,以稳定农产品价格。其次,要增加国家对农业的投入,改善农业生产条件;同时,还要加强农村基本设施的建设。再次,要加大对农村基础教育的投入,改善农村教育的硬件设施,提高农村教师的整体师资水平,真正贯彻好九年制义务教育,减少农村儿童的失学率;同时要推进广大农民的职业教育,做好科技下乡工作,培育农民新的生产理念和经营意识。对农村义务教育的投资,可为我国农村的可持续发展提供源源不断的人力资源。

(四) 充分发挥政府的调控作用,强化政府收入分配的调节功能

农业是弱质产业,比较利益低,在市场经济体制下,资源配置的利益倾向会导致农业投入严重不足。根据国民经济对农业发展的需要,20世纪90年代我国对农业基本建设投资占国家基本建设投资总额的比重应在9%以上,而事实上1991至1995年用于农业基本建设投资占国家基本建设投资总额的比重只有1.09%。[①] 因此,国家要加大对农业的投入,从政策上加大倾斜度,国家农村预算支出占农业国内生产总值的比例要大大增加。首先,当前要整顿市场分配秩序的混乱状态,规范分配制度,理顺分配关系,公共财政的"阳光"应该逐步照耀到农村。其次,要建立完善的社会保障体系,尤其要加快建立农村的社会保障体

---

① 马从辉:《我国城乡居民收入差距原因分析》,《经济学家》2002年第4期。

系,保障最低收入,调节过高收入,取缔非法收入,使城乡居民收入差距保持在合理范围之内,以促进城乡经济的共同发展。其三,加大农村扶贫的力度,各级政府部门要切实落实国家所制定的各种优惠政策,采取各种有效措施,加大农村地区的扶贫力度,以保证《国家扶贫攻坚计划》所制定的目标能够得到实现,尽快使农村地区的贫困农民走上致富的道路。

对群体性事件的群众观点分析①

王锁明

（南京大学马克思主义学院）

2004年11月8日，中共中央办公厅、国务院办公厅转发的《关于积极预防和妥善处置群体性事件的工作意见》中第一次明确使用"群体性事件"这一概念。2006年党的十六届六中全会首次将"积极预防和妥善处置人民内部矛盾引发的群体性事件"写进党的文献中。所谓群体性事件，通常是指由一些利益诉求、观念主张相同或接近的个体形成的群体，通过没有合法依据的规模性聚集，采取静坐、集会、游行等方式向党政机关施加压力来诉求权益和表达意愿，从而对社会秩序和社会稳定造成较大危害的局部社会事件。当前群体性事件不仅对我国社会维稳工作提出了新挑战，同时也考验着我们党和政府的执政能力和公信力。因此，探讨群体性事件是当前乃至今后一个时期我国维护社会和谐稳定的一项重要课题。从马克思主义群众观点的视角来看，防治群体性事件首要的是必须解决好各级党政干部的工作作风问题，根本之道是必须使他们牢固确立和扎实践行群众观点，努力加强和不断改进新形势下的基层群众工作。

一、坚持群众观点是马克思主义政党的显著特征

群众观点是建立在历史唯物主义关于人民群众是历史创造者的基本原理的基础上的，是马克思主义关于工人阶级政党同人民群众的根本关系的政治观点。在"马克思主义的政治观点中，第一位的是群众观点"②，"有无群众观点是我们同国民党的根本区别，群众观点是共产党员革命的出发点与归宿"③。党的群众观点主要包括人民群众创造历史的观点、向人民群众学习的观点、全心全意为人

---

① 原载《桂海论丛》2012年第1期。
② 《江泽民思想年编(1989—2008)》，中央文献出版社2010年版，第371页。
③ 《毛泽东文集》第3卷，人民出版社1996年版，第71页。

民服务的观点、干部的权力是人民赋予的观点、对党负责和对人民负责相一致的观点、党要依靠群众又要教育和引导群众前进的观点以及群众利益无小事的观点等,这些观点的"精神实质就是坚持以人民群众为本的基本理念,始终以人民群众的利益作为考虑问题的出发点和落脚点"①,切实做到"权为民所用、情为民所系、利为民所谋"。

群众观点是中国共产党在长期的领导人民群众进行革命和建设的奋斗中逐渐形成和发展起来的。坚持群众观点是无产阶级政党的显著特征,也是我们正确处理党群关系、干群关系的基本准则。历史的经验反复证明,党的根基在人民,力量在人民,成败也在人民。什么时候党的群众观点践行得好,党群关系和干群关系就密切,我们的事业也就顺利发展;什么时候党的群众观点践行得不好,党群关系和干群关系就受损,我们的事业也就遭受挫折。是否坚持党的群众观点,保持和发展党同人民群众的血肉联系,直接关系到党和国家的兴衰存亡。事实上,"水能载舟,亦能覆舟"。"苏联共产党作为人类历史上第一个执掌国家政权的共产党,是靠密切联系群众起家的。那么,它为什么会一夜之间分崩离析、丧失政权呢?根本原因就是长期严重脱离群众。"②我们党的最大政治优势是密切联系群众,党执政后的最大危险也是脱离群众。所以说,在任何时候任何情况下,我们无论怎么强调群众观点都不为过。

对于各级党政干部来说,始终坚持群众观点,"不是一般的方法问题,而是一个根本的立场问题、党性问题。因为说到底,群众观点是个为什么人的问题,是个对待群众的看法和态度的问题"③。我们党的宗旨是全心全意为人民服务,这就决定了她的一切工作的出发点和归宿是代表最广大群众的根本利益,维护好、实现好和发展好最广大群众的根本利益。牢固确立和扎实践行群众观点,增强广大群众对党和政府的信任度,是党在新形势下团结带领广大人民群众实施科学发展、构建社会主义和谐社会的思想基础,因而也应该成为我们做好新形势下群众工作、预防和处置群体性事件的根本之道。

---

① 本书编写组:《学习党的群众工作重要论述读本》,人民出版社2011年版,第35页。
② 邵景均:《做联系群众的模范——保持共产党员先进性教育系列党课之九》,http://www.bjqx.org.cn/qxweb/n10812c34.aspx。
③ 本书编写组:《学习党的群众工作重要论述读本》,人民出版社2011年版,第49页。

二、强化群众观点是预防和处置群体性事件的必然要求

通过观察和分析一些地区所发生的群体性事件,我们可以看到,能否确立、坚持和践行党的群众观点,对于搞好党群关系和干群关系,预防和处置群体性事件都有着十分重要的现实意义。

第一,从群体性事件的危害来看,强化群众观点有其紧迫性。现阶段我国处于经济社会转型期,由于某些党政部门的衙门作风,对群众反映的一些切身利益或相关利益问题,有关部门不是相互协调和采取措施积极予以解决,而是推诿扯皮、敷衍塞责,致使问题得不到及时和妥善的解决,从而引起群众的强烈不满,结果引发群体性事件。这里的原因是多方面的,既有地方政府工作没有做好的因素,也有发生问题后处置不当的情况。如在云南"孟连事件"中,当时当地有关领导不是正视群众的利益诉求,而是采取"拖"、"躲"、"捂"、"推"等方式,或任由利益纷争自由纠缠,或擅自动用警力压制,终将群众推向了对立面。这不但不能较好地处理矛盾、化解积怨,反且激化了党群关系、干群关系和警民关系,以致干扰了正常的生产生活秩序,破坏了局部地区的社会稳定。更严重的是,在当今互联网时代,许多本来可以化解的矛盾,如果引导和处理不当,就有可能引发为局部性的社会震荡,造成国家资源以及人民生命财产的巨大损失。当前群体性事件的类型较多,影响也不相同,中国社会科学院的于建嵘将之区分为"维权事件"、"泄愤事件"和"社会骚乱事件"三大类,并认为2011年以来的群体性事件正在从泄愤事件转向社会骚乱事件,并呈逐年上升的趋势。① 大量事实表明,无论哪一类型的群体性事件,都离间了党群关系和干群关系,激化了人民内部矛盾,从而严重损坏了我们党和政府的社会形象,也为构建社会主义和谐社会增加了不稳定因素。

第二,从群体性事件的成因来看,强化群众观点有其必要性。近年来我国一些地区所发生的群体性事件,其引发因素是多方面的,②既有政策不当损害群众利益的原因,也有群众利益诉求机制不畅通的原因;既有官僚主义作风导致矛盾

---

① 于建嵘等:《群体性事件呈现许多新特征》,http://view.news.qq.com/a/20110929/000039.htm。
② 近年来在局部地区群体性事件呈现高发现象,其原因和态势较复杂,也给防治带来难度,笔者这方面的论文将刊于《学习月刊》。

激化的原因,也有少数干部对利益纠纷处理不公的原因;既有少数干部腐败引发群众强烈不满的原因,也有对社会冲突处置简单粗暴的原因等。但归结起来,从执政党建设的角度来分析,一些党员干部在新形势下不善于做群众工作(老办法不灵了、新办法又不会),有的还严重脱离了人民群众,则是引发群体性事件的根本原因。面对日益复杂的国内外环境,我们的党员干部和人民群众在革命战争年代所形成的那种休戚与共、鱼水情深的优良作风和传统,在当今一些党员干部的身上淡化了,他们视群众为"土包子",不屑于向群众学习,不愿意为群众办实事,"作风漂浮,脱离群众,高高在上,漠视群众利益,忽视群众诉求,听不进群众意见,离群众越来越远"①。为此,有的学者指出,"现在交通工具发达了,领导干部与人民群众的心理距离却疏远了;通信工具先进了,领导干部与人民群众的交流沟通却困难了;领导干部的文化、学历提高了,但做群众工作的水平反而降低了"②,以致出现了"与新社会群体说话,说不上去;与困难群众说话,说不下去;与青年学生说话,说不进去;与老同志说话,说不到一起去"的不融洽情况。更为甚者,少数党员干部的价值观和利益观严重扭曲、颠倒,一事当前,图自己的利益多,谋群众的利益少,甚至把群众的利益置之脑后,他们屁股坐错了地方,一屁股坐到了公司老板和大商人身上,极个别领导干部还充当起黑恶势力的"保护伞",以牺牲广大群众的正当权益来谋取一己之私利,从而引起人民群众的强烈不满,造成党群关系和干群关系的紧张,这种矛盾积聚到一定时候引发群体性事件也就势所必然了。对此,我们必须下大力气解决这些问题,千万不可掉以轻心。

第三,从群体性事件的性质来看,强化群众观点有其可行性。现阶段,绝大多数群体性事件仍然属于人民内部矛盾的范畴,是"升级"版的人民内部矛盾。尽管当前某些群体性事件的外在表现呈现出一定的对抗倾向,但大多数不是有预谋的,而是突发性的,不带有政治目的,而仅仅属于经济民生方面的诉求。事实上,大多数群体性事件中的群众诉求是正当合理、事出有因的,"集体上访所反映的问题许多是真实的,也是应当和可能解决的。即使有些要求过高,一时不能解决的问题,经过深入细致的工作,矛盾也是可以缓解的,但干部的官僚主义作

---

① 王雪梅:《主政官员不能把群体事件预定为闹事》,http://news.qq.com/a/20081123/000465.htm。
② 伍皓、关桂峰:《云南以"孟连事件"为案例反思群众工作》,http://news.qq.com/a/20080909/002412.htm。

风制造出了群体性事件的社会心理氛围,导致矛盾激化,往往引发了许多不必要的群体性事件"①。即使在某些事件中有人"挑头",但其初衷还是寄希望于党和政府的有关部门、有关人员来帮助他们解决实际问题,而不是寻求对立或对抗。应该说,群体性事件中"大部分是非对抗性、局部或部分对抗性的,属于人民内部矛盾的范围,是当前人民内部矛盾的集中表现,应按照人民内部矛盾来处理"②。对之,毛泽东指出,人民内部矛盾"不能用咒骂,也不能用拳头,更不能用刀枪,只能用讨论的方法,说理的方法,批评和自我批评的方法,一句话,只能用民主的方法,让群众讲话的方法"③。在这方面,重庆"出租车司机罢运事件"和贵州"万山群体上访事件"的妥善处置,都给我们提供了成功的范例,也意味着大多数群体性事件是可以通过深入、细致、扎实的日常群众工作予以化解和处置的。

三、新时期践行群众观点于日常工作的路径选择

如何认识和处置群体性事件,说到底是一个如何对待人民群众的态度和情感的问题。确立党的群众观点是做好群众工作的思想基础。坚持和践行党的群众观点,不是一句口号,而是一种态度,更是一种行动。为此,各级党政干部必须牢固确立群众观点,加强思想政治修养,提高党性觉悟,牢记立党为公、执政为民的宗旨,保持党的优良传统和作风,摆正自己和人民群众的关系,切实在日常工作中贯彻好党的群众观点的基本理念。

第一,努力将尊重群众、相信群众的理念融入日常工作之中。当前,要把尊重群众、信任群众作为我们与群众打交道的一条基本原则。胡锦涛同志在2011年纪念建党90周年大会的讲话中指出:"只有我们把群众放在心上,群众才会把我们放在心上;只有我们把群众当亲人,群众才会把我们当亲人。"如此朴实的话语,一方面要求我们一定要从思想上、从感情上真心诚意地把人民放在心中的最高位置,把群众当成自己的衣食父母、兄弟姐妹那样去对待、去工作,尊重人民群众的主体地位,坚信人民群众的伟大创造力,坚持问政于民、问需于民、问计于

---

① 吴正海、张王定:《我国社会转型期群体性事件研究》,《陕西行政学院学报》2007年第4期。
② 颜晓峰:《正确处理新时期人民内部矛盾,做好新形势下群众工作党员干部学习读本》,人民日报出版社2011年版,第97页。
③ 《毛泽东文集》第8卷,人民出版社1999年版,第291页。

民,力求以真情换真招、以虚心换智慧、以诚恳换办法;另一方面也形象地道出了人与人之间的尊重和信任是相互的。只有我们牢固树立正确的群众观念,始终站在广大群众的立场,为群众主持公道,为群众说话,从群众的视角来考虑问题,充分地尊重和信任群众,树立在广大群众中的良好形象,广大群众才会尊重和信任我们,也才不会因为我们工作中的失误而酿成严重的可怕的社会事件。

第二,努力将联系群众、深入群众的理念融入日常工作之中。马克思主义的唯物论认为,想问题、办事情和做决策都要从实际出发,而人民群众是实践和认识的主体,所以一切从实际出发也就是要从广大人民群众的实际出发,将尊重实际与尊重群众统一起来。在新形势下我们要创新联系群众的方式方法,坚决克服各种形式的官僚主义和形式主义,不当"走读"干部,不搞"远程"指挥,积极投身到广大人民群众中去。为此,机关工作要重心下移,基层干部要坚守一线,领导干部要眼睛向下,大兴调查研究、求真务实之风,定期深入基层、深入一线和深入群众,特别是要深入到那些存在问题突出、群众意见集中和工作难度大的地方,通过个别访谈、开座谈会和民意测评等多种形式而广泛接触群众,对涉及多数群众切身利益的大事,更要广泛征求群众的意见,从而使大多数群众有充分表达意见和要求的机会,尤其是要重点了解大多数群众的疾苦,倾听他们的呼声,体察他们的情绪,理解他们的愿望,汲取他们的智慧和力量,并将合理的、普遍的民意诉求更好地在领导决策和政策执行过程中体现出来。实践表明,这是我们在决策和政策层面消除决策失误、政策不当进而损害群众利益的前提条件和重要环节。

第三,努力将关心群众、服务群众的理念融入日常工作之中。关心群众首要的也是最根本的,就是在任何时候、任何场合都必须牢记群众利益无小事、群众利益至高无上的执政要旨,始终把人民群众的利益放在第一位,把人民群众的根本利益作为我们党的一切工作的出发点和归宿。关心和服务群众,既要有诚意,更要有行动,将心动和行动统一起来。在现实中,有些干部之所以在广大群众心目中的形象很差,一是因为他们"重表态轻落实,服务群众光说不练,或者雷声大雨点小。这类问题虽只出在少数人身上,但造成的影响极其恶劣"[①];二是因为

---

① 文炜:《牢记"服务群众"这个落脚点》,《宁波日报》2010年5月24日。

他们个人主义严重,对群众疾苦漠不关心,对群众呼声置若罔闻,对群众利益麻木不仁,甚至见利忘义,以权谋私,伤害了人民群众的感情,削弱了党同人民群众的血肉联系。针对这一情况,邓小平曾经明确地指出"要坚决批评和纠正各种脱离群众、对群众疾苦不闻不问的错误","一定要努力帮助群众解决一切能够解决的困难","全党同志,各级干部,特别是领导干部,必须经常记住这一点,经常用这个标准检查自己的一切言行",①切实把广大群众的冷暖安危放在首位,扎实做好基础性工作,想广大群众之所想,急广大群众之所急,能够解决的要及时解决,受客观条件限制暂时不能解决的,也要向群众做好解释工作,并协调有关部门创造条件逐步加以解决。总之,凡是涉及广大群众的切身利益和实际困难的事情,再小也要竭尽全力去办好。只有带着对人民群众的深情厚谊,努力成为群众合法权益的"保护者",真心实意地解决他们的合理诉求和正当关切,坚决纠正在对待群众利益上出现的"拖"、"躲"、"捂"、"推"等与执政党宗旨不一致的做法,才能争取到他们的理解、信任、支持和拥护。

第四,努力将教育群众、引导群众的理念融入日常工作之中。在对待群众的问题上,我们要处理好"学生"与"先生"的关系。为了更好地了解民情民意,各级党政干部都要放下官架子,甘拜人民为师,虚心向群众学习,当好群众的"小学生";而为了实现正确的领导,各级干部又要当好群众的先生,努力教育和引导好群众。"最近几年,我国群体性事件高发,从2008年西藏的3·14拉萨骚乱、6·28贵州瓮安事件,到2009年的乌鲁木齐'7·5'事件等,这一方面是由于基层党员干部群众工作能力弱……另一方面则是有些群众不通过正常途径反映问题,越级上访,还有的借重大节日和重大政治活动之机扩大影响。同时,境外敌对势力也企图插手利用群众反映问题活动达到不可告人目的。"②所以,现阶段教育和引导群众首要的是必须教育群众知法、懂法、守法和用法,使广大群众通过合法渠道反映合理诉求,不能让他们错误地认为"不闹不解决、小闹小解决、大闹大解决",只有闹开了、闹大了才能解决问题。通过法制宣传和教育,旨在使广大群众懂得作为一个社会主义公民,有责任也有义务去自觉维护、倍加珍惜当前

---

① 《邓小平文选》第2卷,人民出版社1994年版,第368页。
② 颜晓峰:《正确处理新时期人民内部矛盾,做好新形势下群众工作党员干部学习读本》,人民日报出版社2011年版,第176页。

总体安定团结、和谐稳定的社会局面。同时,对待和处置已经发生的群体性事件,要树立正确的群众观念,充分借助各方面的力量,切实做好现场处置工作;同时也要讲究科学的工作方法,耐心听取群众的意见和反映,实现由"堵"向"疏"的转变,从而有效地控制不良事态的进一步扩大。

第五,努力将掌握群众、赢得群众的理念融入日常工作之中。预防群体性事件的发生,关键还在于我们能否通过卓有成效的群众工作掌握和赢得群众。所谓掌握群众,就是要努力把广大群众团结在党和政府的周围,把他们的积极性、主动性和创造性集中到改革开放和社会主义现代化建设的伟大实践中来。为此,第一,必须在定政策、做决策、上项目时,切实把群众观点贯彻其中,始终站在广大群众的立场上考虑问题,协调好各方面的利益关系,这是赢得广大群众支持和拥护的根本途径;第二,必须畅通和拓宽群众的诉求渠道,保障群众的话语权、知情权和监督权,努力使不同阶层群众的利益诉求都能充分地表达、平等地协商和合理地解决,切实防止因忽视群众利益诉求而引发的群体性事件,努力将矛盾和问题解决在基层、解决在当地;第三,必须综合运用多种手段,建立健全群体性事件的预警、防控体制和机制,认真研究和探索群体性事件发生、发展的演变过程,揭示出隐藏在群众情感情绪背后的东西,准确地把握群众的所需、所急、所忧和所盼,着力解决好群众最关心、最直接、最现实的利益问题,从而在源头上预防和减少各类群体性事件的发生。

结论

在现阶段我国经济社会发展的转型期,由各种社会矛盾引发的群体性事件,事关社会的和谐,也关乎国家的稳定。2010至2011年,因为城市拆迁、利益分配、环境污染和执法过错等问题所导致的群体性事件有所增多。据权威人士分析,今后一段时期,群体性事件还可能会继续增多。正如2010年1月《瞭望东方周刊》刊文指出"未来10年中,群体性事件将是中国社会稳定最大的威胁",这考验着党和政府的执政能力、治理能力和公信力。而预防和处置群体性事件是一项复杂而艰巨的社会管理工程。这就要求我们各级党政干部必须增强忧患意识,保持高度警觉和清醒认识,从改革、发展和稳定的大局出发,自觉担负起防范群体性事件的政治责任,牢固确立和扎实践行群众观点,不断提高应对复杂局面以及在新形势下与不同群体的群众打交道的工作能力;积极推动社会管理体制机制的改革创新,充分利用现代化的新技术、新手段,努力做好网上网下等各种形式的群众工作,高度注重化解日常工作中各种潜在的不安定因素,力争把各方面的积极性与创造活力汇聚到推动科学发展、构建社会主义和谐社会上来,从而为推进中国特色社会主义的伟大事业铺平道路。

法治作为社会主义核心价值的新构成①

陈 建

（南京大学马克思主义学院）

社会主义核心价值是社会主义意识形态的本质体现,伴随着意识形态的发展变化,社会主义核心价值也将不断丰富和发展。近年来,社会主义意识形态的主题不仅经历了从"革命"向"建设"的转型,而且在建设过程中呈现出"复杂、多样、时代化、全球化"的趋势。在这样的历史条件下,社会主义核心价值观也必然会产生新的变化和发展,法律从一般观念上层建筑演化为法治精神,逐渐成为社会主义核心意识形态,成为社会主义核心价值的新构成,与社会主义核心价值的其他要素一起引领着中国特色社会主义的实践和发展。

法治作为社会主义核心价值新构成的形成历程

"文革"之后,"人治"和"法治"的争论盖棺定论,法治成为最终选择,但此时法律依然是作为一般意识形态存在,这表现在人们还是习惯于说"法制"而非"法治"。然而也正是在社会主义实践逐步深入的过程中,法律的地位逐渐彰显,进而一步步发展为法治精神,最终成为社会主义核心价值的新构成。这一变化历程在"邓小平理论"、"三个代表"重要思想、"科学发展观"中均有鲜明体现,且逐渐递进。

邓小平在1979年12月中央工作会议上第一次明确提出:"为了保障人民民主,必须加强法制。必须使民主制度化、法律化。使这种制度和法律不因领导人的改变而改变,不因领导人的看法和注意力的改变而改变。"②在他领导和主持下通过的《中共中央关于建国以来的若干历史问题的决议》中也明确指出,种种

---

① 原载《学海》2012年第6期。
② 《邓小平文选》第2卷,人民出版社1994年版,第146页。

历史原因使得"我们没有能把党内民主和国家政治社会生活的民主加以制度化、法律化,或者虽然制定了法律,却没有应有的权威"①。可见,在邓小平的视野中,法律逐渐成为衡量和保证社会主义制度的基本条件。党的十一届三中全会公报更是强调指出:"为了保障人民民主,必须加强社会主义法制,使民主制度化、法律化,使这种制度和法律具有稳定性、连续性和极大的权威,做到有法可依、有法必依、执法必严、违法必究。"实际上,此时已经意识到法制是保证社会主义民主的有力武器,没有法制就没有社会主义民主,没有社会主义民主就没有社会主义。而对于法律在社会主义建设与实践中的作用,邓小平有更加深刻的认识。1980年8月,他在《党和国家领导制度的改革》的著名讲话中提出了要通过政治体制改革解决"权力过分集中"和"党政不分、以党代政"的问题,②并认为实行党政分开是政治体制改革的关键,而党政分开的基本途径就是党要依法办事。

可见,无论是对于社会主义的根本要求,还是对于社会主义的改革和发展,法律都具有重要的地位和作用,不可或缺。也正是在这个意义上,法制成为邓小平理论的重要内容,且其地位逐渐凸显。

在"三个代表"重要思想中,江泽民从法治与市场经济和社会秩序的关系出发来强调其价值和意义,"世界经济的实践证明,一个比较成熟的市场经济,必然要求并具有比较完备的法制。市场经营活动的运行,市场秩序的维系,国家对经济活动的宏观调控和管理,以及生产、交换、分配、消费等各个环节,都需要法律的引导和规范。在国际经济交往中,也需要按国际惯例和国与国之间约定的规则办事,这些都是市场的内在要求"③。"没有团结稳定的政治局面什么事情也搞不成。当前总的情况是好的,但我们必须居安思危,绝不能麻痹大意,必须加强政法工作和社会治安的综合治理,加强法制建设和执法工作,依法惩治各种犯罪活动。"④也就是说,法治直接保证了社会主义的发展和稳定。在此基础上,江泽民进一步论证了法治与社会主义的内在逻辑关系,"没有民主和法制就没有社

---

① 中共中央文献研究室:《关于建国以来党的若干历史问题的决议》注释本,人民出版社1983年版。
② 《邓小平文选》第2卷,人民出版社1994年版,第321页。
③ 《江泽民论有中国特色的社会主义·专题摘编》,中央文献出版社2002年版,第331页。
④ 参见《十四大以来重要文献选编》,人民出版社1994年版。

会主义,就没有社会主义的现代化"①。也就是说,民主和法治是社会主义的两个特征,缺一不可。只有将人民的民主权利以及国家在政治、经济、文化、社会等方面的民主生活、民主结构、民主形式、民主程序,用法律制度固定下来、明确下来,使之具有制度上、法律上的完备形态,保障国家政治生活的民主性和人民的民主权利不受破坏和侵害,才能实现社会主义民主的制度化、法律化。这再一次鲜明地把法律的地位突显出来,提升了法治的战略地位,这种理解是一种创新,是法治迈向社会主义核心价值的重要一步。随后,江泽民对依法治国的含义进行了深刻的解读,"依法治国,就是广大人民群众在党的领导下,依照宪法和法律规定,通过各种途径和形式管理国家事务,管理经济文化事业,管理社会事务,保证国家各项工作都依法进行,逐步实现社会主义民主的制度化、法律化,使这种制度和法律不因领导人的改变而改变,不因领导人看法和注意力的改变而改变"②。法治的地位由此确立,最终以"依法治国,建设社会主义法治国家"入宪,从根本上表明了法治在社会主义理论和实践中的核心地位。

在邓小平理论、"三个代表"重要思想关于法治认识的基础上,"科学发展观"进一步强调了新时期社会主义法治的地位,"在整个改革开放和社会主义现代化的进程中,我们都必须坚持依法治国的基本方略"。③ "实行依法治国的基本方略,是坚持和改善党的领导的必然要求,是完成党的十六大做出的各项战略部署的必然要求,是促进我国社会主义物质文明、政治文明和精神文明协调发展的必然要求,也是巩固和发展民主团结、生动活泼、安定和谐的政治局面的必然要求。"④由此可见,法治显然已经成为整个社会主义的重要支撑点,广泛地作用于物质文明、政治文明、精神文明领域。在更深远的哲学意义上,"依法治国,是党领导人民治理国家的基本方略,是发展社会主义市场经济的客观需要,是社会文明进步的重要标志,是国家长治久安的重要保障"⑤。法治在这个层面上,不仅对我国社会主主义一时一地的建设具有重要性,而且成为我们一项长期的基

---

① 参见《中国共产党第十五次全国代表大会文件汇编》,人民出版社1997年版。
② 参见《中国共产党第十五次全国代表大会文件汇编》,人民出版社1997年版。
③ 参见《中国共产党第十六次全国代表大会报告》。
④ 参见《中国共产党第十六次全国代表大会报告》。
⑤ 《胡锦涛中共中央政治局集体学习上的重要讲话》,《人民日报》2002年12月27日。

本追求,成为社会主义本质的恒定内涵。

综合以上法治在邓小平理论、"三个代表"重要思想、科学发展观中的变化历程,我们可以发现法治已经成为一种新的共识,即法治不仅是社会主义实践的重要保证,而且是社会主义所追求的基本目标,它与社会主义的基本价值具有一致性,是社会主义意识形态全新而重要的内容。在一定意义上,也可以说法治已经从一般观念上层建筑上升为主流意识形态,成为社会主义核心价值的新构成。

法治作为社会主义核心价值新构成的科学内涵

法治之所以成为社会主义核心价值,并不是自发的过程,也不仅是人们主观追求的产物,而是改革开放后社会实践的必然结果,是唯物史观基本逻辑的现实表现。

法治是社会主义市场经济的内在要求,是当前物质生产方式的反映。社会主义市场经济是社会主义由"革命"主题向"建设"主题转型的结果,是生产方式的重大变革,也构成了中国特色社会主义的基石。但显然,市场经济创造物质财富的过程又是一个相当复杂的过程,市场并不是万能的,市场失灵或者市场不灵的现象已经频繁上演,市场经济需要一定的外部规则维系已经是人类社会的共识。也可以说,一个健康的市场经济体制内在地产生了自身运行的外部保障,这种保障在社会主义市场经济中不仅表现为对具体法律的需求,而且表现为对法治的需求。

第一,市场主体的地位和权利需要得到法律的确认和保障。市场经济是发达的商品经济,主要表现为商品的生产、交换和消费三个环节,其中交换环节又是商品经济的核心内容。交换的发生依赖于交换双方具有独立、平等的地位和拥有对商品的所有权和支配权,市场主体地位的确立和权利的保障只有依赖于法律才能得到真正实现。

第二,市场活动的秩序需要法律的维护和支持。市场经济活动表现出最大的经济理性,每一个参与市场活动的人都遵循"利益最大化"原则,都希望通过市场来获取最多最好的利益,这就使得市场活动成为"人和人角逐利益"的名利场。如果没有规则的介入,市场活动就会失去规范,就不可能长久和持续。这种规则最好的选择就是法律,此时法律以仲裁者的身份出现,保证市场活动能够遵循公平、自愿、诚实信用等基本原则。

第三,市场经济可持续发展的长远需求需要法律的保障。社会主义市场经济可持续发展依赖于对生态环境、自然资源的保护与人类自身数量的控制。非常严重的现实已经告诉我们通过自然界自身的调控、市场主体的道德自觉、行政手段的三令五申都不足以实现可持续发展所需要的外部环境,改变这一现状的最好办法就是法律,也只有通过法律手段才能为可持续发展提供支撑。

第四,国家对市场经济的宏观调控和管理需要法律化。以前我们对经济的调控和管理都是通过单纯的行政手段来实现的,这种方法容易造成稳定性、统一性的欠缺,使人为因素在经济运行中影响过大,不利于经济的规范化,最根本的解决办法就是实现三个环节的法律化:一是对行政权力的限制,二是行政程序的法律化,三是对行政监督的法律化。

很显然,从具体法律到法治还有非常远的距离,并非所有的法律都可以保障市场经济体制的良性运行,恶法甚至会扼杀市场经济。只有把法律的地位转换为法治精神,才可以真正有效地维护社会主义市场经济体制。从唯物史观的角度来看,当法治成为市场经济必需前提的时候,法律的基本属性已经被市场经济的内在要求所决定,法治的基本属性不是由任何非物质的内容和形式所决定的,而只能由社会主义市场经济这一生产方式所决定。事实上,社会主义市场经济要求实行法治的过程,就是社会存在与社会意识相统一的过程,也是新的意识形态建构的过程,此时社会主义市场经济的基石地位又必然导致法治在意识形态体系中核心地位的确立。

法治不仅完善和保障社会主义市场经济的运行,并且反向建构社会主义市场经济的精神特质,这一作用体现在两个层次:

第一个层次是法律对社会主义市场经济运行的一般影响,即完善和保障作用。从宏观来说,法律的这一作用表现为引导和制约。法律能够引导人们的行为,明确哪些行为可以做,哪些行为禁止做,哪些行为必须做。对于人们的行为,法律可以依靠国家的强制力量(包括各种处罚、处理、支持、保护等手段和方式)维护合法、正当的行为,制裁非法、不当的行为,从而保障国家和社会的整体利益以及公民的合法权益,维护正常的社会经济秩序和生活秩序。从微观来说,法律对这一作用通过以下方式进行:具体规定市场经济主体的法律地位、直接调整微观经济活动中的各种关系、直接解决各种经济纠纷等。

第二个层次是法治对于社会主义市场经济体制具有独特的价值,建构和引领社会主义市场经济的精神特质,表现为以下几个方面:一是法治对社会主义市场经济发展的成果进行总结和引导,比如土地家庭承包制就是通过法律介入而得以全面推广的社会主义重大土地政策。二是法治精神在社会主义市场经济活动中被充分运用。当经济发展没有与之配套适用的法律制度时,法治精神完全可以对经济发展中的利益和关系进行超前的调整,这种调整在自由裁量的范围内受到国家机器的保障。这种做法实际上对于社会主义市场经济发展的精神特质具有重要的影响,而不至于受到滞后的法律规范的限制,从而具有中国自己的特色和气质。三是法治通过对人们法律意识的培育促进社会主义市场经济的健康发展。

"法治"目标下的社会主义的合法性解释体现在正反两个方面。一是在总结社会主义历史经验教训的基础上,指出以往社会主义实践中一些重大错误的根本原因在于法治的缺乏:由于法治力量不足可能会引发独裁和专制,比如苏联斯大林时代由于轻视法律而引发的"大清洗",最终导致人们对于苏联社会主义制度的诟病与不满;由于没有法治的保障,社会主义的民主有可能会走向错误的方向,如中国的"文化大革命"就是因为完全不要法治而最终导致社会的无序与失范,进而导致社会主义民主也无法真正落实,等等。二是从发展的视角来说,社会主义的内涵和特征必须随着时代而变化,法治是当前统领社会主义实践的一个重要特征,这一点在政治、经济、社会各个领域都有鲜明的体现:如在政治领域,只有法治才可以限制和监督权力而不至于产生腐败,才可以保证政治清明;再如在经济领域,只有法治才能够保证公开、公正、公平的经营环境,从而使经济有序运行;而在社会领域,只有法治才能保证人民各项权利与自由的实现,等等。

"法治"目标同样可以解释中国共产党作为执政党的有效性和合法性。中国共产党最终的目标是带领人民走上富强民主文明的道路。在实现这一目标的过程中需要对以下一些重要的问题做出回答:如何保证党确实能代表最广大人民的利益而不至于产生利益集团?如何保证党在执政过程中高效、有序执政而不至于走过多的弯路?如何保证党的权力能够正确使用而不至于产生腐败?如何保证党的自身完善、积极进取而不至于停滞不前,甚至倒退?对这些重大问题的回答实际都指向一个答案:法治。也就是说,中国共产党不仅应该而且必须依法执政,才能有效地规范与完善自身,才能真正代表人民的利益,才能高效地治理国家,也才能获得人民的支持和信任。

  法治对于社会主义社会更积极的作用体现在对于社会主义的引领、对于社会主义未来目标的设立所具有的凝聚力和吸引力。自从苏东社会主义模式失败以后,中国特色社会主义的内涵和特征就是一个重大的理论问题,未来社会主义以什么样的面貌呈现出来,既关乎社会主义的道路和命运,也关系到人们的认同和追随。"建设社会主义法治国家"目标的提出,无疑很好地解决了这种巨大的困惑,使得未来社会主义成为一种人们向往的文明秩序。具体来说,社会主义法治国家将具有如下特征:(1)法律为人民所信任与依赖,人们时时依赖和信任法律,时时不能离开法律,就像不能离开阳光、水、食物一样。(2)自由与权利得到充分的保障和维护,人们的自由和正当权利为社会主义法律所规定,并且受到法律的保护和支持,任何对这种法律下的自由和权利的侵犯都被禁止,不允许任何个人、任何组织凭借其他任何力量超越法律主张特权。(3)公共权力的取得需要通过法律的授权;公共权力的行使也必须遵循法律规定的程序;非公共权力的行政机关以外的个人和组织不能利用自己的优势地位和资源,试图建立类似于公共权力的权力等。①(4)经济生活的法律规定性,一切经济活动都在法律的框架和秩序内进行。很显然,当社会主义具有了上述内涵的时候,人民应该乐于接受、认同和积极追求,这也充分展现了法治作为社会主义核心价值的作用和意义。

---

① 齐延平:《论作为法治基础的"人的尊严"》,《江苏行政学院学报》2011年第1期。

市民社会:社会主义法治的元素与取向[①]

陈建[1] 姚润皋[2]

(1. 南京大学马克思主义学院;2. 南京大学哲学系)

我国社会主义法治进程正一步步走向深入,同时一些深层次问题也逐渐呈现出来,比如国家和政府的权力限制、人们对于法律的认同与维护、法治进程的稳定等,解决这些问题并非易事。结合我国社会主义市场经济的现实和其他国家的一些成功经验,从发展的角度来看,建构具有我国特点的新型市民社会对于解决社会主义法治实践进程中的一些重大问题将很有裨益。

市民社会的现代意义表述

市民社会和国家的关系是西方理论界长期探讨的问题。黑格尔之前的西方学者大都认为市民社会是指与自然状态相对的政治社会或国家,而不是指与国家相对的实体社会。如"社会契约论"的思想家们在分析社会历史时提出了一对核心范畴——"自然状态—文明状态(市民国家)",把自然状态和市民社会看作人类发展前后相继的两个阶段:在自然状态下生活的人们为保护自己的生命和财产不受损害,彼此交出了自然权力,签订了契约,由此形成的社会状态叫市民社会。

黑格尔颠覆了传统市民社会的概念,否定了市民社会是政治社会或国家的含义,认为市民社会是处在家庭和国家之间的差别的阶段,虽然它的形成比国家晚。黑格尔认为,"市民社会是在现代世界中形成的",是"各个成员作为独立的单个人的联合"。[②] 它具有以下特征:第一,市民社会是由每个各自独立而又彼此相互依赖的特殊人所构成的联合体,"具体的人作为特殊的人本身就是目

[①] 原载《江海学刊》2009年第4期。
[②] 黑格尔:《法哲学原理》,商务印书馆1982年版,第197页。

的"[1],"我既从别人那里得到满足的手段,我就得接受别人的意见,而同时我也不得不生产满足别人的手段"[2]。第二,市民社会是"需要的体系",是物质生活的领域。黑格尔所说的"需要",指人们的物质生活、物质利益的"需要",它是市民社会中众多个体彼此联系的纽带。第三,作为物质生活的领域、"需要的体系"的市民社会,必须通过保障人身和财产权利的法律制度以及维护他们特殊利益和公共利益的外部秩序而建立起来,即市民社会必须通过"警察和同业公会"组织,用"司法"维护市民所有权,以预防社会危险和保护个人的生命财产。也正是在这个意义上,黑格尔认为,市民社会必须以国家为前提,"作为差别的阶段,它必须以国家为前提,而为了巩固地存在,它也必须有一个国家作为独立的东西在它面前"[3]。因此,黑格尔认为:国家高于市民社会,国家决定市民社会。

黑格尔将市民社会与政治国家进行剥离,使它们成为两个含义不同的范畴,马克思对此给予了充分肯定:"黑格尔把市民社会和政治社会的分离看作一种矛盾,这是他较深刻的地方。"[4]但马克思认为黑格尔的错误是:"他满足于只从表面上解决这种矛盾,并把这种表面当作事情的本质。"[5]在《政治经济学批判》和《德意志意识形态》中,马克思批判了黑格尔的市民社会概念的抽象性和神秘性:"法的关系正像国家的形式一样,既不能从它们本身来理解,也不能从所谓人类精神的一般发展来理解,相反,它们根源于物质的生活关系。这种物质的生活关系的总和,黑格尔按照18世纪英国人和法国人的先例,称之为市民社会,而对市民社会的解剖应该到政治经济学中去寻找。"[6]"在过去一切历史阶段上受生产力所制约、同时也制约生产力的交往形式,就是市民社会……这个市民社会是全部历史的真正发源地和舞台,可以看出过去那种轻视现实关系而只看到元首和国家的丰功伟绩的历史观何等荒谬……市民社会包括各个个人在生产力发展的一定阶段上的一切物质交往。"[7]马克思指出市民社会这一名称始终标志着直接

---

[1] 黑格尔:《法哲学原理》,商务印书馆1982年版,第197页。
[2] 黑格尔:《法哲学原理》,商务印书馆1982年版,第207页。
[3] 黑格尔:《法哲学原理》,商务印书馆1982年版,第197页。
[4] 《马克思恩格斯全集》第1卷,人民出版社1956年版,第338页。
[5] 孙伯鍨:《探索者道路的探索》,南京大学出版社2002年版,第158页。
[6] 《马克思恩格斯全集》第13卷,人民出版社1956年版,第8页。
[7] 《马克思恩格斯全集》第13卷,人民出版社1956年版,第41页。

从生产和交换中发展起来的社会组织。马克思认为,物质生产活动的发展是人类历史发展的源泉和动力,是一切人类生活的第一个前提,也就是一切历史的第一个前提。在市民社会与国家之间,市民社会的成员组成了国家,市民社会的经济基础促成了国家,市民社会的目的和任务呼唤着国家,市民社会是国家决定性的因素,是国家产生的前提和基础。马克思由此再次颠覆了黑格尔的理论:不是国家决定市民社会,而是市民社会决定国家。

透过市民社会理论的这两次颠覆,我们可以对市民社会的内涵做出现代意义的描述:第一,市民社会是一个以个人利益为本位的社会,实际需要、利己主义就是市民社会的原则,市民社会个人利益本位决定了市民社会本质上属于私域,是个人追求利益的场所和集合体,比如各种商业协会就具有这种性质。第二,市民社会是一个以个人独立为原则的社会,这一特征决定了市民社会和国家的本质区别,二者分属于不同的领域,具有明显的界限,市民社会具有鲜明的独立性,不能为国家所包含和左右。第三,市民社会对于国家具有决定性,对于一切属于国家的上层建筑领域的内容具有决定性的影响,而不是相反。比如市民社会对于法的决定性的影响,导致这种决定性的原因在于市民社会所具有的有效的物质生产和交换性质,法的本质应该是反映这种物质活动的特点并为之服务,而不是存在先验的法维护物质生产和交换活动的进行。

市民社会:法治道路选择的分水岭

正是因为市民社会所具有的上述内涵,其对于法的影响是一种决定性的客观存在,对于法治进程也当然具有举足轻重的影响。一般来说,法治道路大致有两种选择:社会演进型法治化道路模式和政府推进型法治化道路模式。① 社会演进型法治化道路模式,是指一国的法治化是在社会生活的发展和变迁中形成的,是一种社会自发的产物,是源自社会内部的自身力量的发展类型。政府推进型法治化道路模式,则是指一国的法治化运动是在国家和政府的推动下启动和进行的,政府是法治化运动的主要动力,法治目标主要由政府设计,是"人为"建构的,法治化进程及其目标、任务主要借助和利用政府所掌握的本土政治资源来

---

① 郭学德:《试论中国的"政府推进型"法治道路》,《中共中央党校学报》2001年第2期。

实现。导致不同法治化道路模式选择的原因多且复杂,比如工业化、商品经济、政治体制、民族文化传统等因素,但其中最为关键的因素是市民社会,在某种程度上,市民社会成为法治道路选择的分水岭。

以对西方社会影响深远的城市法的制定与形成为例,我们就可以看出市民社会的实际存在与否对于法治道路具有至关重要的影响。10世纪时,由于西欧社会生产力的发展,手工业和农业逐渐分离,商业活动逐渐活跃,一些商人和手工业者在交通要道、教学附近定居下来从事商业和手工业活动,并吸引越来越多的人,从而形成了新的城市。在这种城市中,为了摆脱封建领主的控制,市民们迫切希望制止封建领主的横征暴敛,获得人身的自由和城市的自治。11世纪时,西欧大多数城市通过金钱赎买、武装起义等手段获得了不同程度的自治。在获得自治的城市中,市民的人身地位、劳动方式、经济分配都有了新的特点,因此不能沿用传统的法律制度,这对城市法的诞生提出了客观要求。而且城市自治地位的确定、城市机关的成立和市民法律意识的增强,也为城市法的产生提供了可能。城市法最初时期的表现形式主要是对各城市习惯法的汇编和对罗马法的继承,在这一过程中,封建领主为了保护自己的利益颁布特许状,允许城市从事工商贸易而从中征税。城市法在这种情况下,获得了进一步的发展,并出现了作为城市法重要表现形式的法典:特许状、城市立法、行会章程、城市习惯和判例等。[1] 实际上,城市法的产生对西方社会的影响极为深远,正如有学者所指出的那样:"中世纪城市法所确立的理性、社团资格、权利平等、参与立法、客观的司法程序这些原则与观念,与近代西方法律形式化运动的一些结构性特征发生着这样那样的联系。"[2]而究其根源,正是市民社会的客观存在推动了城市法的产生,而城市法的制定又从根本上保证了市民社会的存在和发展。正是在这种相互作用的过程中,法治的核心理念,即"确信法律能够提供可靠的手段来保障每个公民自由合法地享用属于自己的权利"在西方社会和每个人的心中生根发芽、茁壮成长,最终形成法治的必然局面。也正是在这个意义上,我们可以说,社会演进型的法治化道路模式不是选择的结果,而是市民社会客观存在的必然诉求和自

---

[1] 何勤华、任超等:《法治的追求》,北京大学出版社2005年版,第46页。
[2] 公丕祥:《法制现代化的理论逻辑》,中国政法大学出版社1999年版,第170页。

然而然的结果。

而我国社会从根本上来讲,并不存在这种独立的、能够构成社会结构中决定性力量的成熟的市民社会,因此我们虽然确定了法治的目标,但对其模式的选择必然是另外一种,即政府推进型法治化道路模式。从历史角度看,长达几千年的封建社会肯定没有市民社会生存的土壤,直至晚清以降,我国由于受到西方社会的影响和自己对工商业发展的渴求,在相当的地区和领域内,才出现了市民社会的萌芽,尤其是在汉口、苏州、上海、天津等地出现的具有一定独立性的商会、行帮等自治组织在社会生活中发挥着重要的作用,很大程度上填补了因国家政权的"软化"而留下的社会空间。许多学者据此认为我国已经出现了市民社会的雏形,认为随着这些民间社团和自治机构的产生,中国传统公共领域开始发生某种带有体制意义的变革,呈现出若干近代性特征。[①] 需要指出的是,这种市民社会的雏形确实存在,但相较于西方市民社会对于整个社会结构的影响来说,我们的市民社会最多限于雏形的阶段,因为其并没有能够对当时的社会结构起到根本性的影响,没有能够成为支撑中国社会现代化转型的体制性力量,没有成为一支能够独立生存并影响社会变化的成熟力量。仅以学者们最为津津乐道的汉口社团为例,从表面上看,近代汉口的商会等社团对城市公共领域的确有很大的影响力,它们筹集资金,兴办公共事业,有时甚至可以极大地影响地方官员的城市发展政策。可是,这主要是由当时清政府的财政危机所致,而不是国家主动让权的结果,也不是工商业的发展已经达到了使其能够自主社会生活的地步。实际上,无论是在汉口还是其他商业发达的城市,中国社会的传统结构并没有发生根本性的转变。在这种情况下,绅商和他们所主宰的社团所享有的独立性是极为脆弱的,完全受到官员的控制;他们的力量是不独立的,是有依赖性的,这种依赖性本身就包含着国家对于市民社会具有生杀大权的决定性。在这个意义上,中国这种雏形的、脆弱的市民社会无法对社会的权力结构和运行模式产生根本的影响,指望通过这种途径以实现西方社会的法治道路只是一厢情愿式的想像。

社会主义中国建立以后,由于采用了计划经济的社会经济发展模式,几乎全部的资源都被国家所控制,尤其是经过对民族资本主义工商业改造和人民公社

---

① 马敏:《官商之间——社会巨变中的近代绅商》,天津人民出版社1995年版,第283—284页。

化之后,在国家之外几乎不存在任何流动的资源和自由活动空间。同时,人们的身份被国家以强制力的方式确认,"农民"、"工人"、"干部"等身份之间具有严格的界限,不同身份之间的变迁、转换十分困难,所有的身份整合被国家通过各种各样具有行政特征的单位所把握,社会失去了自我调节的机制。在这种情况下,市民社会也不可能存在。

改革开放以后,我国社会发生了深刻的变化,尤其是市场经济确立以后,相伴随的各种改革纷至沓来,如产权制度改革、人事制度改革、户籍制度改革等,这客观上为市民社会的产生提供了基础和可能性。近年来,各种独立或半独立的民间组织开始逐渐增多,其原因在于我国的社会生活日益复杂,国家已经不可能像过去那样完全控制和管理社会生活。同时,由于利益的多元化,各种新生的社会群体希望通过自己的组织维护自身的利益,这些民间组织实际上在许多领域发挥重要的作用。此时各种民间组织虽然能够发挥作用,维护自己的利益,提出自己的利益诉求,但通常具有松散性和国家依赖性两个特点。松散性表明这些组织之间的利益关系不稳定,它们之间不是一种休戚与共的利益共同体关系,随时会因为各种各样的因素导致解体。对国家的依赖性表明这些组织的生存以国家权力的允许为前提,同时需要国家权力的支持,它们与国家之间是一种依附的关系,本身并不具有天然存在的权力。也正是由于这样的两个特点,我们同样不能断言,在市场经济条件下我国存在成熟的市民社会。许多学者将我国的这些民间组织的特性称为"官民二重性"、"组织层面的官民联结",是比较准确的。

历史表明,我国在以往并没有形成成熟、独立的市民社会,即使在确立和实行社会主义市场经济之后也没有出现,与之相伴随的法治道路也必然不会是社会演进型的模式,而只能是另外一种选择——政府推进型法治化道路模式。因此,市民社会在某种程度上构成了法治道路的分水岭,其所以具有这种特性,是因为法治本身就是蕴涵在现实的社会生活当中的,是一种上层建筑对经济基础的依附,而这种依附不是由人的主观意志能随意更改的。

构建市民社会:社会主义法治的理想与目标使然

显然,由于市民社会的差别导致了两种法治道路模式的分野,这两种模式各具有自己的特点,优点与缺点并存。对于社会演进型道路来说,其特点表现为:

法治化的直接动力主要来自社会本身而非政府和国家的上层建筑,是商品经济逐步发展和民众法治意识逐步积累的产物;法治化的目标、步骤和程序较少有"人为"和"预设的痕迹",更多体现为一种在不断否定和扬弃中螺旋上升的自然进化;由于法治资源的产生、演变与进化以及民众法治意识的积累不可能一蹴而就,需要一个相对漫长的过程;法治道路模式具有深厚的社会基础,得到社会民众的广泛认同,具有相当的稳定性。这种模式以一些西方老牌资本主义国家为代表,如美国、德国、英国等。① 而对于政府推进型法治模式来说,其特点是:法治化运动的启动和主要动力,在最初和相当长一段时间内主要不是来自社会和民间,而是来自国家和上层建筑,国家和政府是法治化运动的主要领导者和推动者;法治进程具有预设性,即法治的目标、进程和时间表是预设的、人为的,不是让其自然演进,而是急速推进,尽可能快地实现法治目标,效率较高,但稳定性较差;法治化的方法具有强制性,在推动法治发展的进程中,往往采取强制性的措施,主要依赖政府的强力推进,缺少社会心理的认同与维护,容易出现各种各样的规避法律行为。

实际上,我国社会主义法治建设选择政府推进型法治道路模式是一种历史与现实的结合,我们一方面缺少法治传统的历史积淀,另一方面又急须快速实现社会主义法治目标,因此只能走这条道路。但对于社会主义法治的理想和目标来说,我们不仅需要实现社会主义法治的外在形式,更需要实现法治国家的完整内涵,这就要求我们采取必要的行动来弥补政府推进型法治道路模式的缺陷。总体来看,政府推进型法治道路模式有可能出现三个方面的问题:一是政府权力过大且不能得到有效的限制,法律至上原则难以确立;二是人为痕迹过重且在某种意义上与现实社会生活脱节,法律不能有效反映并服务于社会生活;三是民众对于法律不是真正地认同和信仰,只是迫于强制力量而遵守。在可能的条件下,人们规避法律是一种普遍选择,从而导致法治基础不牢,稳定性不够,不利于实现最终的法治目标。以上几个问题是由政府推进型法治道路模式的结构性缺陷所引起的,也是现实社会生活中最迫切、最难以解决的问题,有效的解决办法就是回到问题的源头,建构具有我国特点的新型市民社会。

---

① 何勤华、任超等:《法治的追求》,北京大学出版社2005年版,第11—14页。

从理论上说,首先,市民社会是限制国家与政府权力的天然武器,在市民社会不发达或者依附于国家的社会里,国家权力易被滥用和膨胀,而市民社会的发达、自治和自足,能使国家回归到本来的政治生活裁判者的地位,国家权力天生的扩张性会被市民社会所驯服和限制。其次,市民社会是市场经济的天然基础,离开市民社会而建立的市场经济在结构上因为没有缓冲领域,最终会导致重大缺陷,即如果由国家而不是市场来配置资源,极有可能是一种虚假的市场经济。再次,市民社会首先是一种社会的力量,是每个人追求自身利益的场所,或者说承载了个人物质利益的追求,具有最根本的真实性,从这个角度出发引至的法治实践,与人们的现实生活具有一致性,也能够得到人们的认同、维护甚至信仰。

从实践上说,建立具有我国特点的市民社会,可以发挥以下几个方面的作用:第一,推进我国政治体制改革,完善社会主义制度。我国政治体制方面原先的一些改革措施集中在中央政府与地方政府的权力博弈,并没有跳出权力集中在政府的固有框架,其结果表现为"一抓就死"与"一放就乱"的现实矛盾。这一矛盾在很大程度上困扰着社会主义法治化的进程,因为无论是中央政府还是地方政府在拥有权力之后,无不在权力的逻辑下强势运转,影响法治建设的推进,而建立新型的市民社会,则可以促使权力从政府回到具有自治意义的社会中,减少、减弱政府干预法治的机会和程度,为社会主义法治提供更好的外部环境和条件,也为权力过分集中找到一个有效的解决办法,内在地实现法治目标。第二,市民社会可以完善我国社会主义市场经济的基础,保持社会主义市场经济的稳定性。在我国,政治的高度集权化和社会生活的高度政治化是社会生活的主要特点,强政府弱社会的特征非常明显,在社会的各个领域,国家不仅是宏观社会的唯一主导力量,而且是微观社会生活的具体操作力量。而在我国实践进程中,伴随着经济发展的深入,利益多元化已经成为一个基本事实,越来越多的民间组织正在逐渐成为各种利益的集合体和代言人,原有的社会权力架构和利益关系必须被调整,否则就不能适应市场经济的客观要求,这是显而易见的事实。如果这些民间组织被赋予更多的权限和空间,克服它们以往所具有的组织松散性和国家依赖性的缺陷,则可以成为市场、国家之间一个稳定的缓冲区域,对于市场经济的稳定性具有更大的价值,也能够避免国家直接调节市场资源所带来的种种弊端。事实上,坚实的市场经济基础,是我们实现社会主义法治的内在条件和前提,离开正常有序的社会主义市场经济,社会主义法治也无从谈起。第三,市民社会可以有效充当法治进程与社会生活的载体与平台。市民社会在某种意义上就是一种社会生活,同时又具有反映社会生活的功能,这种功能为社会主义法治的进程提供了最清晰的指向。比如对于立法来说,我们现行的立法流程主要为"理论逻辑先行—专家启动—立法—社会生活检验",这一流程先天的缺陷就是理论先于实践,有时会出现立法与实际相冲突或效果不尽如人意的现象。而确立具有我国特点的市民社会,则可以在理论和实践之间建立有效的联系,立法就可以从市民社会这一环节出发,或者由市民社会根据现实需要启动立法程序,或者直接给予市民社会立法的权限,从而做到立法能够准确反映社会生活,立法能够满足社会生活需要。这种从市民社会直接与社会主义法治的立法、司法、守法等环节建立的联系和沟通,能够促使法治与人们的社会生活相统一,围绕人们的社会生活进行,具有稳定性和一致性。

市民社会的价值取向与风险防范

在建构具有中国特点的市民社会的诉求中,还需要明确当代中国社会主义市场经济条件下的市民社会应该具有什么样的价值取向,要实现什么样的功能。市民社会因独立于国家而具有较大的自主性,具有不同于国家的特殊的生存领域,这为社会结构的分化留下了广阔的空间。近代西方市民社会同国家的分离所带来的社会结构分化,使经济活动最终摆脱了国家的干预和控制,获得了和政治同等的地位,从而极大地促进了社会生产力的发展。但是,以欧美为代表的西方社会的这种结构分化是与其"分权"的价值取向和治国理念相一致的,而具有中国特色的社会主义市场经济的最终目标,绝不是建立与西方同样模式的社会,我们必须结合中国自己的实际和西方的有益经验进行有效的超越,最终实现整个社会的共同富裕。在这个意义上,我们建构的市民社会与社会主义国家的关系在价值层面上是一致的,都是为了实现社会主义的共同富裕。从技术角度来说,市民社会只是把原来统一由国家掌控的资源和权力进行分解,改由国家和市民社会共同调控和行使,甚至把更多部分交给社会生活自身,目的是使社会的运行更加有序、稳定,也能够为社会主义法治目标的实现提供有益的促进。简言之,建构市民社会需要对原有国家权力进行分权,但分权的目的不是改变社会主义制度的结构和目标,而是为了保证社会主义制度的稳步发展,实现共同富裕。对于社会主义法治来说,则是克服我们社会主义法治道路模式固有的缺陷,使之更加稳定,实现良性发展。

也正是在这样的价值取向上,同样要防范市民社会对社会主义法治实践带来的危害与风险。因为,建立市民社会的目的就是要使国家以公共权力持有者的身份和公共利益保护人的身份退出市场主体地位,分权于市民社会,这其中蕴藏着深刻的个人权利本位的要求。而个人权利本位的逻辑下必然是各种利益共同体的出现,当这些利益共同体进一步发展壮大的时候,其经济利益与政治利益的诉求必然会涌现,并且有可能通过各种方式形成新的既得利益集团。这些集团因为掌控丰裕的物质生产资料和强势的社会地位,反过来会要求国家将自身利益诉求最大化,并将这些要求法律化,从而侵害其他人的利益,也就是黑格尔所担心的市民社会成为一种恶的集合体。因此,对于社会主义法治实践来说,我们需要市民社会来促进法治化进程的稳定与深入,也要注意防范新的利益集团对社会主义法治进程的过度影响。

就业保障的难点与政府作为[①]

周春梅

(南京大学马克思主义学院)

就业保障和保障就业应包括三个层次的内容:保障有劳动能力并且愿意从事劳动的人获得有一定报酬或有一定经营收入的工作;保障劳动者和经营者已获得的工作岗位和职业有一定的稳定性;保障劳动者能根据市场原则自由选择最能发挥其专长和潜能的职业。[②] 现阶段及今后相当长的一段时期内,应着重解决好第一、第二层次的问题,而第三层次的问题涉及就业质量,有待人力资源开发政策进一步完善来解决。

市场经济条件下的就业,是劳动力资源按市场机制与其他生产资料相结合的状态,影响就业的因素主要是劳动力供给(人口规模、结构和参与率)、劳动力的需求(可提供的就业岗位)以及如何合理配置(劳动力市场的建立与管理),在劳动力供给资源数量和质量一定的情况下,政府宏观政策中社会经济的发展、教育科技、就业体制、就业政策等状况对就业起着决定性影响。

本文试图从宏观政策角度分析我国当前就业保障的难点和政府保障就业的目标原则及政策措施。

就业现状和实现就业保障的难点

就业问题始终是我国社会经济发展中的难点,在当前建立社会主义市场经济体制的过程中,又有其内在的规律和不同于以往历史时期的特点:

[①] 原载《江海学刊》2003 年第 6 期。

[②] 陈卿ามิ认为,保障就业与就业保障是紧密相连的两个不同命题,前者指帮助未实现就业的人享受到就业权利的问题,后者是保障已就业的职工权利不致丧失或被侵犯的问题。因此,他将就业权利分为三个不同层次,这无疑是非常有意义的。本人非常赞同其观点,故而在此借用。为方便起见,本文不作区分,而用"就业保障"概括对劳动者各项就业权利的保障。

其一,供需矛盾更加突出。就业岗位的增加远远低于求职人数的增长。依据现有生产力水平,按照每年7%～8%的GDP增长速度计算,每年可提供的非农就业岗位约在800万～1000万之间。而每年仅城镇新增劳动力就有1000万人;随着所有制和经济结构调整,公有制企业改制、重组以及破产兼并等实施,原体制内数量巨大的隐性就业人员不能适应岗位要求而逐年离开现有岗位,这部分"下岗职工"现有600万人,今后每年预计新增约500万人;2002年底已有的城镇登记失业人员有770万人;另据最保守估计,需要向非农产业和城镇转移的农村富余劳动力至少有1.5亿。此外,政府机构和事业单位改革改制中的分流人员、军队复员和转业人员等也逐年增加;大学毕业生首次就业率也只有70%。以上需要就业的"潮流"在不太长的时间内集中交织在一起,形成了我国当前巨大的就业压力,每年需要就业的人数大约在2200万～2300万。① 就业岗位缺口大,不足以解决求职者对岗位的需求,供大于求约1200万左右。供求总量的非均衡,使大量劳动力资源处于闲置和浪费状态,抑制了消费需求,增加了国家经济的支出,还带来一系列的社会问题。

其二,大量失业人员和新增劳动力不能适应就业岗位的素质要求。以信息化带动的新型工业化必将进一步提高劳动生产率,传统产业对劳动力数量的需求下降,新兴产业和新型服务业的发展对劳动力质量的要求提高,而我国目前存在的城乡新增劳动人口特别是大量下岗失业人员普遍文化程度低、职业技能低。据劳动保障部2002年第三季度对89个城市劳动力市场状况调查,求职者中大专及以上文化程度占了总求职者的27.3%,而高中文化程度的劳动力占全部求职者的45.9%,初中及以下文化程度的比重为26.8%。《2002年江苏省城镇劳动力就业和社会保障状况抽样调查报告》反映出:被调查的6城市失业人员文化程度普遍偏低,初中及以下文化程度的占全部被调查失业人员的48.2%;没有任何技术等级的失业人员占72.2%。且这部分人年龄偏大,52.3%的人年龄在36～50岁之间,对其转业转岗培训十分艰难。

其三,现时期下岗失业人员再就业是问题的焦点。下岗失业人员再就业是

---

① 数据多数来源于劳动保障部副部长张小建《全面贯彻落实全国再就业会议精神 努力做好就业和再就业工作》,《中国就业》2003年第3期。

我国就业体制中一个特殊性的问题,在经济体制改革特别是国有企业改革中,对大量的计划经济条件下的固定工既不能采取以往的终身就业的办法,也不宜仿效其他市场体制国家采取规模较大的大批量集中式的经济裁员的办法直接将他们转为失业,否则会引起极大的社会震荡。因此,国家采取了"下岗后保基本生活",培训、转岗,促进再就业的政策措施,缓解就业矛盾和社会矛盾,对确实不能再就业人员经过一个过渡期后再归入失业人员范畴,这是中国特色的保障制度。1998年实施以来取得了比较好的效果,但是存在的难点也不容忽视:一是下岗失业人员总量仍然居高不下,现存量770多万人,随着企业减员增效实施的经济性裁员等措施每年新增约500万人。二是大量的集体所有制改制企业的减人裁员并未列入国家统计,国家重点保证的也是原国有企业这一块,而非国有下岗人员数量更大,特别在县域经济中。据对江苏苏北地区部分县的调查,原集体企业改制后的下岗人员,占全部下岗人员的80%以上。三是这部分人大多数文化、技能素质低,年龄偏大,下岗时间较长,再就业十分困难,再就业率低。据《2002年江苏省城镇劳动力就业和社会保障状况抽样调查报告》显示,下岗和失业人员的再就业率平均都不超过40%;再就业方式比较单一,虽然人们再就业观念已发生转变,但求职方式仍偏向于传统,委托亲朋代为寻找的占45%,在职业介绍机构登记的有18%,街道居委会推荐的占14%,应聘或刊登广告的占13%,准备自己创业的仅3%,等待安置的还有4%。四是这部分人中有相当比例的生活困难人群,原企业基本上属停产半停产等不景气企业,收入较低,下岗后有的长期处于只能保证基本生活的收入状态,带来一系列社会贫困问题。

其四,因失业而导致的不良影响波及社会经济生活的其他方面。失业是劳动者与生产资料相分离状态,就业不足或失业增多,加大了失业救济的支出、公共财政支出增加,非生产性支出增加,也抑制了投资需求。为了保证失业人员的失业救济支出,必然影响到失业保险费率的调整,增加了企业成本支出,间接地减少了社会资源,对经济和财政收入有不利影响。特别是失业还带来大量的社会问题,如贫困、疾病、犯罪、离婚、子女教育、收入之丧失、职业技能积累的中断及失业者社会身份和角色的退化、缺少融入社会的信心等,这些问题间接地影响到社会稳定,在研究或解决失业问题时不可掉以轻心。

其五,就业权利的保障显得虚弱无力。《宪法》、《劳动法》、《工会法》、《妇女权益保障法》《残疾人保障法》以及《企业职工奖惩条例》《国营企业辞退违纪职工暂行规定》等一系列法律、规章所规定的劳动者的权益并不能得到充分保障。其中的原因或是法律法规缺位、不健全,已不能适应我国市场经济和社会发展的要求,或是法律法规难以操作,或是法律、规章存在冲突,或是劳动执法乏力。职工自身的维权意识也比较薄弱,一部分失业人员就业观念保守、陈旧,缺乏平等就业的观念、灵活就业的观念、自主创业和自谋职业的观念。

就业保障的目标和原则

中共十六大将实现充分就业作为我国全面建设小康社会的一项重要内容。据我国劳动力资源状况,实现社会就业比较充分的目标应该是:能尽所用,人人有机会,失业可控制。即人力资源得到较充分开发和合理利用;就业渠道通畅,劳动者自主择业,自由流动,自主创业的环境更加良好;使有劳动能力和就业意愿的劳动者能够得到就业机会或处于积极准备就业的状态,使社会失业率和平均失业周期控制在可承受的范围内。①

就业保障的目标,就是实现充分就业的目标,使劳动力和生产设备都处于比较充分的利用状态,"自然失业率"控制在社会可承受范围内,在我国现阶段城镇登记失业率一般不超过 5%。显然,我国目前还不能做到所谓的"充分就业",实现充分就业即使在许多发达国家也基本上没有做到。可见,实现就业保障,既是紧迫的任务,又是长期而艰巨的工程。可见,就业政策的制定和措施的实行都必须从我国的实际出发,以促进和保证现代化建设和社会的可持续发展为前提,因而必须确立一些基本的原则:

既要解决当前条件下的迫切任务,又要着眼长远。要把就业作为重要的措施纳入社会经济发展规划并稳步实施。就业和再就业工作不仅是当前牵动政府、社会各界以及民众的特大难题,也是我国将长期面临的艰巨工程。我国的经济发展阶段和水平决定,一段时期内不足以给如此庞大的劳动力人口提供充分的生产手段和生产对象,况且一定时期内失业率还有可能上升,因此就业和再就

---

① 参见劳动保障部副部长张小建《全面贯彻落实全国再就业会议精神,努力做好就业和再就业工作》,《中国就业》2003 年第 3 期。

业必须分阶段实现。我们可以区分"充分就业"与"比较充分就业"、"促进充分就业"和"实现充分就业"等不同状况，可以通过促进就业、充分促进就业而逐步实现比较充分就业最后实现充分就业，这是由解决中国就业问题的长期性和艰巨性决定的。

既要坚持市场导向的就业原则，又要强化政府对就业的政策调控。要对整个就业策略进行机制创新，发挥市场化功能，主要体现在自主择业的竞争就业上，政府的职能定位要进一步明晰，主要是制定法律法规、健全市场规则、创造公平机会，对就业困难群体实施政策帮扶和一定的资金、训练帮助，并最终对劳动力市场竞争中的"失败者"提供适度保障，保证其基本生活，腾出一部分岗位也是为较优质的劳动力提供更多的机会。但是，在市场经济条件下，就业作为劳动者和雇主之间的双向选择是自愿性的，必须走市场化道路，靠市场化手段运行，政府不能直接干预企业的具体用工行为。

既要加快技术进步，提高劳动生产率，实现经济持续较高速度的增长，又要发展劳动密集型产业，扩大就业。根据产业结构调整的速度来调整就业结构，用调整就业结构促进产业结构之调整。单纯的经济增长不一定能扩大就业，我国处于工业化发展进程中，20世纪80年代中期以来，伴随世界范围的信息技术革命的发展，中国同时努力加入知识经济国家发展的行列。根据发达国家的经验，科技的发展和进步，一般会带来第一、二产业扩大就业速度下降、容量减少，但我们可以从工业化发展带动的第三产业的发展中挖掘就业潜力。中小企业、民营企业以及社区服务业都是吸纳劳动力的巨大载体。中国的国情决定我们应该走资本集约、技术集约和劳动密集型产业并重的发展道路。在抓住大企业、大集团提高经济效益的同时，大力发展第三产业以及中小企业、民营企业等，发挥中小企业安置劳动力的作用。

既要有政策倾斜，又要实行普遍的"国民待遇"。典型的二元经济结构逐步打破，农村劳动力转移虽然更加剧了城市就业压力，但是现代化、城市化发展的需要不能继续用行政手段以限制农村劳动力的转移。公平就业竞争的机会是整个社会公平的重要特征之一，胡鞍钢等人认为，国家只能保障人人就业机会平等、不受任何歧视，帮助具有劳动能力者提高就业竞争力，不论他（她）是国有企业下岗职工还是农民工，对所有人实行"国民待遇"。就城市困难职工再就业而言,也要在政策帮扶的同时贯彻适当的市场原则,既要帮助困难职工实现再就业(如提供公益性岗位、对吸纳下岗失业人员的企业实施优惠政策、硬性规定一些公益事业的岗位按比例吸收下岗失业等就业困难人员等),又要防止和避免重蹈西方福利国家"养懒人"的覆辙。

政府的作为

劳动者自主择业、市场调节就业、政府促进就业,保持就业局势的稳定,是这一时期我国确定的就业工作的基本方针。就业是涉及多方面内容的系统工程,应是广泛的、多环节的全面的保障,需要依靠社会各方面的力量,但其中政府在就业中的促进作用是最为关键的。政府可以通过调整宏观政策,使宏观经济与就业协调发展,拓展就业领域;可以调整就业政策、收入分配政策、劳动关系协调政策,调节劳动力供给,促进企业合理用人。政府还应为市场就业竞争建立公平合理的规则并加强监管,健全就业服务体系,并为竞争中的弱势群体提供必要的保护。

第一,政府既要制定经济发展和促进就业并重的战略,在当前及今后一个时期内,更要突出"就业优先"。这就意味着今后我国在制定经济社会发展长期战略和政策时,要把促进就业、实现比较充分就业当作一个基本的出发点。就业优先战略主要是根据社会经济的发展状况适时调整宏观政策,实施积极的人力资源开发战略或积极的就业政策,并置于优先地位。首先是制定有效的人口政策,抑制人口增长总量,提高人口教育质量,提高劳动力参与率,适度引导人口流动。其次是实施有利于促进就业的收入分配政策,通过控制劳动力价格增长的机制来调节就业总量,同时努力创造社会公平,这涉及两个方面的问题:一方面,社会收入差距的拉大,导致富裕者财富积累多而消费少,而收入相对较低的广大人群难以提高消费层次,这也是消费需求不足的原因之一,而消费需求不足必然缩减就业岗位。另一方面,收入增长机制不完善必然增加劳动力成本,在市场机制作用下,影响了各类企业对劳动力的进一步需求并排挤劳动力。三是要实施正确的产业政策,根据生产要素分布状况、技术进步的发展程度合理确定三次产业的结构和产业技术结构,以推动就业结构的变动和就业水平的提高。其中,重点是发展能够引起相关产业链联动并带来就业总量增加的高新技术、信息产业技术。

技术进步并不必然引起就业弹性下降,大量的技术进步使得劳动工具更新变化从而扩大了人们所利用的劳动对象的范围程度,扩大了劳动领域和劳动力需求,同时创造出更多样、高级的消费品,使消费结构升级、消费领域扩大从而引导其他产业生成、发展,也增加了劳动力需求。对就业弹性高的适合我国劳动力资源丰富特点的劳动密集型产业仍要鼓励发展,从就业结构上讲,结合推进城镇化、大力发展第三产业是重中之重,第三产业是我国就业岗位增长空间最大的产业,且岗位所需的固定资产生产要素投资较低,并适于低组织程度就业、自谋职业、灵活方式就业等。四是仍然要实施积极的货币和财政政策,特别是财政政策效果明显,如通过扩大公共工程建设、政府购买,间接扩大社会总需求,从而增加就业。

第二,建立统一公平开放的劳动力市场,并在"市场失灵"之时实施必要的政府干预。劳动力市场涉及内在机制和外在形式两个方面,目前无论在机制还是在形式上,我国的劳动力市场都很不完善。这主要是户籍制度和不同性质所有制人员身份制约导致就业不能充分竞争,城乡、地区、层级分割难以突破,市场化的就业服务体系局限性较大等。劳动力市场的行政分割导致的后果是:对农村劳动力的歧视和外地劳动力的歧视,限制劳动人口的合理流动,妨碍劳动者平等自由的就业权利的实现,破坏公平的就业创业环境。

当然,无论发达国家或发展中国家,并不存在尽善尽美的劳动力市场,劳动力市场也有"失灵"之处,加之劳动力作为一种特殊商品导致的劳动关系的复杂性,市场运行中出现的种种矛盾难以依靠市场机制自身来解决,政府就必须着力解决市场失灵造成的劳动力资源浪费问题,劳资关系对立问题,就业服务体系不健全和劳动力市场上信息不充分、不公平、不对称等问题。促进竞争公平,排除妨碍劳动力在不同所有制、地区、城乡间的自由流动的界限,形成按职业素质、职业技能和岗位要求为标准的、以劳动力价格(工资收入)为杠杆调节的劳动用工和求职主体自由选择的机制,保障运行有序。健全市场规则,落脚于完善服务,就是要完善职业介绍体系、技能开发体系、劳动力余缺信息体系,以及加强劳动力市场的载体建设、网络化服务。

第三,完善劳动法律体系,制定并适时调整劳动标准以促进就业。废除过时和掣肘的法律法规,特别要考虑就业保障、岗位保障(职业稳定)的法律的制定,并确保其可操作性。通过劳动保障部门在法律、法规中制定具体的劳动标准,通过立法加以确定后,应当严格依法执行。政府制定的劳动标准应当是最低的劳动标准,它是政府对用人单位的最基本的要求。当然,它应当随着市场经济条件的变化而适时加以调整。近期应该完善和制定几种相对统一的用工协议、合同文本,规范各项内容。劳动关系的建立、调整和终止,都须通过劳动合同的法律形式来进行,政府应出台政策鼓励用人单位与劳动者签订期限较长的劳动合同,防止用人单位故意采用试用期、大量的短期劳动合同等不规范的做法,以避免劳动力市场不必要的波动。

加强政府职能部门、执法部门在劳动关系形成的各个环节上的监管力度。法律法规制定以后,政府部门必须监督执行。市场经济条件下政府不再直接管理企业,但政府有关部门应该行使好依法监督用人单位正确使用用人权、辞退权等内部管理行为。政府(劳动部门)只作"事后监察",而非"事前干预"。劳动行政部门根据法律法规要求的最低标准对企业执行法律法规、劳动标准等情况进行监察,依法对违法企业和用人单位进行处罚、责令整改等,政府的责任就是营造环境,制定竞争规则,进行监督检查,对犯规者进行处罚。

第四,重点做好下岗失业人员再就业工作。下岗失业人员中,再就业困难人员占有相当大的比例,能否帮助和促进他们就业,不仅关系到下岗职工及其家庭的生存和生活,也关系到就业和保障就业工作的顺利进行,更关系到社会的稳定和经济的正常发展。当前就业岗位严重缺乏,帮助困难人员再就业是政府工作的难点和重点,也是实现比较充分的就业的关键。政府应针对这一"特殊群体"以采用经济手段为主,辅之必要的行政手段缓解这一突出的矛盾。首先是通过税、费的减免鼓励企业多吸纳此类人员就业,对以安排就业为主的社会效益明显的小企业也应实行分阶段分层次的减免税费政策;其次是加大政府对帮助此类困难群体就业的资金投入力度,通过转移支付对其进行免费创业、技能培训,免费进行职业介绍,并对下岗失业人员较多的困难地区进行扶持。财政资金的运用还可以采用"社会保险补贴"的办法,即用人单位吸纳一定数量的下岗失业困难人员后由政府为其缴纳应交的社会保险费,或用人单位每吸纳一名就业困难人员就给予一定的资金补助,减少企业成本和再就业人员个人负担。政府直接开发公益性岗位或"购买岗位"也是特殊时期的特殊办法,集中财力在社区、环保、卫生、市政等行业或地区开发一些适合此类人员就业的岗位,并对其培训后安排就业。三是鼓励下岗失业人员自主创业,兴办小企业可直接资助开办资金或由政府担保财政贴息贷款。

由政府出面直接创造就业机会在短时期内不失为一项十分有效的措施,而且其成本大大低于给予贫困人口的最低生活保障。值得注意的是,政府不宜长期直接提供就业岗位。优惠政策、措施的期限要适时调整,行政手段不能刚性化。上海等地在挖掘、创造就业机会,帮助贫困人员再就业时的做法是,政府"搭建了一个服务平台,让社会各方人士在这个平台上出点子、出资金,让专家定项目、定执行人,让社会中介机构开展专项服务"。

第五,加强政府在职业培训方面的指导作用。提高劳动者的基本素质特别是职业技能是缓解结构性失业的重要途径,也是经济增长方式转变的基本要求。为此,要把握职业培训对象和失业群体的特征,有针对性地开展职业技能的培训。对新生劳动力的培训主要集中在提高就业能力和市场适应能力,进行职业技能培训和专业理论学习,加强市场就业意识的教育和实践能力的训练;对下岗失业人员要着重考虑其基础素质、就业观念和适应职业变化的能力,重点是转岗训练,使之掌握谋生的一技之长;对城乡创业者要培训其开拓市场的能力和适应市场变化的能力,对农村进城务工人员也要开展各类专门的职业技能训练和职业安全意识、职业道德、自我权益保护等方面的培训。

职业培训并非都需要政府亲力所为,也应该努力走社会化、市场化的路子。市场化就业就是用劳动力需求来引导培训,以培训来促进就业,培训方向、专业设置、实习实践都要与劳动力市场的需求相对接,避免培训资源的浪费。社会化就是要充分利用社会方方面面的培训力量共同开展。政府需要做的,一是制定政策,引导就业培训的方向,科学合理地规划,形成就业岗位开发、职业培训、职业指导、技能鉴定、职业介绍等一体化的劳动力信息网络体系。二是把培训、职业技能鉴定和就业服务体系连接起来,实施职业技能准入制度,推行职业资格证书制度,完善国家标准。三是对困难就业群体利用政府举办的就业训练中心、教育机构等直接免费培训或通过政府购买社会培训成果的方式促进就业。

第六,建立有利于促进就业的社会保障政策和保障体系。包括就业失业保险、养老保险、医疗保险等政策和社会保障体系。改革原来制度中不利于促进就业和再就业的政策和规定。像过去我国政府对国有企业下岗职工采取的"发放基本生活费三年、失业保险金两年的做法,相对城镇集体下岗职工和进城务工的农民是超国民待遇,相对国际上通行的失业保险期限也是时间长、成本高、再就业比例低",现在,各地政府在逐步改进。例如,上海市在失业金领取标准和期限上,突破了过去的"一刀切",改为年龄越大、缴费年限越长的,领取的失业金越多、领取时间也越长,而年龄越轻、就业竞争能力越强的人可领取的失业金越少、期限越短,体现了"社会压力向有劳动能力而懒于劳动的人倾斜"的原则。在失业保险基金使用方向上,突破了过去只能发失业(接济)金的限制,更多地用于支持就业的岗位补贴、职业培训补贴等。1998年国际劳工组织大会通过的《促进就业和失业保护公约》和《促进就业和失业保护建议书》,提出失业保护制度尤其是失业补贴要有利于促进再就业和就业,胡鞍钢也建议我国政府应当向全社会全面介绍国际通行的做法,并逐步采取国际劳工组织推荐的促进就业和失业保护的办法。总之,社会保障和就业保障是相互促进的,保障体系越完备越利于促进就业。

论我国现阶段再生资源法规政策的缺位与对策①

王培暄

（南京大学马克思主义学院）

20世纪90年代以来，在可持续战略指导下，世界各国尤其是西方发达国家日益将循环经济理念贯彻到环境保护和资源开发利用的实施方略中，而其中美国、德国和日本等主要发达国家更是注重对可再生资源的立法活动，通过法律手段推进废弃物的回收利用工作。例如：美国在1965年经国会通过《固体废弃物处置法》，1970年修改为《资源回收法》，1976年又进而修改为《资源保护及回收法》(RCRA)；法国1975年制定了《关于废弃物清除与有用物资回收法》；联邦德国1976年国会也重新修订了《废弃物管理法》。日本、英国、丹麦、瑞典、荷兰、奥地利等都相继制定了相关的法律、法规或条例。② 与西方发达国家相比，我国在可再生资源法规政策方面仍存在明显的不足与缺位。因此，在现阶段，我们必须加强与完善有利于再生资源产业发展的法规与政策。

一、我国现阶段再生资源法规政策的缺位

由于我国再生资源在立法、税收政策以及市场准入规则方面的滞后，当前再生资源的产废部门、回收部门以及用废部门中均存在很多严重的问题。

（一）再生资源相关法律与政策出台滞后，力度不够

首先，立法滞后。我国自1979年改革开放以来，全国人大审议和通过了330多部法律和有关法律的规定，其中包括1部综合性环境资源保护法律、5部污染防治方面的法律、9部自然资源管理方面的法律、1部清洁生产方面的法律，

---

① 原载《科学·经济·社会》2011年第2期。
② 鲁玉：《发达国家保护利用再生资源的政策措施》，《中国物资再生》1994年第1期。

却没有1部是专门调整再生资源回收利用的基本法律。① 为保证贯彻可持续发展方针,1996年颁布的《固体废物污染环境防治法》中明确了变废为宝的方针,但实施条例经过5年仍未出台,以致难以落实;同年颁布的国务院36号文件明确了资源综合利用的方针政策,并且配套文件中恢复了1994年税改中对资源再生行业取消的政策优惠,亦起到了推动作用,但起草10年之久的"综合利用法"迟迟未出台,显得力度不够。日本在1997年以后的4年间竟出台相关法律7部。我国5年间竟属空白,②差距是巨大的。2002年出台的《清洁生产促进法》围绕企业的清洁生产进行了一些相关的规定,但这些规定还不能够涵盖诸如主要工业废弃物、农业废弃物、废包装、废塑料、废玻璃、废旧家电、废旧电子产品、建筑废物、食品垃圾、废旧汽车及其配件等大宗废物的专业性循环利用问题。

  其次,现有的税收政策也存在缺陷。按照财税[2001]78号文件规定,国内回收企业在不必缴纳增值税的前提下,可以开出能够抵扣10%进项税的废旧物资发票。而进口废铜、废铝虽然从2006年起取消了关税,但增值税一直为17%。进口废料与国内回收在事实上存在的"双轨制"是很多问题的根源。2005年我国进口铜、铝、锌三种金属废料总计658万吨,位居全球第一,但在第一的背后是大量的"低报违法进口"。对此,我们可以对比美国商务部与中国海关公布的数据:铜、铝、锌三种金属废料,美国统计出口均价1338美元/MT,金额为14亿美元,中国海关统计的进口均价817美元/MT,进口金额为8.9亿美元。再考虑海运费等因素,中国海关统计的进口单价竟比美国统计的出口单价少了580美元,金额相差5.9亿美元,即仅从美国一国便有近48亿元人民币的进口环节增值税被逃掉了。③ 另外,财税[2008]157号文件《关于再生资源增值税政策的通知》规定,从2009年1月1日起,再生资源回收企业按销售额征收17%的增值税。虽然在2009年和2010年分别按征税额的70%和50%退税,但增值税税负率已分别达到5.1%和8.5%,再加上2%以上的地方税,实际税负率分别达到

---

① 秦鹏:《国外再生资源回收利用立法对我国的启示》,《环球视角》2006年第7期。
② 郭廷杰:《借鉴国际经验依法促进资源再生利用》,《再生资源研究》2002年第1期。
③ 唐爱军:《促进再生资源行业发展的政策出路在哪里》,参见"1994—2009 China Academic Journal Electronic Publishing House. All right reserved. http://www.cnki.net"。

7.1%和 10.5% 以上。① 这大大高于其他行业的平均税负率,如此之高的税负率不利于鼓励再生资源回收企业和相关产业链企业的发展,也不利于循环经济的发展。

再次,市场准入规则缺失,导致无序竞争。2003 年 3 月 3 日,国家经贸委、公安部、国家工商总局联合下发了《关于促进我国旧货行业发展的意见》(国经贸贸易〔2003〕42 号文),取消了废旧物资企业的特种行业经营许可证,而当时新的管理办法又未颁布实施,使这一行业出现了管理上的真空。由于这个行业没有适当的市场准入门槛,又对从业人员的素质和资金条件无任何要求,工厂、企业、个体工商户和个人都纷纷从事废旧物资经营,导致鱼龙混杂、市场秩序较乱。这使得回收行业销赃、走私、洗钱、二次污染、偷逃税款等问题严重,易于滋生恶性竞争,以欺行霸市为市场的主要表现形式,成为社会不稳定因素,也使得废旧物资回收业在社会上长期形成"破烂业"、"乞丐帮"的落后形象,处于社会的最底层,成为被"遗忘"的角落。

(二) 相关的法规政策不健全,致使再生资源产业部门存在诸多问题

首先,是产废部门存在的问题。一是厂矿企业再生资源管理分散。有相当一部分企业再生资源多头管、多口出,供应、设备、大集体公司和各类三产公司都涉足再生资源的经销权,造成政出多门,问题严重。二是管理失当、内外盗窃猖獗。部分职工偷、拿废金属现象普遍,如车、钳、电、焊、管等工种职工"近水楼台",贵重金属下脚料成为兜中之物。三是国有资产流失严重。有很多再生资源是企业巨额固定资产,如一些大型装置和设备等。个别企业将这部分巨额再生资源处理后,变为"小金库"或集体的福利,再加上有人伸手白要再生资源,致使这部分国有资产大量流失。

其次,是回收部门存在的问题。一是回收部门"跑、冒、滴、漏"严重,其中私购私销再生资源问题最为突出。② 二是设点大战。"条条"的市专业公司和"块块"的县区公司盲目增设收购点,"见地插点","因人设点",网点布局比例严重失调。三是收赃已成风气。明知是盗、抢或骗来的,照收不拒,拜金至上,见利忘

---

① 施克水:《再生资源增值税政策存在的问题及调整建议》,《再生资源与循环经济》2010 年第 11 期。
② 杨曙宏:《再生资源行业现状及其管理职能》,《中国物资再生》1995 年第 9 期。

义,"你收我也收,不收白不收"。四是收购大战。一些收购者托亲靠友,重金辅路,行贿受贿等均导致再生资源价格扶摇直上。最后,出现质量危机,以次充好等现象严重。

再次,是用废部门存在的问题。一是回收部门哄抬价格累及冶金行业。冶金行业购进废钢高出国际市场价格的0.5倍。二是企业的金属器材和设施被盗问题严重,如铁路器材、通讯线缆、城市设施等都是盗窃分子的窥视目标。三是一些原本可以高价值利用的资源被低价值利用,造成新的浪费。如易拉罐体原本是可以高效利用的优质铝,由于回收市场的资源无法合理集中,它被当作普通废铝用于生产低档产品;再如,废塑料回收品种一开始就被无谓混杂,循环利用价值大大降低,要么用来生产低档再生产品,要么混在垃圾里被填埋,或干脆直接焚烧,给环境的治理带来更大压力,等等。

二、发达国家再生资源产业立法对我国的启示

运用法律或法规推动废弃物资源化是所有发达国家普遍采用的一个重要手段。其共同特点在于:首先是强调对废弃物由单纯的处置转向再资源化,"必须成为物质生产和分配的组成部分"。其次是强调各地区在制定具体实施细则时必须符合国会通过的最高法规准则,规定各地区都要成立专门的主管部门和监督部门负责监控,有权对违法部门处以罚款。再次是强调国会要资助各地区建立废弃物管理、资源保护与回收再生工程的全面规划,资助回收方法与设备的开发研究和专业人员的培训等。最后是强调对废弃物产生源采取限制排放标准和强制实行分类收集方式,强制"集资"收取押金,如美国各州和地方政府的条例规定:所有的啤酒、麦芽酒、碳化水等软饮料罐至少收5美分的押金,其中70%的押金作为管理费,由生产厂家或批发商付给零售商,"违背该法最高罚款1000美元"。居民生活垃圾必须按废纸、塑料、玻璃、金属和可燃物、不可燃物分类投放。① 发达国家的立法经验对我国再生资源产业发展的重要启示就是:推动再生资源回收利用,关键是将"资源循环利用理念"融入环境资源保护立法之中,通过建立健全环境资源保护法律法规,设立再生资源回收利用法律制度,对再生资

---

① 鲁玉:《发达国家保护利用再生资源的政策措施》,《中国物资再生》1994年第1期。

源利用管理实施法律规制,保障再生资源回收利用事业的发展。这些启示具体来说又可以分为以下几点:

(一)再生资源回收利用规划和计划制度

再生资源回收利用发展规划是对资源循环利用发展战略目标、任务及其实施措施的总体部署,计划则是规划的实施方案,具体落实再生资源回收利用项目、设施、产品目标及完成措施。如德国的《循环经济及废弃物法》规定,联邦环保局应当会同各级相关部门制定控制废弃物产生和对废弃物进行回收利用的综合规划。日本和美国的相关立法中也都有类似的规定。[1]

(二)扩大生产者责任制度

该制度是指生产经营单位对其设计、制造、进口、销售的产品,在消费者使用后有义务进行收集、处置、再使用。生产经营单位应当使用易于分解、拆解或回收再利用的材质和设计,使用产品分类回收标志,使用一定比例或数量的再生资源及可重复使用的包装容器。如德国的《循环经济及废弃物法》规定,制造者必须负责回收包装材料或委托专业公司回收。[2] 这就从法律上确保了包装材料的充分回收利用。

(三)废弃物回收付费制度

消费者或社区居民应当向有资格的回收经营单位或原制造单位交付废旧家用电器,并交纳一定数额的处理费用。对于生活垃圾,居民也应当交纳一定数额的处理费用,由专业的垃圾回收单位按照相关法规的规定回收后分类利用或销售给其他专业生产厂家再生利用。如日本的《家用电器再利用法》规定,对于电视机、电冰箱、洗衣机和空调等家用电器,消费者购买时不仅需要支付新电器的货款,还要支付处理旧电器的有关费用;商店和厂家有义务回收和再利用旧家用电器。[3]

(四)标准化管理制度

该标准一方面是对工业产品含有再生资源比例和数量的规定,另一方面是

---

[1] 秦鹏:《关于再生资源立法的若干思考》,《法商研究》2004年第5期。
[2] 秦鹏:《关于再生资源立法的若干思考》,《法商研究》2004年第5期。
[3] 秦鹏:《关于再生资源立法的若干思考》,《法商研究》2004年第5期。

对销售再生资源或销售、生产再生产品所要达到的技术要求的规定。标准应尽量与国际接轨,这样既可以有效提高资源再生利用产品的质量,维护消费者的利益,又有利于再生资源的国际贸易往来,从而突破绿色贸易壁垒的限制。

(五) 回收废弃物部门的减免税制度

许多发达国家都根据本国建立的有关法规,对回收处理废弃物的部门实行减免税。如美国根据《国家税收条令》103条规定,对固体废弃物资源回收债券的利息免税,对利用废弃物为原料生产的产品免征增值税、营业税,对利润少的品种如轮胎、废塑料、废纸等实行免税。他们通过免税和财政补贴,对回收利用部门予以扶持。日本政府也对回收、处理废弃物采取减免税政策,他们对控制污染的设备减税21%,对再生利用设备减税15%;日本的地方政府对购置废弃物处理设备、加工利用设备免除财产税、土地占用税和经营场地税,对从事处理废弃物工人的有关税收全部免征。不仅如此,日本政府还在贷款方面给予低息优惠,只要是回收、处理废弃物的部门,都可以申请月息千分之三以下的低息贷款。[1]

三、完善我国再生资源法规政策的对策思路

若干年前,我国已成立了法规起草小组,抓紧制定《再生资源回收利用管理条例》、《废旧家用电器回收利用管理办法》等相关法规。最近,经过两年的调查、研究、论证,由商务部主持制定,并经发改委、公安部、建设部、工商总局、环保总局共同签发的《再生资源回收管理办法》(商务部令[2007]第8号)于2006年5月17日第5次部务会议审议通过,2007年3月27日公布,2007年5月1日起施行。[2]《办法》的出台弥补了再生资源产业管理规章缺失的遗憾,确立了再生资源产业的主体地位,为促进再生资源回收、规范产业发展、构建现代再生资源回收体系提供了法律保障。

然而,我国再生资源回收利用法律制度的建立尚在起步阶段,现在我国已加

---

[1] 熊克柱:《关于工业发达国家对再生资源综合利用事业所采取的有关政策和措施》,《再生资源研究》1994年第2期。

[2] 黄少鹏:《依法发展再生资源产业——对〈再生资源回收管理办法〉的解读与思考》,《再生资源研究》2007年第4期。

入WTO,各方面都在和国际接轨,基于我国的国情和面临的严峻形势,我国的再生资源立法也应加速借鉴发达国家的成功经验,综合运用包括积极规制与消极规制、激励性规制与惩罚性规制、刚性规制与弹性规制等在内的多项规制手段,设计出一套集科学性、前瞻性、可行性、操作性为一体的法律制度。

(一)加快制定相关的法律法规,尽快实施依法管理

要加快资源综合利用立法进程,形成以《循环经济法》为核心、《资源综合利用条例》为基础,各项法规和标准相配套的法律法规体系。[①] 同时,要加紧研究制定《再生资源回收利用管理条例》及相配套的办法和标准,包括《废旧家用电器回收利用管理办法》、《废电池回收利用管理办法》、《废旧电脑等电子废弃物回收利用管理办法》、《废纸回收利用管理办法》、《废旧轮胎回收利用管理办法》以及《报废汽车回收拆解技术规范》、《国内废纸分类标准》等,提出一些操作性强的法律规范,将再生资源回收利用逐步纳入法制化管理的轨道。

(二)再生资源立法要与《环境保护法》密切配合

凡报废后不能利用、不易利用或利用价值极低的产品要限制生产或禁止生产,外国产品则限制进口或禁止进口。这样将有利于我国资源循环和环境保护的顺利进行。另一方面,我国"复关"已势在必行,而我国民族工业差不多都属于"幼稚工业"。[②] 国家不可能都不降关税或少降关税来进行保护,许多民族工业面临被冲击的危险。如果再生资源法能够配合《环境保护法》恰当地制定其条文,那么,不能被保护的工业不仅可以依靠科技降低成本来增强竞争力,还可以通过政府部门依该法减轻受外国产品的冲击。

(三)通过立法,加强对再生资源利用领域的科技投入

提高企业利用科学技术的程度,是我国企业在市场经济条件下能够参与国际竞争的最根本条件。发达国家早就注意到科技的投入,单说再生资源利用领域,美国政府于1972年至1979年拿出380亿美元用于再生原料的开发利用上;日本通产省每年在其预算中拨专款用于对各种产业废弃物再生资源化的调查,制定政策和技术开发;欧洲共同体也通过立法的形式将再生资源利用作为重要

---

① 周宏春:《促进我国再生资源产业发展的思路与对策》,《再生资源与循环经济》2008年第6期。
② 李民昌:《浅议我国再生资源利用的法律调整与国际经济交往》,《再生资源研究》1994年第3期。

课题进行科学探索。① 再生资源深加工近乎空白的我国,更应该注意通过立法加强该领域的科技投入。如果只停留在回收、挑选的水平上,根本无法保证经济迅速发展的资源供应,只可能把我国变成一个"大垃圾厂"。因此,科技开发再生资源不但关系到该行业的发展,还关系到全体人民的整体利益。由于市场的利益导向性和我国再生资源行业人员素质的低下,在再生资源利用领域仅靠市场进行资源配置是行不通的,我们必须通过立法的形式,鼓励科研机构、高等院校进行该领域的科研开发,鼓励回收企业与科技联姻,做到真正的废弃物资源化。

(四)建立再生资源产业部门的减免税制度

在我国,如何才能通过立法既保障国家税收,同时又能够对再生资源产业部门进行适当的减免税,是一个很困难的问题。举个例子,海关和商检部门一直想对再生资源制定一个标准,但是由于再生资源产业的特殊性,对其监管不能采取和其他商品相同的标准,这种标准很难制定,对其价值只能采取一定范围的调控,若对再生资源的种类分得太细只会加大执法的难度,令企业不知所措。② 因此,对再生资源回收行业,在收购环节就要制定科学的结算办法,使回收企业按正常的增值税和地方税申报纳税的税负率在2%~2.5%之间,若加上属于产自当地再生资源在收购环节代扣的3%~5%的税款,整个再生资源税负率应该在5%~7.5%之间,这样才可以激励再生资源回收企业,并为整个再生资源产业的发展创造良好的基础。

(五)完善再生资源产业的相关优惠政策

首先,仿照《报废汽车回收利用管理办法》,要尽快颁布包括家用电器和办公机器等报废产品的再生管理办法,并应使这两部分再生企业加强和制造厂的联系,以发挥生产者责任制的作用。其次,更新《固体废物污染环境防治法》的实施条例,对现有城市垃圾处理办法进行修订,明确贯彻"变废为宝"的方针,应在无害化基础上实施资源化为主的方针。再次,《清洁生产促进法》第27条规定:生产、销售被列入强制回收目录的产品和包装物的企业,必须在产品报废和包装使

---

① 李民昌:《浅议我国再生资源利用的法律调整与国际经济交往》,《再生资源研究》1994年第3期。
② 张翼:《中国的再生资源发展态势及管理战略》,《有色金属再生与利用》2003年第3期。

用后对该产品和包装物进行回收。① 建议及早公布该目录和回收办法,以促进再生资源产业的发展。最后,政府还要大力支持资源再生新技术开发,对因技术落后而目前盈利低于社会平均水平的再生资源企业,应扶持改造或给予税收优惠,对一般的再生资源企业亦应给予环保企业和综合利用企业的优惠。

---

① 郭廷杰:《借鉴国际先进经验振兴我国再生资源产业》,《再生资源研究》2003年第6期。

反腐进程中民众参与的制度建构[①]

陈 建

(南京大学马克思主义学院)

人民群众是反腐败的主力,但在不同时代尤其在不同反腐模式[②]下,民众的角色、行为方式及作用各不相同,甚至存在巨大差异。对这些差异及其变迁路径进行深入的历史考察,科学、准确地认识和把握民众与反腐的内在关系,不仅能够提供认识我国反腐之路的新视角,构建反腐的科学制度,更可以从根本意义上为破解反腐难题、实现善治提炼出新思路。

一、"运动反腐"中民众的角色、作用及其局限

中华人民共和国成立以后我国采取的主要反腐败方式被形象地称为"运动反腐",其核心就是发动群众进行反腐败,如"三反"、"新三反"、"四清"、"五反"等。就运动反腐来说,一般人会误认为民众是绝对的主体,扮演举足轻重的角色,其实不然。

(一)"主人翁"的反腐逻辑——民众与政府的统一体关系

中华人民共和国成立后,人民当家做了主人,对于腐败有一种天然的愤慨与仇视。一方面,民众把贪腐等同于资产阶级生活方式,认为贪腐是资本主义社会

[①] 原载《江西社会科学》2015年第3期。

[②] 关于中华人民共和国成立以来我国反腐模式的划分,学界已经形成一定的共识。多数人认同运动反腐模式与制度反腐模式的客观存在,当然也有一些苛刻的学者认为制度反腐并不存在,另当别论。除此之外一些学者认为还存在其他一些反腐模式,如李永忠(2009)认为二者之间还有一个权力反腐模式,杜志洲(2010)认为二者之后的模式称之为和谐反腐模式,刘杰(2011)则认为二者之后是体系反腐模式,不一而足。必须指出,就我国反腐实际而言,不同反腐模式的划分只具有相对性,强调总体特征,而不同模式之间交叉、重合的情况比比皆是,如"文革"前的反腐并不能说没有制度要素,党的十八大以来的反腐也具有运动式的痕迹。笔者以为,以时间为线索,前两种模式之后的模式可称之为综合反腐,其最重要的特征就是反腐博弈过程中主体的变化,尤其是民众的深度介入及其身份的转变促成了综合反腐模式的出现。

制度的象征,也是社会主义制度的对立面,当然应该反对。另一方面,民众从过往的痛苦经历中认识到贪腐是统治者剥夺自身利益的方式之一,也是自己饱受苦难的根源所在,现在自己成了国家和社会的主人,当然不允许自身权益再次被剥夺,因此必然要反对腐败。如何反腐败呢?民众认为党和政府完全代表自己的利益,自己只要跟随党和政府、响应号召、积极参与就可以实现铲除腐败的目标。因此,中华人民共和国成立之初民众强烈的反腐意愿以及民众与党和政府高度一致的统一体关系是运动反腐的现实基础。

(二)民众并非反腐的主体而是被组织的主力军

从表象上看,民众是运动反腐的主力军,但反腐败的实际发起者、组织者,乃至整个进程的控制者并不是民众,而是党和政府,甚至是党和国家的领导人。如1951年的"三反"运动,起因是当时揭发出来的大量贪污、浪费现象和官僚主义问题,引起了党中央和毛泽东同志的严重关注,因而发起群众运动。而之所以选择大规模的群众运动来反腐,实际上是党和政府在历史进程中积累的成功经验的自然延续和体现。"应把反贪污、反浪费、反官僚主义的斗争看作如同镇压反革命一样的重要,一样的发动广大群众包括民主党派及社会各界人士去进行。"①

从运动反腐的实际进程来看,民众毫无疑问发挥了重要的作用。

一是群众运动规模浩大,遍及各个层面,没有死角。在运动反腐中,各级群众被广泛发动起来组成各种反腐组织,各个可能产生贪腐的领域都被群众反复筛查,腐败没有空间,腐败分子无处藏身。如"三反"运动中,中央于1952年1月4日发出《关于立即限期发动群众开展"三反"斗争的指示》的文件,各单位立即限期发动群众开展狂风暴雨式的反腐斗争,在很短时间内就出现了一个全国性的检查和揭发高潮,据统计,全国县以上党政机关参加"三反"运动的总人数为383万多人。② 在党中央和毛泽东同志的有力领导下,全国各地被迅速发动起来,动作慢的被点名批评,到1952年4月仅仅三个月,反腐已经进入定案核实阶段,由此可见运动反腐的规模之大和效率之高。

---

① 薄一波:《若干重大决策与事件的回顾》上,中共中央党校出版社1991年版,第141—142页。
② 薄一波:《若干重大决策与事件的回顾》上,中共中央党校出版社1991年版,第144页。

二是群众反腐深入、彻底,效果明显。运动反腐沿用革命年代的动员和组织方式,采用批评与自我批评、互相揭发、坦白检举大会、公审大会等形式,人人参与、人人过关,不仅深入而且彻底,不但在客观层面挖掘事实,甚至在主观层面触及灵魂深处,非但腐败事实无法隐瞒,甚至连贪腐的念头都要受到批判。由于民众的广泛参与,腐败行为和腐败分子被彻底曝光,如在"三反"运动中,在很短时间内就发现贪污1000万元(旧币)以上的共10万余人,贪污的总金额达6万亿元。这些贪腐分子受到了严厉惩处,在"三反"期间判处有期徒刑的9942人,判处无期徒刑的67人,判处死刑的42人,判处死缓的9人,其中最有影响的要数原中共石家庄市委副书记刘青山和原中共天津地委书记张子善被判处死刑。①

仅从反腐效果来看,民众所起的作用有目共睹,但这一作用也具有明显的局限。运动反腐大致分为发动群众、"打虎"、定案和处理四个阶段,民众一般只参与前两个阶段。虽然定案和处理这两个关键阶段是以前两个阶段为基础的,但民众对此影响力有限,如"刘青山、张子善"一案,杀不杀二人实际由高层领导人最后决定,普通民众只能起间接影响。

此外,运动反腐的破坏性客观存在,导致其难以持久:一是影响经济发展,整个社会将不自觉地把主要精力集中在反腐上,生产效率必然会受到影响;二是模糊性,很多民众一旦被发动起来,其行为就不仅围绕反腐这一目标展开,各种矛盾和问题必然会杂陈其间,破坏性非常大,不易控制;三是行为方式不当,一些违反法律法规和不人道的方式被大量采用,造成了一些冤假错案,不仅有失公允,甚至引发社会恐慌,也给此后的"文革"错误埋下了种子;四是社会成本高,群众反腐不仅要付出大量的经济成本,而且要付出高昂的社会成本,尤其是群众运动造成的社会阶层之间的分裂和对立,负面影响深远,修补起来十分困难。

总的来看,在运动反腐中,民众发挥了突出作用,起到了良好效果,不仅在当时有积极意义,更由此奠定了民众作为反腐主力的长久性和必然性。但此一阶段的反腐具有明显的人治特征,发起和结束都由党和政府决定,在此意义上,民众并非反腐的主体,充其量是被组织起来的主力军。究其原因,此时民众和党及政府相互信任、相互依存,是生死与共的鱼水关系,民众无条件参与运动反腐的

---

① 薄一波:《若干重大决策与事件的回顾》上,中共中央党校出版社1991年版,第144页。

理由在于民众认为这符合自身的利益,但很显然,运动反腐不能持久,民众虽然彰显了自身的反腐价值,但也有明显的局限。

二、"制度反腐"中民众的推力、抱怨及分野

改革开放后,中国的腐败出现新特点,民众通过自身独特的方式有力推进了从运动反腐向制度反腐模式的转变,民众参与反腐败的角色、地位及其作用都发生了明显的变化,甚至出现了政府与民众相互影响甚至互为行为参照标准的新态势。

(一)民众推动制度反腐模式的建构

改革开放后,社会的分配方式出现了较大变化,不同人群的收入出现了较大差距,引发社会焦虑和不公平感,反腐败成为民众这种情绪的发泄途径。此时贪腐的主要形式为干部特殊化、官倒、走私,且有愈演愈烈之势,民众对此强烈不满。当时民众参与反腐有两条途径:一条是民众继续通过常规途径进行反腐,如举报、信访、提供证据、配合调查等;另一条是部分民众通过集会、游行、示威的方式表达对腐败的不满,这一方式给社会带来了很大的压力,产生了一些负面影响,但从积极意义上看,也促进了一种新型反腐模式,即制度反腐模式的建立。

从政府角度来看,基于民众对于腐败不满的情绪日益强烈,政府必须正视并选择有效方式应对。运动反腐模式虽然还在一定范围和程度内存在,但显然已经不能作为主要选项,在此情形下制度反腐则成为新的选择,正如邓小平指出的那样,"还是要靠法制,搞法制靠得住些"[1]。从实际进程来看,民众对于从哪些方面着手,建立什么样的制度来反腐起到了关键的促进作用。从最终结果来看,20世纪80年代中期制定的一系列反腐制度,如《关于高级干部生活待遇的若干规定》、《关于严禁党政机关和党政干部经商、办企业的决定》、《关于禁止领导干部的子女、配偶经商的决定》、《关于党政机关干部不兼任经济实体职务的补充通知》、《关于加强东南沿海三省海上缉私队伍建设的通知》等,都毫不例外地指向当时民众反映强烈的腐败领域,而这些制度的建立迅速发挥了积极作用,干部特殊化、官倒、走私等腐败现象的快速消失就是明证。在此意义上,制度反腐模式

---

[1] 《邓小平文选》第3卷,人民出版社1993年版,第379页。

的出现和建构与民众的参与息息相关。

(二) 制度反腐模式中民众与政府的角色分野

与运动反腐模式相比,制度反腐模式中民众和政府的关系有了较大的发展和变化。面对不断增多的腐败现象,民众开始不满和抱怨,认为政府没有能够完全治理好腐败以维护民众的利益,尤其是对比以前干部的清廉,这种情绪更加激烈。客观地说,我国实行改革开放以后,历史积聚的旧问题与改革带来的新问题交织在一起,使得民众对于党和政府的态度发生了微妙的变化,由原来的绝对认同和支持渐变为整体认同但在特定事情上有诉苦和抱怨。当腐败问题日益严重时,民众对政府的负面情绪更加突出,认为党和政府没有很好地治理腐败,应当承担一定的责任。不仅如此,由于腐败的大量涌现,民众开始对政府反腐败不力进行指责,甚至认为党和政府中产生了特殊利益阶层,这一阶层非但不代表广大民众的利益,反而利用自己的特殊地位侵占民众的利益,站在了民众的对立面。在这种认识的支配下,民众开始要求监督政府、限制政府,在一些特定的事情上要求政府做出具体的改变。当政府不能满足民众的要求时,民众甚至通过激烈的方式给政府施压,表达自己的反腐败诉求。如前文指出,民众对于腐败的强烈不满催生了一种新反腐模式的创建。实际上,近20年来我国反腐败的实践和民众有着千丝万缕的联系,乃至有人直接认为民众是反腐败的绝对主体。

可见,在反腐败中,民众与政府的角色已经发生了微妙的变化,由原来高度一致的关系转而出现了重大分野,二者既非高度一致的合体关系,也非对立关系,而是一种新型的关系,即民众对于政府既依赖又不满、既合作又批评,政府对民众既主导又受其限制、既强调自身的独立性又担心民众的指责,有时候二者甚至处于相互参照、互为改变依据和评判标准的地位。

(三) 制度反腐中民众作用的局限性:影响力不够与互动性不足

民众在制度反腐中的作用具有一定的局限性,具体表现为对于制度制订与执行的影响力不够和反腐具体过程中的互动性不足。

制度的制定与执行是制度反腐的基础和关键,从实际来看,民众的影响力不够。具体来说,有的制度建立过程中没有民众的有效参与,从而无法保证制度的廉洁性。比如一把手负责制原意是强调领导干部的责任,但该制度的出台更多是传统文化因素使然,且该制度中民众如何监督一把手的理性设计不够,这就造成该制度无形中赋予领导干部更多的权力,从而成为腐败的根源。再如有的制度由于其自身的特殊性,一般民众难以介入,也就无法充分表达民众的意志,无法保证其廉洁性,比如我国证券领域相关制度的原意是建立科学的高效的证券市场,但最后导致大量的腐败出现,令人触目惊心,这也是制度制订过程中缺少民众充分表达意见使然。民众影响力的欠缺尤其体现在制度执行过程中缺少民众的有效监督,以至于制度不能很好执行,甚至不执行、错误执行,这也正是造成腐败的根源所在。

民众作用的局限性还表现在对反腐过程影响较弱。实践已经证明,反腐具有系统性,单纯依靠纪委、司法系统等专职队伍的力量很难实现目标,而制度反腐模式中民众与专职反腐体系互动不足则是反腐效果不佳的一个主要因素。简而言之,在制度反腐模式中,民众与专职反腐力量存在互相背离、互不关心、互不信任的现象。民众不仅缺少知情权、责任心和信心,更重要的是无法对腐败案件的处理情况施加实际影响。正因如此,专职反腐机构在反腐败各个环节并不过多考虑民众的因素,而是按照既定的程序和自身的理解来反腐败,经常导致反腐机构与民众的判断大相径庭的现象,甚至由于反腐机构运作中不完善和"灯下黑"的原因,最后处理结果违反基本事实。而民众与反腐专职力量有效互动的缺位,导致难以形成反腐合力,大量的贪腐也就难以避免,20世纪90年代以来的社会发展已经给予了证明。

总的来说,在制度反腐模式中,民众的角色和地位发生了变化,由原来无条件响应党和政府号召的坚决执行者转变为既执行又怀疑甚至不满的有限度的响应者。这种变化不仅难以彻底根治腐败,甚至会助长腐败,不断增长的腐败现象又会进一步引发民众的不满。

三、"综合反腐"中民众的强大力量及一种新权力的生成

20世纪90年代后期以来,社会腐败明显呈现扩大化趋势,以专职反腐力量为主旨的制度反腐模式开始向综合反腐模式嬗变。① 在这一新模式下,网络反腐与普通民众深度介入反腐败是最鲜明的特征,网络反腐从某种意义上也可以

---

① 陈建:《我国反腐败模式的变迁及其折射的社会治理理念转向》,《廉政文化研究》2013年第4期。

理解为民众反腐。

（一）民众反腐意愿的发展与成熟

伴随中国社会的不断发展与进步,民众的自我意识与权利意识逐渐成熟,反腐意愿较之以往也有了明显的变化,更具主动性,更具热情。

从民众与政府的关系来看,不仅早期民众与政府高度一致的合体关系不复存在,民众不再对政府"言听计从",而且民众对政府的依赖感也逐渐减弱,政府的"父母官"地位弱化,民众也不再认为政府完全和自己休戚与共。在此意义上,民众认为政府也会犯错误和出问题,因而需要限制、监督和约束。事实上,当前中国社会民众对于政府的批评与影响超过以往任何历史时期,其中既有政府主动寻求监督的因素,也有民众自身成长与成熟的原因,但无论如何,这种如潮水般的民意必然给政府带来强烈的冲击。随着民众与政府关系在认识上的变化,民主自然而然会滋生出强烈的反腐意愿,无论是庙堂之上,还是街头巷尾,反腐都是一个热门话题。除了担心政府和社会被侵蚀之外,民众的反腐意愿还有物质利益层面的原因。在民众看来,腐败会导致物质财富的不公正分配,腐败分子利用不正当的方式把本来该属于民众的利益和财富占为己有,直接或间接地侵犯了自己的利益,绝对不能容忍,必须反对。

（二）网络反腐的兴起与民众力量的凸显——一种新权力的生成

在新的历史条件下,民众与日俱增的反腐意愿与自媒体时代便利的科学技术互相发酵,使得我国反腐败的大环境有了明显变化。近年来,网络反腐成为一个热词,江宁周久耕案、徐州董锋案、躲猫猫事件、河北王亚丽案、广西韩峰日记门事件、郭美美与红会事件、陕西微笑局长等都是典型的网络引发的反腐败事件。大致来说,网络反腐一般分为网络酝酿发酵、社会广泛聚焦、反腐机构介入、效果评价与消散四个阶段,如果网民对处理结果不满意,还可能出现新一轮的重复。从网络反腐的机理来看,它把以前只是由反腐机构与当事人掌握的不对称的信息发酵为公共信息,从而实现了反腐机构、当事人和社会公众之间的信息相对对称,其基本性质就是它借助于非制度化途径,通过强大的舆论压力和社会效应,倒逼政府进行反腐查处且跟踪评估处理结果,从而进一步实现体制内反腐的理性化和制度化。

网络反腐是网络技术的发展与民众反腐意愿有机结合的产物,也更加凸显了民众力量对于反腐的重大影响。首先,民众积极探寻参与反腐的途径和方式,网络一出现迅即成为最优选择,在网络空间里,最具有吸引力的话题就是反腐败。中国互联网信息中心发布的互联网统计报告表明,从 2008 到 2013 年,反腐倡廉一直占据中国网民关注的热点问题之首,民众的热情成为反腐败的坚实基础。其次,网络反腐声势浩大,具有极强的冲击力。基于网络数据全面、快速、互动的特点,民众对于腐败的讨论形成了巨大的声势,产生了巨大的社会影响,如 2011 年郭美美事件网络发帖总数达到了 7 344 309 个,如果再合计各种评论、链接,则可达几千万,加之难以计数的潜水人群,网络热点对社会的影响可见一斑。这些网络声音中清晰地表达出来的诉求和愿望,如浩浩荡荡的洪流,谁都无法忽视。[①] 因此当网络反腐热点形成后,无论腐败事实是否存在,专职反腐机构都必须介入调查,否则就会面临各种难以承受的指责。这种倒逼情形前所未有,是我国反腐的新特点。此外,专职反腐机构查处腐败的过程及结果也会受到民众的影响,这体现在查处的时限、结论与惩处的力度和民众的预期是否存在较大落差,如果落差过大且没有合理解释,民众同样会通过网络来表达自己的不满,甚至会引发新一轮的网络热炒。

在某种意义上,民众借助网络参与反腐改变了既有格局——专职反腐机构和腐败分子互相博弈的局面,从而形成了一种专职反腐机构、腐败分子、民众三方并存的格局,民众在通过反腐机构惩处腐败分子以实现自己诉求的同时,也对反腐机构施加了诸多方面的压力和要求。这实际上是一种新权力的生成,民众和政府的关系不仅摆脱了以往的"统一体关系"模式,而且也不同于后来的"抱怨—提意见—答复"民众弱政府强的不对称关系,民众俨然已成为政府权力的提醒者、监督者,甚至抗争者。

(三)民众与政府反腐败良性互动的现实与趋势

综合反腐模式与运动反腐模式、制度反腐模式最大的差别在于民众在反腐中角色、地位及作用的变化。在运动反腐模式中,民众基本处于被动和盲目地位,虽然发挥了较大作用,但破坏性也很明显;而在制度反腐模式中,民众受制于各种因素,虽然能够发挥一定的作用,但比较有限。在综合反腐模式中,基于公

---

① 王超品:《论当前我国反腐败与政治稳定的二维关系》,《学术探索》2013 年第 8 期。

民社会的成长、权利意识的增强和现代科学技术的运用,民众不仅扮演了极其重要的角色,也发挥了无可替代的作用,尤其是在和政府不断互动的过程中,其反腐身份和反腐地位都达到了前所未有的新高度。

在自媒体时代,民众借助网络的便利,通过论坛、博客、微博、微信等各种方式反对腐败,无论是直接效果还是间接影响,都超越以往的反腐模式,进一步凸显了民众的地位和作用。

首先,民众直接参与反腐败,充当揭露曝光腐败分子和腐败行为的主力军。最高人民检察院控告监察厅副厅长孙立泉指出:"严格地讲,腐败案件100%都是群众举报的。"事实上,不仅一般民众发挥了重要作用,甚至一些特殊人群也以各自独特的方式参与了反腐,如"二奶反腐"、"小三反腐"、"小偷反腐"等令人啼笑皆非的现象并不少见。对此,王岐山同志在中纪委全会上多次鲜明指出:"把人民群众作为力量源泉,充分发挥群众支持和参与作用。""没有人民群众的支持参与,纠正'四风'就很难取得今天的成效。要释放群众和媒体监督正能量,让'四风'无处藏身。"①可见,无论出于什么目的,腐败可耻或者腐败害怕曝光的观念已经成为民众的普遍认识,民众用自身的行为构造了反腐的良好环境。只要依靠民众,反腐就能够取得根本胜利。

其次,也是更重要的变化是民众在反腐问题上与政府形成了良性互动。从民众对政府的影响来看,民众不仅为政府提供了反腐的信息和线索,积极配合专职机关反腐,而且民众通过众多舆论平台给政府施加压力,包括要求政府积极介入调查腐败线索、评估政府调查结果及结论、要求政府采取措施预防腐败等。从政府角度来看,近年来政府机构及政府工作人员明显地感受到自媒体时代民众的反腐压力,更加充分地考虑民众的意见及诉求。一旦民众舆论聚焦某一腐败事件,他们通常立即介入开展具体的调查,不敢拖拉更别说推诿,而且在此过程中言行上非常谨慎、低调,轻易不敢与民众唱反调,即使民众的意见并不准确或者是错误的,也不敢轻率指责,他们非常担心舆论会波及自身。在一定程度上可以说,民众通过反腐监督、制约了政府及其工作人员。

最后,民众通过反腐影响了制度的改革与建构。在网络反腐的强烈影响下,

---

① 参见中共中央纪律检查委员会第3次、第5次全体会议报告。

我国一些不合理或者效率不高的廉政制度也得以变革,比较突出的如纪检监察体制的独立性变革、纪检内部机构的调整与增强、巡视制度的扩大与落实等,这些制度变化的原因是多方面的,但毫无疑问民众的积极影响不应忽视。

综上可见,在综合反腐模式中,民众的作用与地位都取得了前所未有的突破和提升,民众以自身的力量实现了一种历史性的超越而成为当之无愧的反腐主力军,已经且继续会对反腐起到巨大作用,产生深远影响。在更深的层次上看,腐败是社会毒瘤,治理腐败是世界性的难题,全社会反腐正在成为趋势和潮流。我国反腐历史进程的复杂性与曲折性表明,彻底消除腐败将是中国特色社会主义实践最艰巨的挑战和难题,而民众的积极参与及发挥有效作用则是最终破解腐败难题的可能途径和最优选择。换一个角度来看,没有民众的积极参与,反腐败不可能取得真正的成功。

四、民众参与反腐的制度化与非制度化路径

反腐最后的终结是专职的反腐机关以法律法规、党纪政纪为依据对腐败分子做出定性和处理,这意味着民众参与反腐具有间接性,需要一定的环境和制度来保障。在新的历史条件下,民众参与反腐的意愿和行动都较以往更加强烈,全社会参与反腐的时代已经到来。为了保障民众在反腐过程中发挥更大作用,也为了从根本上清除腐败,我们需要从制度和非制度两个层面来建构民众反腐的有效路径。

(一)建构民众有效参与反腐败的制度体系

从宏观上看,民众可以通过党和政府、人大、政协、司法系统等各种渠道以各种方式参与反腐,这要求各个方面都需要进一步完善相关制度,从而形成制度体系来保证民众有效参与监督权力的运行,使得权力运行公开、公正、公平。而在更具体的层面来说,实名举报制度和网络反腐官方平台制度的完善和建构可以在当下使得民众参与反腐更便利、更具效率。

首先,完善实名举报制度。实名举报是民众反腐最直接、最有力的渠道,但现实中民众出于种种考虑,一般不敢实名举报,这说明现有的实名举报制度存在瑕疵,不利于民众参与反腐。从操作层面来说,对实名举报制度的完善应当包括以下一些配套制度和内容:凡是民众实名举报的腐败案件必须对当事人有反馈、

有回应、有处理意见,如民众对处理结果不服需要有救济途径;严格对实名举报者实行保护,凡是透露举报人信息和对举报人打击报复的必须有明确的规定进行法律和行政处罚。

其次,完善网络反腐官方平台制度。从民众参与反腐的现实途径来看,网络反腐迅速跃升为首要选择,建构完备、高效的网络反腐官方平台制度成为发挥民众力量、引导民众有序反腐的重中之重。网络反腐官方平台有别于一般网络平台,以实名和实事求是作为基本原则,基本方式包括各级纪检监察机关建立专门举报网站和各级纪检监察机关与各大门户网站合作建立专门的反腐通道,后者一样具有官方性质。该制度包含以下相关内容:专门的机构和队伍,实名举报、保护举报者信息和举报内容的相关规定,对举报内容的核实与处理及反馈等流程,对属实举报的奖励制度与不实举报的惩罚制度,举报趋势的分析与应对制度,等等。

(二)民众参与反腐的非制度化路径

除了通过制度平台参与反腐,民众还可以通过非制度化路径参与反腐,即通过一些特定场所交流经验、分享信息、聚合线索、探讨理论,从而形成一种全社会反对腐败的强大氛围。这样不仅可以震慑腐败,而且可以促进反腐机关治理腐败。但显然,这些非制度化的平台不是也不能是一种自发的产物,而必须是在法律和政策许可的范围内有意识、有目的地构建和引导的结果。具体来说,以下一些途径值得尝试。

一是专职反腐机构网站构建论坛。各级纪检监察机关在自己主办的反腐网站建构论坛,吸纳民众自发参与讨论、发表意见,也可以有意识举办专题活动进行深入探讨,论坛参与者可实名也可匿名,但除了遵守一般的法律法规之外,还须为自己的观点提供有力的佐证。该论坛可以发挥以下诸多功效:搜集整理腐败的信息和线索,以利于迅速查处腐败案件;感知民众对于反腐的情绪、意见和态度,尤其是把握当前腐败的最新动态和趋势;整合各方资源,对我国反腐的道路、模式和制度进行探索;使得反腐更加公开化,变反腐由专职机构的任务为全民、全社会的任务,有效形成体系反腐的新格局。

二是门户网站举办反腐论坛。门户网站的反腐论坛的功能、作用及运行方式大致与专职反腐机构网站的论坛相似,但该平台更加开放,民众参与的门槛更低。论坛参与者除了遵守法律法规外,可以就某一问题发表自己的看法或理解,也可以就某些未经证实或暂时没有确凿证据的腐败信息发表意见或看法,甚至可以就反腐败的体制、制度、经验(国外和历史多角度)等所有问题进行讨论。

三是开通和利用微博和微信平台。微博和微信是当前信息快速传播的重要平台,一些腐败的线索和信息往往通过这种方式披露、传播、酝酿和发酵,最终引起关注并促使贪腐分子被查处,但微博和微信圈中也会有一些不良信息和情绪以同样的方式传播,其效果往往具有负面影响。这就要求相关部门加强对微博和微信制度的引导和管理,形成一种良性的运行机制,既能使得民众通过这一平台参与反腐,又不至于对社会产生负面影响。

四是学术机构和社团组织举办反腐论坛。这一机制的优势在于与网络反腐互相呼应,由非官方的民间机构组织社会各界参与对反腐的协商,通过面对面的交流和探讨,就反腐的一些热点与难点问题进行深入研究,形成共识。与以往一些学术会议相比,这一机制的参与者可以扩大范围,让更多的民众参与进来,使反腐研究走出象牙塔的限制,不仅可以对学术研究成果进行检视,也可以提供更多具有针对性和实效性的建议。

五是开展针对性的廉政主题教育。这一途径就是采用一些喜闻乐见、人民群众易于接受的方式,如市民广场的文艺演出、座谈会等,把多数人民群众积极调动起来,积极参与反腐,形成一种腐败分子如过街之鼠人人喊打、惶惶不可终日的社会局面,使其不敢腐、不能腐、不想腐。

推进马克思主义时代化需具备九种意识[①]

王锁明

(南京大学马克思主义学院)

早在1872年《共产党宣言》德文版序言中,马克思恩格斯就明确指出,他们在《宣言》中所阐述的一般原理的实际运用,随时随地都要以当时的历史条件为转移,这里的"随时"、"当时"即包含有"时代化"的思想。中共十七届四中全会报告第一次向全党正式提出推进马克思主义时代化的命题,这是党的又一个重要理论创新。所谓"马克思主义时代化,就是把马克思主义同当前时代的发展、同当前时代的特征结合起来,使之能够适应时代需要、把握时代脉搏、回答时代课题"[②],创造出适应时代要求的新理论。深入研究马克思主义时代化,对于丰富和发展中国特色社会主义理论体系具有重要意义。本文拟从确立若干思想意识的角度,就推进马克思主义时代化的路径进行探讨。

一、忧患意识

忧患意识表现为人的精神自觉,是在社会发展转折或关键时期的一种清醒的防范和预见意识,源于自觉的危机感、紧迫感、责任感和使命感。有了忧患意识,就可能产生强烈的责任感和能动性,变外在压力为内在的发展动力。

中华人民共和国成立前夕,面对在全国范围内即将由革命党向执政党的重大转变,毛泽东忧虑我党有的同志可能经不起资产阶级"糖衣炮弹"的侵袭而腐化变质,所以在党的七届二中全会上,他郑重向全党同志提出了"两个务必"的著名论断,这不仅在当时武装了全党,使党经受住了新中国成立初期复杂形势的严峻考验,而且在进入21世纪新阶段的今天仍具有重要意义。党的十六大刚落

[①] 原载《学习与实践》2011年第4期。
[②] 何毅亭:《推进马克思主义中国化、时代化、大众化》,《人民日报》2009年10月27日。

幕,胡锦涛就和书记处的同志到西柏坡重温毛泽东关于"两个务必"的教导。"党的三代领导核心特别是胡锦涛总书记这样一以贯之地、再三再四地强调一定要居安思危、增强忧患意识,对全党的警示意义是巨大而深远的。"①

当前,从国际上看,世界形势正发生广泛而深刻的变化,国际摩擦日趋加剧,和平与发展面临诸多难题和挑战;从国内来看,当代中国正发生广泛而深刻的变革,新形势、新任务提出了新情况、新要求。面对国内外形势中日益增多的不稳定不确定因素,"我们熟习的东西有些快要闲起来了,我们不熟习的东西正在强迫我们去做","我们必须克服困难,我们必须学会自己不懂的东西"。② 这就警示我们:一方面要"居安思危",充分认识到新形势对党的执政能力的新考验、对马克思主义的新挑战;另一方面又要"临危不惧",在积极应对新考验新挑战中丰富和发展马克思主义。

二、时代意识

时代意识是人们对自己所处的社会历史发展阶段的认知、判断和定位。清醒的时代意识,既表现为人们对不同时代的差异性的准确反映和理性把握,也是当今推动马克思主义发展的前提条件和基本要求。

应该说,列宁的"一国或数国首先胜利"论正是这种时代意识及其能动性的充分体现和有力证明。关于无产阶级革命如何发生,针对自由资本主义阶段西欧几个主要资本主义国家发展比较均衡的实际状况,马克思恩格斯认为无产阶级革命将在几个主要资本主义国家同时发生。然而,到了19世纪末20世纪初资本主义发展进入帝国主义阶段后,资本主义各国经济政治发展的不平衡加剧了、尖锐了。列宁敏锐地意识并捕捉到这种时代变化的实质及其重要意义,因而果断地提出社会主义革命将在一国或数国首先胜利的论断,并将这一理论付诸实践,不失时机地领导了俄国"十月革命",率先建立起世界上第一个社会主义制度的国家。"这是列宁对马克思主义关于革命学说的重大贡献。"③

今天,我们所处的时代与马克思主义创始人当年所处的时代有很大的不同,

---

① 叶梧西:《增强忧患意识:执政党建设的永恒课题》,《中共天津市委党校学报》2010年第2期。
② 《毛泽东选集》第4卷,人民出版社1991年版,第1480、1481页。
③ 逄锦聚:《马克思主义基本原理概论》,高等教育出版社2010年版,第217页。

这种不同既对发展马克思主义提出了新要求,形成了新挑战,也为发展马克思主义提供了新课题,注入了新动力。随着时代的发展和时代主题的转换,马克思主义创始人针对特定时代特定情况做出的个别结论,必然要随着时代的发展而发展。"绝不能要求马克思为解决他去世之后上百年、几百年所产生的问题提供现成答案。列宁同样也不能承担为他去世以后五十年、一百年所产生的问题提供现成答案的任务。"①这种时代发展的差异,客观上要求马克思主义的后继者们不断地推进马克思主义,用发展了的马克思主义去分析和解决新时代提出的新情况新课题。如果我们不顾历史条件和实际情况的变化,把马克思恩格斯在特定历史条件下做出的个别结论当成永恒不变的真理,那就会窒息马克思主义。马克思主义只有与时代发展同进步,才能永葆生机和活力。

三、实践意识

在现实中,实践意识集中表现为以实践为基础,尊重实践的权威。"实践的观点是马克思主义的基本观点"②,实践既是检验认识是否具有真理性的唯一标准,也是发现新事物及其规律性、推动认识发展的根本途径和基本动力。

强调实践第一,必然要求坚持理论联系实际这一马克思主义的根本原则。在推进马克思主义时代化的过程中,当然少不了对马克思主义经典的文本学解读,但又绝不能停留于此,而必须联系和立足实际,关注和研究现实。从实践层面来看,马克思主义时代化源于中国改革开放和社会主义现代化建设的新实践。这就决定了在现阶段推进马克思主义时代化,必须尊重改革开放和社会主义现代化建设的伟大实践,必须将马克思主义经典文本的精神实质与不断变化发展着的社会现实结合起来,运用马克思主义的基本立场、观点和方法认真总结中国改革开放和社会主义市场经济的伟大实践。总之,"真正的马克思列宁主义者必须根据现在的情况,认识、继承和发展马克思列宁主义"③,"以我国改革开放和现代化建设的实际问题、以我们正在做的事情为中心,着眼于马克思主义理论的

---

① 《邓小平文选》第3卷,人民出版社1993年版,第291页。
② 卫兴华、赵家祥:《马克思主义基本原理概论》,北京大学出版社2008年版,第18页。
③ 《邓小平文选》第3卷,人民出版社1993年版,第291页。

运用,着眼于对实际问题的理论思考,着眼于新的实践和新的发展"①,为当代中国社会的发展提供科学的核心理念,"为当代中国人的生存发展提供引导,也为引领中国的未来发展确立方向"②,以充分体现和发挥马克思主义理论的解释力和现实指导意义。

四、开放意识

开放意识是现代系统论的基本要求,它表现为系统与外界环境的相互交流。确立开放意识,既是一种科学学说得以生存和发展的必要条件,也是其高度自信的体现和要求。

任何科学学说都需要站在巨人的肩膀上,马克思主义也不例外。马克思主义是在批判地继承人类历史上的优秀思想文化成果特别是19世纪德国古典哲学、英国古典政治经济学和英国法国空想社会主义科学成分的基础上创立的,也是在吸收和借鉴人类一切有价值的思想文化成果的过程中发展壮大的。可以说,马克思主义的发展史充分证实了马克思主义是一个不断开放的科学体系。正是这种开放性,营造了马克思主义不断发展的文化氛围,同时也规定了当前推进马克思主义时代化的基本要求,即必须树立世界眼光和开放思维,吸收和借鉴人类的一切文明成果。

当一个称职的当代马克思主义者,不仅要以宽广的眼界观察世界,更要重视与当代西方科技文化的交流,善于与各种非马克思义理论对话。对此,有学者指出,"事实上,非马克思主义理论与实践的发展是不可忽视的,取得的成就也是巨大的"③,我们要努力汲取其中的宝贵思想资源,坚持以马克思主义的原则和方法来综合提升当代的各种最新理论成果,从而推进马克思主义。

五、问题意识

问题意识是人们对存在问题的能动性、探索性和前瞻性的反应。没有问题

---

① 江泽民:《高举邓小平理论伟大旗帜,把建设有中国特色社会主义事业全面推向二十一世纪》, http://news.sina.com.cn/c/2002-10-22/1407777739.html。
② 陈曙光:《思入时代深处,推进马克思主义时代化》,《高校理论战线》2010年第1期。
③ 尚庆飞:《推进马克思主义时代化的思考》,《江苏行政学院学报》2010年第4期。

意识,就不可能关注和提出问题,更不可能分析和解决问题。科学理论的价值和魅力就在于确定自己的问题域,分析并解决这些问题,从而推动实践也推动理论自身的不断进步。

20世纪20—30年代,毛泽东在思考和探索半殖民地半封建的中国无产阶级如何夺取国家政权的过程中,成功地找到了中国革命的新道路,丰富和拓展了马克思主义的无产阶级革命学说。在改革开放的关键时期,邓小平"南方谈话"对社会主义本质的新概括,回答了"什么是社会主义,怎样建设社会主义"这一长期困扰人们的问题,把对社会主义本质的认识提高到新的科学水平,深化和发展了马克思主义的科学社会主义学说。20世纪80年代以来,世界上一些国家和地区执政几十年的大党老党相继失去政权,有的甚至走向衰亡。面对这一惨痛事实,以江泽民为核心的党的第三代中央领导集体提出了怎样执政、如何能够长期执政的重大问题,并在对这一问题的思考和回答中形成了"三个代表"的重要思想。新世纪新阶段,以胡锦涛为总书记的党中央在关注和解决实现什么样的发展、怎样实现发展等一系列重大问题的基础上,做出了实施科学发展和构建社会主义和谐社会的伟大战略决策。可见,每个时代都有属于它自己的特定问题。针对这些问题的回应和解答,构成了推动马克思主义发展的动力和切入点。

当前,我国改革开放和社会主义市场经济建设正在向纵深发展,同时也出现了许多深层次的矛盾和问题需要我们给予深刻的理论透视。只有进一步增强问题意识,着力回答时代提出的重大问题,着力回答什么是马克思主义、怎样对待马克思主义,什么是社会主义、怎样建设社会主义,建设什么样的党、怎样建设党,实现什么样的发展、怎样发展等一系列重大理论和实际问题,才能准确地把握时代精神,从而引领和推动社会历史的发展进步。

六、整体意识

所谓整体意识,就是将研究对象作为一个整体来看待和把握的思想意识。客观世界本来就是一个相互联系的有机整体。在现实生活中,没有纯粹的哲学问题,没有纯粹的经济问题,也没有纯粹的政治问题和文化问题。任何现实问题都包含着多方面的内容和相互影响的规定性。作为一种在社会实践基础上正确反映客观世界的本质及其发展规律的思想理论体系,马克思主义也必然具有整体性。

正如列宁所强调的,马克思主义是"一块整钢",马克思主义哲学、马克思主义政治经济学和科学社会主义这三个主要组成部分之间存在着内在关联。其中,马克思主义哲学为整个马克思主义学说提供理论基础,马克思主义政治经济学是马克思主义哲学的具体运用和理论论证,科学社会主义是马克思主义哲学、马克思主义政治经济学理论,特别是历史唯物主义和剩余经济学说的理论结论和必然归宿。总之,确立整体意识,既是当今时代发展的客观需要,也是马克思主义理论自身的内在要求。

目前,推动马克思主义时代化的发展,必然要求从整体上把握马克思主义。可是,以往我们对马克思主义整体性的重视不够,比较多的是倾向于把马克思主义划分为马克思主义哲学、马克思主义政治经济学和科学社会主义三个主要组成部分来分别进行把握,这在当时的历史条件下有其一定的必然性和合理性,也的确在各个专门领域发展了马克思主义。然而,马克思主义的本质和精髓恰恰体现在它的整体性之中。离开了马克思主义的整体性,就不能很好地掌握马克思主义的科学内涵和精神实质。所以,我们在对马克思主义时代化的理解和把握上,不应停留在某一专门领域,而应在重塑马克思主义的整体性上下功夫,在正确处理马克思主义的几个主要组成部分内在关系的基础上,着重于系统把握和整体推进。

七、创新意识

创新意识是意识能动性的一种典型的集中的表现形式,是人们不满足于现状、希望突破和超越现状而打开新局面的一种精神状态。有了创新意识,就有了不断发展进步的精神动力。

与时俱进地回答实践提出的新课题并不断赋予新的时代内涵,不断开辟马克思主义的新境界,是马克思主义具有强大生命力的奥秘所在。历史经验证明,马克思主义时代化是马克思主义理论品质的内在要求。只有不断推进马克思主义时代化,才能应对时代的挑战,解决时代的新情况、新问题,不断推进马克思主义和社会历史的向前发展。随着时代的变迁,如果把马克思主义经典作家的言论教条化,不敢解放思想,不善于以新的思想理论去继承和发展马克思主义,那列宁就提不出"一国或数国首先胜利"的理论,毛泽东也提不出"农村包围城市、武装夺取政权"的革命新道路理论,邓小平更无法带领党和人民开创中国特色社会主义的伟大事业而创立邓小平理论。可见,一部马克思主义发展史,始终是在顺应时代潮流、应对时代挑战、揭示时代主题中而开拓创新的。永无止境的理论创新,是推进马克思主义时代化的不竭动力。

马克思主义与时俱进的理论品质是由时代的发展变化所决定的。当今国际局势风云变幻,我国改革开放和社会主义现代化建设进程波澜壮阔,这些都要求不断推进马克思主义时代化,不断创新马克思主义理论,实现马克思主义在新的时代条件下的新发展。否则,马克思主义就会成为"死水一潭"。在新的历史条件下,大力推进马克思主义时代化,首先要继续解放思想,其次还要结合时代特征,大胆进行理论创新,把原有理论中不符合时代要求的内容加以扬弃、淘汰,而将实践检验为正确的、行之有效的、符合时代和实践要求的新经验概括上升为理论。总之,实践永无止境,马克思主义时代化也永无止境。

八、阵地意识

阵地意识集中表现为有所坚守的思想意识,是任何一种科学学说巩固、扩大自身影响力的必要前提和基本要求。推进马克思主义时代化在实质上是为了更好地发展马克思主义,因而也必然要有一个巩固和扩大马克思主义影响力的问题,为此就要处理好发展马克思主义与坚持马克思主义的关系问题,即发展马克思主义必须以坚持马克思主义为前提,目的是更好地坚持马克思主义。

当今时代,随着经济全球化趋势的深入发展,世界范围各种文化思潮相互激荡。一些西方理论著作伴随着我国对外开放而纷纷涌入,其中不乏科学的可供借鉴和汲取的内容,但也有不少错误的消极颓废的东西,甚至还夹杂着对我国实行"西化"、"分化"的政治图谋。就国内而言,随着社会主义市场经济的发展,人们的文化需求日益迫切,加上网络技术的广泛应用,使得思想文化领域出现了更加复杂的态势。这些都决定了在推动马克思主义时代化的进程中,一方面,必须汲取与借鉴现代西方文化中的合理因素,将之运用于指导我国文化事业、文化产业的发展,以不断满足人民群众日益增长的精神文化生活需求;另一方面,又必须牢固树立阵地意识,强化不丢阵地、争夺阵地和建设新阵地的理念至关重要,即马克思主义的基本原理尤其是它的基本立场、观点和方法任何时候都必须坚持,否则就会误入歧途。

必须强调的是,我们推进马克思主义时代化的目的,不是要削弱马克思主义,也不是要取消马克思主义,而是要更好地巩固和发展马克思主义,以之引领中国特色社会主义文化的大发展大繁荣。为此,既要反对迷信"洋教条"而不加分析地盲目搬用现代西方思想理论来分析中国社会的现实,抑或将现代西方社会思潮与马克思主义理论调和起来;也要反对在鼓励思想文化多样化时任其自流,以致弱化乃至放弃马克思主义在意识形态中的主导地位。

九、大众意识

大众意识是指充分考虑与服务于广大人民群众根本利益和要求的思想意识。在推进马克思主义时代化的过程中,必须牢固树立关注人民群众理论需求的思想意识。

众所周知,人民群众是社会历史的主体和创造者,马克思主义理论来源于无产阶级和广大劳动人民的实践活动,是从千百万群众的实践活动中总结、升华出来的。所以,在推动马克思主义时代化的进程中,不应将马克思主义时代化仅仅看作一种纯学术活动,以致错误地认为马克思主义理论与群众无关,群众不需要马克思主义理论,而应当创新话语表达方式,如艾思奇的《大众哲学》、韩树英的《通俗哲学》和近年来的《理论热点面对面》那样,重视广大群众对马克思主义的理论呼唤,坚持将理论与实际、理论与群众、理论与生活相结合的正确方向,将马克思主义理论还原到群众生活中去,以更直接的方式、感同身受的形式向广大群众阐释、宣传和普及马克思主义理论,使马克思主义在内容和形式上符合中国的文化传统和广大群众的语言习惯,成为广大群众所喜闻乐见的理论形式,从而使马克思主义理论为广大群众所理解所认同。一种思想理论如果不能为广大群众所掌握和接受,则将失去生存的基础,更无从谈发展的问题了。当然,"批判的武器"不能代替"武器的批判",但是"理论一经掌握群众就会变成巨大的物质力量"。①

---

① 《马克思恩格斯选集》第1卷,人民出版社1995年版,第460页。

结论

推进马克思主义时代化是一项十分艰巨而复杂的系统工程,它需要学界深入探讨和阐述,①涉及多个方面和多个环节,既不可能一蹴而就,也不可能一劳永逸。但我们坚信,只要坚持正确的思想意识,并积极努力地付诸实践,无论是对于推进中国特色社会主义事业的发展,还是对于更好地坚持和发展马克思主义,都具有重大的理论意义和实践意义。

---

① 中国特色社会主义是马克思主义中国化、时代化和大众化的产物,所以不断推进中国特色社会主义,实质上就是马克思主义时代化的不断推进。近年来,学界对马克思主义时代化这一问题从多角度展开相关论述,总结这一成果对拓展此问题的认识和实践有意义,笔者对此的综述将刊于《前沿》杂志。

马克思主义理论学科与课程建设研究

国外马克思主义学科化研究的三大路径[①]

胡大平

（南京大学马克思主义学院）

学科化，推动了国外马克思主义研究的长足发展。不过，学科化思维，本身亦具有自己的局限。如何突破这些局限，这是学科发展和研究深入所面临的基本问题。根据国外马克思主义研究学科之特殊性和马克思主义理论研究的一般要求，本文从学科化与跨学科、专题史与通史、思想史与社会史三个重要的关系入手阐明本学科发展的三大基本方法论要求：整体思考、局部深入；通史观照、专题突破；历史支撑、逻辑开道。

一、整体性视野中的学科化与跨学科

在逻辑上，马克思主义理论一级学科是思想史研究的一个十分特殊的子学科。作为思想史研究，它的特殊性在于两点：第一，它以马克思主义为对象，但首先以马克思主义作为前提；第二，作为思想史研究，它比任何思想史研究都更明确地将自己的目标定位在其外，即改造世界实践。简言之，它以马克思主义整体性为前提，坚持唯物辩证法精神，把握社会生活之多层次和多方面的联系，系统地整理马克思主义在当代全球的发展成果，从而为认识当代资本主义和中国特色社会主义实践提供更广泛的理论支撑。

正是因为这种特殊性，其视野和方法之特殊性超出了一般意义上的学科要求。首要的，我们便遭遇马克思主义理论研究的学科化以及这一学科本身又必须超越一般意义上单一学科视野和方法规定这个辩证的矛盾。在其中，国外马克思主义研究尤为显著，故以其为例来说明。国外马克思主义作为研究对象，它本身就是多重异质性思想和理论的集合。第二国际开始，就像学科分野那样，马

[①] 原载《马克思主义理论学科研究》2015 年第 1 期。

克思主义的经济学、社会学、哲学、历史学、地理学、人类学也分门别类地发展起来。而我们知道,仅仅基于经济、社会或文化单一视角是不足以科学地再现当代资本主义的,在马克思恩格斯那里,哲学、政治经济学和科学社会主义之三位一体正是其作为无产阶级解放事业之指导思想的保证。这也就提出一个问题,如果不突破学科的界限,那么是否能够准确地理解马克思主义在20世纪西方发展的脉络和特点,从而进一步判断我们面对的具体思想家或思潮之地位。例如,关于西方马克思主义,推动其作为一个独立论题出现的英国著名新左派思想家佩里·安德森曾经对20世纪20—70年代初它们的实际表现有一个判断,强调其"在结构上与政治实践相脱离",从而"越来越不把经济或政治结构作为其理论上关注的中心问题,它的整个重心从根本上转向了哲学",①并对它进行了批评。总体上来说,安德森是正确的,但如果由此来评判一切西方马克思主义哲学家,又是不公正的。因为,更为复杂的是,法兰克福学派,作为一个团队,产生显著影响的霍克海默和阿多诺的哲学表述恰恰包括了学派的经济学研究贡献。在其中,最重要的问题之一便是,30年代至40年代,格罗斯曼和波洛克关于晚期资本主义的不同判断,前者关于资本主义崩溃的结论使批判仍然具有实现其解放旨趣的乐观气息,而后者关于国家垄断资本主义之"同一性"的断言(当然,还有法西斯主义的现实背景)推动产生了把资本主义异化追溯到整个西方文明起点的"启蒙辩证法"以及不再具有乐观想象的"否定辩证法"。在整体上,这个学派提出的"批判理论",正如霍克海默所解释的那样,是对马克思政治经济学批判的拓展和延伸,②就如卢卡奇在《历史与阶级意识》中所开辟的道路。甚至在霍克海默看来,"理论不是关于特殊的社会事件进程的各种假说的储存室。它勾画整个社会的发展图景,作出具有历史之维度的存在判断"。在《历史与阶级意识》中,卢卡奇正是出于这种理解,强调"对马克思主义来说,归根结底就没有什么独立的法学、政治经济学、历史科学等等,而只有一门唯一的、统一的——历史的和辩证的——关于社会(作为总体)发展的科学"③。

---

① [英]佩里·安德森:《西方马克思主义探讨》,高铦等译,人民出版社1981年版,第65页。
② Max Horkheimer. *Critical Theory: Selected Essays*. New York: The Continuum Publishing Company, 2002, p.242.
③ [匈]卢卡奇:《历史与阶级意识》,杜章智等译,商务印书馆1992年版,第77页。

当然，不仅西方马克思主义，包括我国的马克思主义研究，在多数时候，不同的学者都是倾向于以某个学科——经济学、政治学、社会学或文学——作为依托的。这既造成了马克思主义研究的碎片化问题，亦给我们判断研究成果本身的马克思主义性质及其现实意义带来了更大的难题。正是出于对这一倾向的纠正，也一直存在着对社会生活整体性以及马克思主义之总体性方法论的强调。例如，20世纪50年代，美国赖特·米尔斯提出的"社会学想象力"问题，便是对社会生活的整体性（即社会生活之多方面之间的联系）和单一学科视角之间张力的回应。在他看来，理解个人生活模式与世界历史潮流之间错综复杂的联系是至关重要的，"个人只有通过置身于所处的时代中，才能理解他自己的经历并把握自身的命运，他只有变得知晓他所身处的环境中所有个人的生活机遇，才能明了他自己的生活机遇"①。卢卡奇、法兰克福学派以及米尔斯等人的例子表明，在西方马克思主义思潮中，也一直存在着关于马克思主义整体性的强调。

马克思主义理论一级学科在我国的设立，在直接的意义上，为从整体性角度推动马克思主义的深入研究提供了重要的基础。或许，正是这一原因，多数论者都强调马克思主义整体性便是这个学科的研究对象。不过，从近十年关于整体性汗牛充栋的研究看，国内研究进展不容乐观。原因在哪？

一方面，研究多集中在整体性定义，然而抽象的整体性研究不会给马克思主义带来多少新的东西。因为重要的是基于整体性方法论对经济、政治、文化等不同社会生活领域之间相互作用及其理论再现的具体理解，这才是马克思主义研究"学科化"的真正意义之所在，而不是一味对整体性本身的强调。

另一方面，更重要的是，整体性视角不是排斥各种具体的学科视角，而是需要它们的支撑。近年来，在马克思主义理论学科建设中，业内有不少人士提出实际上并不恰当地代表着自我封闭的"防御性"学科化思路。因为马克思主义整体性是本学科的对象，而学科的核心功能则是为高校思想政治理论课教学提供理论支撑，所以，出于善良的愿望，为防止个别高校将学科视为改变和提升本校整体学科建设的特殊通道从而产生侵占学科资源的情况。有一种声音认为，马克

---

① ［美］赖特·米尔斯：《社会学的想象力》，陈强等译，生活·读书·新知三联书店2001年版，第4页。

思主义理论学科的独立化,应该排除哲学、历史、文学等人文学科的"染指",不允许其他学科教师在马克思主义理论相关专业担任导师,同时,本专业研究生毕业论文选题也应该严格地围绕学科对象进行。确实,学科和专业在发展过程中,不同学校产生了不同程度的问题。不过,从长远的学科发展看,这种过度发挥的"保护性"措施建议未必是合适的。

从国外马克思主义发展的基本事实看,无论是现实变化导致的新的主题生长,还是社会批判理论视角和方法的拓展,在 20 世纪都推动产生了不少新的马克思主义思潮。离开特殊的专业支撑,我们就不能准确地把握这些思潮的内涵和意义。例如,马克思主义与精神分析的结合所产生的各种精神分析版本的马克思主义思潮,从赖希的"性革命"和"劳动解放"理论,到马尔库塞的"爱欲与文明"理论,再到今天十分热门的齐泽克之拉康式共产主义激进思想,要准确地把握这些理论,不仅需要有"本能"、"无意识"、"需求"、"爱欲"、"自我"、"性格"等精神分析主题的专门知识,而且还涉及从弗洛伊德到拉康的精神分析之方法论的发展。或许,正是因为这方面的缺失,在汉语界产生了大量的马尔库塞和齐泽克等人的研究,但诸如马尔库塞结合弗洛伊德之"本能乃历史建构"和马克思的"需求是社会产物"思想对"压抑是一种历史事实"的揭示以及对当代资本主义制造和控制"剩余压抑"的分析,以及齐泽克在法兰克福学派和阿尔都塞之后基于主体理论对马克思主义理论的发展等这些基本问题并没有得到恰当的分析。再如,受国外研究影响,许多国内学者也喜欢用源自詹姆逊的"认知图绘"理论将之变成"管窥之见",但不曾注意这一理论本身是以美国著名建筑理论家凯文·林奇的《城市意象》为例对阿尔都塞主体理论的再阐明,其核心强调的恰恰是总体性思想,即社会生活不同要素、不同方面之间相对作用对主体的影响。① 因此,没有上文提及的米尔斯所称的那种社会学想象力,不能提供一种再现社会生活整体性的理论图景,是谈不上"认知图绘"的。或许,正是因为如此,詹姆逊本人也从来没有给"认知图绘"提供一种确切的定义。这些例子都说明,对当代马克思主义理论的理解,同样需要专门性学科的支持。

---

① 参见[美]弗里德里克·詹姆逊《认知测绘》,载饶芃子主编《思想文综》第 5 集,中国社会科学出版社 2000 年版。

研究如此,研究生培养就更应如此了。只要观察一下近二十年关于整体性研究的实际成果,我们就知道把研究生论文的选题限定其上将会产生何种结果。让我们假设一个例子,如果一个学生提出要研究街舞,是否支持?答案不取决于话题从属哪个学科,而是看他怎么做。如果他或她仅仅从形式的角度说明20世纪舞蹈风格的变迁,那是艺术类研究,当然不妥。但是,如果从青年流行文化与意识形态变迁之间的关系来揭示当代思想政治教育所面临的新课题,那就要大大地欢迎。从这个例子看,重要的不是学科,而是研究的旨趣、立场和方法。综观西方马克思主义,从卢卡奇到阿多诺,从列斐伏尔到哈维,从詹姆逊到齐泽克,他们之所以形成有巨大影响的理论创新,其中重要原因之一就在于:在一个学科上深入下去,但绝不囿于一种学科的视野。

至此,我们可以说,马克思主义理论学科的建立,其意义便正在于此:为囿于不同学科视野的各种马克思主义研究提供一个整合平台,为职业马克思主义理论与专业研究者之间的合作提供一种通道。就此来说,马克思主义的学科化绝不是自我封闭,而是走向更大开放性的措施。因此,以"学科化"的名义排斥专门学科的研究是一种理论视野狭隘的表现。基于这一点,本文主张,马克思主义的学科化恰恰需要跨学科的支持,它应当鼓励对其他学科方法论的吸取,鼓励马克思主义学科内部对其他学科问题的研究,鼓励与其他专门学科的结合,深入其他学科的阵地上去。用比喻的方式来讲,它鼓励两种具有辩证关系的精神:一种是"拿",另一种是"抢"。拿,即是学习上,不管别人愿不愿意教,只要是对发展马克思主义有利的,就应该拿过来。抢,即是在理论研究和马克思主义宣传上,不管什么学科边界,只要你够水平,就要主动抢占阵地,弘扬马克思主义的话语权和文化自信。

二、思想史视野中的通史与专题史

不仅国外马克思主义研究,而且整个马克思主义理论研究,无疑都是从属于思想史研究的。就此来说,它面临着对于马克思主义异常重要的一个思想史研究的普遍难题,即通史与断代和专题之间的关系。作为思想史研究的一般难题,乃是因为它触及历史研究更为广泛的结构与事件之间关系,乃是因为这一关系蕴含着规律性(普遍性)与偶然性(特殊性)之间的关系,这对马克思主义亦至关重要。国外马克思主义,尽管由于地域和环境之间的差异而异常丰富,难以按照统一的标准进行简单的马克思主义立场和性质判断,但在总体上,将之视为马克思主义发展的一种形态,从全部历程角度,将其视为一个阶段,这也是能够成立的。不过,问题也由此而生:在全部马克思主义发展史中,它们的合理性以及地位如何?

流行的国外马克思主义研究,对人物(如哈贝马斯研究)、观点(如总体性思想研究)研究是一种普遍的做法。对于思想史研究来说,这并没有什么特殊的地方。不过,在马克思主义研究中,也都存在着一个至关重要的难题:如何评价研究对象。或许由于意识形态,或许因为研究能力所限,无论学位论文,还是一般专业期刊论文以及专著,国内研究都普遍存在着述而不评或外在性批评(即用正统马克思主义立场进行简单的裁剪)的现象。为什么会出现这种现象?从思想史研究的角度来说,这是就事论事的必然,即囿于对象独特氛围和直接表述而缺乏更大的思想史语境参照。缺乏这个参照,在一般意义上说,便会形成逻辑孤立现象。在更深层意义上,乃是思想史叙述框架缺失的征兆。在今天,尽管我们不能假想思想史的发展是一条平滑的曲线,但无论如何,也只有基于思想史的连续或断裂(即逻辑演化)才能够准确地判断某个人物或某种思想之独创性和意义。这种关于思想史连续或断裂的逻辑假设,便是思想史叙述的框架。它是思想史研究的理论所在,没有它,我们就不能形成自己的独立的思想史主张,而只能人云亦云或草草泛论。①

在国内马克思主义哲学史研究中,实际上形成了不少重要的成果,例如,黄楠森教授等人关于三个"五十年"的历史分期、②孙伯鍨教授关于马克思主义哲学形成史之"两次转变"和"双重逻辑"说、③张一兵教授关于马克思思想试验的"三大高峰"说等。④ 这些研究成果从逻辑上说明了马克思主义全部发展或某个阶段的变化,从而为我们判断某些独特思潮和文本的思想史位置提供了重要的参照。目前在国外马克思主义研究中,显然缺乏这样的理论。因此,我们看到,

---

① 胡大平:《重述西方马克思主义知识史的视角和战略》,《南京大学学报》2010 第 4 期。
② 参见黄楠森主编《马克思主义哲学史》,高等教育出版社 1998 年版。
③ 参见孙伯鍨《探索者道路的探索》,南京大学出版社 2002 年版。
④ 参见张一兵《回到马克思》,江苏人民出版社 1999 年版。

尽管围绕德勒兹、福柯、鲍德里亚等显赫人物形成了不少国外马克思主义学科的学位论文、期刊论文和专著,但真正达到对他们思想的转述水平的研究都不多。这不是对原著阅读的多少的问题,而是缺乏思想史研究框架的问题。在解释学等动态支持下,文本学或文本解读成为近十多年相关研究的流行口号。然而,必须正视的是,恰恰由于缺乏思想史研究的框架,对文本的过度挖掘甚至成为流俗,从马克思到今天重要的马克思主义理论家,许多文本都被形而上学地挖掘,产生许多没有任何问题意识的形而上的考据学成果。以20世纪70年代美国学术界建构的所谓 French Theory 为例,如果不从法国萨特和梅洛-庞蒂借助于现象学(存在主义)的基于个体自由困境对人类命运的思考从而推动战后法国知识界的"马克思主义化"、不从列维-斯特劳斯和阿尔都塞从不同角度(前者从历史之结构、后者从理论之形态)异曲同工地指认马克思主义之理论上反人本主义(即反对意识主体假设)性质等历史变迁出发,是否能够说清福柯、鲍德里亚等人的独特性以及他们在马克思主义理解史中的位置呢?这正是我们从国外马克思主义研究学科切入这些对象时必须首先思考的问题。在这里,我们简单地概括它的方法论要求:如果不参照马克思主义思想史发展的全程,要说清其中一个人物或一种思潮,这是不可能的。

这个方法论要求很简单,即在国外马克思主义研究中强化马克思主义通史的研究。需要进一步评论的是,这一方法论对马克思主义的独特意义涉及两个大的问题:其一,我们留至本文第三部分说,即马克思主义思想研究的基本前提之一,具体地说,从环境与意识之间的关系评估思想的独特性和价值;其二,马克思主义作为普遍文化的性质,或者马克思主义在全球文化中的普世意义。谈论这个问题,在今天似乎十分困难:马克思主义在全球的当代挫折使人们怀疑和失望,与之相对,正如"历史终结论"的重新流行,西方主要发达资本主义国家试图把自由主义打扮成"普世价值"并强加于世界人民。国内理论界对这个问题反应是直接否定"普世价值",按照阿尔都塞的方式来评论,这种反应近乎本能,乃缺乏理论准备和技巧的肉搏式战斗。实际上,我们可以采用更具有战斗性的方式,美国著名哲学家理查德·罗蒂便示范过。罗蒂指出,《圣经》关于人类历史的最终未来有着非常明确的预言,这些预言到今天也没有实现,但《圣经》在西方文化的核心和基础地位从未动摇,《共产党宣言》正是与《圣经》类似的文本,并不能因为它的直接预言没有实现就否定它的意义。① 虽然我们不能把《共产党宣言》等同于《圣经》,但必须承认,马克思主义具有基督教那样的普世意义,后者是古代世界的回声,而马克思主义则是当代世界的呐喊。尽管就如基督教没有把西方带入流淌着奶与蜜的土地,马克思主义亦没有在全球直接实现共产主义,但其对现代社会切中肯綮的诊断,其追求新文明的激情不是已经融入了当代思想,成为激励人们的最显著思想资源吗?回首望去,在理论和思想上,那些卓有成就的现代自我理解、反思和批判,哪一种能够离开马克思主义呢?在实践上,那些试图替代资本主义的新社会运动,有多少与马克思主义无关或拒斥马克思主义呢?必须承认:尽管马克思所设想的严格意义上的科学社会主义运动以及严格意义上的马克思主义理论受到了极大的限制,但马克思主义无疑已经成为具有竞争力的普遍文化。

正是在这一背景中,我们能够理解国外马克思主义思潮中的一些重要现象。例如,德里达写了一本《马克思的幽灵》,国内外便有许多学者将之视为马克思主义者。实际上,是否声明马克思主义立场,对其理论逻辑并没有什么影响;他的理论与马克思有何逻辑上的关联,这个问题也不重要。对于我们来说,重要的问题是,德里达为什么在"苏东剧变"之后发表《马克思的幽灵》那样的著作?这个问题并不难以理解:他选择了一个恰当的时候向马克思致敬,从而产生了预期的轰动效应。这不是说他只想哗众取宠,而是说他确实是一位善于思考和擅长批评的当代思想家。在逻辑上,当他仅仅从弥赛亚情结来透视马克思时,他与罗蒂的思路是一样的。他把政治口号"造反有理"改造成学术语言"解构即正义"。在直接的意义上,他深知马克思已经成为现代性思想之普遍维度之一,而他的目标便是借助于这样的普遍维度推动对现代思想和主体的解构。如果不能理解这一点,而陷于其《论文字学》、《声音与现象》、《书写与差异》等文本的解读,研究本身不知会与马克思主义离得多远。

在国外马克思主义研究中,要正确回应诸如此类的学术难题也不困难。需要的是我们对马克思主义在全球的传播和发展甚至更广泛的包括马克思主义在内的全球思想动态之更全面和深入的了解。通过这种了解,我们便掌握了马克

---

① [美]理查德·罗蒂:《后形而上学希望》,张国清译,上海译文出版社2003年版,第345—347页。

思主义理论在全球思想中的脉动,为我们准确地判断相对独立思想运动过程重要环节的特质和意义提供强大的思想史基础。要走出跟风式研究、重述式研究和贴标签式研究,这便是正途所在。试想,如果我们不理解巴塔耶把马克思政治经济学批判抽象化为反对特殊的资产阶级社会物化结构及其意识的一般经济学同路人、列维-斯特劳斯把马克思的历史理论抽象化为超越时间地平从而摆脱近代主体假设的结构主义人类学之先驱,这些理论何以构成论述、评判和利用马克思思想资源的前提,仅仅纠缠于福柯的某些判断是否是马克思主义的,这样的研究具有何种意义呢?同样,不了解上述背景,以及更广泛的,西方马克思主义普遍接受的由卢卡奇阐述的关于历史唯物主义与古典政治经济学一样是属于资产阶级社会的真理,我们是否能够准确地判断鲍德里亚的《生产之镜》关于马克思主义的批评是否恰当,是否理解由这本书所揭开的西方马克思主义之新主题?是否能够理解萨林斯《文化与实践理性》对历史唯物主义之双重视角解读的内在张力?诸如此类的大量例子表明,在国外马克思主义研究中,尤其需要宏观的思想史参照。在这个学科的深化过程中,这个问题具有特别重要的地位。

三、实践视野中的思想史与社会史

国外马克思主义研究,面临着两个不同层次然而都是基础性的问题,即怎样看待研究对象的马克思主义性质?作为思想史研究,研究本身如何体现其马克思主义特色?能够把这两个问题联系起来的交叉点,是由社会史研究建构的。因此,我们将思想史研究与社会史研究之间的关系作为本学科发展的又一个重要入口,即突出强调社会史研究之支撑意义:对于马克思主义来说,无历史则不能进行有效的逻辑判断,离开社会(经验)史的参照,则无从谈起马克思主义的思想史研究。

让我们还是从一个重要的例子入手,拉克劳和墨菲《霸权与社会主义的战略:走向彻底民主》(1985年)提出"后马克思主义"问题在英语界引发广泛争论。在这本书中,拉克劳和墨菲强调霸权是社会主义理论的新基础,而围绕彻底民主(即将自由-民主事业进行到底)进行的霸权斗争则是社会主义的新策略。在论证这一观点时,拉克劳和墨菲立足于意识形态问题试图在主流马克思主义之外的知识史(如奥利地马克思主义、葛兰西等)中寻求理论支持,融合(后)结构主义的一些重要概念和思想(如拉康的"缝合"、阿尔都塞的"过度决定"和"接合"等),以新的范畴重新激活对马克思的思考(即解构马克思的范畴,如"阶级"、"对抗性"等)。① 尽管论证过程有许多花哨的东西,但逻辑是十分清晰的。在他看来,社会历史条件发生了重要变化,使得马克思言说解放的基础不复存在,因此需要以新的政治语言对解放的前提进行本体论的再定义以及对斗争的形式进行重新定位。焦点问题便在于他们强调的社会之非实体和非决定的建构性质,这使得语言(概念)在主体的自我理解和社会建构中具有至关重要的作用,也就是说,围绕社会建构的霸权斗争将成为社会主义的核心策略。当然,他们的理论前提和言说方式都走到了马克思之外,因此被同行指责为反马克思主义并不冤枉。那么,怎样理解这种学说在20世纪80年代中期的出现及其广泛影响呢?换句话说,如何从主要发达资本主义国家马克思主义思潮的历史演进来解释其特点及性质呢?

在形式上,我们不难发现,其言说与伯恩斯坦的《社会主义前提和社会民主党的任务》(1908年)、卢卡奇的《历史与阶级意识》(1923年)高度相像,都是通过重新定义社会主义理论为前提来改变斗争策略的,并且这三个文献记录了欧洲社会主义斗争的三个不同阶段对于现实变化和理论危机的反应。拉克劳和墨菲在其著作中清晰地表明了这一点,这也是其绕过苏联代表的正统马克思主义和为20世纪60年代法国"红五月"代表的文化斗争提供理论支撑的卢卡奇至法兰克福学派之西方马克思主义的原因。如果这一点能够通过广泛的思想史发展得到揭示,那么更重要的是,这种理论逻辑的变迁就必须得到重新理解。因为,从社会史的角度看,这一逻辑的形成与变迁确实是欧洲社会主义斗争条件和形式变化的记录。首先是第二国际时代马克思以工厂政治(经济斗争)为基础的暴力革命被议会政治(即改良主义的形成)取代,接着是第二国际的背叛。第二次世界大战后,特别是20世纪60年代学生运动和新社会运动代表着街头政治的兴起,20世纪70年代正是法国"68革命"失败之后相当不革命的时期,拉克劳和墨菲之所以产生重要影响,乃是因为他们试图通过对这一历史的理论反思重新打

―――――――
① Ernesto Laclau and Chantal Mouffe. *Hegemony and Socialist Strategy: Towards a Radical Democratic Politics*, Second Edition. London: Verso, 2001. p.11.

开斗争的局面。正是从社会史的角度,我们看到了拉克劳和墨菲实际上代表着一个新的历史阶段对政治危机的反应。当然,从理论上,我们也看到,这种反应把政治危机转化成理论危机(即指导思想的危机),试图通过更弦易帜来解决问题,这也只不过是激进知识分子的浪漫想象。更重要的是,必须承认,解放最终变成了学院的文字游戏,与马克思的理论不再具有直接的联系。这正是许多今天仍然讨论马克思主义的欧美激进思想家给我们提出的问题。更直接地说,这也是我们国外马克思主义研究所需要高度重视的。

当然,这并非意味着诸如霸权这样的问题不重要。相反,即便在欧美,也产生了许多重要的研究。例如,美国马克思主义者、著名社会学家布若威便通过前后30年在工厂的田野调查揭示了问题的重要性和复杂性。他的结论是,在生产领域,工人的自发同意与资本主义的强制结合共同塑造了生产行为,即劳动市场和国家是"制造同意"的两大重要机制,即是霸权斗争的真实场域。确切地说,通过对活生生的全球化经验(即全球力量、全球联系和全球移民支持、适应、抑制和争夺既存秩序的方式等)的微观研究,布若威揭示了既有的秩序正在被弹性积累、全球-地方间互动以及新的杂交身份所替代。基于此,他主张有根基的政治学(grounded politics),通过它来实现马克思主义的关切——劳动者的解放。[①]以布若威作为参照,我们在研究上立即将切入马克思主义思想史研究的核心主题:思想乃是对社会存在的反应,正如马克思强调的,"我们判断一个人不能以他对自己的看法为根据,同样,我们判断这样一个变革时代也不能以它的意识为根据;相反,这个意识必须从物质生活的矛盾中,从社会生产力和生产关系之间的现存冲突中去解释"[②],不能从一种学说的自身逻辑出发,而必须从它产生的社会历史条件和回应的社会历史问题出发来评判它们。在流行的国外马克思主义研究中,无论是国外,还是国内,都极大地表现出以文本解读压抑理论分析的倾向,而这种研究恰恰忽视了这一点。因此,有必要重申马克思主义思想史研究需要社会史研究支撑这个重要问题,它在理论上涉及马克思主义思想史研究的基本立场:一方面,思想与物质环境之间的关系是唯物主义思想史研究的基点;另

---

① [美]迈克尔·布若威:《制造同意》,李荣荣译,商务印书馆2008年版,第12页。
② 《马克思恩格斯选集》第2卷,人民出版社1995年版,第33页。

一方面,缺乏改造世界旨趣地解释世界不能构成马克思主义的言说。

我们都喜欢引用马克思《关于费尔巴哈的提纲》第十一条,喜欢去争论马克思主义要不要解释世界这种形而上学问题,而不愿深思马克思从来无意取消理论的价值,他强调的是,只有服务于革命实践的理论才是真理论。马克思本人不是这样做的吗?从《共产党宣言》到《资本论》,马克思始终如一地强调的,不都是无产阶级立场,而这种立场的真正体现不就是由《资本论》所代表的深入社会历史变迁过程吗?全部马克思主义理解、传播和发展史研究,难道不需要我们坚持这一立场来评价自己面前的各种各样的马克思主义言说吗?

整体性,不只是外在的表象,更是马克思主义辩证法的内在要求,就此而言,不仅仅是作为一个理论对象,而且更重要的,是其组成部分之间的整体关系,即理论与实践之间的关系。换句话说,脱离实践来谈论马克思主义作为一个理论体系的整体性,乃是对马克思主义的最大误解之一。整体只有在与当代状况相联系时才具有恰当的意义,这种联系就是马克思主义所称实践的基本含义,它表明思想与其得以诞生的物质环境之间的实践关系。没有这种关系,既不能谈论实践是检验真理的标准,也不能正确地理解世界与解释之间的关系。

在全部国外马克思主义发展的历史上,其实也不乏大量的积极的例子。例如,早在20世纪20年代,作为西方马克思主义的开创者之一柯尔施便强调过,"理论上的批判和实践上的推翻……是不可分离的活动,这不是在任何抽象的意义上说的,而是具体地和现实地改变资产阶级社会的具体和现实的世界。这就是马克思和恩格斯的科学社会主义的新唯物主义原则的最精确的表达"①。尽管在严酷的环境中进行研究和写作的法兰克福派采取了隐晦的方式,但他们对这一原则的坚持也是非常明确的,无论是从霍克海默领导的社会研究所关于家庭和权威的研究,还是阿多诺的文化工业研究、权威主义人格研究和马尔库塞关于发达工业国家意识形态的研究,都是关于社会史的经验研究的重要代表。尽管这并非唯一原因,但它们帮助我们解开法兰克福派何以能够成为20世纪60年代思想导师之谜。在更大的理论空间中,我们实际上将遇到更复杂的例子。例如,1989年,哈维的《后现代性状况》不只在马克思主义研究领域,而且在整个

---

① [德]柯尔施:《马克思主义和哲学》,王南湜等译,重庆出版社1990年版,第52—53页。

英语界的人文社会科学研究中产生了巨大的影响,按照SSCI统计,其他引率一直居高不下,这也使得哈维成为他引率最高的当代思想家之一。[①] 这一著作何以产生如此力度？实际上,这本书是一种论战之作。它回应了两个重要的且已经广泛流传的命题,一是利奥塔在《后现代的状况》中宣布的"后现代主义将成为新时代的文化特色";二是詹姆逊在《后现代主义,晚期资本主义的文化逻辑》一文中强调的"后现代主义是晚期资本主义的文化风格"。前者以后现代主义名义宣布了包括马克思主义在内的宏大叙事的瓦解并以此要求更加激进的知识学立志,而后者则基于马克思主义论证后现代主义是具有解放旨趣的知识学的批判对象。值得注意的是,后者的论证侧重于逻辑,在经验分析方面并没有详细展开。哈维的工作便是在詹姆逊的基础上进行的,通过对资本积累变迁过程的详细分析,他充分说明了后现代主义的历史内涵。这一研究的力度来自多方面,而归根结底,这便是他早就表述过的从经验和意识双重维度揭示现代时空的变化,这正是历史唯物主义方法论的基本要求。从这些例子看,在西方马克思主义思想史中不乏马克思主义研究的重要范例,它们在不同的专业领域以自己的方式坚持马克思主义基本立场,深入资本主义变迁事实,从社会存在与思想意识的相互作用过程来揭示当代社会历史复杂形势,从而为打开新的斗争局面做出卓越的贡献。霍克海默早就指出,"思想上的墨守成规和坚持认为思想是社会整体中的一个固定职业、一个自我封闭的领域的观点,都背叛了思想的特有本质"[②]。

可以确定地说,这是全部西方马克思主义之中那些值得我们关注的研究之底蕴。对于这些研究的成果,我们在分析和评论的时候,当然也不能作历史的旁观者,囿于纯粹的与社会史无涉的思想史,甚至陷入文本的窠臼之中。为什么在象牙塔会产生啃书本的、缺乏问题意识的经院式文本考据？对鲜活生动的社会生活的漠然,恐怕是重要原因。国外马克思主义学科化研究的深入,必须拒斥这种不良习惯,以对社会史变迁的精确把握为支撑,阐明思想的内涵和意义。也只有如此,我们也才能轻松解决那些学科研究的一般问题,如哪些是我们的关注重点,我们如何判断研究对象的理论和实践意义,把学科研究提升到马克思主义科学的高度,从而更好地实现其意义和价值。

[①] Nigel Thrift. "David Harvey: A Rock in a Hard Place," in Noel Castree and Derek Gregory (eds), *David Harvey: A Critical Reader*. Oxford: Blackwell Publishing Ltd, 2006. p.211.

[②] 曹卫东编:《霍克海默集》,上海远东出版社1997年版,第211页。

马克思主义政治经济学与西方经济学之比较①

王培暄

（南京大学马克思主义学院）

在当今学界，西方经济学的影响很大，而马克思主义政治经济学的指导地位被削弱。甚至有很多人认为西方经济学才是经济学的主流，马克思主义政治经济学只是"政治学"而不是"经济学"。笔者认为很有必要对马克思主义政治经济学与西方经济学做出深入的比较，找到二者之区别，分析二者之优劣，从而明确认识马克思主义政治经济学在当今中国特色社会主义经济建设中的指导地位与作用。

一、马克思主义政治经济学与西方经济学的本质区别是哲学历史观上的区别

马克思主义政治经济学与西方经济学的共同的理论来源是以威廉·配第、亚当·斯密和大卫·李嘉图为代表的英国古典政治经济学；然而，它们分别发展了古典政治经济学中的不同思想内容，因此也具有截然不同的理论旨趣与理论追求。

西方经济学抛弃了古典政治经济学中的学理思辨成分，全盘接受了其"利己人性"的假设（而这一假设在亚当·斯密那里甚至是被有所反省的，他的《道德情操论》就是一个明证）。因此，西方经济学主要研究的是如何通过具体的生产机制、分配制度、资源配置以及市场运行等，实现经济主体自身利润的最大化。这条被马克思称为"庸俗经济学"的理论路线，自萨伊、马尔萨斯，经西尼尔、约翰·穆勒、马歇尔，延至当代西方经济学，一脉相承。萨缪尔森在他那本广为流传的教科书《经济学》中说："经济学研究人和社会如何做出最终抉择，在使用或不使

---

① 原载《学术探索》2014年第11期。

用货币的情况下,来使用可以有其他用途的、稀缺的生产性资源以在现在或将来生产各种商品,并把商品分配给社会的各个成员或集团以消费之用。"用简单的话说,西方经济学就是研究如何在各种不同的用途中对稀缺的资源进行配置,以最大限度地满足人类的无限多样的欲望和需要的一门科学。

马克思主义政治经济学则继承了古典政治经济学中的学理思辨成分,并且运用这种学理思辨证伪了古典经济学的"利己人性"的假设;与西方经济学所奉行的唯心史观不同,马克思主义政治经济学的理论基础是历史唯物主义。马克思指出:"经济学所研究的材料的特殊性,把人们心中最激烈、最卑鄙、最恶劣的感情,把代表私人利益的复仇女神召唤到战场上来反对自由的科学研究。"① 马克思主义认为:不存在抽象的人性,人性是一切社会关系的总和,人性是随着生产方式以及社会形态的发展过程而变化着的。因此,马克思主义政治经济学的理论旨趣在于通过揭示资本主义的经济规律来进一步揭示人类社会形态和人类历史演变的普遍规律。

二、马克思主义政治经济学与西方经济学的具体分歧体现在研究方法、基本观点和阶级归属各个方面

1. 研究方法:辩证唯物主义与经验实证主义

西方经济学使用的基本研究方法,是由近代自然科学所倡导起来的经验实证主义方法,换句话说,经济学方法是经验实证主义方法在社会科学领域中的运用。其严格程序是:首先,明确研究对象所处的经济环境和行为主体的行为模式,前者构成约束条件,后者形成目标函数;其次,确定主导行为主体行动的一整套规则体系,并据此进行逻辑推演,推导出稳定的结果;最后,评估这种结果是否有效率。这样就建立了一个完善的经济学模型,而经济学体系就是由一个个这样的模型构成的。当然,理论模型建立起来以后,往往需要利用可能得到的数据对它进行计量检验,以决定取舍或者修正完善。虽然不同的理论模型中环境条件与游戏规则各不相同,但基本偏好是一致的,即追求某种目标的最大化。

但是,这种孤立、静止的形而上学的模型往往不具有现实性。西方经济学要

---

① 《马克思恩格斯全集》第23卷,人民出版社1972年版,第12页。

模仿物理学构想一个均衡的理想状态,但问题恰恰在于:人类社会本身就是复杂多变的,任何社会领域都不可能存在一个普遍的均衡状态。譬如,就一般均衡理论而言,一般均衡是新古典经济学对所有市场所设想的一种理想状态,根据这种理想状态,整个市场的生产和交换将处于一种帕累托最优的状态;但是,在存在多重均衡的情况下,哪个帕累托状态才是合理的呢?另外,西方主流经济学所谓的长期和短期之间本身也是相脱节的:注重长期的新古典经济学把现实视为均衡的,而关注短期的凯恩斯经济学则认为现实是非均衡的。那么,这两者如何实现有机的统一?显然,至少迄今为止还没有任何合理的统一理论出现,更没有社会一般均衡如何达成的真实描述。

马克思主义政治经济学所运用的则是现代唯物辩证法。它不像西方经济学那样只是满足于对个别零散的经济现象进行实证性的描述和解释,而是侧重研究经济现象背后所蕴藏着的本质规律性;它不是满足于对人与物的关系进行分析,而是要通过人与物的关系去揭示其背后所蕴藏着的人与人的关系,用马克思在《资本论》中的话说就是:"我要在本书中研究的是资本主义生产方式以及和它相适应的生产关系和交换关系。"

2. 基本观点:劳动价值论与效用价值论

西方经济学家们表面上是抛弃了古典政治经济学的"劳动价值论",本质上则是抛弃了对价值问题的诉求和探讨。因为,当他们完全把价值与交换价值、价值与使用价值、价值与价格混为一谈时,实际上就已经完全取消了"价值"这个范畴。在他们看来,此时的"经济学"作为一门独立严格的科学被确立起来了,前面的"政治"两个字可以去掉了;自"边际革命"以来,这门学科更是被定义为一门专门研究"效用最大化"或曰"帕累托最优"的科学。这恰恰说明他们不懂辩证法,一门学科的本质只有在与其他学科的联系中才能够被真正确立起来,经济问题永远离不开政治问题。否则,"效用最大化"只能是一小部分人的效用最大化,"帕累托最优"只能是"美元-华尔街体系"的最优,在这种体系下,美国以世界上5%的人口消耗着世界上1/3的资源,然后再指责为他们制造出消费品的发展中国家过多地消耗资源,没实现"帕累托最优",岂不荒谬?

马克思主义政治经济学则在古典政治经济学的基础上提出了科学、完整的"劳动价值论",认为抽象劳动凝结在商品中,形成了商品的价值;价值的本质是生产关系,是人与人之间被物的外壳所掩盖着的社会关系。在科学完整的劳动价值论的基础上,马克思又提出了剩余价值学说,并通过对资本积累、资本运动规律的分析,进一步提出了资本主义经济危机的理论。所以说,马克思主义政治经济学的整个理论大厦正是建立在"劳动价值论"的基础之上的。

"劳动价值论"与"效用价值论"这两种基本观点的对立,必然会带来对经济现象各个方面的观点上的对立:

关于价格问题,西方经济学根据供给、需求及各自的弹性,描述这些变量之间的关系,认为价格是由供求关系决定的。而马克思主义政治经济学则认为价格仅仅是价值的货币表现形式,价值决定价格,价格围绕价值波动,体现出价值规律的作用。

关于工资问题,西方经济学认为工资就是工人劳动创造的全部价值,也就是劳动的价格。而马克思主义政治经济学则认为工资并不是工人劳动所创造的全部价值,而只是劳动力的价格。资本家购买到工人的劳动力后,取得了工人劳动力的使用权,并使用这种劳动力创造出新价值;新价值里既包括相当于工人劳动力价格的价值部分,又包括剩余价值部分;工人只得到相当于劳动力价格的价值部分,资本家则得到剩余价值部分。这就揭露了资本剥削的秘密。

关于分配问题,西方经济学认为价值是由包括劳动在内的各种生产要素共同创造的,各种要素都为创造价值做出了贡献,因此,收入来自各种要素在价值创造中所做出的贡献,资本得到利息,土地得到地租,劳动得到工资,管理得到利润,各得其所,公平合理,不存在谁剥削谁的问题。而马克思主义政治经济学则认为价值的唯一源泉是劳动,因此,主张按劳分配,多劳多得,少劳少得,不劳不得,一切非劳动收入均来自对劳动者所创造的剩余价值的无偿占有,由此得出雇佣劳动与资本相互对立的结论。

关于经济危机问题,西方经济学对经济危机做过种种解释,如供给学派提出的"总供给超过总需求引起危机"的理论,凯恩斯主义提出的"有效需求不足引起危机"的理论,现代货币主义提出的"货币供应过量引起危机"的理论,等等。[1]

---

[1] 周世良:《两个范式的不同——马克思主义政治经济学与西方经济学之差异》,《中国科技信息》2007年第1期。

这些解释都只是看到了经济危机的表面现象。而马克思主义政治经济学则认为经济危机的根源在于资本主义制度本身,在于资本主义制度所固有的基本矛盾,即生产的社会化和生产资料的私人占有之间的矛盾。这就抓住了经济危机的本质。

以2008年爆发的国际金融危机为例。2008年金融危机以来,西方经济学界一直没有停止过对危机根源的反思,主要观点有"制度说"、"政策说"、"市场说",等等。它们虽在一定程度上解释了此次危机的原因,但仍然是见树木不见森林,治小癣不治大疾,没有从本质上深刻剖析此次危机的根源。其实,西方经济学对于经济危机也有一套系统的解释框架,即由凯恩斯所开创并被其后的西方经济学家所不断发展的"需求管理"理论。大体分为财政政策和货币政策:政府通过财政赤字,增发国债,增加支出来刺激经济;央行通过降低利率,鼓励货币的借贷来刺激经济。其实本质就是:利用信用,花明天的钱在今天消费或投资,来缓和生产与消费、总供给与总需求的矛盾。① 可是,西方经济学家们始终不能解释的一个最根本的问题在于:花明天的钱来拉动今天的消费或投资,到了明天再花后天的钱,这中间的金融链一旦断裂是什么后果呢?这种扬汤止沸的做法,只能是延缓和压抑了危机,并不能真正阻止危机的爆发。因此,自20世纪末以来,"美元-华尔街体系"就不断暴露出其问题,如1994年的墨西哥金融危机、1997年的亚洲金融危机和1998年的俄罗斯金融危机等。到了2008年,在资本主义全球体系的核心地带——华尔街也爆发了金融危机,并迅速发展成一场席卷全球的金融风暴,欧美各国的金融机构濒临破产。② 西方主流经济学显然解释不了这个现象。

而在马克思主义政治经济学看来,资本主义经济危机的本质是利润追逐下的生产过剩与广大无产阶级消费能力不足之间的矛盾,而这个矛盾只能归咎于资本主义私有制度本身。在资本主义社会里,一方面资本家在追逐剩余价值的欲望下不断扩张生产;而另一方面,因为生产资料私有制所带来的分配不公,广大无产阶级相对贫困。消费能力的增长无法跟上生产的增长,这种矛盾不断加

---

① 李晓翼:《对次贷危机的政治经济学思考——马克思生产过剩理论的启示》,转引自 finance.baidu.com。
② 王浩斌:《经济危机与马克思的政治经济学批判》,《江海学刊》2009年第2期。

剧,必然体现为市场供求之间的矛盾,从而造成经济危机。恰如黑格尔所言:"太阳底下无新事。"历史虽不会重复,但历史往往惊人的相似。历次经济危机虽然细节不同,但本质又是惊人的一致,1994年的墨西哥金融危机如此,1997年的亚洲金融危机和1998年的俄罗斯金融危机也如此,而2008年的国际金融危机概不例外,也照样显示了经济危机的一般常规模式。

3. 阶级归属:无产阶级与资产阶级

无论西方经济学如何标榜"利己人性"的普遍性与"市场机制"的普适性,都无法掩盖这样的本质:它们是维护资产阶级利益的学说,具有明显的阶级性;正因为如此,它们总是从资本主权出发,千方百计地论证资本主义制度的合理性,把资本主义看成人类最美好的社会制度,看成人类历史的终结。即便是凯恩斯主义,也不过是垄断资产阶级出于自身利己的需要,利用国家政权加强对经济的干预,增加政府公共支出以刺激经济的发展来缓和矛盾危机的经济学说。凯恩斯自己就曾公开地说:"如果当真要追求阶级利益,那我就得追求属于我自己那个阶级的利益……在阶级斗争中会发现,我是站在有教养的资产阶级一边的。"①

马克思主义政治经济学则始终敢于公开承认自己经济学说的阶级性,因为它站在了代表绝大多数人民利益的无产阶级的立场上。马克思主义政治经济学从劳动主权出发,以公有制为基础,强调社会生产的目的是满足广大人民群众物质文化生活的需要,它把各个阶层的劳动者都看作经济活动的主体,承认社会财富是劳动者借助各种工具共同创造的,并在此基础上科学论证了资本主义必然灭亡、社会主义必然胜利这一客观历史规律。

三、马克思主义政治经济学与西方经济学在当今中国的"体""用"关系不容颠倒

从理论上看,马克思主义学说与黑格尔学说的最大不同,就是它是一个开放的体系,它从来不封闭自我。马克思主义经济学说本来就是在资产阶级经济学说的理论基础上诞生和发展起来的,今天,它也不应当拒绝西方资产阶级经济学

---

① 凯恩斯:《劝说集》,商务印书馆1962年版,第244页。

说中的合理成分。这样的胸襟气度,恰恰是它永葆生命活力的不竭源泉。从实践上看,我国的社会主义不是建立在马克思原先所设想的高度发达的生产力基础之上,而是建立在一个并不发达的生产力基础之上的,我们还处于社会主义初级阶段。社会主义初级阶段就必须大力发展生产力,而发展生产力,就要运用多种手段,包括市场经济手段,搞市场经济,就必须学习和借鉴西方经济学中有用的理论和技术。

西方的资本主义市场经济已经有了几百年的发展历史,西方经济学的理论也已存在、发展了几百年,其间也产生过许多有用的观点和论述。例如:用于分析市场交换对于实现资源优化配置和全社会最优福利的作用、论证市场经济之合理性的一般均衡论和社会福利论;用于论证政府干预经济生活的必要性、表明政府在市场经济中所起作用的有效需求理论;用于分析价格的形成和作用、为研究生产和消费的关系提供理论框架的边际效用论和供求论;用于研究企业行为和消费者行为的新增长理论和人力资本理论,[1]等等。我们对此不应一概排斥。

具体到当前来说就是,我们既要侧重研究生产关系,但是又不能孤立地研究生产关系,不能借此排斥对资源配置的研究。因为人与人的关系是通过人与物的关系来体现的,一个社会的生产关系是否适应生产力的发展,是要通过资源配置的状况来证明的。虽然社会主义的公有制为资源配置开拓了广阔的前景,不存在资本主义社会里那种资源私人占有与资源合理配置之间的本质矛盾,但是,在社会主义社会里,资源配置失当的问题也仍然存在,仍然严重地制约着社会经济的发展,经济波动、通货膨胀、产业结构扭曲、盲目建设以及企业设备闲置、劳动者失业等问题,仍然困扰着社会主义经济的发展。[2] 这就需要我们借鉴西方经济学中有益的经验乃至教训。

然而,必须明确:我们在学习、借鉴西方经济学时,只能根据中国特色社会主义市场经济的具体实际和具体需要,将那些有利于我国社会主义市场经济健康发展的理论和方法借鉴过来,绝不能良莠不分地全盘接受,更不能借此否定马克

---

[1] 刘培荣、杨坤:《浅议政治经济学与西方经济学两大理论体系》,《内蒙古农业大学学报(社会科学版)》2009年第6期。

[2] 赵淑英、纪红坤:《马克思主义政治经济学与西方经济学研究对象新探》,《鸡西大学学报》2002年第2期。

思主义政治经济学的指导地位。同时,我们更应当清楚地认识到,西方经济学本身具有不可否认的意识形态色彩,体现了资产阶级特殊的利益要求和价值取向;有的理论甚至赤裸裸地反对社会主义,宣扬自由主义和个人主义,具有明显的庸俗性和辩护性。① 对此,我们更应当以实事求是的态度和科学严密的论证来予以还击,驳斥它们对马克思主义政治经济学的攻击,从马克思主义政治经济学的基本原理出发,对其糟粕成分进行有力的批判和彻底的摒弃。

总之,我们今天应当以马克思主义政治经济学为指导思想,有选择地借鉴西方经济学中的合理成分,以推进中国特色社会主义市场经济的建设。在这里,马克思主义政治经济学为"体",西方经济学为"用","体""用"关系不容颠倒。

---

① 罗节礼:《略论西方经济学研究中的五个关系》,《四川大学学报》(哲学社会科学版)1997年第4期。

对"原理"课教学中若干问题的认识和思考①

王锁明

(南京大学马克思主义学院)

自"05方案"②实施以来,全国高校思想政治理论课新一轮教学改革全面推开,并取得了一定的成效,但离胡锦涛同志批示要求的争取若干年内高校思想政治理论课教学达到"明显改善"的目标仍有较大的差距,还需要方方面面的坚持不懈的努力。这里,我们结合"原理"课③的教学实践,就该课程内容的整体把握、怎样合理组织内容并有效实施教学以及如何处理课程的重点难点等问题进行探讨。④

一、对课程的整体把握问题

"原理"课的教学目的和要求是通过教师讲授马克思主义的基本原理,帮助当代大学生从整体上把握马克思主义理论,正确认识人类社会发展的基本规律,树立科学的世界观和方法论。这里就涉及对马克思主义的整体把握问题。那什么是对马克思主义的整体把握?为什么要从整体上把握马克思主义?又怎样

---

① 原载《高教研究与探索》2010年第3—4期。
② "05方案",是指《中共中央宣传部、教育部关于进一步加强和改进高等学校思想政治理论课的意见》(2005年2月7日)中对高校思想政治理论课课程设置的调整和部署计划。
③ "原理"课,即"05方案"设置的四门思想政治理论课中的《马克思主义基本原理概论》课的简称。
④ 2010年暑期,江苏省高校思想政治理论课教学指导委员会在徐州召开了为期一周的高校"思政课"骨干教师研讨会,受江苏省"教指委"邀请,我参加了这次会议,并在会上就"原理"课教学的体会和认识做了一个"厘清课程脉络,增强教学实效"的主题发言。此文系这次会议的发言稿。需要说明,此发言稿在准备时参阅了一些相关材料,主要有:教育部社会科学司《普通高校思想政治理论课文献选编(1949—2008)》,中国人民大学出版社2008年版;全国高等学校思想政治教育研究会《开拓进取,求索创新》,科学出版社2007年版;教育部社会科学司《马克思主义基本原理概论》,高等教育出版社2010年版;笔者《马克思主义哲学原理(分类解析与考点预测)》,南京大学出版社2000年版;逄锦聚《马克思主义基本原理概论教师参考书》,高等教育出版社2008年版;逄锦聚《教材编写的体会和讲授建议》,http://mxy898229.blog.bokee.net。

来对马克思主义进行整体把握？下面,就这些问题谈几点认识。

(一) 什么是对马克思主义的整体把握

"05"方案明确要求对马克思主义进行整体把握,"原理"课的最大特点也在于强调综合性。所谓对马克思主义的整体把握,是相对于分门别类的把握而言的。对马克思主义基本原理进行整体把握,离不开但又不同于对马克思主义的三个主要组成部分进行分门别类的把握,它要求把三个主要组成部分有机地结合起来,揭示它们的内在逻辑关联,从而在总体上研究和掌握马克思主义。

(二) 为什么要从整体上把握马克思主义

之所以要对马克思主义进行整体把握,这是有多方面的原因的:

第一,马克思主义本来就是一个整体。只有马克思主义是一个整体,才能谈得上从整体上来把握马克思主义。马克思主义的整体性,首先是由马克思主义的实践性所决定的。客观世界是一个相互联系的整体。在现实生活中,没有纯粹的哲学问题,也没有纯粹的经济学问题,更没有纯粹的政治学问题和文化学问题,任何现实问题都必然包含着多方面的内容和相互影响的规定性。对这些问题的理解、把握和最终解决,往往需要综合运用多方面的知识。作为一种在社会实践基础上正确反映客观世界的本质及发展的基本规律的思想体系,马克思主义也必然具有整体性。

马克思主义的整体性,还表现在它的三个主要组成部分具有不可分割的统一性上。马克思主义哲学是基本原理,马克思主义政治经济学是逻辑推导和具体分析,科学社会主义是必然结论。从思维方式上看,从马克思主义哲学到马克思主义政治经济学再到科学社会主义,经历了一个从抽象到具体的过程,具有严密的内在逻辑性。马克思主义哲学、马克思主义政治经济学和科学社会主义理论是马克思主义不可分割的三个主要组成部分,但马克思主义又不是马克思主义哲学、马克思主义政治经济学和科学社会主义的简单相加,而是它们的有机整合体。正如列宁所说,马克思主义是一块整钢。只有从整体上认识与把握马克思主义,才能真正领会马克思主义的科学内容和精神实质。

第二,以往对马克思主义的整体性重视不够。对马克思主义的研究和教学,可以从不同角度展开,既可以从马克思主义哲学、马克思主义政治经济学、科学社会主义等主要方面分门别类地进行,也可以从总体上来进行。

然而,在以往的学术研究中,我们比较重视马克思主义三个主要组成部分的分门别类的研究,采用的是分析法,这种方法使我们获得了对马克思主义很多深刻的认识,从而在各个专门领域发展了马克思主义,这当然是十分必要的。然而,忽视对马克思主义的综合研究,对马克思主义的整体性重视不够,这也不能不说是以往研究中的偏颇之一。在以往的高校理论课教学中,马克思主义也是被划分为马克思主义哲学、马克思主义政治经济学、科学社会主义三个主要组成部分来分别进行的,这在当时的历史条件下有其必然性和合理性,也的确在一定程度上普及了马克思主义的基本理论,但我们又不得不承认这种分不同部门展开教学的做法影响了学生对马克思主义的整体把握。马克思主义的本质和精髓恰恰体现在它的整体性之中,离开了马克思主义的整体性,即使学习了马克思主义的某些内容,也不能掌握好马克思主义的精神实质。

第三,反对肢解马克思主义的根本要求。较长时期以来,各种各样的非马克思主义、反马克思主义思潮惯于用肢解的手法来毁坏马克思主义,这在一定程度上也削弱或淡化了马克思主义学科的整体意识。如西方马克思主义者将马克思早期的思想视作马克思主义的正统,制造了所谓晚年的马克思与早期的马克思、恩格斯与马克思、列宁与马克思恩格斯的对立,这当然是他们对马克思主义的歪曲和攻击,但也从反面再一次地启示了我们,为保持马克思主义科学体系的严整性、统一性,必须重视和加强马克思主义整体性的研究和教学,必须坚持和确立科学的完整的马克思主义观。

第四,解决课时少与内容多矛盾的迫切需要。当前各高校纷纷掀起了新一轮的思想政治理论课教学改革,在这样的教改背景下,用于思想政治理论课教学的课时不仅不可能增加反而还有可能减少,但不能就此降低学生学习马克思主义的基本要求。那怎么办?比较好的可行路径选择便是对马克思主义从总体上来把握,即在消化、吃透马克思主义基本原理教材的基础上,揭示出马克思主义三个主要组成部分的内在逻辑联系,抓住贯通和体现在其中的主线,并以此来归并、组织教学内容。

(三)怎么样从整体上把握马克思主义

在明确了对马克思主义进行整体把握的必要性之后,下面我们来讨论如何来对马克思主义进行整体上的把握?这具体到马克思主义基本原理课程的教学中,就是要能抓住体现在马克思主义三个主要组成部分中一以贯之、贯彻始终的主线,并围绕和紧扣这一主线来展开和整合课程内容,组织和实施教学活动。结合教学实践,下面来谈一些认识和理解。

首先,必须确立整合意识。我们从事"原理"课教学的教师,原先大多从事的是马克思主义哲学或马克思主义政治经济学的教学工作,各自经过多年的教学实践,无论是在教学内容的把握还是在教学形式的运用上,都积累了一定的教学经验。而现在的"原理"课程,作为"05方案"最后实施也是难度最大的一门课程,虽然保留了"马克思主义哲学"和"马克思主义政治经济学"的核心内容,并适当增加了科学社会主义的有关部分,但它又是不同于这三门课的一门新课程。如上所述,这门新课程的突出特点是整合性,因而不能简单搬用原先马克思主义哲学、马克思主义政治经济学教学实践中行之有效的教学模式,尤其是在教学内容方面。换句话说,我们从事"原理"课教学的教师,要明确自己现在讲授的是"马原",不是"马哲",也不是"马政经",因而对某些理论观点的认知和解读,不能再是"哲学"的或"经济学"的视角或层面,而应将它们置于马克思主义基本原理的框架或视域中。说实话,要做到这一点非常困难。我们必须从以前把马克思主义学科划分为三个主要组成部分的思维中跳出来,从整体上加强对马克思主义的再认识、再学习,这包括对统编教材的研读乃至对马克思主义经典著作的学习,以此来强化对马克思主义是一个整体的体悟和认同。只有这样,才能适应教学改革的新变化、新要求。

其次,必须厘清教材主线。所谓教材主线,就是教材中一以贯之、贯彻始终的东西。只有正确地抓住主线,才能做到"纲举目张"。"原理"课教材的主线是什么?统编教材的编写者认为是"人类社会发展的基本规律",这在一定意义上是有道理的,因为后面几章尤其是对资本主义社会和社会主义社会的分析,确实可以用"人类社会发展的基本规律"这根线串联起来。但将之视作整个"原理"课程的主线,又是有问题的:一是覆盖面不广,有些章节无法纳入。如绪论、第一章和第二章就进不了教材编写者认定的那个主线,因为绪论是马克思主义一般概论层面的内容,第一章是一般世界观(宇宙观)层面的内容,第二章是认识论(包括真理观)层面的内容。二是不能突出马克思主义的世界观意义。将"人类社会发展的基本规律"确定为"原理"课程的主线,彰显了马克思主义的社会历史观意义,但普遍的世界观(宇宙观)意义体现不出来,或体现得不明显。

马克思主义基本原理课程有着自己独特的教学目标追求,即培养和提高大学生科学的世界观、人生观和价值观,并以之来观察、分析和处理问题。由此我们认为,"原理"课程的主线应该是"事物的本质及发展的基本规律"。运用这一主线来审视和思考教材各章节的内容,我们就会发现:绪论阐述的是马克思主义的本质及发展的基本规律,第一章阐述的是世界的本质及发展的基本规律,第二章阐述的是认识的本质及发展的基本规律,第三章阐述的是社会历史的本质及发展的基本规律,第四至第五章阐述的是资本主义的本质及发展的基本规律,第六至第七章阐述的是社会主义的本质及发展的基本规律等。总之,将"事物的本质及发展的基本规律"确定为"原理"课程的主线,就能较好地解决各章节内容的内在逻辑关联问题。

最后,必须明确基本原理。任何一门学科都是由一系列的概念和原理所构成的理论体系,其中有基本原理和非基本原理之分,基本原理是一门学科体系中具有决定性意义的东西。所谓原理,按《现代汉语词典》的解释,就是"带有普遍性的,可以作为其他规律基础的规律,具有普遍意义的道理"。在"原理"前面冠以"基本"一词,则进一步强化了这些原理的"普遍性"、"广泛性"的意义。马克思主义的基本原理是马克思主义学科体系中的基本要素、细胞形式,是对马克思主义具体内容的高度概括,具有内在的逻辑性和普遍的有效性。整个马克思主义学科体系就是由若干相互联系的基本原理,按照历史与逻辑、抽象与具体等相统一的原则,在联系和转化中形成的概念化体系。

在明确了基本原理对于马克思主义学科体系的重要性后,接下来便是要解决马克思主义理论体系中究竟有哪些原理能作为基本原理？回答这个问题有一定的困难,但不回答这个问题,那我们理解和把握的马克思主义基本原理,要么是马克思主义三个主要组成部分的堆积,要么是马克思主义三个主要组成部分的压缩(所谓压缩,就是保留了三个主要组成部分的主要观点,条条杠杠一点不少,仅是删去了必要的分析说明),这些都不能很好体现出对马克思主义的总体把握。那么,如何来确定马克思主义学科体系的基本原理呢？作为马克思主义的基本原理又必须具备哪些基本特征或基本条件呢？我们认为:第一,它要能体现精神实质。对于什么是马克思主义的基本原理？"统编本"教材的主编逄锦聚教授认为:如果用最简洁的话说,马克思主义的基本原理就是马克思主义的基本立场、基本观点、基本方法的总称,基本立场、基本方法渗透和体现在基本观点中,因而马克思主义的基本原理实质上就是由马克思主义的基本观点所构成的学科体系。第二,它要能突出重点,即确定的基本原理应该是马克思主义三个主要组成部分中的核心观点。第三,它要能反映学科体系的完整性和科学性。即确定的基本观点应该注重三个主要组成部分的合理分摊,更要注重马克思主义哲学对其他两个部分的理论基础和理论依据的统领作用。

按照上述标准,我们认为,教材中如世界物质性的观点、普遍联系的观点、变化发展的观点、对立统一的观点、规律客观性的观点、人的主观能动作用的观点、实践第一的观点、认识辩证发展的观点、真理与价值相统一的观点、生产劳动的观点、科技生产力的观点、社会基本矛盾的观点、阶级分析的观点、社会意识相对独立性的观点、社会形态更替的观点、资本原始积累的观点、劳动创造价值的观点、雇佣劳动生产剩余价值的观点、资本积累的观点、资本运行的观点、资本主义经济危机的观点、资本主义为社会主义所代替的观点、人民群众创造历史的观点、人类解放和人的全面发展的观点等,这些理论观点蕴含了马克思主义的基本立场、基本观点和基本方法的统一,体现了对马克思主义基本原理的总体把握。在教学中,如果能够理论联系实际地讲清楚这些理论观点,也就基本上完成了"原理"课程规定的主要内容。

二、如何备课并有效实施教学的问题

"05方案"中的"原理"课,是在《马克思主义哲学原理》、《马克思主义政治经济学原理》这两门课的基础上形成的,但又不是原有两门课的简单叠加,而是将两者有机融合为一门全新的课程。在教学过程中,教师要讲好这门课,教学准备是关键,为此必须做好充分的思想、知识、教案等方面的准备工作。

1. 研究课本内容

大家知道,课本是课程之本,是进行教与学的基本依据和必要前提。"原理"课程的课本,是由教育部组织专家编写的统编教材,并经中央有关部门审定而形成的,无疑具有较高的权威性和规范性。因此,我们必须高度重视对统编教材的解读和研究,以深化对教学目标、教学要求和教学内容的理解和把握。通过研读教材,围绕主题,紧扣主线,梳理出教材的思路脉络,把握住教材的重点难点,提炼和设计出板书文字。所以说,研究课本内容,是将教材体系有效地转化为教学体系的首要条件和必经环节。

在教学实践中,我们虽然可以根据学生的思想实际和现实生活提出的问题对教学内容做相应的增删和重组,但是这些都应该与教材的基本框架和基本要求大体保持一致,从而保证"原理"课教学内容的严肃性、规范性和科学性、合理性。

2. 坚持以"生"为本

在教学实践中,教师必须坚持以学生为"本",注重情感投入,通过与学生的交流,以得到广大学生的亲近和信任,从而把他们学习的积极性、主动性充分地调动起来,把学习过程转化为自觉自主的求知行动。只有"亲其师",才能"信其道"。实践证明,和谐的师生关系有助于活跃课堂气氛,有助于使广大学生在轻松和谐的气氛中达到受教育的目的。同时,只有贴近学生、贴近学生的思想实际,对广大学生有更广泛、更深入的了解,才能抓住学生的"需求点",把握教学内容的"结合点"和教学过程的"着力点",从而使教学活动更具针对性和吸引性,达到教书育人的目的。

3. 关注现实问题

关注社会现实问题,说到底属于理论联系实际的问题。在教学实践中,理论不与实际相结合,无法显示马克思主义的生机和活力。马克思主义之所以是科学的世界观和方法论的统一,从根本上说是因为它强调理论与实际的结合,正是在这种结合中既解决了实际中的新情况、新问题,又推动了马克思主义理论的向前发展。马克思主义中国化的过程,实质上也就是马克思主义基本原理与中国具体实际相结合而不断创新的过程。再从学生的角度来说,不与实际相结合的理论,无法使学生产生亲近感,没有亲和力,更不用说为广大学生所理解和接受了。

在"原理"课程的教学中,联系社会实际要注意三点:一是要着重联系当前的国际国内形势,这样的实际才会有针对性和吸引力;二是要把握好联系实际的度,不能到处开花,否则会造成浅薄无聊,也会影响教学进度的安排;三是对联系的社会实际尤其是敏感问题,教学中既不能情绪化地看待,也不能停留在一般的浅层次的表象上,而要运用马克思主义的理论观点进行辩证的分析,以体现马克思主义基本原理对社会实践的解释力和指导作用。

4. 不忘价值导向

马克思主义是一个以科学知识为基础的价值观体系。"原理"课的教学应当是以知识教育为依托而进行的科学价值观教育,要有一定的知识含量,要有学理性,努力避免简单化、贫乏化和肤浅化的倾向。但是,马克思主义又不是一个中立的知识体系,马克思主义理论教育绝不同于分门别类的专业教育,其教学目标是向当代大学生传授科学的世界观、人生观和价值观,这就决定了其鲜明的意识形态性。因此,在教学过程中,又必须突出马克思主义的思想性、政治性,把握好学术性与意识形态性的关系,用规范的学术话语说清楚马克思主义的价值追求,避免让学生在学习马克思主义时淹没于知识的海洋。

这是一方面,另一方面还要把握好研究前沿与既定结论的关系。"原理"课的教学,很多内容是既定结论,但这不意味着在某些理论观点上不存在学术争议。在讲述某些有争议的理论观点时,应该给学生做些简要介绍,为有兴趣的同学提供思考的线索,同时考虑到原理课不是"专业课"而是"思政课"这一学科定位和课程性质,因此课堂教学中又不宜过度地进行学术论证和学理阐释。

5. 尝试专题教学

在"原理"课的教学中,内容的丰富与课时的缩短是广大教师普遍感到的难题。我们认为,采用专题化教学,不失为目前解决这一难题的较为有效的方式。在有限的课时内,专题化教学不求面面俱到,因而也就有可能避免浅尝辄止的尴尬。

实施专题化教学,教师要在消化、吃透教材的基础上,从整体的角度来设计讲授的内容,本着"要精、要管用"的思想原则,不纠缠于具体的细节,抓住重点内容讲深讲透,采用"以线穿点"、"以点带面"的方法,使马克思主义基本原理既有整体性,浑然一体,又能使学生对马克思主义的精髓即马克思主义的基本立场、基本观点和基本方法有一个基本的了解和掌握。如果授课不能从马克思主义的整体性来考虑问题,不能从"事物的本质及发展的基本规律"这一课程主线来考虑问题,那么在教学内容的选择上就有可能碎片化,出现支离破碎的现象。

6. 讲好第一堂课

"凡事开头难","好的开头是成功的一半"。教学实践中,讲好第一堂课十分重要,第一堂课要能引人入胜。第一堂课讲授的效果,直接影响学生对老师授课能力和教学水平的评价,直接影响学生对马克思主义的情感认同和价值认同,直接影响学生学习马克思主义的欲望、兴趣和动力。"第一印象"十分重要。当然,余下来的过程也不应忽视。总之,课堂效果与教学效果是有关联的,但又不可简单等同,要努力实现课堂效果与教学效果的有机统一,即不仅课堂效果好,而且教学效果也好。

三、对课程重点难点的认识和处理问题

正确地认识和有效地处理重点难点问题,对于提高"原理"课教学的针对性、说服力和实效性有着极大的意义。在教学实践中,"原理"课的重点难点有宏观和微观两个层面。在微观层面,"原理"课教材中各章节的重点难点较多,限于篇幅,在此恕不一一列举。下面,我们就该课程宏观层面上的重点难点谈几点看法。

1. 宏观层面上的教学重点

在具体的教学实践中,我们不应追求回答同学关心的大量具体的表象层次的实际问题。大量的具体的实际问题,可以让同学运用所学到的马克思主义基本原理自己去思考、去解决。"统编本"教材的编写者就认为,教师要力图站到21世纪的高度,从根本的层次上回答这么三个重大课题:一是马克思主义历经160多年的考验,还灵不灵?二是当代资本主义发生了许多变化,其本质变没变?三是社会主义在发展中遇到过挫折,其前途还光明不光明?为什么这么说呢?下面,笔者做些简短的分析说明:

第一个问题是绪论教学中一个不易回答而又不能回避的问题。尽管有难度,但要给学生一个明确的回答,要把道理讲清楚。因为只有广大学生明确了马克思主义的"当代适用性",明确了学习马克思主义的现实意义,也才会有正确的学习态度和学习的积极性。

第二个问题实际上也就是马克思主义所揭示的资本主义必然为社会主义所代替的基本趋势变没变的问题。这是教材第四、第五两章涉及的一个重大的理

论和现实问题,关系到如何看待当代资本主义新变化的问题,也关系到对马克思主义的"两个必然"和人类社会发展基本趋势的正确理解和把握的问题。

第三个问题是教材第六、第七这两章涉及的一个重大的理论和实践问题。正确回答这一问题,需要运用马克思主义的唯物辩证法和历史唯物论,当然也会涉及对"苏联模式"及"苏东事件"的正确认知和评价。

2. 宏观层面上的难点问题

宏观层面上的难点,一是"仁者见仁、智者见智",二是数量上相当多,但带有全局性普遍性的主要有两个:

第一,如何将教材体系有效地转化为教学体系的问题?这实际上是一个如何看待教材体系与教学体系的关系的问题?

首先,教材体系是不同于教学体系的。这种不同表现在:一是在框架结构上,教材是按章节目的顺序展开的,而教学则往往是按章下面讲几个问题的流程进行的。二是在内容处理上,教材是面面俱到,哪怕不讲,但也要写下去,以求各章节内容的协调平衡,而教学过程则往往是根据内容的重要程度、讲授的实际效果、教师的知识结构、学生的兴趣以及课时的安排等来有选择地组织教学内容的。三是在论证方式、话语表述上,教材是从理论到历史再到现实,"叙理"逻辑,书面语言,长篇大论,而教学则往往是直奔主题,"叙事"逻辑,口头语言,简洁明快。这些不同,都决定了教学中不能"照本宣科",必须努力地将教材体系转化为教学体系。

其次,教材体系与教学体系又是有关联的。如上所述,课本乃是授课(课程)之本,这就决定了我们必须根据教材的体系来安排教学的体系。如果教学体系完全抛开了教材体系,这也是有问题的,要么是一线教师的教学水平有问题,要么是编写的教材严重地脱离了教学实际,要么是两者兼而有之。

在明确了教材体系与教学体系的关系后,我们还要提出这么一个问题,即目前有没有教材体系向教学体系转化的有效模式?如果有,建议教育行政主管部门进行必要的总结并加以推广;如果还没有,建议在教育行政主管部门的主持、有关专家的指导下,积极而努力地探索出几个成功的或较为成功的转化模式,以供一线教师在教学实践中学习、借鉴和参考。假如这方面做到了并做好了,必将极大地推动我国高校思想政治理论课教学的整体水平。当然,这是一项难度极大的系统工程,既需要教育行政主管部门的有力推动,也需要教材编写者的积极配合,更需要教学一线教师们的主动参与。惟其如此,方能做到"课堂效果"与"教学效果"这两者的有机统一。

第二,如何将案例教学成功实施于"原理"课教学的问题？案例式教学原创于实践性、应用性和操作性较强的学科中,并取得了极大的成功。正是由于其具有探究性、互动性,能较好地调动学生参与到教学中来,因而近年来也逐渐地引入到思想政治理论教学的有关课程中来,但在"原理"课中实施案例教学则存在着三个带有共性的问题:

一是引入的案例能否覆盖某个原理的全部内容？将案例作为引子,导出某个原理是完全可行的,但绝大多数案例只停留于所述原理的某个侧面或表层,关联不到原理的多个方面和深层次内容,长此以往会造成教学内容的"表层化"、"浅薄化"和"空壳化"之现象。当然,教学中不能一概地反对"浅",但我们需要的是深入浅出之"浅",而不是肤浅的"浅"。

二是繁琐冗长的案例会不会淹没了理论观点？是以材料为中心还是以观点为中心,这个问题在理论上是明确的,但教学实践中解决得并不好或并没有解决。众所周知,案例是为观点服务的,而现在出版的供教学使用的案例大多数较为繁琐,且不说课时有限不允许做过多的展开,就是允许,使用这种冗长的案例会不会淹没了理论观点,从而起不到为理论观点服务的效果。

三是案例式教学是否适用于原理类课程？更广泛地说,案例式教学与举例式教学哪个更适合原理类课程的教学？传统的举例式教学运用的是演绎法,即先讲概念原理,接着举例论证,有弊也有利;现在倡导的案例式教学运用的是归纳法,而归纳是有前导的,这就是学生必须具备相应的知识基础。总之,案例式教学的成功实施,要求教学双方的协调配合和共同努力,既需要教师的精心组织引导,更离不开同学一定的知识基础。当学生普遍缺乏某方面知识准备的时候,运用案例式教学就会出现启而不发的"冷场"或偏离"主题"的现象。

3. 重点难点的讲授建议

在课堂教学中,如何讲清楚重点难点？一般来说,不宜一味地直接陈述,也不宜一味地采取理论阐述的方法,那样的话课堂气氛较为沉闷,不仅课堂效果不好,而且教学效果也达不到。那怎么办呢？笔者以为:第一,要有"问题意识"。

讲授方式上应少讲"是什么",多讲"为什么",要讲道理,要把道理讲明白。第二,要符合认知发展规律。讲授中可以借助生动的材料来导引,通过直观的形象感受,深入浅出地引导学生从感知走向认知,从认知走向思考和关注,这种讲授方法,比较符合人的认知发展规律。第三,要有所创新。论证的材料不能过于陈旧,论证的视角要有一定的新意。譬如,在"绪论"中讲到当今大学生为什么要学习马克思主义时,如果从"有利于树立正确的世界观、人生观和价值观"、"有利于更好地理解和执行党的路线、方针和政策"、"有利于提高理论水平和辨别是非的能力"等常规角度来回答,不是不可以,但缺乏新意。对此,我们不妨从当今时代激烈竞争越来越需要"全面提高人的素质"这一角度切入,指出大学生要提高自己的综合素质,就应处理好"为学"(学习专业知识)与"为道"(学习马克思主义理论)、"自我"与"社会"、"做人"与"做事"的关系,从而突出马克思主义对人的素养的统领作用。

高校"思政课"大学生主体性"伪在场"及唤醒[①]

陈建[1]　林立华[2]　王婧倩[3]

(1. 南京大学马克思主义学院；2. 南京特殊教育职业技术学院；
3. 内蒙古大学历史与旅游文化学院)

教学过程中谁是主体？长期以来有"教师主体"与"学生主体"两种争论，各有各的道理和依据。这种争论在高校"思想政治理论课"(以下简称"思政课")上也有体现，但都存在明显的局限性。只强调教师主体，就会远离思想政治教育的目标，使其沦为知识性的教学课程；只强调学生主体，思想政治理论教育就会有失去正确方向的危险。高校"思政课""双主体论"[②]是一种创新，突破了以往的思维模式和实践模式，为多数人所认可和赞同。可惜的是，此领域的研究并没有深入开展下去，人们多停留在一般意义上探讨"双主体"，对于大学生"主体性"的研究不仅不够深入，而且有简单化的趋势和倾向，大有重复以往"教师单主体论"危险。目前，在不断加强师资队伍建设的前提下，高校"思政课"的效果虽有所提高但依然不如人意，重要原因在于另一个主体的主体性缺失，即大学生主体性"伪在场"。

一、大学生主体性"在场"的理论和实践价值

高校"思政课"大学生主体性源于自身的特殊性，体现在两个方面：一是教学目标的特殊性。总的来说，"思政课"培养目标指向大学生世界观与人生观的形成与塑造，这与其他知识性教学有明显的区别，而精神层面的变动和改造没有主体性的参与无法完成。二是学习方式的特殊性。一般课程学习多数是增加新知识或拓展现有知识，而"思政课"的学习则不仅是知识的增加，还需要围绕学生的

[①] 原载《江苏高教》2012年第5期。
[②] 陈秉公：《论(基础)课教学的"双主体"结构与"学导式"教学模式》，《学校党建与思想教育》2007年第7期。

主观层面如理想信念、价值、道德等来塑造新的认知结构和认知模式，是一个更加艰难和复杂的过程，这一过程如果缺少主体性的参与也必然是虚假的、空洞的。

大学生是高校"思政课"的当然主体，而这种主体性能否充分展现直接影响教学效果的好与坏。大学生主体性的展现可以分为"在场"与"伪在场"两种情况。"在场"指在高校"思政课"教学中，大学生作为有机组成部分，能够完全意识到自己的角色与地位，非常清楚教师和自己共同从事的教学活动指向的目标及对自身的意义，积极参与这一过程，且同时不断修订目标，期望把自己塑造成某一类型的人。大学生主体性"在场"具有强烈的现实意义：一是使"思政课"具有真实性，为教学活动建立了逻辑前提，与之相反的情形则是教师自说自话，与空气对话，使"思政课"呈现出虚假性。二是使教学内容有了丰富和发展的可能性。现有教学内容虽然是精心编订的，但其不可能是永恒的、静止的绝对真理，它须由新的历史条件下成长起来的大学生在接受的基础上进行遴选和补充，这一过程在某种意义上是"思政课"自身成长与发展的过程。只是这一过程是潜在性的，不为多数人认知，而大学生主体性"在场"是这一过程发生的必备条件。三是为培养期望的建设者和接班人提供了坚实基础。大学生主体性"在场"意味着蕴含于教学活动中的意识形态及其价值观被真实传导，内化为自身的信念，从而成为需要的人才。在这种情况下，即使很多内容被大学生结合自己实际情况而进行程度不同的改造，依然大大优于那些虚伪的或者只是表象层面的接受。

二、大学生主体性"伪在场"的现实表现与原因

在更精确的意义上讲，大学生主体性"伪在场"是指大学生虽然人在课堂，但并没有能够成为课堂有机组成部分，没有能够调动自我的主观能动性去参与教学。大学生主体性完全"在场"是一种理想的状态，难以实现，但由于高校教学管理等各种现实条件的约束，大学生主体性"在场"的对立面却并不简单表现为"不在场"，而是呈现为"伪在场"。"不在场"指学生根本不参与"思政课"，对于大多数学生来说并不现实，而"伪在场"所涉及的范围更广，也更真实地表征了当前高校"思政课"学生层面的现状，也因此更客观地表明了高校"思政课"效果不佳的原因所在。具体来说，大学生主体性"伪在场"的表现大致分为以下几种情形。

1. 主体性意识逃逸——人在心不在

这种情况在高校"思政课"课堂上比较普遍,很多大学生在课堂上做与上课无关的事情,如做其他课程作业、阅读无关书籍、玩电脑、看手机等。这种情形的不良后果就是学生不能有效进入课堂情景中去,有的人从头至尾不知老师讲了什么内容。即使有的人偶尔听了一部分内容,但由于缺乏完整性和连贯性,不仅不利于其掌握知识、接受精神,甚至会走向反面。当这种现象比较多的时候,还会伤害教师的积极性,导致教与学互相减损的后果。

2. 主体性意识壁垒——一概拒绝与反对,具有强烈的抵触意识

这种情况发生在少数同学身上,这些同学或是成长环境、教育环境的原因,也或许是受到其他思潮影响和自身的原因,对高校"思政课"已经形成了一种抵触的情绪和态度。这些同学对于"思政课"会表现出坚决的反对,对一些理论和实践脱节的内容甚至会进行蛮不讲理的指责和攻击。这些同学虽然人数并不多,但由于其鲜明的抵触意识也会引发大范围的连锁反应,造成不好的效果。这种情形虽然从表面上看其"主体性"完全"在场",但由于其反对的立场早已确定并且僵死,不会因为具体情形的变化而改变,是典型的、重症的主体性"伪在场"。

3. 主体性选择性"在场"——顺我者昌,自我知识结构的重复

这种情形的主体指那些具有一定理论知识基础和比较成型的价值判断的大学生,这些学生表现出相对强烈的自信,甚至在某种意义上具有偏执的特征。这种学生认为自己对于高校"思政课"相关内容的理解深刻或者超前,尤其是关于马克思主义一些重大问题和基本问题自己具有独特的、异于他人的认识和判断。在这种情况下,如果教师讲授的内容和他们的认知相似或相同,他们的主体性就会完全展现出来,不仅认真听课,而且还会积极和老师互动,呈现出良好的教学效果。可是一旦教师的讲授和他们的认知不同,他们就会认为教师没有能够准确地把握教学内容,并且若有若无地会认为教师水平低下,不具备教自己的能力和资格。在这种情况下,他们的主体性就会"缺场",甚至会制造一些不必要的干扰影响课堂教学。客观地说,这种情形在每一个"思政课"课堂上都存在和发生过,有时候看上去这一类的学生显得很投入,甚至很积极,课堂氛围热热闹闹,但并不能掩盖问题的实质。其主体性的"在场"只是一种虚伪的表现,只不过是其

对于自己认知结构的简单重复,甚至表现为某种程度的"自恋"。这种学生具有一定的基础,本来是好事情,但由于其不能很好地开放与丰富自己的认知结构,反而走向了相反的一面,是一种另类的主体性"伪在场"。

4. 主体性"实践空场"

大学生主体性"伪在场"在课堂之外还表现在以下几个方面:考核的形式化,课堂讲授与考核的背离,导致实践场的缺失,没有检验;实践教学与课堂教学"两张皮",实践教学不能与课堂教学互为表里,而是课堂归课堂,实践归实践,实践教学按照另外一种机制运行,与教学无关;教学内容没有延续,不能进一步解释实践和当下的社会现实,导致大学生快速忘却或忽略"思政课"所学的内容。这几种情形其实是关系到理论的后续发展与实践价值,而现状并不理想,也会导致大学生对于"思政课"的评价降低,反过来影响主体性"在场",加重主体性"伪在场"。

三、唤醒大学生主体性的主要途径

没有大学生主体性"在场",高校"思政课"的教学过程呈现出虚假性,教学目标无法实现。因此,把大学生主体性从"伪在场"的状况下唤醒,不仅使其"出场",而且要完全"在场",就是一项现实而艰巨的工作。具体来说,做好以下几个方面,对唤醒大学生主体性会有所帮助。

1. 经营课堂

高校"思政课"立足于影响、改造大学生精神层面的内容,必须要有一个非常可靠的平台和阵地。一个好的课堂会给大学生带来巨大的影响和冲击,反之则会成为"思政课"失败的开始。各方面都应该确立这样一个观念,为创立良性的课堂提供各种方便和条件。教师更应该一马当先,克服各种不利因素,采取各种方法和手段,把课堂当作一项艰难的工程来经营,甚至当作舞台来表演以吸引"观众",最终唤醒大学生的主体性。

教师可以通过各种各样的教学方式和管理方式来经营课堂,如主题论坛、辩论、学生讲课、讨论与质疑、点名等,从而实现以下目标:第一,使大学生认识到自己确实是本课堂的主体,而不是可有可无。第二,使大学生认识到自己正在进行的学习对于社会和个人都具有现实意义和价值,而非相反。第三,使大学生认识到自己可以通过这个课堂去透视社会的现实和本质,为推动社会的实践和发展做准备。一个经营得好的课堂,不仅可以使大学生主体性"出场"、"在场",甚至会引发其自我意识拓展,实现大学教育的目标。

2. 教师的必备条件与行动

教师是唤醒大学生主体性的最直接和最重要的角色,要演好这个角色,则必须具备很多条件。

第一,责任心与激情。这是唤醒大学生主体性的基础条件。一个没有责任心的教师,绝不会引发学生主体性"在场"。同样,教师没有对于自己讲授内容的热情和激情,也不会带动学生主体性的参与。

第二,知识结构。教师除了广博的基础知识和扎实的专业知识外,还要有强烈的时代意识、反思和批判精神。时代意识会使教学有现实性,反思和批判精神会使教学有深度、有前瞻性。只有具备这样的条件,"思政课"课堂才能被激活,也才能引导大学生的主体性因为课堂具有生命力与活力而"在场"。

第三,政治素质。这是保证大学生主体性"在场"而又不至于泛滥甚至虚无的重要保证。有些教师政治素质薄弱或缺失,口不择言甚至迎合大学生一些不当观点,课堂气氛有时也很热烈,但无论对于大学生还是社会都是弊大于利,且不具有长久性和可持续性。

第四,课堂的掌控能力。教师和大学生都是"思政课"课堂的主体,二者互相激发,互为存在前提,同时互为制约条件。教师要具备唤醒大学生主体性的能力,同时又要保证其主体性得以良性"出场"。

3. 教材的建设对于唤醒大学生主体性至关重要

高校"思政课"教材至关重要,因为它不仅关系到能否吸引大学生,进而引发他们进一步学习的兴趣,而且它对于教师也有重要影响,不仅在很大程度上规定了教师的讲授空间,甚至会从根本上对教师进行引导和制约。对于高校"思政课"的教材,应当达到以下要求:

第一,总体性。要求教材不能是各种内容杂乱的堆积,必须是具有内在逻辑关联的整体。

第二,知识性。要求教材既需要注意和中学教材的衔接,避免重复,又需要容纳相关学科的知识,有新鲜感、有吸引力。

第三,现实性。要求教材去除过度的意识形态话语堆积,力求在历史与实践的基础上展现理论形成的真实场景,并使教材关注现实的社会生活。

第四,开放性。要求教材给理论发展留下空间、给教师阐释留下空间、给学生思考留下空间。

4. 改善外部环境是唤醒大学生主体性的有力支撑

高校"思政课"与外部环境联系密切,不仅不能脱离外部环境而单独运行,而且因为自身的特殊性必然与外界息息相关,更多时候还表现为外部环境变化的风向标,在大气候不好的时候甚至成为"重灾区"。反过来说,如果缺少良好的外部环境,仅仅希望高校"思政课"担当更多的责任无疑是一种苛求。因此,改善外部环境也是唤醒大学生"主体性"一个重要的元素。此处的外部环境可以分为两种:一是社会大环境,指高校"思政课"需要一个积极健康的、包容的、理性的社会氛围。在这样的环境下,人们可以认真思考社会主义建设的理论与实践、历史与现实、经验与教训、不足与突破点等。二是校园环境,指需要高校和相关部门正确认识思想政治理论课的作用与价值,提升思想政治理论课程和教师的地位,科学组合优化课程,有针对性地实施教学。

改善外部环境本身蕴含着许多不可知因素,且外部环境和大学生主体性的唤醒之间并无直接、必然的联系,但良好的外部环境无疑是一种有力的支撑,是克服大学生主体性"伪在场"不可或缺的一种元素。

基于通识理念的高校思想政治教育愿景及其实现[①]

王锁明

（南京大学马克思主义学院）

通识教育是英文"general education"的中译名，指称"通才教育"、"博雅教育"和"人格教育"等，源于古希腊亚里士多德提出的自由教育思想。"在高等教育领域，美国是通识教育的发源地，19世纪初美国博德学院的帕卡德教授（A.S. Parkard）第一次将它与大学教育联系起来，20世纪上半期科南特（James B. Contant）在哈佛大学的课程改革使'通识教育'在美国声名鹊起，如今，通识教育在美国高等教育领域已成为一种根深蒂固的教育理念。"[②]一般而言，通识教育有两种含义：一种是狭义的理解，指"不直接为学生将来的职业活动做准备的那部分教育"；另一种是广义的解释，指大学整个的办学思想或观念，即"大学教育应该给大学生全面的教育和训练，教育的内容既包括专业教育，也包括非专业教育"。[③] 可见，通识教育既是一种人才培养模式，也是一种教育理念。这种教育理念的核心和本质特征"是以'回归人本身'为宗旨，以培养人的'全面素质'为目标，以使所有受教育者'通达共识'为目的"。[④] 我国从20世纪80年代开始引入通识教育理念，[⑤]"到1995年我国国家教委第一次召开'加强高校文化素质教育试点工作会'，通识教育理念逐渐为教育界所接受和重视"，[⑥]现已广泛运用于高校的教育教学中。下面，笔者拟就这一理念引入并运用于高校思想政治教育的相关问题进行探讨。

---

① 原载《科学·经济·社会》2011年第4期。
② 张凤娟：《美国大学本科课程设置的模式、特点与发展趋势》，《教育发展研究》2011年第3期。
③ 王前新、陈艳：《文化德育视野下的通识教育》，《教育发展研究》2006年第24期。
④ 尹萌芽：《通识教育的本质特征与实施路径》，《湖南师范大学教育科学学报》2008年第5期。
⑤ 张东海：《通识教育：概念的误读与实践的困境》，《复旦教育论坛》2008年第4期。
⑥ 蔡忠兵：《当前高校开展通识教育的困境与对策》，《教育探索》2010年第7期。

一、引入通识理念的担忧

当今在我国高校倡导的通识教育是从欧美传入的。也正是基于此,现实中存在着一些对思想政治教育中可否引入通识教育理念的担忧和不解。这些担忧和不解,在现实中不是以理论形态表现出来的,而往往是作为一种潜在观念存在于人们的头脑中,但它有碍于在思想政治理论课中引入通识教育理念,因此必须加以排除。

一是认为源于欧美的通识教育是宣扬资本主义的价值体系而加以拒绝。欧美大学的通识课程体系中的确含有一些宣扬资本主义价值观的因素,由于国情和社会制度等方面的差异,所以我们对欧美的通识课程体系不能照抄照搬,但作为一种大学教育理念,通识教育强调通过全面的教育和训练,使"培养出来的学生不仅学有专长、术有专攻,而且在智力、身心和品格各方面能协调全面地发展;不仅具有高尚的道德情操和独立思考及善于探究和解决问题的能力,而且能够主动、有效地参与社会公共事务,成为具有社会责任感的公民"。① 这是有普遍借鉴意义的。当前,我国高等教育界纷纷以通识教育理念来规划大学的课程设置和教学活动,便说明了这一点。

二是认为没必要在思想政治教育中引入通识教育理念。这又有两种情况:一种情况是认为既然开设了通识课程,就不需要再在思想政治理论课中引入通识教育理念了。这种认识看到了思想政治理论课与通识课在具体的教育目标上的分工,但又将两者的对立绝对化了。其实,在其他课程中包含着丰富的通识教育目标所需要的内容。可以说,离开了其他课包括思想政治理论课知识的配合,通识教育无法有效地提升大学生的综合素质。同时,思想政治理论课如果能引入目前教育界大力倡导的通识教育理念,围绕人的素质提升和日常生活需求开展教育活动,则更易实现教育目标。另一种情况是鉴于目前我国高校大多将思想政治理论课纳入通识类课程之中,因而认为引入通识教育理念是"多此一举"。这种看法貌似合理,但对通识教育的理解不完整。如果将通识教育简单地等同于开设若干通识课程,而不确立通识教育理念,那很难达成通识教育的目标。

---

① 杨鼎强、宋剑飞:《通识教育的理论构架及其实践探索》,《湖南社会科学》2008年第1期。

三是认为引入通识教育理念将冲淡思想政治教育的价值导向。高校思想政治理论课不是一个中立的知识体系,而是要对大学生进行马克思主义的科学世界观、人生观和价值观教育,因而在教育中必须体现马克思主义的意识形态导向。但这种世界观、人生观和价值观教育又必须以知识教育为依托,有一定的科学性和学术性。如果就政治谈政治,就理论谈理论,那只会使学生感到单调乏味,进而丧失对思想政治理论课学习的兴趣和热情。可见,只有用丰富的人文社科知识和理论去论证意识形态的选择和人生道路的选择,才会使当代大学生在理性自觉的层次上认可我们所倡导的主流意识形态和主导价值观念。当然,在引入通识理念增强思想政治教育通识性的同时,假如处理不当,那的确会淡化思想政治理论课的价值导向。所以说,那种认为引入通识理念将冲淡思想政治教育的意识形态导向的担忧,也不是毫无意义的。它警示我们,在引入通识教育理念于思想政治理论课时,必须始终坚持正确的意识形态导向,处理好思想政治理论课的思想性与学术性的关系问题,以实现主流意识形态和人文社科教育的有机融合。

二、确立通识理念的依据

在思想政治理论课中引入通识教育理念,不是一时的"心血来潮",而是有其客观必然性的。

第一,确立通识教育理念是解决当今日益复杂的国内外事务的客观要求。当今全球化趋势向纵深发展,国际政治经济摩擦日趋加剧;我国改革开放进入关键时期,国内经济社会发展中的问题也日益增多。正确认识和解决这些问题,客观上要求大学生具备一定的综合能力和素质。可见,加强对大学生的通识教育以培养复合型人才,"由单纯知识型人才的培养向综合能力型和全面素质型人才的转变,这无疑是当前和未来社会发展对人才素质的要求在教育与课程上的反映",①也是当代大学生自身发展的内在要求与必然选择。

正是在这一背景下,我国高等教育界逐渐认识到实施通识教育的必要性和重要性。当前,各高校纷纷希望通过实施通识教育,为发展学生的多种能力和综

---

① 张凤娟:《美国大学本科课程设置的模式、特点与发展趋势》,《教育发展研究》2011年第3期。

合素质、提高他们的就业竞争能力搭建平台和创造机会。作为我国高校教育教学有机组成部分的思想政治理论课,也应主动适应这一态势,研究并引入通识教育理念,积极参与到培养和提升大学生的多方面能力、综合素质的行列中来。

第二,确立通识教育理念是深化当前高校教育教学制度改革的必然要求。改革开放以来,我国高等教育与其他各行各业一样取得了巨大成就,但也存在着一系列问题。要从根本上解决这些问题,有赖于深化高校教育制度的改革。围绕培养合格的高素质的社会主义事业的劳动者和接班人这一中心任务,自20世纪80年代以来,我国高校"教育改革走过了一个从'淡化专业、加强基础'的教学改革,到以加强工科学生人文素质培养的大学生文化素质教育,再到以美国顶尖大学为样板,把通识教育理念融入学校的课程与教学改革,乃至试图以通识教育理念来重新设计大学本科教育的发展历程"。[①] 可以这么说,加强对大学生的通识教育,已成为我国高等教育界的广泛共识,成为当前我国高校教育制度改革的一大亮点。思想政治理论课作为我国高等教育教学的重要组成部分,理应与这一改革目标相适应,积极引入通识教育理念,为培养数以千万计的高素质的社会主义事业的建设者和接班人服务。

第三,确立通识教育理念也是提高思想政治理论课教育教学效果的内在要求。思想政治教育是我国高校对大学生进行思想政治工作的主阵地和主渠道,在培养高素质人才方面具有独特的重要作用。针对高校思想政治教育教学效果还不十分理想的状况,中共中央总书记胡锦涛曾批示,要经过若干年努力,争取使大学思想政治教育教学效果达到"明显改善"。自2006年秋季实施新一轮改革方案以来,我国高校思想政治理论课教育教学效果有所改善,但离预期目标仍有较大的差距。实践表明,思想政治理论课教育教学效果要达到"明显改善",不是仅仅依靠某一方面或某一环节的改进,而是必须对现行的思想政治理论课进行系统改进。在当今倡导通识教育的大背景下,引入通识教育理念来设计和规划高校的思想政治理论课,不失为一种积极而有效的尝试。

三、基于通识理念的愿景

通识教育注重发展大学生的多方面能力和综合素质,那作为我国高校教育

---

① 张东海:《通识教育:概念的误读与实践的困境》,《复旦教育论坛》2008年第4期。

教学有机组成部分的思想政治理论课,引入通识教育理念的目标也应是培养与提升大学生的能力和素质。

当然,特定的学科性质和教育目标又规定了高校思想政治教育,首先要关注大学生的思想政治素质,绝不能因为引入通识教育理念而出现"种了人家的田,荒了自己的地"的不良现象。笔者以为,在通识背景下,思想政治理论课要着重培养与提升大学生四个方面的思想政治素质:

其一,坚定的科学世界观、人生观的信仰。这是高校思想政治教育的首要任务,也是大学生思想政治素质中处于统领地位的素质。世界观是对世界的本质以及人与世界关系的总看法,人生观是对人生的本质及其目标、道路等的根本观点。一个人不能没有世界观和人生观,问题是具有什么样的世界观和人生观。大学生阶段是一个人世界观、人生观确立的关键时期,极易受到各种不同世界观和人生观的影响。教育实践表明,为了使广大学生树立正确的世界观和人生观,抵制不良的乃至错误的世界观和人生观的熏染,一个重要而有效的方法,就是对他们进行马克思主义教育。因为马克思主义的"思想政治理论课摈弃了各门具体科学的学科局限性而带来的世界观或人生观、价值观上的局限和偏差,能站在对各门具体科学前沿成果的高度概括和总结的基础上,提炼出关于世界、人生、价值的一般性、普遍性的观点和方法",有助于引导大学生理解和掌握马克思主义的基本立场、观点和方法,"为大学生提供更多的、更侧重的是立世、做人的内在品质、思维品性与智慧能力",①使他们具有深邃的理解能力,并了解宇宙、自然、社会及人类自身,从而逐步养成和确立科学的世界观和人生观信仰。

其二,辩证分析问题和解决问题的能力。这也是大学生思想政治素质中的重要组成部分。一个善于辩证思维的头脑,远比一个仅仅塞满各种知识的头脑更有利于专业知识的理解、掌握和运用。② 辩证思维能力可以完善一个人的知识结构和思维方式,对一个人的人生理想和价值追求发生潜移默化的影响,反过来又有利于其专业素养的提高。而在培养和训练大学生辩证分析、解决问题的能力方面,马克思主义的理论教育可谓大有"用武之地"。例如,在当前我国发展

---

① 王敏:《高校思想政治理论课之育人责任初探》,《学习与实践》2010年第11期。
② 陈先达:《马克思主义哲学原理》,中国人民大学出版社2004年版,第45页。

社会主义市场经济、深化改革和扩大开放的关键时期,社会的经济、政治和文化等领域的结构、体制和机制都在进行深层次的变革和调整,其中难免会出现一些社会问题。为此,思想政治理论课教师在教学中不能情绪化地看待,也不能停留在一般的浅层次的表象上,而应运用马克思主义的理论观点辩证分析,以体现马克思主义理论的解释力和对实践的指导作用,同时培养和锻炼大学生的理性思维能力和洞察力,使他们在纷繁复杂的现象中学会把握事物的本质和规律。

其三,清醒对待不良倾向的鉴别力。正确判断各种社会思潮、自觉抵制不良倾向的能力,既是大学生思想政治素质的有机组成部分,也是衡量一个人社会正义感的基本方面。在当前推进社主义市场经济建设的过程中,我们的实际工作会受到各种主观主义以及违背人民根本利益的错误倾向的干扰,同时伴随着我国对外开放的扩大,一些西方理论著作大量涌入我国,应该说,这其中不乏可供我们借鉴和汲取的科学内容,但也有不少错误的、颓废的东西,甚至还夹杂着对我国实行"西化"、"分化"的政治图谋。马克思主义理论不仅是科学的世界观,而且是科学的方法论。通过加强马克思主义的理论教育,提高大学生的马克思主义理论修养,使他们树立高尚的理想情操和养成良好的行为规范,提升他们鉴别思想理论是非、抵制不良社会倾向的能力,引导他们正确地进行认识、判断、选择和行动,从而在学习和工作中少走弯路、少犯错误和减少失败,并自觉地成长为中国特色社会主义事业的合格的建设者和可靠的接班人。

其四,良好的人际关系的协调力。宽松和谐的人际关系,既是大学生健全人格与健康心智发展的基本表现,也是大学生思想政治素质中一个不可缺少的方面。当今大学生基本上都是独生子女,他们大多出生在20世纪90年代,有鲜明的个性特点,如思维活跃、崇尚个性自由、行为不拘、好奇心强、勇于创新,但又过于以自我为中心,与他人合作共事的意识较为薄弱。而人类社会发展越来越证明这样一个朴素道理,即"做事"先"做人"。一个人良好的团队协作意识、有效的人际沟通能力,往往是其工作成就、事业进步的必要前提和重要条件。培养和发展大学生的健全人格与健康心智,使他们具备良好的人际协调能力,主动地参与和承担一定的公共事务,进而成长为具有自觉担当意识和社会责任感的现代公民,这既是通识教育对当代大学生人格发展的基本要求,也是高校思想政治教育的一个重要关注点。马克思主义理论正确地揭示了社会历史的本质以及个人与他人、个人与社会的关系,对大学生正确地处理自我与他人、个人与社会的关系有着潜移默化的影响作用。这是因为马克思主义的理论教育能够帮助他们正确地定位自我,学会把个人融入到群体中、融入到社会中,正确地处理个人与外部世界的关系,从而使自身健康成长为社会的一分子。

四、实施通识理念的路径

明确通识教育理念的必要性和重要性,为的是在思想政治理论课的课程内容和教学方式中更加自觉地实施与体现这一教育理念,这是落实通识教育的根本。如果我们无法在课程内容和教学方式上落实通识教育的理念,那么讨论和研究通识教育也就没有多少意义了。在高校思想政治理论课教育教学中确立通识教育理念是一项系统工程,涉及多个环节。笔者以为,结合教育教学实践,从易于理解和便于操作的角度来说,应在下列五个环节尝试努力:

(一)在课程内容的把握上应有整体性

自 2006 年秋季开始,我国高校思想政治教育全面实施新一轮课改方案,这一方案的最大特点在于强调各门思想政治理论课的综合性。这从一些课程的名称中就能看出来,如"思想道德修养与法律基础"课就涵盖了原先的思想道德修养与法律基础两门课的基本内容;又如"马克思主义基本原理概论"课也包括了马克思主义哲学、马克思主义政治经济学和科学社会主义三门课的主要方面。然而,在以往的高校思想政治教育中,我们对马克思主义的整体把握重视不够。例如,马克思主义基本原理课就是被划分为马克思主义哲学、马克思主义政治经济学和科学社会主义三个主要组成部分分别进行教学的,这种做法有一定的历史必然性和合理性,但也影响了学生对马克思主义的整体把握。马克思主义的精华恰恰在于其整体性中,离开了对马克思主义的整体把握,必然会影响到对马克思主义精髓和实质的理解与掌握。

将通识教育理念运用于高校的思想政治理论课,旨在使"学生通过融会贯通的学习方式,形成较宽厚、扎实的专业基础以及合理的知识和能力结构,同时认识和了解当代社会的重要课题,发展全面的人格素质与广阔的知识视野"。[①] 这

---

① 杨鼎强、宋剑飞:《通识教育的理论构架及其实践探索》,《湖南社会科学》2008 年第 1 期。

就要求教师对课程内容的把握应具备贯通意识,即必须从整体的视角来选择、设计和组织教学内容。比如,从事马克思主义基本原理课教学的教师在讲述马克思主义的理论观点时,应将它们置于马克思主义基本原理课的整体框架中,力求在整体的观照下讲好每一个理论观点,以此培养学生对马克思主义的整体把握能力,发展学生具有学习、沟通和整合人类文明的能力与智慧。当然,对一门课程能够融会贯通,还不是通识教育的全部,但在学习了某一门课程之后,假如达不到这一点,那肯定也不能说达到了通识教育理念的基本要求。

(二) 在基本观点的解读上应有学理性

高校思想政治理论课的基本任务是对大学生普及马克思主义基本理论,因而要把着眼点放在帮助学生掌握马克思主义的基本立场、观点和方法上,这是不容置疑的。然而,在过去的教育教学实践中,高校思想政治理论课的学科建设比较薄弱,教育的科学性不强,加上受传统的意识形态教育观的影响,教师教学中往往只满足于对原有理论的解释和阐述,甚至只满足于对原有理论的照本宣科,以致教学内容的视野窄,文化含量少,学理性不强,没有很强的说服力和感染力,因而不能很好地满足大学生成才成长的需要。

在通识教育理念下,思想政治理论课应确立"问题意识",少讲"是什么",多讲"为什么"。例如,在马克思主义基本原理课的教学中,教师对"马克思主义在今天并没有'过时'"的阐释应把这么几层意思考虑进去:一是"过时"是什么含义?判定一种理论"过时"的标准是这种理论创立时间的早晚吗?二是"今天"即我们现阶段所处的时代是一个什么样的时代?这个时代的本质特征及发展趋势有没有超出马克思当年对人类社会发展规律的揭示?三是马克思主义是僵化的教条还是发展的学说?在马克思主义理论体系中是否存在"过时"的个别论断?它的"过时"是否意味着整个理论体系的失效?四是当今社会中出现的许多新情况新问题,在马克思主义经典作家那里确实找不到现成答案,这是否意味着马克思主义不灵了?总之,思想政治理论课的思想性、政治性并不排斥其人文性和学术性,因而教学中必须用"学术讲政治",体现在对基本观点的分析上,不宜平铺直叙,而应从"问题"入手,增强思想政治理论课的通识性和科学性,力求使思想政治理论课讲出学术味来,改变思想政治理论课仅仅是政治宣传的形象。这有助于激起学生的关注和思考,培养学生的探究意识和创新意识,也有助于实现当代大学生的马克思主义思想政治素质得到培养和提升的教育目标。

（三）在教学手段的运用上应有多样性

传统讲授法是高校思想政治教育的最基本形式，它在对大学生进行思想政治工作方面曾经起过很大作用，但由于较多地重视理论教学、忽视实践环节，加上教育方式单一，所以难以有效调动学生学习的兴趣和积极性，难以产生良好的教学效果，也不利于实现思想政治理论课的教育目标。

从通识教育理念来看，结合思想政治理论课的政治性、时代性和实践性都比较强的特点，教师针对不同的教学对象、不同的教学内容，应该采用不同的教学手段，以鲜活、有趣、多样的形式呈现思想政治教育的内容，改变高校思想政治教育给人的死板、说教的印象。在信息技术高速发展的今天，从增强思想政治理论课实效性的角度来说，教师要不断创新观念，积极改革教学方式和手段，充分运用现代多媒体技术手段，开辟更多更贴近大学生的平台，将多媒体教学手段和传统的教学方法有机结合起来，将抽象的理论教育与形象的直观教育有机结合起来，将课堂的理论教学与课外的实践教学有机结合起来，以开阔学生的视野，并把诸如爱国主义、集体主义、社会主义、群众观念、合作意识和奉献精神等主流意识形态和主导价值观念自然而然地传输给当代大学生，以此来培育和制约人的行为的思想、观念和理念，提升大学生的思想政治素质。

（四）在课堂教学的组织上应有互动性

长期以来，高校思想政治理论课的课堂组织方式大多是大班化教学。这种动辄一二百号人的课堂规模，客观上不利于教师开展启发式教学，而有些教师也习惯于传统的"填鸭式"、"注入式"教学。这种教学组织方式强调以教师为中心，采取的是单向的理论灌输为主导的方法，学生则是被动地接受知识的对象，师生之间的交流不够，因而严重压抑了学生学习的热情和主动性。

将通识教育理念运用于思想政治理论课中，要求教师以学生为中心，将教师的主导性与学生的主体性相结合。高校思想政治理论课的德育性质，决定了教师的主导地位在任何时候都不能动摇，教师应通过卓有成效的教育教学活动引导和帮助大学生树立正确的世界观、人生观和价值观。而以学生为主体，又要求教师必须始终关注学生的内在需求和价值取向，更多地通过启发式引导，通过丰富的教学组织方式，变单一静态的教学模式为新颖动态的教学模式。比如，推行大班教学小班研讨、合作学习等教学形式,把教师课堂讲授与课堂提问、学生小组讨论与主动学习有机结合起来,以加强师生之间的沟通、互动、合作和交流,从而激发广大学生学习思想政治理论课的积极性和主动性,最终达到提高其思想政治素养的目的。

(五)在考试题型的设置上应有层次性

高校思想政治理论课的教学及考试,其宗旨在于帮助大学生在学习和掌握马克思主义基本理论的基础上,着重培养和提升他们运用马克思主义的基本立场、观点和方法去分析、解决问题的能力和素质。然而长期以来,在考试方式上大多采用期末闭卷的形式,在题型方面习惯于命制较多的记忆或再认性质的试题,如单项选择、名词解释和简答题,这些题型偏重于对书本知识的考查,考试的目标功能也较为单一。

在通识教育理念下,从发展学生多种能力和综合素质的角度考虑,教师在考试方式的运用上应"多管齐下",积极"探讨考试方法的多样化,采取笔试、口试、主题讨论、专题调研、课程论文等多种形式",①既要考查学生"准确地再认或再现学科的有关知识",还要考查学生运用马克思主义的基本立场、观点和方法去"解释和论证某种观点、辨明理论是非",更要考查学生综合运用马克思主义的基本理论和观点去"结合特定的历史条件或国际、国内政治经济和社会生活背景,认识和评价有关理论和实际问题",②以科学地评价学生的综合素质和创新能力。这些都要求教师在设置思想政治理论课的考试题型时,应充分体现不同能力层级的需要,既要有考查知识记忆和判断能力的试题,也要有考查知识理解和运用能力的试题,尤其要适当增加综合性、探究性的内容,如辨析、综合论述和材料分析题,这些题型注重学生多种能力和综合素质的考查和训练,因而在考试中要占相当的比例。即使是常规的选择、简答等题型,教师在命题时也应将死记硬背的机械劳动与理解整合的创造性劳动区别开来,要有意识地培养、训练和发展学生分析说理和运用所学知识独立思考、综合分析及解决问题的能力。

---

① 蔡忠兵:《当前高校开展通识教育的困境与对策》,《教育探索》2010年第7期。
② 教育部考试中心:《全国硕士研究生入学统一考试思想政治理论考试大纲》,高等教育出版社2009年版,前言。

总结

在高校思想政治教育中引入并运用好通识教育理念,是一项艰巨而复杂的系统工程,需要广大教师长期不懈的努力奋斗。但可以肯定,这项工程做好了,不仅有利于提升高校思想政治教育的质量和效果,而且有利于造就一大批合格的高素质的社会主义事业的建设者与接班人,从而极大地推动中国特色社会主义事业的发展。

后　记

在南京大学马克思主义学院被评为全国重点马院之后,时任学院领导在谋划如何开展和实施重点马院建设时做出由各教研室主任分别牵头编辑四本论文集的决定。作为四本文集之一,现在《马克思主义基本理论与实践问题研究》已结集出版。这本文集是近年来马克思主义基本原理教研室老师们公开发表的一小部分论文的汇集。出版这样的文集是有意义的。一方面,它提供了老师们对过往学术成果进行系统回顾总结的良好契机;另一方面,也在一定意义上集中展示了老师们在教书育人之余对马克思主义基本理论与实践问题的深入思考和学理探究。

检索知网数据不难发现,马克思主义基本原理教研室老师们发表的科研成果涉足领域广泛,选题论证可谓各具特色,既有追本溯源的文本解读,也有问题路径的实践思考,但从学科指向上看,它们皆归属于马克思主义理论学科范围,共同体现或运用了马克思主义的立场观点方法,折射出理论联系实际的马克思主义本真精神。在梳理老师们发表研究成果的基础上,这本文集凝练出四个主题方向。

方向之一,"马克思主义基本范畴解读"。在此主题方向下,共辑录了10篇力作,分别是《市民社会批判与马克思主义哲学研究范式的转换》(王浩斌)、《实践与生产:分立还是统一》(郭云峰)、《舒尔茨的〈生产的运动〉:青年马克思生产范畴形成的重要坐标》(李乾坤)、《阶级范畴与历史唯物主义的"物"概念》(王浩斌)、《马克思的存在概念与存在论的革命》(郭云峰)、《马克思主义的意识形态范畴》(胡大平)、《法的本源、发展逻辑及其意识形态性》(陈建、夏瑜)、《恩格斯"合力论"再探讨》(胡大平)、《资本逻辑的三重向度与人类解放的现实依据》(温权)、《全球化视野中的东方社会理论》(王培暄)。

方向之二,"西方马克思主义热点述评"。其中有6篇成果入选,主要有《西方马克思主义的三个维度》(胡大平)、《西方马克思主义政治哲学的历史逻辑》

(王浩斌)、《价值形式批判、否定性革命主体与后共产主义研究》(孔智键)、《国外生态马克思主义文明观的基本路径》(王学荣)、《资本主义的空间性批判与日常生活的总体性革命》(温权)、《德国"新马克思阅读"的兴起、基本理论及理论成就》(李乾坤)。

方向之三,"马克思主义中国化、大众化、时代化问题探索"。其中共纳入10篇论文,它们为《中国特色社会主义实践特色探析》(王锁明)、《论国有企业改制中劳动关系的调适》(周春梅)、《我国城乡居民收入差距问题研究》(王培暄)、《对群体性事件的群众观点分析》(王锁明)、《法治作为社会主义核心价值的新构成》(陈建)、《市民社会:社会主义法治的元素与取向》(陈建、姚润皋)、《就业保障的难点与政府作为》(周春梅)、《论我国现阶段再生资源法规政策的缺位与对策》(王培暄)、《反腐进程中民众参与的制度建构》(陈建)、《推进马克思主义时代化需具备九种意识》(王锁明)。

方向之四,"马克思主义理论学科与课程建设研究"。这里共收录了5篇有关学科建设和课程改革方面的文章,主要是《国外马克思主义学科化研究的三大路径》(胡大平)、《马克思主义政治经济学与西方经济学之比较》(王培暄)、《对"原理"课教学中若干问题的认识和思考》(王锁明)、《高校"思政课"大学生主体性"伪在场"及唤醒》(陈建、林立华、王婧倩)、《基于通识理念的高校思想政治教育愿景及其实现》(王锁明)。

在我们的印象中,在南京大学马克思主义学院发展史上,由每个教研室结集刊印一本文集的举措还是第一次。应该说,这种做法是对老师们一以贯之问道求道的某种肯定,也是学院领导推进全国重点马院建设的务实之举。可以相信,这本论文集的出版,必将有助于不同层面的相互交流学习,也必将在推动南京大学马克思主义学院建设进程中发挥积极作用。

最后需要说明的是,受选题指向和篇幅容量等方面的限制,同时适当兼顾几个主题板块论文数量上的相对均衡,因而老师们还有不少佳作难以"照单全收"。此外,文集在内容和形式等方面也都存在不足之处,敬请批评指正。

《马克思主义基本理论与实践问题研究》编写组

2019年12月28日

图书在版编目(CIP)数据

马克思主义基本理论与实践问题研究 / 王锁明等编著. —南京：南京大学出版社，2020.9
（马克思主义学院教学与研究系列丛书）
ISBN 978-7-305-23176-6

Ⅰ.①马… Ⅱ.①王… Ⅲ.①马克思主义理论—研究 Ⅳ.①A81

中国版本图书馆 CIP 数据核字(2020)第 068209 号

出版发行	南京大学出版社
社　　址	南京市汉口路 22 号　　邮　编 210093
出 版 人	金鑫荣
丛 书 名	马克思主义学院教学与研究系列丛书
书　　名	马克思主义基本理论与实践问题研究
编　　著	王锁明 等
责任编辑	郭艳娟
照　　排	南京紫藤制版印务中心
印　　刷	江苏凤凰通达印刷有限公司
开　　本	718×1000　1/16　印张 21.25　字数 336 千
版　　次	2020 年 9 月第 1 版　2020 年 9 月第 1 次印刷
ISBN	978-7-305-23176-6
定　　价	88.00 元
网　　址	http://www.njupco.com
官方微博	http://weibo.com/njupco
官方微信	njupress
销售热线	(025)83594756

* 版权所有,侵权必究
* 凡购买南大版图书,如有印装质量问题,请与所购图书销售部门联系调换